Thomas Sattelberger

RADIKAL NEU

Thomas Sattelberger

Mit Jan Dermietzel

RADIKAL NEU

Gegen Mittelmaß und Abstieg
in Politik und Wirtschaft

HERDER

FREIBURG · BASEL · WIEN

Verlag Herder GmbH, Freiburg im Breisgau 2023
Alle Rechte vorbehalten
www.herder.de

Satz: Daniel Förster, Belgern
Herstellung: GGP Media GmbH, Pößneck
Printed in Germany

ISBN (Print): 978-3-451-39597-0
ISBN (EPUB): 978-3-451-83154-6

Inhalt

Warum ich wirklich Schluss gemacht habe: das radikale Ende meiner Berliner Hoffnung

19. Mai 2022, der Donnerstag einer Sitzungswoche. Am Morgen hatte ich mich mit Professor Michael Baumann vom Deutschen Krebsforschungszentrum ausgetauscht. Nun nahm ich seit 11 Uhr virtuell an einer Sitzung des Senats der Fraunhofer-Gesellschaft teil, der heute drei neue Vorstände berief. Parallel verfolgte ich in kurzen Abständen meine Mail- und Messenger-Apps. Plötzlich erreichte mich die Kurznachricht eines Kollegen aus dem Haushaltsausschuss. Die Koalitionsmehrheit hatte soeben meine beiden großen Projekte für diese Legislaturperiode zerschossen.

Die Deutsche Agentur für Transfer und Innovation (DATI) erhielt nur minimale Gelder. Mehr Mittel gebe es erst, wenn wir ein »schlüssiges Konzept« vorlegten. Und für die Bundesagentur für Sprunginnovationen (SprinD) hielt der Haushaltsausschuss einen Großteil der Mittel zurück. Für die Entfesselung der SprinD hatte ich seit 2018 mit Herzblut gekämpft. Unverschämt war die Begründung für die Budgetverweigerung bei der DATI: auf dem Tisch lag das schlüssigste Konzept. Wenn die Opposition sowas fordert: geschenkt! Wenn es die eigenen Fraktionskollegen und Koalitionäre tun, greift man sich nur noch an den Kopf. Und bei SprinD war das schlüssige Konzept schon als Referentenentwurf in der interministeriellen Abstimmung unterwegs – dies aber war den Haushältern keine Silbe wert.

Mein Herz und meine Seele erstarrten. Mein Entschluss stand binnen Sekunden fest. Ich nahm mein Mobiltelefon und tippte sofort meine Rücktrittserklärung als Parlamentarischer Staatssekretär an Ministerin

Bettina Stark-Watzinger. Sie versuchte mich umzustimmen, aber mein Entschluss war unumstößlich. So wie die Entscheidung des Haushaltsausschusses in Stein gemeißelt war; sie lag dem Bundesfinanzministerium bereits offiziell vor. Jahrelange Arbeit für die Katz! Selbst wenn ich mit Zähnen und Klauen dafür gekämpft hätte, das Geld in der nächsten Haushaltsrunde doch noch zu bekommen, hätten wir die entscheidende Zeit verloren, um DATI und SprinD wetterfest in dieser Legislaturperiode aufzustellen. Der sich abzeichnende Bundestagswahlkampf ab dem Jahreswechsel 2023/24 würde zudem sämtliche pragmatischen Entscheidungen wieder verhageln.

Nicht im schlimmsten Albtraum hätte ich eine derartige standrechtliche Erschießung meiner beiden Babys erwartet. Vor Tagen noch hatten SPD-Haushälterin Wiebke Esdar und ich uns ausgetauscht; und ich hatte geglaubt, ihre letzten Bedenken gegen DATI und SprinD ausgeräumt zu haben. Ich war ihr an mehreren Stellen entgegengekommen: etwas weniger Avantgarde, dafür etwas mehr Herz-Jesu-Sozialismus. Ich hatte Frau Esdar dabei klar gesagt, wo meine rote Linie im Haushalt verläuft: zum Beispiel bei einem Mindestbudget für DATI und SprinD über mehrere Haushaltsjahre hinweg sowie bei einer Projektförderlogik für die DATI, die nicht staatlich geprägt ist, sondern durch Entscheidungsprozesse vor Ort. Daneben war mir wichtig, dass die SprinD unabhängig werden müsse von der Fachaufsicht des Ministeriums. Ich hätte es bei ihr, einer Sprecherin der Parlamentarischen Linken in der SPD-Bundestagsfraktion, besser wissen müssen.

Ein junger Berufspolitiker hätte sich eine solche Demütigung gefallen lassen und sich taktisch für die weitere Karriere entschieden. Ich aber war 73. Ich wollte kein Geld mehr verdienen und auch nicht mehr Karriere machen. Das hatte ich alles schon hinter mir. Alles, was ich wollte, war: einige wenige wichtige Projekte aufs Gleis zu setzen, damit Deutschland bei seiner Innovationskraft nicht noch weiter zurückfällt, sondern wieder aufholen kann.

Die Pressemitteilung über meinen Rückzug aus der Politik enthielt keine Silbe über den Haushaltsausschuss. Ich selbst schlug vor, von persönlichen und gesundheitlichen Gründen in meinem engsten Umfeld zu sprechen, um die Ministerin zu schützen. Das war zwar nicht die volle Wahrheit. Es war aber auch nicht geschwindelt. Nur die Ministerin und meine engsten Mitarbeiter in Bundestag und Ministerium wussten, dass mein Ehemann Steven gesundheitlich schwer angeschlagen war und meine hochbetagte Mutter seit vielen Wochen schwerkrank im Krankenhaus lag. Hinzu kam meine akute Arbeitsbelastung, die mir kaum Zeit ließ, mein Privatleben zu balancieren (dies beschreibe ich näher im Kapitel »Radikal neu: Quereinstieg in die Politik«). Ich arbeitete wie ein Schwein, schlief kaum, kam wenig dazu, zuhause anzurufen. Ich verzweifelte ab und an, aber ich managte es. Doch der Beschluss des Haushaltsausschusses hatte jetzt das Fass zum Überlaufen gebracht.

Kurz rang ich mit mir, ob ich mein Bundestagsmandat behalten sollte. Dann aber gingen mir Armin Laschet und Martin Schulz durch den Kopf, die beide so oft wie lahme Enten durch die Reihen im Plenarsaal watschelten auf der Suche nach Menschen, die sich noch für sie interessieren. Viele politische Freunde fragten mich, warum ich nicht wenigstens das Mandat behielte. Erst später erkannte ich, dass sie eigentlich wissen wollten, wieso ich 150.000 Euro im Jahr einfach so in den Wind schlug.

Beim Lesen haben Sie es vielleicht schon festgestellt: Ich kann nicht halbe Kraft. Nur volle Kraft voraus. Und mir war auch schlagartig die Lust auf einen politischen Betrieb vergangen, der jahrelang mit Schweiß, Tränen und Gehirnschmalz vorbereitete Projekte mit geschlossenem Visier und ohne Vorwarnung guillotinierte, weil egozentrische oder ideologische Interessen dagegen standen.

Jetzt fragen Sie sich wahrscheinlich, wie die Ampelmehrheit im Haushaltsausschuss urplötzlich auf die Idee kommen konnte, DATI und SprinD und damit die beiden Forschungsleuchttürme des BMBF notzuschlachten. Niemand wüsste das lieber als ich. Und auch ich kann nur Indiz an Indiz reihen.

Nach allem, was ich weiß, war der zweite Judas Otto Fricke, FDP-Chefhaushälter im Bundestag. Bis 2013, als die FDP aus dem Bundestag flog, war er Parlamentarischer Geschäftsführer, zwischen 2005 und 2009 saß er dem Haushaltsausschuss vor. Als die FDP 2017 in den Bundestag zurückkehrte, erhielt er keine relevante Position in der Fraktion. Und dies wiederholte sich 2021. Ich habe gehört: Otto Fricke war zwar in der Fraktion als kühler Rechner geschätzt, aber nicht als Mensch. Dass ich selbst einmal Gegenstand seines Spiels werden würde, hatte ich nicht vorausgesehen. Man unterliegt ja bisweilen der Gefahr, den wirklichen Gegner nicht zu erkennen. Freund, Feind, Parteifreund. Hätte ich es riechen müssen? Otto Fricke war aschfahl im Gesicht, als am 7. Dezember 2021 in der Fraktionssitzung meine Ernennung zum Staatssekretär öffentlich wurde. Er hingegen war erneut komplett leer ausgegangen. Seitdem konnte er mir nicht mehr in die Augen sehen. Physiognomie und Psychognomie.

Über Neid und Missgunst hinaus habe ich allerdings noch einen weiteren handfesten Anhaltspunkt. Und der hat mit der Fraunhofer-Gesellschaft zu tun und deren damaligem Präsidenten Reimund Neugebauer. Ihm war ich wegen unzähliger Verfehlungen als Führungskraft seit vielen Monaten auf der Spur, und schließlich musste er Ende Mai 2023 vorzeitig von seinem Amt zurücktreten. Ich gehe im Kapitel »Radikal neu: Quereinstieg in die Politik« näher darauf ein. Ein Jahr zuvor jedoch war er noch im Amt, wähnte sich in Saft und Kraft und baute fleißig Wagenburgen, um seine autoritäre Herrschaft bei Fraunhofer zu sichern. Nicht zuletzt hatte Neugebauer nach der Bundestagswahl 2021 begonnen, Anfang 2022 Mitglieder des Haushaltsausschusses für seinen Senat auszuwählen. Das hatte er zwar nicht zum ersten Mal gemacht. Unsittlich, statuten- und compliancewidrig war es trotzdem. Nur war vor mir niemand dagegen vorgegangen. Ich nehme an, um den inner- wie zwischenparteilichen Frieden zu wahren und den mit der Fraunhofer-Gesellschaft.

Doch ich wollte wie ein getreuer Eckart den Koalitionsvertrag erfüllen, der aufgab, die Compliance der Wissenschaftsorganisationen zu verbessern. Wir Forschungs-Koalitionsverhandler von SPD, Grünen und FDP hatten gegen Ende der Verhandlungen beschlossen, gemeinsam auf Bärbel Bas zuzugehen, die damals noch im Fraunhofer-Senat saß. Wir baten sie, dort explizit Stellung zu beziehen zu Neugebauers mangelndem Compliance-Gebaren, bevor sie ob ihres neuen Amts als Bundestagspräsidentin den Senat verlassen würde. Leider lehnte sie ab. Gleichwohl wollten wir Vertreter aller drei Parteien Neugebauers schmutzigem Spiel ein Ende setzen. Folgenden Satz verankerten wir im Forschungskapitel des Koalitionsvertrags:

»Standards für Führung und Compliance-Prozesse sind im Wissenschaftssystem noch stärker zu berücksichtigen.«

Wer mich kennt, weiß: Seit Jahrzehnten ist es mir ein unverzichtbares Anliegen, dass Führungshandeln mit gesetzlichen Vorgaben, Statuten, Leitbildern, Führungsgrundsätzen im Einklang steht. Mein Wertekanon ist an dieser Stelle unbeugsam. Die Satzung des Fraunhofer-Senats sieht keine Abgeordneten als Mitglieder vor, dafür andere Personengruppen (zum Beispiel externe Wissenschaftler), die Neugebauer seit Jahren übergangen hatte. Vorschriftsmäßig ist auch nicht, dass Regierungsfraktionen auf Vorschlag des Fraunhofer-Präsidenten Kandidaten finden und für den Senat nominieren – erst recht nicht, ohne zuvor den Senatswahlausschuss der Fraunhofer-Gesellschaft (dem ich als Staatssekretär damals angehörte) inhaltlich einzubinden. Zudem: Wie sollen Haushälter im Parlament unbefangen einen Haushalt genehmigen oder ablehnen, den sie vorab schon bei Fraunhofer abgesegnet haben?

Einer von Neugebauers Wunschkandidaten hieß Otto Fricke. Ich habe Neugebauer dreimal warnen lassen, Fricke und andere Haushälter nicht zu nominieren. Als er dies trotz Warnung wenige Tage vor der Senatswahl doch tat und die offizielle Tagesordnung samt den Namen seiner Kandidaten übermittelte (das waren neben Fricke Helge Braun, der frühere Kanzleramtsminister und jetzige Vorsitzende des Haushaltsausschusses, und der SPD-Abgeordnete Sönke Rix), trat ich voll auf die Bremse. Nach meinem Veto kamen bei den Senatswahlen mithin nicht Neugebauers Auserwählte zum Zuge, sondern echte Wissenschaftler, die im Senat jahrelang gefehlt hatten.

Als Otto Fricke von meinem Widerspruch gegen ihn und andere Haushälter erfuhr, beschwerte er sich bei der Ministerin, die sich daraufhin sorgte. Ich rief ihn an und musste minutenlang seiner Wut zuhören. Wie ich mittlerweile weiß, erging es einst einem Landesminister ähnlich, als Fricke sich übergangen und ausgebremst fühlte. Spät nachts, als die Würfel für den Fraunhofer-Senat gefallen waren, schrieb Otto Fricke mir seine bislang letzte SMS: »Wir haben nichts zu besprechen.« Das war vier Tage vor dem 19. Mai 2022.

Ich kann auch nicht völlig ausschließen, dass Ministerin Bettina Stark-Watzinger sich nicht ausreichend für meine Themen eingesetzt hat, um stattdessen das Forschungsschiff Polarstern II zu retten. Dabei hätte sie dann wahrscheinlich aus ihrer gefühlten Not heraus gehandelt. Wir hatten vor diesem 19. Mai 2022 im Bundesministerium für Bildung und Forschung (BMBF) unser Budget immer wieder genau unter die Lupe genommen. Aufgrund der zahlreichen fest fixierten Bund-Länder-Vereinbarungen und Pakte für Hochschulen und außeruniversitäre Forschungseinrichtungen war der finanzielle Spielraum für neue Themen derart begrenzt, dass neue Projekte sich nur gegenseitig kannibalisieren konnten. Wir suchen verzweifelt nach Wegen, diese und andere Großprojekte zu finanzieren. Dazu kamen in der mittelfristigen Finanzplanung von der Vorgängerregierung nicht berücksichtigte Risiken – einerseits im Pakt für Forschung und Innovation, andererseits bei dem Milliardenprojekt Teilchenbeschleuniger FAIR in Darmstadt.

Und es kann sein, dass mein damaliger Kollege Jens Brandenburg (als Parlamentarischer Staatssekretär im BMBF auch zuständig für den Kontakt zu den Haushältern und die Haushaltsverhandlungen) sich nicht für mich verkämpft hat. Er und SPD-Haushälterin Wiebke Esdar wussten sehr klar im Vorfeld, wo bei mir die rote Linie überschritten sein würde. Ich habe der Machtpolitikerin Esdar vielleicht sogar eine Anleitung gegeben, wie sie mich loswird. Frickes Wut kreuzte sich nicht nur mit Jens Brandenburgs Verhandlungsführung, die mir zu lasch war, sondern auch mit dem Willen der SPD-Haushälter, die mich kastrieren wollten. Vor allem Wiebke Esdar wollte mich bei DATI und SprinD zur lahmen Ente machen.

Das Knäuel an Interessenlagen ist letztlich unentwirrbar. Aber alles zahlte am Ende darauf ein, meine Projekte zu massakrieren und mich mürbe zu machen. Der Journalist Christian Füller hat in *Table.Bildung* geschrieben: »Wer Thomas Sattelberger kennt, der weiß, dass das nur als Demütigung von ihm aufgenommen werden konnte.«

Wiebke Esdar hatte sicher andere Beweggründe als der nach Vergeltung suchende Otto Fricke. Der taktisch wendige Jens Brandenburg war anders gepolt als Bettina Stark-Watzinger. Dass ich stehenden Fußes den Bettel hinschmeißen würde, damit hatte wohl niemand gerechnet – außer Reimund Neugebauer. Eingeweihte berichteten mir, dass er sich in einer Fraunhofer-Vorstandssitzung nach meinem Rücktritt damit gerühmt habe, mich »höchstpersönlich entsorgt« zu haben. Als ich ihn damit konfrontierte, stritt er alles ab und behauptete, von Neidern und Böswilligen umgeben zu sein.

All dies illustriert trefflich, welche Möglichkeiten ein Politiksystem bietet, um anderen ein Bein zu stellen. Diese Möglichkeiten sind sehr viel vielfältiger als in der Wirtschaft. Die Politik ist ein System organisierten Misstrauens, in dem so viele bei Verdienst und Berufsweg abhängig sind vom parlamentarischen Futtertrog. In der Wirtschaft hingegen herrscht zumindest in weiten Teilen ein System dosierten und konditionierten Vertrauens, das zudem variantenreicher ist, wenn es darum geht, Geld zu verdienen und Karriere zu machen.

Inzwischen ist mehr als ein Jahr vergangen, und es gibt gerade einmal einen abgemagerten Gesetzentwurf für SprinD, der sowohl dem Forschungsministerium als auch dem Finanzministerium nach wie vor ermöglicht, die Freiheitsräume der SprinD signifikant einzuschränken. Und es gibt immer noch kein neues Konzept für die DATI, sondern lediglich zwei Förderlinien nach alter Projektförderlogik. Den Geist einer freiheitlichen Agentur atmen sie nicht.

Deutschlands politisches System schickt nicht nur miteinander im Wettbewerb stehende Parteien und Fraktionen in den Konkurrenzkampf. Auch innerhalb einer Fraktion ringen inhaltlich gleich oder ähnlich Gesinnte ständig miteinander um Macht und Einfluss. Es ist beinahe gleichgültig, ob man gegeneinander opponiert, miteinander koaliert oder derselben Fraktion angehört: immer geht es am Ende darum, wer sich durchsetzt. Machtsicherung und Machterhalt sind die zentralen Motive. Ihnen ordnen sich alle anderen Überlegungen unter. Zwei Archetypen dabei: der opportunistische Politiker und der ideologisch verblendete Politiker.

Im Gegenüber immer Freund und Feind zugleich zu sehen, das führt gerade beim Archetypen des opportunistischen Politikers zu einem fluiden Rollenspiel, in dem niemand unverbrüchliche Treueversprechen geben, halten oder an sie glauben kann. Dies prägt den Charakter der Akteure bis ins Mark. Unbestritten gibt es auch Politiker, die transparent, werte- und prinzipiengeleitet ihren Weg gehen – aber sie befinden sich in der Minderheit. Die große Mehrheit des ersten Archetyps verflüssigt in ihrer Persönlichkeit, und zwar nicht nur wie ein Chamäleon an der Oberfläche, sondern tief in ihrem Wesen. Denn dieses ununterbrochene Rollenspiel zwingt Politiker jeden Tag zum Kampf um ihre innere Unabhängigkeit. Nur wenige muten sich diesen Kraftaufwand zu; sie ergeben sich situativ oder gleich generell. Und dies hat nicht nur Konsequenzen für die eigene Seele, sondern auch für die Qualität der eigenen Arbeitsergebnisse. Wer sich nirgends eine Blöße geben will, wer keine Verwundbarkeit oder Achillesferse offenbaren kann, muss schlüpfrig durchkommen, darf nicht anecken, muss an seine inhaltliche Substanz gehen. All dies endet im Mittelmaß – für den einzelnen Abgeordneten wie für das Parlament insgesamt.

Beim zweiten Archetypen, dem ideologisch verblendeten Politiker, steht die geistige Verengung im Vordergrund. Er ist nicht transparent und wertegeleitet und auch nicht unabhängig im Urteil, sondern im Urteil stets bereits fixiert. Dies führt zu einer taktischen Unberechenbarkeit, fast, als sei er eine Marionette fremder Mächte trotz seiner sehr berechenbaren Grundlinie. Dabei ist er unschlüpfrig, konsequent, in der Sache kompromisslos und ohne Mittelmaß – außer es ließe sich über einen Kompromiss das noch höhere Ziel erreichen: der Sieg für die große Sache.

Auch im größten Feuersturm den Rücken gerade zu machen wie einst Bundeskanzler Helmut Schmidt bei der damals hochumstrittenen Stationierung der Mittelstreckenraketen in Europa zu Beginn der 1980er Jahre oder wie Gerhard Schröder bei den einschneidenden Hartz-Reformen Anfang des neuen Jahrtausends: das heißt auch immer, die eigene politische Existenz aufs Spiel zu setzen, um das inhaltlich Richtige durchzusetzen. Genauso gehört dazu, zurückzutreten, wenn man eine inhaltliche Entscheidung nicht mittragen kann. Sabine Leutheusser-Schnarrenberger legte 1995 ihr Amt als Bundesjustizministerin nieder, weil sich ihre FDP für den sogenannten Großen Lauschangriff entschieden hatte.

Horst Seehofer trat 2004 als CDU/CSU-Fraktionsvize im Bundestag zurück, weil er den Koalitionskompromiss bei Gesundheitsreform und Kopfpauschale für grundlegend falsch hielt. Nennen möchte ich auch den wackeren Wolfgang Bosbach, der als Bundestagsabgeordneter stets so meinungsstark auftrat, dass er trotz jahrzehntelang CDU-geführter Bundesregierungen nie ein Regierungsamt erhielt. Ich selbst bin nicht der großen Staats- oder Parteiräson wegen zurückgetreten. Mir ging es um professionelle Kernfragen, die meinen Rücktritt unumgänglich machten.

Starke berufliche und damit karrierekritische Standpunkte setzen indessen voraus, dass man sich tief eingearbeitet hat. Nur auf der Grundlage hoher Professionalität ergibt es Sinn, für seinen Standpunkt das eigene berufliche Fortkommen in die Waagschale zu werfen. Und nur auf der Grundlage innerlicher und äußerlicher Unabhängigkeit kann man sich solche existenziellen Standpunkte leisten. Wer außerhalb der Politik kaum beruflich vermittelbar ist, wird diese Karriere nicht riskieren (können).

Im Kapitel »Macht und Ohnmacht« beschreibe ich mich in einer Anekdote als jemanden, der im Spiel der Mächtigen nur noch eine Figur auf dem Schachbrett war. Das politische Berlin ist ein Schachbrett mit unzähligen Spielern, die sich dem Wahn hingeben, sie würden ihre Figuren ziehen oder seien selbst mächtige Figuren. In den Sekunden meiner Rücktrittsentscheidung fühlte ich mich an oder auf diesem Schachbrett ohnmächtig. Ich hatte nur noch die Wahl, mir ein neues Schachbrett zu suchen oder zu schnitzen, um meine Ehre zu wahren.

Eine Lebensaufgabe: die eigene, radikale Transformation

»Werde der, der du bist.« Dieser Satz des Lyrikers Pindar, der von 518 bis 442 vor Christus lebte, begegnete mir erstmals im Griechischunterricht am humanistischen Eberhard-Ludwigs-Gymnasium in Stuttgart. Ein paar Jahre später las ich Hermann Hesses »Siddharta« zum ersten Mal. Dieser wandlungs- und transformationsbereite Siddharta auf seiner Suche nach Sinn und Zweck der eigenen Existenz hat mich in jungen Jahren zutiefst beeindruckt und bis heute nicht losgelassen. Denn mir wurde immer klarer: Erkenntnisse über die eigene Transformationsfähigkeit und -motivation sind die Voraussetzung dafür, andere der Transformation auszusetzen.

Ich übersetze Pindar so: Wir entdecken unsere Identität erst im Wandlungsprozess. Mensch zu sein heißt, sich selbst und die eigenen Potenziale in Erfahrung zu bringen, auch Sünde und Laster zu akzeptieren – die Schattenseiten des Selbst genau so als Element unseres Daseins zu verstehen wie die Sonnenseiten. Siddharta lehrt uns, dass solche Erkenntnisse nicht vom Himmel fallen, sondern sich oft erst nach Bewältigung verschiedenster Lebensphasen erschließen. Das eigene Leben ist eine stete Transformation. Einfluss haben wir auf Geschwindigkeit, Richtung und Intensität.

Sich zu verändern heißt: sein Selbst zu werden

»Man muss sein Leben aus dem Holz schnitzen, das man zur Verfügung hat.« Dieser realpolitische Satz von Theodor Storm gefällt mir. Zumal man mit zunehmenden Jahren auf immer mehr Holz zurückgreifen kann – wie eine an Jahresringen zulegende Eiche. Von Lebensphase zu Lebensphase gleiten, schlittern oder stürzen viele von uns, oft in krisenhaften Übergängen, die unser Leben fast selbstverständlich spicken und dabei katalysatorisch wirken. Das reicht von der Midlife-Krise über die Angst vor dem Alter bis zu den *upending experiences,* unser Leben umstülpenden Ereignissen, wie sie der Psychologe Edgar Schein nannte: der Verlust geliebter Menschen oder die plötzliche Kündigung. Musterähnliche Transformationsereignisse prägen auch Gesellschaften und Volkswirtschaften.

Denn ökonomisch-gesellschaftliche Entwicklungen fußen auf dem Prozess kreativer Zerstörung. Interessant: Dieser Gedanke taucht ebenfalls bei Siddhartha auf; auch den Hinduismus prägt der Gedanke, dass ohne Zerstörung kein Neubeginn möglich ist.

Wie viel Joseph Schumpeter vom Hinduismus hielt, weiß ich nicht. Er war jedenfalls der erste Ökonom, der nicht nur den Begriff der schöpferischen Zerstörung geprägt hat, sondern auch den des innovativen Unternehmers, der Mittelmaß hasst, Leistung liebt und gegen die Widerstände des Establishments Innovation vorantreibt.

Weiterentwickelt hat diese Theorie der leider viel zu früh verstorbene Clayton Christensen in seinem Buch »Innovator's Dilemma«. Christensen zufolge werden erfolgsverwöhnte Institutionen immer innovationsärmer, arbeiten überwiegend mit *sustaining technologies,* so dass sie schließlich von innovativen Organisationen mithilfe von *disrupting technologies* vom Thron gestürzt werden.

Wer dieses Absturzrisiko verringern will, muss sich ambidexter, also beidhändig aufstellen. Bei der Ambidextrie handelt es sich um eine empirisch belegte Organisationstheorie, die deutlich macht, dass nur resilient und zukunftsfähig ist, wer neben soliden Standbeinen auch mit experimentellen Spielbeinen arbeitet. Genau dieses Prinzip gilt auch für jede einzelne Person, die sich ins (Berufs-)Leben begibt oder darin steht.

Routinen sind wichtig, weil sie Halt, Orientierung und Gewissheit geben. Aber in ihnen blüht man nicht auf. Dafür müssen wir Neues entdecken, bislang unerklommene Berge überwinden. Manchmal brauchen wir große Herausforderungen, ohne die wir nie herausgefunden hätten, was in uns steckt. Ein ewiges Prinzip, das für Menschen, Organisationen, Nationen gleichermaßen gilt.

Ich hatte schon früh im Leben den unbändigen Willen, mein Leben nach meinen Vorstellungen zu prägen und nie ein »Opfer der Umstände« zu werden. Ich wollte nie die Miniaturausgabe von Mutter oder Vater sein oder anderer etwaiger Vorbilder (die ich nie hatte). So etwas endet meist in einer Karikatur.

Das eigene Wertegerüst wächst erst im Wandel der Zeiten. Auch Siddharta hat ohne Werte angefangen. Gerechtigkeitsfanatiker, der ich bin, ging ich als Teenager den Maoisten auf den Leim und habe mich von ihrer trügerischen Ideologie verführen lassen. Das Erwachen in jungen Jahren war bitter.

Dies im Hinterkopf habe ich mich oft gefragt, ob aus mir wohl auch ein strammer Hitlerjunge geworden wäre, hätte nicht die Gnade meiner Geburt nach dem Krieg dies ohnehin verhindert. Ich fürchte: ja. Jedenfalls, solange mir kein schreiendes Unrecht begegnet wäre. Da hätte ich aller Erfahrung nach revoltiert. Und zur Gnade gehört wohl dazu, dass ich meine Maoisten ungeschoren verlassen konnte, als dies in der Hitlerjugend möglich gewesen wäre.

Sich zu fragen, wie das Aufwachsen in Unrechtsregimen oder autoritären Umständen einen selbst geprägt hätte, halte ich für wichtig, auch wenn es hypothetisch ist. Es schärft unser Sensorium, unseren inneren Kompass in transformativen Zeiten.

Walk the talk!

Dieses Buch beginnt auch deshalb mit einem Kapitel über die eigene Transformation, weil man anderen nichts vermitteln kann, was man nicht selbst lebt, nicht selbst längst kritisch hinterfragt hat. *Walk the talk!* Wer an seine eigenen Worte nicht glaubt und seine eigenen Appelle nicht selbst lebt, wird schnell entlarvt. Ich habe außerdem immer wieder erlebt, wie wichtig der Rückgriff auf das eigene Innenleben ist, auf die eigenen Gefühlswelten, die eigene Sensorik, wenn man die Realität erfassen will. Insofern ist der Bezug auf das Ich immer Dreh- und Angelpunkt, erst recht in der Krise. Und in der Krise stecken wir.

Unser Land ist voll auf der Rutsche nach unten. Und auf dieser Rutsche gibt es keinen Halt mehr. Deutschland ist der kranke Mann Europas. Punkt. Das ist nicht das Tragische. Entscheidend wird sein, ob es uns gelingt, Deutschland am Wendepunkt zu sanieren und zu erneuern. Aufstieg und Fall von Nationen sind genau so normal wie Höhen und Tiefen des menschlichen Lebens. Den Schmerz der Krise zu ertragen ist oft wichtiges Arzneimittel für die Gesundung. Und hier schließt sich ein Kreis. Denn für diese Transformation braucht es Führende, die wissen, wie es ist, wenn man Transformation selbst durchschreitet. Schönwetterkapitäne des eigenen Lebens helfen uns nicht weiter, wenn wir gemeinsam mit anderen glaubwürdig einen neuen Anfang gestalten wollen.

Schmerz ist lehrreicher als Schönwetter

Dass wir überhaupt einen inneren Kompass entwickeln, ist meines Erachtens eine Frage der Erziehung – früher hätte man gesagt: des Elternhauses. Werte fallen uns nicht zu. Es bedarf der frühen und manchmal auch hartnäckigen Vermittlung durch Bezugspersonen, dass all dies wichtig ist: offen für Neues zu sein, sich nicht über andere Menschen zu erheben, ehrbar zu arbeiten.

Alles muss sich ändern, damit alles bleibt, wie es ist. Dieser Aphorismus aus dem Roman »Der Leopard« von Giuseppe Tomasi di Lampedusa bringt mich zu der Frage, wie weit Transformation gehen kann und soll. Wohnt uns ein nicht einschmelzbarer, völlig unflexibler Kern inne, dem auch die krassesten Umstände nichts anhaben können – der aber mit uns stirbt? Oder sind wir alle Chamäleons, die dadurch, dass wir mit den Umständen gehen, nicht untergehen?

Luchino Viscontis Verfilmung des »Leoparden« habe ich 1963 übrigens in Stuttgart im Kino gesehen. Meine Mutter gab mir das Geld für die Eintrittskarte. Das war nicht selbstverständlich in unserem sparsamen schwäbischen Haushalt. Ob sie in der *Stuttgarter Zeitung* eine Rezension gelesen hatte? Ob es ihr um meine Bildung ging? Oder sie mir einfach einen vergnüglichen Nachmittag gönnen wollte? Ich weiß es nicht.

Viele Eltern bauen heute Schutzräume auf. Meine hingegen haben mir immer neue Experimentierräume eröffnet: Abenteuertouren mit den Pfadfindern zum Beispiel oder mein (damals noch ungewöhnliches) Schuljahr in den USA. Sie blieben sogar recht tolerant, als ich als APO-Gymnasiast aus allem auszubrechen versuchte.

Mich haben neben meinen Eltern sicher einige Lehrer früh geprägt und ein aus meiner damaligen Sicht älterer Pfadfinderkamerad, der sich später übrigens entschied, Priester zu werden. Er hieß Jossip und trat für Schwächere ein. Wir waren in den Pyrenäen unterwegs, und die älteren Jungs überboten sich darin, immer noch schwierigere Routen für die nächsten Tage zu finden, um ihre juvenile männliche Härte zu demonstrieren. Ich war 13 Jahre alt, einer der Jüngsten, und wir stöhnten gewaltig unter den Strapazen. Jossip plädierte ein ums andere Mal für leichtere Routen und mehr Pausen, um uns Knirpse zu schonen. Das gipfelte schließlich darin, dass der Anführer unseres Pfadfinderstamms ihn abends am Lagerfeuer niedermachte und ihm roh sein Pfadfindertuch vom Hals nahm. Ich habe diese entwürdigende Szene nie vergessen.

An Jossip habe ich auch gedacht, als ich 1984 in Bethel, einem kleinen Ort im US-Bundesstaat Maine, die Mission meines Lebens formulierte, ich komme gleich darauf zurück. Jossip war einer, der aufgrund seines charakterstarken Einsatzes für Schwächere entehrt wurde. Dass ich dagegen in den Pyrenäen als kleiner Pimpf nichts tun konnte, beschämte mich.

Haben Sie schon einmal von Viktor Frankl gehört? Eine internationale Koryphäe der Neurologie. Seine Schriften habe ich in jungen Jahren verschlungen – allem voran sein 1946 erschienenes Buch »... trotzdem Ja zum Leben sagen. Ein Psychologe erlebt das Konzentrationslager«. Frankl hat vier Vernichtungslager überlebt, darunter Auschwitz. Und er hat eindrucksvoll beschrieben, wie man unter erbarmungslosesten Umständen bei sich bleiben oder sogar zu sich finden kann. Er verfasste 32 Bücher, die in 49 Sprachen erschienen, gilt als Begründer der Logotherapie und hatte am Ende seines Lebens 29 Ehrendoktorate erhalten.

Warum erwähne ich das? Weil ich eine Lanze brechen will für all jene, die ihr Schicksal nicht unguten Umständen in den Schoß legen, sondern ihr Leben und mithin ihr Potenzial in die Hand nehmen und entfalten. Und diese Potenzialentfaltung hat immer damit zu tun, wie viel Angst ich vor Unbekanntem habe. Und wie man Angst bewältigt: Indem man durch sie hindurchgeht. »If you're going through hell, keep going«, hat Winston Churchill gesagt.

Gehaltvoller hat es der legendäre Verhaltenspsychologe David Mc-Clelland formuliert. Zu ihm bin ich Anfang der 1990er Jahre nach Boston gepilgert; ich wollte mehr darüber erfahren, wie Leistungsexzellenz entsteht. McClelland zufolge spielen bei der Selbstmotivation vier zentrale Motive eine Rolle: Macht (*power*), Leistung (*achievement*), sozialer Anschluss (*affiliation*) und Angst vor dem Versagen (*need for avoidance*). Eines davon ist laut McClelland bei jedem Menschen das Hauptmotiv. Meines ist unschwer zu erkennen: aus einer Nichtakademikerfamilie ist mir der Aufstieg (hart gesagt: der Ausstieg) gelungen. Meinen Antrieb, Spitzenleistung zu zeigen, habe ich bis heute nicht verloren. Tag um Tag wächst mein Widerwille gegen all diejenigen, die mit persönlichem Mittelmaß oder Schlimmerem das Leistungsprinzip untergraben und damit nicht nur sich selbst in den Abstieg führen, sondern auch andere in unserem Land.

Ich bin selbst alles andere als furchtlos. Ich ängstige mich um meine Nächsten, wenn sie krank sind. Ich fürchte mich vor Schlangen und vor dem Tod. Aber ich bin oft bereiter als andere gewesen, neue Territorien zu betreten und mir dort meine Meriten zu erwerben.

Im Alter von Ende 20 kam ich auf die Idee, meine Gedanken über persönliche und berufliche Lebensgestaltung aufzuschreiben. Es reichte mir nicht, nur mein berufliches Umfeld auf subtile Weise zu beeinflussen. Ich wollte prägen! Mit einem gedruckten Buch und Luther'scher Unerschütterlichkeit im Dogma.

Über zwei Jahre lang schrieb ich mit zwei Co-Autoren an dem 1981 erschienenen Werk »Life-Styling. Dem Leben einen Sinn geben«.

Ich habe darin entwicklungspsychologische Kapitel verfasst über Fragen, wie man zum Produkt seiner Umwelt wird und wie man umgekehrt seine Umwelt prägen kann. Wir forderten unsere Leser auf, die eigene Begräbnisrede zu schreiben und sie mit anderen zu besprechen, um sich Lebensziele vor Augen zu führen und dazu Feedback zu erhalten. Ein Projekt, für das man sich im hektischen eigenen Alltag durchaus Zeit nehmen muss, wenn man Kurs halten will.

Finde dein Lebensthema!

Im Jahr 1984 bin ich auf ein Selbstfindungsseminar in das eben schon erwähnte Bethel im US-Bundesstaat Maine gefahren. Am National Training Laboratories Institute for Applied Behavioral Science (1947 gegründet und Wiege der Gruppendynamik und Organisationsentwicklung) legten wir uns auf den Boden auf eine große Pappe; jemand anderes hat dann unseren Umriss eingezeichnet wie bei einem Mordopfer. Und in diesen Umriss mussten wir schreiben, wozu wir auf der Erde waren. Ich schrieb:

> *I myself stand for honesty, clarity and justice especially for the needy ones, the weak and the poor. I want to enrich and contribute in humanizing the culture of my organization. I do this by creating an environment for people to link, share ideas and create creative solutions. In this process I am infusing people with my enthusiasm, heartblood and energy. By accepting the help of my friends I ensure my health and my ability to love.*

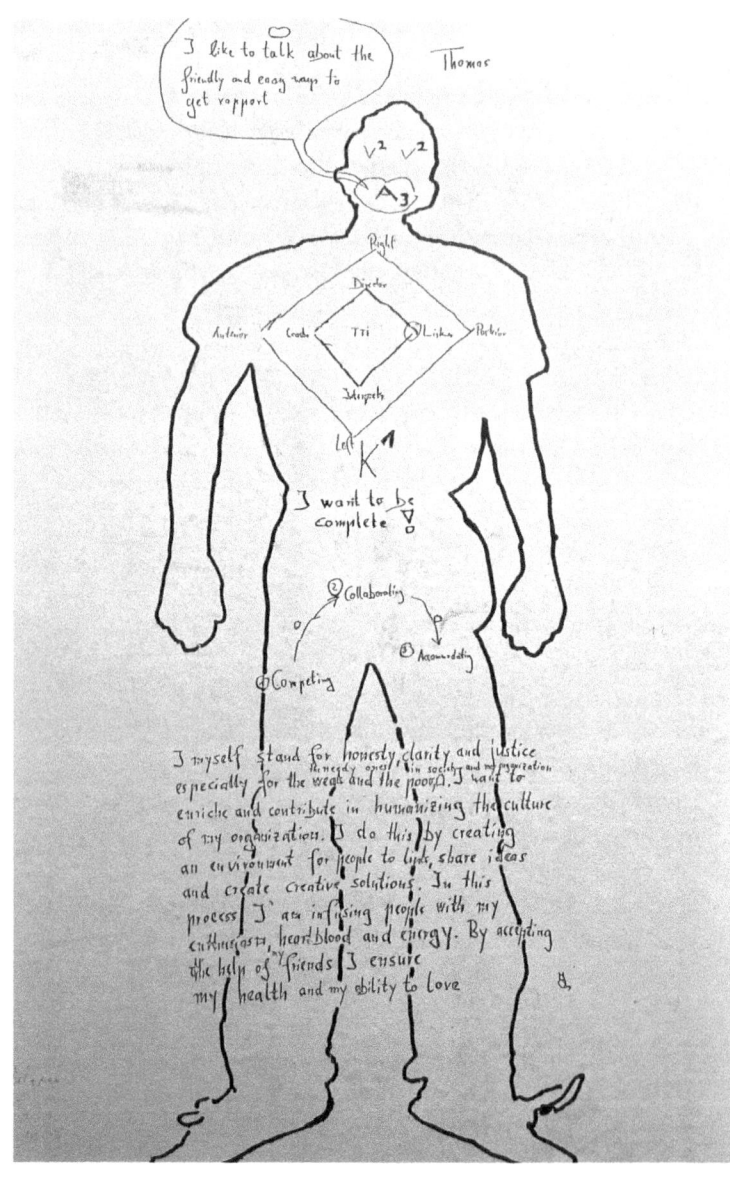

Ich muss schon schmunzeln, wenn ich das lese. Ganz so schwülstig würde ich das heute nicht mehr formulieren. Und ich habe seitdem etliche Sünden, Fehler und Irrungen begangen. Im Alter von 35 Jahren und als einfachem Abteilungsleiter war mir noch nicht klar, dass man auf dem Weg zum Topmanager fast zwangsläufig einiges an Unschuld verliert.

Denn im Management begegnen einem ja nicht nur Wachstum, Potenzialentfaltung und steigende Börsenkurse. Ein Gutteil der Arbeit besteht aus Restrukturierung, Effizienzsteigerungen, Rationalisierung, Kostensenkung. Das erleben heute auch die US-amerikanischen Digitalgiganten, die sich über die Jahre von Innovationslaboren in Effizienzmaschinen gewandelt haben. Transformation ist nicht nur gut und edel, sondern mindestens genauso oft schmerzlich und derb.

Ich habe Werke in Deutschland schließen müssen, Tausende Jobs ins Ausland verlagert und immer wieder harte Arbeitskämpfe mit den Gewerkschaften ausgetragen. Mit Ausnahme eines Conti-Werks in Hannover stand ich aber in der Sache immer dahinter. Wir haben Restrukturierung nie betrieben, nur um die Gewinne für die eigene Tasche zu steigern – so oder ähnlich lautet ja oft der böse Vorwurf. Sondern wir haben unser Unternehmen im internationalen Wettbewerb klug und wetterfest aufstellen wollen. Manchmal muss man einen Arm oder ein Bein amputieren, damit der Mensch überlebt. Dieses Prinzip aus der Notfallmedizin gilt auch in der Krisenökonomie von Unternehmen.

Mit all diesen Abstrichen glaube ich aber: Im Kern habe ich in meinem Berufsleben das Muster leben können, das ich mir in Bethel vorgenommen hatte. Auf Basis meiner Gedanken über die eigene Transformation und meiner Erfahrungen in Bethel entwarf ich jeweils bei meinen Arbeitgebern MTU, Daimler-Benz Aerospace und Lufthansa ein neues Geschäftsfeld der Personalentwicklung: die *lebensphasenorientierte* Personalentwicklung.[*] Dazu gehörten Seminare wie »Krise in der Lebensmitte« oder »Vorbereitung auf den Ruhestand« oder Hilfe für junge

---

[*] Wer mehr darüber lesen möchte, wird im Kapitel »Lebenszyklusorientierte Personalentwicklung« in meinem Buch »Innovative Personalentwicklung« aus dem Jahr 1989 fündig.

Menschen in der Quarterlife-Krise, in der sie darüber nachsinnen, ob es für sie überhaupt einen richtigen Job geben kann.

Potenzialentfaltung sowie Aufbau und Nutzung von Humankapital in Transformationsphasen wurden meine Lebensthemen. Letztlich ist Humankapital nichts anderes als der kollektivierende betriebs- und volkswirtschaftliche Blick auf individuelle Potenzialentfaltung. Dass dieser Begriff im Jahr 2004 zum Unwort des Jahres erklärt wurde, empfinde ich bis heute als Skandal. Natürlich sind Menschen kein Kapital! Gleichwohl sind Wissens- und Erfahrungskapital in einem ökonomischen Kontext legitime Begriffe.

Meine eigenen Reflexions- und Auszeiten bestanden immer darin, zu lesen, zu sinnieren und zu schreiben, also kräftig *armchair theorizing* zu betreiben, mich in einem bequemen Fauteuil oder am Hotelpool auf den intellektuellen und seelischen Hosenboden zu setzen, dabei Gedanken zu entwickeln und sie am Ende zu prägen in gedruckte Texte. Voraussetzung ist natürlich, dass man in der Vielfalt der Ereignisse, die man erlebt oder mitgestaltet, Muster erkennt, über die nachzudenken sich lohnt.

Die eigenen Erfahrungen aufzuschreiben und daraus rückblickend allgemeine Schlüsse für andere zu ziehen, darin war ich immer gut und auflagenstark. Auf meine zukunftsschauenden Bücher indessen bin ich allerdings bis heute sehr viel stolzer und stoße immer noch auf moderne Anregungen darin. Aber diese Werke fanden deutlich weniger Leser.

Wenn man ein Sachbuch schreibt, legt man im Grunde nichts anderes an als eine Landkarte für bislang unzulänglich erforschtes Territorium: einen Dschungel, in den es Schneisen zu schlagen gilt. »The map is not the territory«, hat der polnisch-amerikanische Semantiker Alfred Korzybski gesagt. Damit meinte er, dass die Landkarte immer nur eine Reduktion, ein bestimmter Blick auf den Dschungel sein kann, aber nie die Realität selbst. Gleichwohl hat mir persönlich das Zeichnen der Schneisen, Trampelpfade, Wege und Begrenzungen immer sehr geholfen. Denn so habe ich mich dem Territorium praktisch annähern können. Oder ich habe, nach intensiver Begehung, Muster ableiten und damit die Landkarte erstellen können. Ein Territorium ohne Karte ist so sinnlos wie eine Karte ohne Territorium. Außer, man möchte Berater werden ...

Work-Life-Balance: oft Fluchtweg der Müden und Trägen

Meine Themen entstehen in Auseinandersetzung mit mir selbst. Ich bin mein eigener Sparringspartner. Und es war mir zeitlebens wichtig, meine Profession mitzuprägen und mehr zu hinterlassen als Fußstapfen im Schnee.

Und so beginnt auch meine Antwort auf die Frage, warum ich mich nach einem langen und erfolgreichen Berufsleben nicht darauf einlassen wollte, die oft beschworenen Früchte meiner Arbeit zu genießen. Ich hatte das Ende meiner eigenen Transformation noch nicht beschlossen! Beruflichen Erfolg habe ich nie als Mittel begriffen, um mir ein angenehmes Leben zu bereiten. Wie ein Hund leide ich, wenn Potenzial brachliegt. Am allermeisten, wenn es um mein eigenes Potenzial geht.

Ich kann nicht im Liegestuhl liegen und den lieben Gott einen guten Mann sein lassen. Ich will selbst ein guter Mann sein. Und der ruht nicht, sondern erschafft etwas Sinnvolles. Das Arbeitsethos der Calvinisten hat mir immer imponiert. Was Buße angeht, da bin ich eher Katholik.

Etliche meiner ehemaligen Topmanager-Kollegen haben sich nach der Pensionierung eine Finca unter südspanischer Sonne zugelegt und ergehen sich jetzt in der Gartengestaltung oder dem Golfspiel. Ich kann damit nichts anfangen. Ich kann ja auch mit dem Begriff *Ruhestand* nichts anfangen, sondern habe ihn für mich immer als *aktiven Unruhestand* definiert. Es enden doch die Talente und Begabungen nicht fristgerecht mit dem 65. Geburtstag!

In meinem Lifestyling-Buch von 1981 habe ich zum ersten Mal Gedanken aufgeschrieben über die Balance von Arbeit, Freizeit und Ruhe. Ruhe liegt mir überhaupt nicht. Ich erkenne an, dass andere Menschen ganz offenbar das Bedürfnis danach haben. Nicht ganz ausreden lasse ich mir allerdings, dass das Ruhebedürfnis bei vielen gesunden Menschen geringer wäre, hätte sie oder er sinnstiftendere Aufgaben.

Mein mangelnder Ruhebedarf fußt, wenn Sie mich fragen, vor allem darauf, dass ich Arbeit nicht als lästige Pflicht definiere, sondern als Chance, etwas zu erschaffen. Genau so breit ist mein Begriff von Arbeit im gesellschaftlichen Rahmen. Arbeit, das ist nicht nur die tarifgebundene Festanstellung. Sondern genau so die in einer Familie für Jung und Alt anfallende Care-Arbeit, Engagement im Ehrenamt oder Unternehmertum und Gründung. Man ist gefordert, ständig neue Herausforderungen zu lösen. Und diese gestalterische Tätigkeit im Überwinden von Hürden ist eine konstitutive Bedingung dafür, Mensch zu sein. Da gibt es auch keine starren Grenzen zwischen Lebenssphären. Fortschrittliche Organisationen, Unternehmen, Verwaltungen wissen das.

Anfang März 2022 ließ ich mich als Parlamentarischer Staatssekretär im Magazin *Human Resources Manager* mit dem Satz zitieren: »Work-Life-Balance ist ein Konzept für Menschen, die ihre Arbeit als nicht sinnvoll empfinden.« Der Personalrat des Bundesforschungsministeriums forderte mich daraufhin auf, um Entschuldigung zu bitten, mein Zitat widerspreche den Grundsätzen des Hauses.

Ich entgegnete, kein Interview über den öffentlichen Dienst gegeben zu haben, sondern über Personalarbeit in Wirtschaft und Verwaltung. Ein allein seligmachender Weg der Lebensführung sei mir fremd. Und im Übrigen seien mir im Ministerium etliche Menschen bekannt, die zwischen Arbeit und Leben gar nicht böse trennten, sondern richtig litten unter dem Work-Life-Dogma, das schließlich nur so sprühe vor Mittelmaß. Der Personalrat beschwerte sich sodann über mich bei meiner Ministerin. Die entschied, ich hätte nicht für das Ministerium gesprochen, sondern mich persönlich geäußert.

Gefragt habe ich mich damals schon, wie tief sich die Work-Life-Ideologie schon in die Gehirne gefressen haben muss, dass Arbeitnehmervertreter selbst dann auf die Barrikaden gehen, wenn die Realitäten ganz andere sind. Selbst die Analysen und Studien des roten Bundesministeriums für Arbeit und Soziales (BMAS) arbeiten immer wieder heraus, dass eine Hälfte der arbeitenden Bevölkerung nicht primär der

Work-Life-Balance anhängt, sondern sich das Leistungsprinzip zu eigen macht. Die Antwort findet sich wohl in der selektiven Wahrnehmung eines Gremiums, das überwiegend mit Problemen konfrontiert ist und Chancen kaum noch sieht.

Klar, ich liebe plakative, provozierende Sätze. Und natürlich weiß ich, dass es zahllose Jobs gibt, in denen Menschen unterbezahlt sind, leiden und manchmal sogar daran zugrunde gehen. Deshalb liegt mir so sehr daran, Wege aus solchen Jobs heraus zu suchen. Das ist eine viel bessere Methode als das vermeintlich fürsorgliche Vorgehen linker Politiker, die prekäre Jobs vor allem mit Geld einzuhegen trachten. Wer wirklich helfen will, muss an die Wurzel. Der muss Bedingungen schaffen für sinnvollere Arbeit, in der Menschen gestalten und sich weiterentwickeln können. Dazu später mehr.

Ich würde gerne mehr Aufraffen spüren. Stattdessen ergießt sich die zähe Work-Life-Soße über unser Land. Arbeit brandmarken immer mehr Zeitgenossen als etwas, das unserer Gesundheit abträglich ist, von dem sie sich möglichst fernhalten wollen. Selbst hochbegabte, leistungsfähige und -willige Menschen lassen sich von dieser Ideologie mittlerweile domestizieren. Weder die BioNTech-Gründer Özlem Türeci und Ugur Sahin würden mit Work-Life-Ideologie ihre Ziele erreichen noch die Lufthansa-Krisenteams oder die Tesla-Mitarbeiterschaft in Brandenburg. Sich aufzuraffen, anzupacken, nachhaltig Leistung zu bringen: Das müssen wir bereits in sanfteren Zeiten trainieren – nicht erst dann, wenn es nicht mehr anders geht.

Aus dem Niedergang der antiken Zivilisationen Roms und Athens lässt sich bis heute einiges lernen. Der Tipping Point, an dem eine Nation zerbricht, ist dann gekommen, wenn ihre innere Leistungskultur und -moral so verludert sind, dass auch ihre institutionelle Hülle, ihr rechtlicher und militärischer Rahmen keinen Widerstand mehr leisten können gegen Feinde von innen oder außen.

Sinnvolle Arbeit schafft Lebenssinn. Bekämpfen müssen wir sinnlose Arbeit!

Im Magazin *brand eins* erschien 2014 das Porträt »Der getaktete Mensch« über mich. Autor Harald Willenbrock beschreibt mich als rastlosen, getriebenen Zeitgenossen, der von der Arbeit nicht lassen kann. Dass mir Müßiggang sinnlos vorkommt und ich nicht nach schierem Zeitvertreib giere, sondern nach sinnvollen Aufgaben strebe – das hat er für meinen Geschmack nicht ganz so gut herausgearbeitet. Vielleicht hat er aber auch schlicht die Depression hinter all meinen Aktivitäten erkannt?

Mein durch nichts zu bremsender Schaffensdrang mag auf andere zwanghaft wirken, für mich ist er Lebenselixier. Ich verstehe mich nicht in erster Linie als Arbeitstier, sondern als einen Menschen mit Talent, etwas zu bewirken – hoffentlich genügend Gutes! Und ein solches Talent gebe ich nicht freiwillig an der Garderobe ab. Hinzu kommt bei mir: grenzenlose Neugier, vor allem auf bislang nicht entdeckte eigene Fähigkeiten. Die offenbaren sich nur, wenn man aus seinen Routinen ausbricht, unbekanntes Terrain betritt und schaut, was mit einem passiert.

Vakuum in meiner Transformation hat mich depressiv gemacht

Nach meinem Ausscheiden bei der Telekom habe ich mich nicht sofort in die Politik gestürzt. Ich habe mir eher leichte Beschäftigungen gesucht und mir einen Rucksack voller Aufsichtsratsmandate, Beiratsfunktionen und zivilgesellschaftlicher Projekte zugelegt. Mein Engagement für die Nationale Initiative MINT Zukunft und für den NewWork-Award zum Beispiel, bei der Hochschulallianz für den Mittelstand, im Beirat für Innere Führung der Bundeswehr, beim Deutschlandstipendium. Mit TUM-Professorin Isabell Welpe habe ich in München Change-Kongresse organisiert über die Zukunft Deutschlands, über MINT und Diversity und das Demokratische Unternehmen mit jeweils mehr als 1000 Teilnehmern.

Beim Automobilzulieferer Faurecia saß ich dem Aufsichtsrat vor. Nach meinem Gastbeitrag »Wir hier oben« in der *Zeit* im Juni 2016 über Macht und Selbstherrlichkeit der Volkswagen-Chefetage hat man mich auf Betreiben ebenjener Etage freundlich aus dem Aufsichtsrat hinauskomplimentiert. Dies hielt mich nicht davon ab, über meine »Führungszeugnis«-Kolumne im *manager magazin* und in etlichen Gastbeiträgen in großen deutschen Zeitungen Wirtschaft und Gesellschaft intensiv und ohne Furcht vor Königsthronen zu kommentieren oder hart aufzuspießen – aber eben nur von der Seitenlinie.

All dies waren Schiffchen auf dem See, die ich vom Ufer aus dirigieren konnte, so dass sie mir einen sinnerfüllten, aber nicht ganz so strapaziösen Unruhestand ermöglichen würden. Leider hat mich dieses Leben schnell tödlich gelangweilt. Mir fehlten eine verbindende Idee und der Spirit, an einem wirklich fordernden Projekt zu arbeiten. Meine Energie war nicht fokussiert, sondern löste sich in die Einzelteile meiner Schiffchen auf. Es fühlte sich sinnlos an.

Die Wucht, die so ein Vakuum auslöst, hatte ich völlig unterschätzt. Ich ritt keine großen Apparate mehr, war nach Jahrzehnten selbstgewählter härtester Arbeit ein *industrial organization man* außer Dienst. Die Realitäten am großen Rad gestalteten nun andere. Stück für Stück ergriff eine Depression von mir Besitz.

In diesen Jahren zwischen 2012 und 2014 begann ich plötzlich, Friedhöfe rund um München und Starnberg zu besichtigen, um mir ein Grab auszusuchen, weil ich dachte, bald sterben zu müssen. Mit 72 Jahren war mein Vater gestorben, mit 72 würde ich es ihm gleichtun, redete ich mir ein. Dabei war meine Mutter damals schon 88, Anfang 2023 ist sie 98 Jahre alt. Und ich zähle seit dem Sommer 2023 schon 74 Lenze und habe Anfang dieses Jahres beschlossen, mir noch mindestens zehn Jahre zu gönnen.

So hängt die Innen- und die Außenwelt eines Menschen zusammen inklusive ihrer Stimuli oder Destimuli von außen oder innen. Es ist ja keine große Neuigkeit mehr, dass viele derer später psychisch litten, die die sozialdemokratische Wohltat der Rente mit 63 zunächst dankbar ergriffen hatten.

Ich begann, mich selber am Schopf zu packen und Stück für Stück aus dem Trübsalssumpf zu ziehen. Am Anfang standen umfassende Gesundheitschecks bei Allgemein- und Fachärzten, die mir allesamt bescheinigten, in Saft und Kraft zu stehen.

Das passte zur allgemeinen Aufbruchstimmung der damaligen Zeit. Im vergangenen Jahrzehnt sprossen die Zukunftsvisionen der Start-up-Szene nur so aus dem Boden. Christian Lindner brillierte auf sogenannten Fuck-up Nights, in denen Gründer von ihren Erlebnissen des Scheiterns erzählten und bejubelt wurden. Die Gründerszene brodelte, etablierte Unternehmen bauten begeistert Innovation Labs. Und etliche deutsche Manager und Chefredakteure pilgerten ins Silicon Valley. »Warum hat Deutschland so viele Automobilhersteller und nur eine SAP?«, rief ich 2013 bei einem Vortrag an der Universität Paderborn. Auf diese Frage gibt es übrigens bis heute viele deprimierende Antworten. Ein stabiles Software-Spielbein hat die deutsche Volkswirtschaft noch immer nicht.

Wer Aufbruch wagt, muss die Tragfähigkeit seiner Zukunftsoptionen prüfen

Innovationshungrig begann ich, mein neues Lebensphasen-Projekt Politik ernsthaft voranzutreiben. Klären musste ich zuerst, in welche Partei ich eigentlich eintreten wollte. Das habe ich nicht nach Bauchgefühl entschieden, sondern mich ernsthaft mit Parteigranden und -programmatik auseinandergesetzt und wie ein guter Manager systematisch meine Optionen geprüft.

Peter Tauber, damals CDU-Generalsekretär, und ich haben uns intensiv über das Thema Personalentwicklung ausgetauscht. Im Raum stand die Frage, ob ich hierzu für die Konrad-Adenauer-Stiftung ein Projekt aufsetze. Leider wurde mir im Laufe der Gespräche immer klarer, dass die CDU im Kern eine macht- und keine talentorientierte Organisation ist. Wer in einer politischen Partei systematisch um der Macht willen Talent blockiert, transformiert nicht die Zukunft des Landes. Nichts für mich.

Mit Frank-Walter Steinmeier, damals Außenminister, habe ich über ein mögliches Engagement in der Karl-Schiller-Stiftung gesprochen und mich mit dem rot-grünen Thinktank Progressives Zentrum auseinandergesetzt. Steinmeier hatte zwar einen guten Vorschlag gemacht, wie sich Politik und Wirtschaft besser vernetzen können. Aber er meldete sich nie mehr. Ich war darüber froh, zumal die Jungsozialisten den damaligen SPD-Kanzlerkandidaten Peer Steinbrück zwangen, im Zuge seiner Honorarskandale politisch immer weiter nach links zu rücken. Beim Progressiven Zentrum erkannte ich in punkto Zukunft der Arbeit gute innovative Ansätze. Aber alles brach wie ein Kartenhaus zusammen und fiel zurück in ideologischen Kadavergehorsam, als Arbeitsministerin Andrea Nahles sich in diesem Gremium blicken ließ. Wer so schnell unter dem Ukas einknickt, taugt nicht für den transformatorischen Aufbruch.

Die CSU kam für mich ohnehin nicht in Frage, obwohl ich seit mehr als 30 Jahren in München lebe. Diese Partei hielt und halte ich für charakterlich verdorben. Ich hatte wenige persönliche Begegnungen mit CSU-Gremien, die deutlich empfindlicher als alle anderen reagieren, wenn man sie hinterfragt. Mein Eintreten für mehr Diversität sei unpatriotisch, schallte mir noch vor wenigen Jahren mimosenhaft auf einer CSU-Präsidiumssitzung entgegen. Kurz darauf beschloss die CSU ihr folgenloses Frauenquorum. Diese Partei ist eine geschlossene, skandalgeschwächte Kaste, die immer noch von Strauß'schen und Stoiber'schen Innovationsnarrativen lebt.

Die von ihrer Ideologie oft so beseelten Grünen habe ich nie wirklich auf Herz und Nieren geprüft. Während mich die Friedrich-Ebert-Stiftung etliche Male einlud zum intensiven Austausch, war ich bei der Heinrich-Böll-Stiftung nur einmal zu Gast und ohne jeglichen Nachhall. Das Interesse war wohl beidseits gering – bis heute. Ich habe meine ideologischen Verirrungen in jungen Jahren nicht vergessen; gegen die Verführungen einer grün gefärbten, vermeintlich besseren Welt bin ich immun.

Bei der Friedrich-Naumann-Stiftung für die Freiheit gestaltete es sich von Beginn an erfreulicher. Mit Hauptgeschäftsführer Steffen Säbisch, heute Staatssekretär im Bundesfinanzministerium, tauschte ich mich damals intensiv aus über Zukunft der Arbeit, Bildung und Talententwicklung. Ich arbeitete bei Podcasts und an Policy-Papieren mit. Eine bereichernde Zeit, eine intelligente für Transformation offene Kultur, die mich ansprach. Klar war mir von Beginn an, dass keine Partei die alleinige Erlösung bietet. Am wenigsten Kompromisse, das kristallisierte sich aber immer weiter heraus, würde mir die Programmatik der FDP abringen. Außerdem roch es hier nach Aufbruch. Wenn ich Jungen Liberalen heute erzähle, dass ich mich dereinst für das kleinste Übel entschieden habe, rollen sie oft die Augen. Sie verstehen noch zu wenig von Karl Popper'scher Skepsis.

Wann es war, weiß ich nicht mehr genau. Aber in jedem Fall war es noch vor den Bürgerschaftswahlen in Hamburg und Bremen Anfang 2015, bei denen die FDP zum ersten Mal seit ihrem Sturz ins Bodenlose anno 2013 wieder Wahlerfolge erzielte. Ich schrieb Christian Lindner, damals in der Opposition im Düsseldorfer Landtag, und bot ihm an, die liberale Sache zu unterstützen. Ob die FDP wirklich wieder würde aufstehen können, das war damals noch eine reine Hoffnung. Und deshalb ist mir der Zeitpunkt wichtig. Ich habe mich zur FDP bekannt, als sie noch ein Sanierungsfall war.

Lindner antwortete flugs und schlug ein Treffen vor. Irgendwann im Jahr 2015 wurde ich FDP-Mitglied und engagierte mich weiter kräftig in der Friedrich-Naumann-Stiftung. Und meine Bundestagskandidatur? Es passierte: nichts. Längst hatte ich gemerkt, dass ich mir ein weiteres Mal in meinem Leben alles selbst erkämpfen musste.

Wer Zukunft machen will, braucht die Jungen

Mein Transformations- und Gestaltungsdrang war immer davon gespeist, dass ich große Freude am Experimentieren hatte. Und dies mit Menschen, die frischen Geistes und meist jung waren. Und manchmal hat man Glück im Leben. Zu meiner Website *thomas-sattelberger. de* kam ich fast wie die Jungfrau zum Kind. Tobias Stüber, damals Ende 20 und aus Trier, hatte meine Autobiografie gelesen und fragte, ob er und sein Chef sich einmal mit mir austauschen könnten. Ich lud die beiden im Juli 2015 auf unser Seegrundstück ein. Der junge Mann riet mir immer vehementer zu einer eigenen Website, und ich lehnte immer energischer ab – bis ich ihn drei Tage später anrief. Wenige Wochen später standen er und seine zwei Freunde Michael Krump und Jan Weber erneut auf der Matte und präsentierten mir meine Website. Ich war begeistert.

Mit diesen drei jungen Leuten, die erste Generation meiner Social-Media-Crew, baute ich nicht nur meine Website immer mehr aus, sondern wagte ab August 2016 auch erste Schritte als Jungpolitiker auf Facebook. Bislang war ich nur auf Twitter präsent gewesen.

Im Frühjahr 2019 begann ich darüber nachzudenken, wie ich als Oppositionsabgeordneter meine nun bereits recht etablierten Social-Media-Kanäle schlagkräftiger aufstellen könnte. Ich wollte in den sozialen Medien nicht nur einer unter vielen Politikern sein, sondern mir eine *unique selling proposition* aufbauen.

Ich sprach mit großen und kleinen Agenturen und Multiplikatoren und lernte schließlich den damals 17-jährigen Charles Bahr und sein Project Z kennen. Er war kein Berater im klassischen Sinne, sondern entpuppte sich als Co-Createur, der richtig anpackte und mit dessen Hilfe ich mich in neue Welten katapultierte. Mit Fabian Grischkat entwickelten wir den Podcast »Schräg im Stall«, einen wahrlich oft ungemütlichen Clash der Generationen mit mehr als 70 Folgen. Im Sommer 2020 zündeten wir mein erstes TikTok, das mit weit über einer Million Views sofort durch die Decke ging. Ich wurde der erfolgreichste deutsche Politiker auf der weltweit erfolgreichsten Social-Media-Plattform. Ex-*Bild*-Chefredakteur Kai Diekmann gratulierte mir später: Ich hätte mir ja »ein richtiges kleines Online-Imperium« geschaffen.

Natürlich habe ich auch die zweite Generation meiner Social-Media-Crew an ihre Grenzen gebracht und sie mich. Dass wir alle miteinander bereit waren, neues Terrain zu betreten, uns auf andere Milieus einzulassen, war die eigentliche Grundlage unseres Erfolgs. Diversity ist eben nicht zuerst Frauenquote, sondern Diversity of Mind.

Nicht jedes neue Terrain fühlt sich angenehm an oder führt zu direkten Erweckungserlebnissen. Manchmal lernt man auch schlicht die eigenen Grenzen kennen und kann das eigene Silo nicht sprengen. Aber mir war immer wichtig, aus meinen Routinen auszubrechen. Unkonventionelle Begegnungen mit oft jungen Musterbrechern sind meine Kraftriegel. Man muss eingefahrene Muster attackieren, um größere Transformationsschritte zu gehen. Denn nur über konfrontierendes Feedback findet man doch heraus, was man selbst kann, worin andere gut sind, was man dazulernen kann für die eigene Arbeit. Wer immer nur in seiner eigenen

Bubble sitzt, bekommt solches Feedback gar nicht und merkt womöglich viel zu spät, dass die Welt sich weiterdreht.

Ich habe mich auch in meiner Zeit als Manager, bei all meinen transformatorischen Aufgaben in Unternehmen, zuallererst um jungen Nachwuchs gekümmert. Denn mir war immer die Botschaft wichtig: Ein Unternehmen, das seine junge Generation wertschätzt, denkt nicht an seinen Untergang, sondern glaubt an seine Zukunft.

Nicht immer konsequent, aber doch mit Erfolg verzichte ich seit einiger Zeit auf die von mir einst geliebte Gelbwurst. Mit harten Argumenten in einem unserer Podcasts dazu beigetragen hat mein Podcast-Partner Fabian Grischkat. Er selbst lebt streng vegan und zählt zu den Klimaaktivisten dieser Republik. Steven und mich hat er nicht nur dazu gebracht, die Fußbodenheizung im Bad nicht mehr den ganzen Tag laufen zu lassen, sondern auch veganer zu essen. Dabei mitgeholfen hat auch unser goldbrauner Labrador Sammy. Eines der sanftesten Wesen, die ich kenne. Er bellt fast nie. Am frühen Morgen macht er sich durch zartes Winselquietschen bemerkbar. Die wilden Gänse auf dem Steg unseres Seegrundstücks schlägt er nicht in die Flucht, sondern betrachtet sie liebevoll. Das Tierwohl hat dank Sammy und Fabian auf meiner Innovationsagenda Riesensprünge nach oben gemacht.

Begegnungen mit tierischen Persönlichkeiten bringen mich zum Nachdenken. Sie lassen mich immer mehr daran zweifeln, dass die Menschheit im Recht ist, wenn sie im großen Stil Tiere herstellt und schlachtet, nur damit sie sie (meist völlig achtlos) als Leberkäse oder Wurstsalat essen kann. Und ich bin regelrecht fassungslos, wenn ich in Fachmedien wie *Smart Engineering* Artikel lese, in denen Tech-Freaks begeistert die neueste Methode beschreiben, wie man Schweine vergast. Auch Tierversuche müssen wir Schritt für Schritt ersetzen.

Solchen Ingenieuren stehen die Saulus-Paulus-Erlebnisse offenbar und hoffentlich noch bevor, von denen ich einige in meinem Leben hatte. Es gibt Wendepunkte im Leben, an denen man deutlich erkennt, dass man sich auf dem falschen Dampfer befindet. Und mir hat dann jedes Mal geholfen, mutig ins kalte Wasser zu springen und schwimmen zu lernen. Und das ist wichtig, wenn man plötzlich derjenige ist, der anderen das Schwimmen beibringen soll.

Transformation braucht ruhende Pole: meiner ist mein Mann

Ich habe zeit meines Lebens immer viele Projekte zeitgleich angeschoben, viele »Pferdchen« ins Rennen geschickt. Immer wieder haben mich Menschen gefragt, warum ich es nicht einfach mal gut sein lassen kann, warum nun noch ein weiteres Projekt? Mir war immer klar: Nicht alle Pferdchen werden die Ziellinie erreichen. Deshalb brauchte ich ein Portfolio, ein Biotop von zwei Dutzend, damit am Ende fünf, sechs oder sieben überleben und im besten Fall zu meinen BioNTechs werden: zu großen Erfolgen, auch nach langen Durststrecken. Ich spreche auch deshalb von Pferdchen, damit Ihnen klar wird, wie viel Herzblut jeweils daran hing. Ich habe keines meiner Projekte kaltblütig sterben lassen, sondern immer mitgelitten.

So rastlos und gestalterisch ich meinen Berufsalltag liebe, so wichtig waren mir meine Liebesbeziehungen als möglichst ruhender Pol meines Lebens. Ich gehörte nie zu denen, die von vornherein in Lebensabschnitten dachten. Mit wem auch immer ich in jungen Jahren zusammen war, ich ging stets davon aus, dass erst der ferne Tod uns scheiden würde. Leider kam es anders, und ich wurde mehr als einmal jäh verlassen. Das hat mir jedes Mal das Herz zerrissen und den Teppich unter den Füßen weggezogen. In diesem Punkt bin ich nie transformationshungrig gewesen. Aber ich musste wohl durch diese Höllen gehen, um die Liebe meines Lebens kennenzulernen, mit der ich nun schon seit 1986 zusammen und seit 2019 verheiratet bin: Steven Royal Cunningham, geboren in Boston, aufgewachsen in Portland im US-Bundesstaat Oregon. 1985 zog er nach München.

Vor Steven hatte ich zwei große Lieben. Meine erste große Liebe verließ mich nach sechs Jahren und starb lange nach unserer Trennung an Aids. Und dann gab es Charles, einen französischsprachigen Kanadier aus Québec, mit dem ich erst eine extreme Fernbeziehung führte und der dann zu mir nach Deutschland zog. So schön und innig die neu-gewonnene Nähe für uns war, so krass offenbarte sie, was uns trennte. Ich warf mich mit voller Härte ins Berufsleben, während Charles im Goethe-Institut Deutsch lernte. Es gelang mir nicht, die Kraft und Zeit für unser gemeinsames Leben aufzubringen, die er sich wünschte.

Steven hingegen ist seinem Beruf in der Mode- und Retail-Indust-rie ähnlich leidenschaftlich nachgegangen wie ich meinem. Wir waren beide immer sehr beschäftigt und brannten für strapaziöse Herausforde-rungen. Eine hochgradig emanzipierte Beziehung, in der keiner dem an-deren den sprichwörtlichen Rücken freihalten muss, sondern wir fürein-ander der ruhende Pol sein können und manchmal sein mussten. Denn keine Liebe ist vor *upending experiences* gefeit. Das lernt man schon im »Leopard«. Gesundheitliche Erschütterungen zum Beispiel stellen einen plötzlich vor ganz neue Aufgaben und Pflichten.

Was die Liebe angeht, sind meine persönlichen Präferenzen wohl ein wenig altmodisch und womöglich lebensfremd. Ich habe quer durch meine jungen Jahre viel ausprobiert und dabei festgestellt, dass ein pro-miskes Leben mit wechselnden Partnern nicht zu mir passt. Viele Bälle in der Luft zu haben, das liegt mir, aber nicht im Privaten.

Mein Leben hat eine gehörige Schlagseite. Ich kann Buchseite um Buchseite füllen, wenn es um Transformation in Beruf und Wirtschaft geht. Über Privates spreche ich selten und schreibe ich noch viel seltener, obgleich es mich natürlich oft noch viel mehr umgetrieben hat als meine beruflichen Aufgaben.

Als Steven und ich gerade zweieinhalb Jahre zusammen waren, bot mir Daimler-Benz in Stuttgart eine innovative Karriereposition an. Ich löste unsere gemeinsame Münchner Wohnung auf und gönnte mir ein schickes Dachterrassenapartment in Stuttgart, in dem ich mir eine Wo-chenendbeziehung mit Steven ausmalte. Meine Pläne hielt ich irriger-weise für unsere gemeinsamen. Steven zog in eine Einzimmerwohnung in München und machte mit mir Schluss.

Nie werde ich den Anblick der einsamen Matratze im Wohnzimmer vergessen, die Steven während der Umzugsphase als Bett diente. Welch ein rücksichtsloser Tor ich war! Ich hatte Steven meinen Willen überge-stülpt und ihm seine Münchner Heimat genommen. In Stuttgart setzte ich alles dran, sofort wieder nach München zu ziehen. Und es gelang im selben Jahr! Sofort zusammen waren Steven und ich dann zwar nicht: Ich musste eine zweimonatige Probezeit bestehen, die an Silvester glücklich endete. Am Ende des Tages und am Ende des Lebens zählt: die Liebe!

Das Private war immer mein Schutzraum. Steven und mich öffentlich geoutet habe ich erst, nachdem ich im Alter von 63 Jahren bei der Telekom ausgeschieden war. Dieser alte Satz der Linken »Das Private ist politisch«, der hat mir nie gefallen. Wir haben alle ein Recht auf Rückzugsorte. Ob jemand schwul ist, Gummiwäsche mag oder Sado-Maso: Es ist und bleibt Privatsache.

Die Mission, die ich in Bethel aufgeschrieben habe, ist noch nicht erfüllt. Ich habe weiter Kraft und Lust, sie mit Leben zu füllen und meine Umwelt zu gestalten.

Mich hat immer interessiert: Wie viel mehr packe eigentlich noch, wie viel höher kann ich noch springen, ohne die Latte zu reißen? Und was kann ich im Laufe dieses neuen Experiments dazulernen? In der Politik bin ich dann am Ende tatsächlich an meine Grenzen geraten – und gescheitert. Und das war nicht weniger als eine Premiere.

Meinen Rücktritt als Staatssekretär und Bundestagsabgeordneter zu verarbeiten, dabei hat mir auch der Entstehungsprozess dieses Buchs geholfen. Ich setze nun den Plan meiner nächsten Lebensphase in die Tat um: als zivilgesellschaftlicher Akteur. Ich habe eine konkrete Vorstellung davon, was ich kann und was ich mit meinen Talenten anfangen will. Ich bin im Sinne Pindars immer noch auf dem Weg, der zu werden, der ich bin. Und genau deshalb geht die Suche weiter.

Ein halbes Jahrhundert erlebte Transformation: Führung in der Wirtschaft

In der Welt der Wirtschaft ist in den vergangenen Jahrzehnten kein Stein auf dem anderen geblieben. Ein halbes Jahrhundert Industriegeschichte habe ich selbst miterlebt. Es war ein Wandel des Wandels in drei Phasen.

Meine 50 Jahre Wirtschaft: episodischer Wandel als erste Phase

Um 1975 herum, zu Beginn der ersten Phase dieses Wandels, war ich Mitte 20 und Ausbilder beim alten Automobilkonzern Daimler-Benz. Wandel war damals noch eher die Ausnahme, gestaltete sich episodisch und war abfederbar etwa durch Vorratshaltung, Personalrampen bei Produkteinführungen und Notstromaggregate. Wir jungen Leute tuschelten bei Daimler-Benz darüber, dass unsere Vorstände bei Besuchen im Ausland zuallererst ein Bordell aufsuchten und ansonsten nicht viel zu tun hätten. Übrigens: Noch vor wenigen Jahren hatten VW und die Ergo-Versicherung ihre Bordellaffären.

Daimler-Benz genoss damals die Vorzüge eines fast monopolistischen Anbietermarkts. Konkurrenten wie BMW waren abgeschlagen, der Mercedes galt als *primus sine pares* und wurde den Autohändlern ähnlich aus den Händen gerissen wie den Uhrenhändlern heute die Rolex. 1989 kam ein neuer Mercedes SL heraus. Ich war damals Leiter der Vertriebsschulung und warb intern dafür, den Wagen im Vergleich mit Konkurrenzautos zu testen. Das sei nicht möglich, beschieden mir Techniker wie Verkäufer: »Der SL ist ein Auto mit Alleinstellungsanspruch.« Das Monopol war sogar mental eingebaut. Wandel war beherrschbar und kontrollierbar – dank kaum vorhandener Konkurrenz und einer »puffernden Organisation«. Mühsam und sukzessive habe ich Vergleichsfahrten mit Jaguar-Fahrzeugen und anderen Underdogs durchgesetzt.

Führung war in jenen Jahren simples Managen und Buchführen. Vorbild war das introvertierte Harzburger Modell nach dem Motto »Führung durch Delegation«. Erfunden hat es der ehemalige SS-Obersturmführer und Verwaltungsrechtler Reinhard Höhn 1954 auf der Grundlage militärischer Führungsprinzipien für die Akademie für Führungskräfte der Wirtschaft in Bad Harzburg. Man setzt Ziele, organisiert, delegiert die Umsetzung und fordert Rückmeldung an. So simplifizierend führen viele deutsche Manager bis heute.

40 Jahre nach meinen Mercedes-Vergleichsfahrten übernahm Tesla die Führung im Automobil-Luxussegment an der Ost- und Westküste der USA. Die damaligen Granden der Branche von Volkswagen-Chef Martin Winterkorn bis Daimler-CEO Dieter Zetsche hatten ihre Unbesiegbarkeitsgene indessen noch nicht abgelegt (sämtliche ihrer Vorgänger und Kollegen im Übrigen auch nicht). Sie waren geblendet und falsch programmiert und griffen sogar zu illegalen Mitteln, um ihren Traum von eigener Dominanz aufrechtzuerhalten. All dies rächte sich böse, als »Dieselgate« ans Licht kam.

Die zweite Phase des Wandels: Entgrenzung

In den 1990er Jahren wurde der Wandel zur Konstante, zum ständigen Begleiter. In dieser zweiten Phase öffnete sich die Deutschland AG. Fusionen und Übernahmen nahmen exponentiell zu, genauso strategisches Supplier-Management, Outsourcing, Offshoring nach Osteuropa und Asien – die Globalisierung entgrenzte sich über »atmende Unternehmungen«. Jack Welch, legendärer CEO von General Electric und Vorbild männlicher Unternehmenslenker weltweit, sprach damals von der *boundaryless organization.* Sie war vor allem auf

Expansion und unorganisches Wachstum getrimmt und lebte von zentralistisch vorgegebenen Standards und global gesteuerten Prozessen. Puffer (*also known as* »Inffezienzen«) wurden in solchen Organisationen nach und nach minimiert oder ausgerottet. Jack Welch war das ungekrönte Vorbild von Legionen von Managern weltweit. Besessen von Expansion und Shareholder Value, unbeugsam in seiner gnadenlosen Konsequenz.

Seit ich 1994 bei Jürgen Schrempp, damals Alleinherrscher bei Daimler-Benz Aerospace, im Krach meinen Job an den Nagel gehängt habe, habe ich gegen unangemessene Machtausübung immer rebelliert. Schrempp war ein ideologisches Abziehbild von Jack Welch, nur ohne dessen Erfolg. Gnadenlos in der Sache war Schrempp nämlich nicht. Sondern nur brutal als Mensch.

Besonders gern erinnere ich mich daran, wie ich Metallgesellschaft-Chef Karl-Josef Neukirchen auf einer Konferenz in seinem eigenen Hause die Leviten las. Ich am Rednerpult, er in der ersten Reihe vor mir. Wie Schrempp war Neukirchen nicht nur ein exzessiver Shareholder-Value-Verfechter, sondern auch ein selbsternannter »harter Hund« mit rüdestem Umgangston gegenüber Untergebenen. Dies sprach ich in unmissverständlichen Worten an und erläuterte, weder das eine noch das andere sei langfristig zielführend. Mit solch expliziter Kritik Auge in Auge war er sicher nie zuvor und auch danach nie mehr konfrontiert.

Ehrliches Feedback erhalten Unternehmensführer kaum – aus Angst, dass den die Strafe trifft, der die Botschaft überbringt. So leben nicht wenige Topmanager in einer Blase mit selektiver Wahrnehmung und blinden Flecken. Ich bevorzuge die Devise »Feedback ist Frühstück für Champions« – auch wenn es mal wehtut.

In weiten Teilen dieser Phase kontinuierlicher Veränderung war ich Personalvorstand bei Continental. Damals fingen die Volkswirtschaften damit an, selbst systemkritische Gesundheitsprodukte hinter den sieben Bergen herzustellen. Das rächte sich im Jahr 2020. Zu Beginn der Coronapandemie wären wir froh gewesen, hätten andere Länder und wir ausreichend Atemschutzmasken auf Lager gehabt. Aber die Lagerhaltung der Phase episodischen Wandels hatten wir effizient abgeschafft und zu internationalen Zulieferern outgesourct.

Die dritte Phase: Disruption

Heute, in der dritten Phase, wälzt disruptiver Wandel Märkte um samt ihren ehemals ehernen Gesetzmäßigkeiten. Er erschüttert im Schumpeter'schen Sinne Branchen, Geschäftsmodelle und Wirtschaftskulturen. Das Internet hat den Printmedien das klassische Geschäft weggenommen, Amazon hat den Handel revolutioniert, CRISPR/Cas stellt die Gentechnik auf den Kopf.

Gegenwärtig attackieren neben Tesla vor allem chinesische Unternehmen die deutschen Elektroautos, und ChatGPT bedroht etablierte Suchmaschinen wie Google. Disruption geht aber nicht immer nur vom Markt aus, sondern kann auch durch jähe Einschläge wie Pandemien oder Terrorattacken entstehen.

Der symbolträchtige Wendepunkt zum disruptiven Wandel waren in meiner Wahrnehmung die Attentate auf die Twin Towers des World Trade Center in New York am 11. September 2001. Eine ganz ähnliche Zeitenwende wie der 28. Juni 1914, an dem der bosnisch-serbische Nationalist Gavrilo Princip in Sarajevo den österreichischen Thronfolger Franz Ferdinand erschoss und damit den Ersten Weltkrieg auslöste.

Auf die Frage, was das herausforderndste Problem seiner Amtszeit gewesen sei, antwortete der ehemalige britische Premierminister Harold Macmillan einmal: »Events, dear boy, events.« Disruptive Wendepunkte sind allermeist unvorhersehbar. Aus dem historischen Blickwinkel sind sie gar kein neues Phänomen. Nur sind sie in der zweiten Hälfte des 20. Jahrhunderts, in meinen eigenen ersten fünf Jahrzehnten, vergleichsweise selten aufgetreten.

Allmachtsfantasien der Mächtigen

Zwischen dem Tipping Point des faktischen Wandels und dem Moment, in dem in den Köpfen der Mächtigen ein Aha-Effekt eintritt, klafft eben eine gigantische Lücke. Und erst recht klafft sie zwischen diesem Aha-Effekt und dem Moment, in dem ein klassisches Alphatier handelt. Dies hat etliche Gründe.

Unternehmenslenker sind oft recht ungestört aufgestiegen, haben selten das Unternehmen und noch seltener die Branche gewechselt. Die eigene Erfahrungswelt reichert sich auf diese Weise immer weiter an, bis sie in Omnipotenzfantasien kulminiert. Ein Beispiel dafür ist der im Jahr 2023 von aktivistischen Investoren zum Rücktritt gezwungene Bayer-Chef Werner Baumann, ein Silo-Karrierist. 1988 hat er bei Bayer als Controller angefangen, 28 Jahre später war er Bayers CEO. Die Akquisition von Monsanto wurde ihm schließlich zum Verhängnis. Diesen bösen Ausgang hatte ich schon 2016 im *manager magazin* vorhergesagt. Es reicht nicht, souverän in den Grundrechenarten seines Businessmodells zu sein. Man braucht auch den Instinkt für scheinbar irrationale Phänomene und systemferne Störungen. Dieser Instinkt versagte beim Monsanto-Kauf. Die Macht von Massenklagen in den USA und deren Wirkung auf Investoren und Börsenkurse hatte Baumann in seiner überwiegend Bayer-intern geprägten Mentalität komplett unterschätzt. Arbeit in auf Effizienz getrimmten Firmen und die dort herrschenden Dogmen führen dazu, dass individuelle Sensorik und das Streben nach Neuem verkümmern. Wenn Machtzuwachs und geistige Verengung zusammenkommen, entsteht daraus ein gefährliches Gebräu.

Transformation braucht Effizienzmaschinen wie Innovationswerkstätten

Was in Deutschland heute effizient ist, war früher innovativ. Unseren Wohlstand hierzulande verdanken wir Erfindern wie Robert Bosch, Werner von Siemens, Marga Faulstich, Carl Benz, Margarete Steiff, Fritz Henkel – die Liste reicht zurück in die Kaiserzeit. Doch mit seinen klassischen technischen Stärken ist Deutschland schon vor mehr als einer Dekade in eine Sandwich-Position geraten – zwischen dem Digital House USA und dem Maschinenhaus Asien.

Seitdem hat sich die Situation weiter verschärft. Die USA reindustrialisieren auf hohem Niveau, und China sowie Südkorea schwingen sich als neue Digitalmächte empor. Deutschland hingegen ist im Sandwich steckengeblieben. Wir haben seit Beginn der 2000er Jahre das Internet verschlafen – und damit die Voraussetzung für digitalbasierte Innovationen und Geschäftsmodelle, für die Digitalisierung der öffentlichen Verwaltung und des Bildungs- und Gesundheitswesens.

Nationen genauso wie Unternehmen brauchen wirtschaftliche Stand- und Spielbeine. China und die USA haben Standbeine im industriellen Sektor, besitzen aber auch ein ausgeprägtes Spielbein in Digitalökonomie, Biotechnologie und Raumfahrt. Deutschlands alleiniges Standbein dagegen erodiert: die Automobilindustrie. Spielbeine wie Biotechnologie und Raumfahrt haben wir vernachlässigt, negiert oder außer Landes getrieben. Corona hat die Entwicklung einer entrückten Low-Touch-Ökonomie, in der Menschen weniger Menschen treffen, beschleunigt – vom Onlinehandel bis zum digitalen Bezahlen. Gewinner von alledem sind die *digital companies* und *digital nations* China und USA.

Deutsche Unternehmen: im Status quo verhaftet

Viele deutsche Unternehmen sind heute hocheffizient und vernarrt in ihre erhaltenden Technologien. Doch Effizienz muss gerade in Zeiten disruptiver Veränderung in Balance stehen mit Innovationsfähigkeit und zum Nutzen disruptiver Technologien. Deutsche Automanager sind dabei – auch nach Dieselgate – der Ausbund an Prozessoptimierung weltweit. Elon Musks Tesla-Feldzug haben sie darüber erst kaum wahrgenommen und danach als US-amerikanisches Start-up abgetan. Viel zu spät wurde Tesla als echter Konkurrent erkannt, hinter dem kein dahergelaufener, kiffender Strolch steckt, sondern ein avantgardistischer Disruptor.

Am 8. November 2019 ließ sich der damalige Siemens-Chef Joe Kaeser zu diesem Tweet hinreißen:

»Amüsante Meinungsbildung in unserem Land: Wenn ein deutscher Vorstands-Chef proaktiv sein Unternehmen auf die Zukunft ausrichtet, gilt er als ›pathetisch‹ oder ›philosophisch‹. Wenn ein kiffender Kollege in USA von Peterchens' Mondfahrt spricht, ist er ein bestaunter Visionär.«

Ob Elon Musk nun an Joints zieht oder nicht: Es gehört ein Übermaß an Abgehobenheit dazu, sich als mäßig erfolgreiches Konzerngewächs in eine Reihe zu stellen mit einem hocherfolgreichen internationalen Seriengründer. SpaceX ist nicht Elonchens Mondfahrt, sondern ein Multimilliarden-Dollar-Unternehmen, das sich gerade auf eine Mars-Expedition vorbereitet. Während Musk immer neue Werte schafft, hat Joe Kaeser Siemens nur filetiert und zerschlagen.

Allen voran alteingessene deutsche Traditionsunternehmen dürfen heute nicht mehr allein auf ihre durchrationalisierten Effizienzmaschinen für das laufende Geschäft setzen. Sie müssen daneben Innovationswerkstätten für künftiges Geschäft betreiben! Deutschlands Automobilunternehmen hätten längst Freiräume schaffen müssen für autonomes Fahren, digitales Entertainment und innovative Antriebstechnik. Jetzt ist die Aufholjagd mühsam. Der chinesische Autokonzern BYD hat Volkswagen in China (dem wichtigsten globalen Automarkt) um Längen überholt. BYD verkauft dort derzeit 15 Mal so viele Elektroautos wie Volkswagen. Und weltweit steht BYD bei Elektroautos auf Platz 2 hinter Pionier Tesla, während VW auf Platz 4 abgestiegen ist. Ein klassisches Beispiel dafür, wie wichtig Ambidextre ist, also die Zweihändigkeit in der Unternehmensführung. Zum einen muss man das auf Effizienz und Margen getrimmte laufende Geschäft »auslutschen«. Zum anderen muss man sich, finanziert vom laufenden Geschäft, in unbekannten Territorien neugierig ausprobieren, um auch übermorgen erfolgreich zu sein.

In den Strukturen alter Geschäftsmodelle Innovationen zu entwickeln, wird nur schwer gelingen. Das Immunsystem des Alten stößt das Neue ab. Deshalb hatte BMW die damalige Entwicklung des i3 komplett abgetrennt (nicht nur von den Betriebs- und Administrationsabläufen der Verbrenner, sondern auch von alter Führungsstruktur und -kultur) und gleich dazu ein neues Souveränitätsmodell entwickelt für Arbeitszeit und -ort. Aus demselben Grund hat Nestlé Nespresso ausgegründet. Innovation sollte nicht von den alten Strukturen bei Nestlé im Keim erstickt werden. Und so entstand auch T-Mobile auf dem *anderen* Rheinufer gegenüber der alten Telekom.

Es gibt jedoch gar nicht so viele Beispiele für gelungene Transformation hierzulande: Der alten Preussag gelang es, sich vom Kohle- und Metallkonzern zum allerdings fragilen Touristikkonzern TUI zu wandeln. Der Rohrwalzkonzern Mannesmann verpuppte sich und schlüpfte als

Telekommunikationsanbieter und spätere deutsche Tochter von Vodafone. Daimlers einstige Vision eines integrierten Technologiekonzerns hingegen scheiterte am Ende. Diese drei Beispiele fußen überwiegend auf Zu- und Verkäufen. Um sich zu wandeln, trennte sich die Preussag von ihren industriellen Beteiligungen (deren Umsätze 1997 noch rund 93 Prozent der Gesamterlöse ausmachten) und konzentrierte sich auf Reisegeschäft und Schifffahrt. Bei Mannesmann trennte man sich ebenfalls vom traditionellen Industriegeschäft und baute die Mobiltelefonie-Sparte aus: D2. Daimler hingegen kaufte AEG, Messerschmitt-Bölkow-Blohm, Dornier und den MAN-Anteil an der MTU München/ Friedrichshafen.

Ich will aber nicht nur über Konzerne sprechen. Gerade an der Spitze altehrwürdiger Familienunternehmen reicht es nicht mehr, das laufende Geschäft gemütlich zu verwalten. Revolution ist nötig bei den Henkels, Schäfflers, Knorr-Bremse-Thiels, bei den Wackers, Haniels und den Heraeusens. Sie alle müssen ihre früher erfolgreichen Denkroutinen durchbrechen. Gelingt ihnen das nicht, wird die Digitalisierung ihre Unternehmen fluten.

Mangelt es etablierter Wirtschaft an Transformation, so lässt sich dies teils kompensieren, wenn schnell neue Ökonomie entsteht. Gelingen aber wird das nur, wenn der volkswirtschaftliche Lebenszyklus intakt ist: Idee, Gründung, Skalierung, Expansion zum Konzern, Zenit, Stagnation, Niedergang und Exit. Der deutsche Zyklus ist gestört. Die alten Konzerne vegetieren profitabel, aber innovationsarm vor sich hin.

Wenige Hidden Champions wachsen nach. Unter Deutschlands Hidden Champions ist nur ein Zehntel jünger als 60 Jahre. Die meisten unserer mittelständischen Weltmarktführer wurden vor 1950 gegründet. Zwei Drittel sind in Traditionsbranchen tätig. Ruhm und Ehre sei allen unbenommen! Doch Deutschlands Lorbeeren sind durchgesessen. Professor Hermann Simon hat 1990 den Begriff der Hidden Champions erfunden und immer von deren Kraft geschwärmt. In seinem 2021 erschienenen Buch »Hidden Champion. Die neuen Spielregeln im chinesischen Jahrhundert« sorgt er sich um Deutschlands sinkende Wettbewerbsfähigkeit. Laut Simon könne es »wenig Zweifel geben, dass die Chinesen zu den schärfsten Konkurrenten der deutschen Hidden Champions werden«. Auf den Feldern Finanzierung, Digitalisierung, Qualifikation zum Beispiel liegt China mittlerweile vorne. Und auch Tech-Gründungen sind rar. Vor allem bei forschungsgetriebenen Hightech- und Deep-Tech-Ausgründungen erleben wir Tiefststände. Aus ihnen müssten eigentlich die Hidden Champions der Zukunft erwachsen.

Disruptiver Wandel zwingt Systeme, sich für Disruptoren zu öffnen

Beim disruptiven Wandel ist die Transformation des gesamten Systems gefragt. Hier reicht es nicht mehr, ein nach innen gerichteter Manager einer puffernden Unternehmung zu sein oder expansionistischer Treiber einer grenzenlosen Organisation. Hier muss man als Führender die gesamte organisatorische Transformationsfähigkeit unter Beweis stellen – und die eigene Ambidextrie-Kompetenz.

Doch Deutschlands Managerwelt ist in hohem Maße geprägt von homosozialer Reproduktion: 80 Prozent der Vorstandsmitglieder haben nie die Branche gewechselt, 60 Prozent nie das Unternehmen. Ich nenne das Karriere im Silo. So weit verbreitet solche Reproduktion ist, so wenig zuträglich ist sie einem Erfahrungsportfolio, auf das Managerinnen und Manager in disruptiven Zeiten angewiesen sind. Junge Menschen sollten deshalb in ihre Lehr- und Wanderjahre Diversity einbauen – ganz egal, welche Mission und Ziele sie für ihre Zukunft haben. Nicht in römischer Dekadenz ein Gap Year machen, sondern Erfahrungen sammeln: egal, ob in NGOs, bei der Caritas, in einem Bundestagsbüro oder bei einem Mittelständler.

Eine McKinsey-Studie hat einmal herausgearbeitet: Rekrutiert ein Unternehmen für Krisen- und Umbruchsaufgaben von außen, führt das meist zu besseren Ergebnissen als bei Besetzungen aus dem eigenen Stall. In der Minorität der Fälle, in denen es schiefgeht, scheitern die extern Rekrutierten allerdings deutlich krachender als die internen. Dieses dosierte Wagnis würde ich gleichwohl so gut wie immer eingehen! Wer wirklich Veränderung will, muss erfahrene Disruptoren und Transformatoren an Bord holen, zumindest eine kritische Masse. Ich plädiere immer und überall für Quereinstiege. Auch René Obermann zum Beispiel war Quereinsteiger und förderte selbst welche. Getreu der Devise »Right people on the bus, wrong people off the bus« wusste er: Transformation darf man nicht sich selbst überlassen, sondern man muss sie vorleben, führen und personell richtig ausstatten.

Ein Uraltgewächs der BMW AG sagte mir einmal, dass seine Firma ihre besonders tyrannischen Managerbestien in der Regel gewähren ließe bis kurz vor dem Vorstandsvorsitz. Bevor sie nach der vollen Macht greifen könnten, reiche man sie dann lieber zu Volkswagen weiter. Er meinte damit zum Beispiel Herbert Diess. Der ehemalige BMW-Vorstand stand von 2018 bis 2022 an der Spitze von VW. Bestie zu sein reicht aber nicht, um Konzerne fit zu machen für die Zukunft. Diessens Nachfolger Oliver Blume stutzt jetzt bei Volkswagen das Radikalexperiment eines digitalisierten Konzerns zurück auf Normalmaß und pflegt die geschundenen Seelen der Arbeitnehmervertreter, die unter Diess litten (und sich das teuer bezahlen ließen). Es ist nur eine Frage der Zeit, bis auch Blume wieder von einem harten Brocken an der Volkswagenspitze ersetzt werden wird. Womöglich einem aus München?

Capital-Kolumnist Bernd Ziesemer hat in seinem Artikel »Wie BMW langsam VW übernimmt« im Dezember 2021 diese Dialektik nicht verstanden. Damals besetzten ehemalige BMW-Manager die Hälfte der Wolfsburger Chefsessel. Aber es war eben nur eine Phase. Ziesemer hat nicht begriffen, dass bei Volkswagen auf einen »bösen« BMW-ler immer ein »guter« VW-Manager mit Wolfsburger Stallgeruch folgt. Sie merken hoffentlich, dass ich bei diesen Sätzen eifrig zwinkere. Im Ernst: Spannend bleibt die Frage, wie viel *culture misfit* möglich oder tödlich ist, wenn es um das berufliche Überleben geht. Und das gilt nicht nur für Topmanager, sondern für jede Menge relevante Unternehmensposten, auch Direktoren, Abteilungsleiter und Experten.

Der Organisationsforscher Karl E. Weick hat sich immer wieder mit dem Verhalten von Führungskräften in Krisensituationen befasst. In den 1990er Jahren untersuchte er, warum so viele Feuerwehrleute bei verheerenden Waldbränden in Colorado ums Leben kamen. Zuerst verblüffte ihn, dass Feuerwehrleute oft nicht schnell genug vor den sich ausbreitenden Feuerstürmen davonrennen konnten. In Tiefeninterviews fand er dann heraus, dass sie sich von ihrer schweren Ausrüstung selbst auf der Flucht nie trennen: Sie ist Teil ihrer professionellen Identität. Aus dieser Erkenntnis, dass berufliches Handwerkszeug mit der Identität des Individuums verschmilzt, entwickelte Weick den Slogan »Drop your tools!« als Ratschlag für Manager in Krisenzeiten: Schmeißt euer altes Handwerkszeug weg!

Wer schon einmal in anderen Zusammenhängen altes Handwerkszeug wegwerfen musste, dem fällt dies von Mal zu Mal leichter. Mancher kommt sogar gänzlich ohne Rucksack in ein neues Unternehmen. Und genau solche Disruptoren und Rebellen brauchen wir an der Spitze und in der Fläche.

Niedriglohnsektor statt Technologie: der große Irrtum

Etliche Male war ich als Manager mit harter Disruption konfrontiert. Am durchdringendsten waren wohl die Anschläge des 11. September 2001, damals war ich Airline-Vorstand bei der Lufthansa. Wir wussten kurz nach 9–11 nicht mehr, ob unser Geschäftsmodell noch taugte – war doch die zivile Luftfahrt nun ein geeignetes Instrument, verheerende Terrorattentate zu verüben. Gelöst wurde die Frage, indem Flughäfen sich in Hochsicherheitstrakte verwandelten.

Dass diese Problemlösung im Cockpit zu einer neuen Problematik führte, zeigte sich indessen im März 2015, als ein junger Germanwings-Pilot den Toilettengang seines Kapitäns nutzte, um das Cockpit in Selbstmordabsicht von innen abzuschließen und das Flugzeug über den Westalpen zum Absturz zu bringen. Er riss 150 Menschen mit sich in den Tod. Jede Lösung schafft neue Probleme, die man oft schwerlich voraussehen kann, es aber versuchen muss. Das richtige Prinzip, dass stets zwei Menschen im Cockpit präsent sein müssen, hatten amerikanische Fluggesellschaften nie aufgegeben.

Wir haben nach dem September 2001 nicht nur immens in Flughafensicherheit investiert. Wo immer möglich, haben wir mit Volldampf automatisiert und digitalisiert. Am Anfang war es nur der Bordkartenautomat, der Warteschlangen am Check-in-Schalter verkürzen sollte. Dann haben wir mit eTickets experimentiert und schließlich sämtliche Abfertigungsprozesse zwischen Polizei, Flughafen-Security und Airline-Services aufeinander abgestimmt. Unsere Automatisierungsexperimente auf dem Vorfeld hingegen schlugen fehl.

Bis heute wollen Flughafenbetreiber und ihre Subunternehmer bei der Gepäckbeladung und -entladung lieber viele Menschen mit geringen Löhnen beschäftigen, statt auf automatisierte Prozesse zu setzen. Wir müssen endlich aufhören, weiter in Niedriglohnjobs ohne Perspektive zu investieren! Und wir müssen erkennen, dass Automatisierung keine Bedrohung für den Niedriglohnsektor ist, sondern die Lösung. Deutschland hat einen der größten Niedriglohnsektoren Europas und setzt aus Furcht vor Jobabbau gleichwohl weiter auf billige Arbeitskräfte. Weniger ängstliche Länder sind da viel weiter.

Die Müllabfuhr in Schweden zum Beispiel arbeitet vielerorts nicht mehr mit Müllmännern, die die Tonnen vom Grundstück zum Müllwagen ziehen, sondern mit ökologisch-ökonomisch sinnvoll automatisierten Roboter-Greifarmen, die zudem Abfall kilogenau wiegen und Gebühren verursachergerecht berechnen können. In einer Kantine bei den Olympischen Spielen im Februar 2022 in Peking haben Roboter nach Geschmack und App-Order gekocht. Ein Schienensystem an der Decke transportierte die Mahlzeiten auf Greifhöhe direkt bis zum Gast. In den Kura-Sushi-Restaurants in Japan (und ersten Filialen in den USA) zieht man sich am Eingangsautomaten ein Ticket, nimmt am Laufband Platz und ordert dort per iPad zügig und maschinell hergestellte warme und kalte Gerichte – ohne jeglichen Kontakt mit einem Kellner oder Kassierer.

In Paris und Brüssel kann man im Restaurant Pazzi von vier Roboterarmen zubereitete Pizza bestellen. Im Mailänder The View bereitet ein Bar-Roboter Cocktails zu; zwei weiße Roboterarme schaffen bis zu 240 Drinks pro Stunde. Und es gibt erste Leasingangebote à la *robot as a service*. Ab 3000 Dollar pro Monat können Fastfood-Lokale in den USA automatisierte Bratstationen mieten. So entstehen skalierende Geschäftsmodelle.

Als ich vor 30 Jahren am Shanghaier Flughafen gelandet bin, standen die Servicekräfte aufgereiht wie an einer Perlenkette, der Flughafen war eine Beschäftigungsanstalt. Heute ist der Flughafen Shanghai digitalisiert und automatisiert. Am Köln-Bonner Flughafen hingegen sind im Frühjahr 2023 vier Personen eingeteilt für ein Röntgengerät samt Handgepäckband. China digitalisiert sich, während Deutschland sich rückentwickelt – weil wir die Technologie nicht hinbekommen. Und weil wir der sozialdemokratischen Nostalgie anhängen, dass ein guter Arbeitgeber nur einer mit vielen Mitarbeitern ist.

Ganz unabhängig ob Gewächs von innen oder Quereinsteiger von außen: Es gibt für mich mindestens neun Merkposten für Führung in Transformationszeiten.

Merkposten 1: Führung muss sich der Transformation aufrecht stellen

Ängstliche Innovationsbemühungen, Generationenkonflikte zwischen starrsinnigen Patriarchen und reformfreudigen Söhnen und Töchtern, Rezepte des »Weiter so, wird schon klappen« oder des Aussitzens und Abkassierens müssen ein Ende haben. Auch beim Verkauf von Viessmann an das US-Familienunternehmen Carrier wird sich erst noch unter Beweis stellen, ob die Entscheidung strategisch tüchtig war. Entweder muss der junge Max Viessmann als großer Aktionär Carriers Kurs kräftig mitbestimmen oder mit den elf Milliarden Euro mehr machen, als nur Coupons im Family Office zu schneiden. Ich kann mit Viessmanns Entscheidung bestens leben angesichts der verspäteten, dann überhasteten und zudem chaotischen Heizungsstrategie der Bundesregierung im Frühjahr 2023. Auch die Republikflucht vieler Mittelständler verstehe ich, die angesichts der Energie- und Arbeitskosten ihr Heil in bürokratieärmeren Nationen suchen. Natürlich blutet mir dabei das Herz! Doch die unternehmerische Entscheidung geht vor der Emotion. Was ich mir wünsche: Die vielen Hunderttausenden Mittelständler, die weder verkaufen noch ins Exil gehen – sie mögen die Transformation mutig anpacken, auch um den Preis sozialpartnerschaftlichen Unfriedens. Transformation heißt auch Schmerz: das beherzte Erproben neuer Geschäftsmodelle, die Entwicklung von Smart Products und Smart Services und der damit verbundene Abbau, Umbau und Aufbau von Personal; die couragierte Entscheidung, neue Strukturen aufzubauen, wenn das Immunsystem des alten Systems Innovation verhindert. Diesem Schmerz muss man sich stellen, um die Zukunft des häufig familiengeführten Unternehmens zu sichern. Denn an solchen Entscheidungen hängt oft auch die Zukunft einer ganzen Region.

Merkposten 2: Wer in der Krise keine Zeit für Reflexion hat, verliert den Kompass für Zukunft

Kein Stein blieb nach 9–11 bei Lufthansa auf dem anderen; jede Hand an Deck wurde gebraucht. Gleichwohl hat der Vorstandsvorsitzende Wolfgang Mayrhuber auch in turbulentesten Zeiten die gesamte Airline-Vorstandsriege mehrfach für zwei Tage in seinem Hamburger Privathaus versammelt, um über die Zukunft der Branche und der Airline zu diskutieren. Eine Zukunft, die ihr damals viele Beobachter absprachen.

Gelernt hatte Mayrhuber dieses Prinzip als Change Manager bei seinem Vorgänger Jürgen Weber. Der damalige Lufthansa-CEO schickte in der härtesten Sanierungsphase des Unternehmens Anfang der 1990er Jahre rund 100 Führungskräfte jeweils für mehrere Wochen an die Wirtschaftshochschule INSEAD in Fontainebleau, damit sie an einem Change-Management-Programm teilnehmen konnten – damals maßgeschneidert für die Lufthansa und weltweit einzigartig. Trotz hektischen Tagesgeschäfts nahmen wir uns in Krisen immer wieder raus – wie ein Eishockeyteam, das sich im turbulentesten Spiel Time-out nimmt. Privatisierung und Wiederaufbau waren für uns nicht weniger zukunftsrelevant als Krisenbewältigung. Hinter sich selbst treten, sich selbst beobachten und reflektieren: So hinterfragt man seine eigenen Entscheidungen, Befindlichkeiten, Zukunftsideen.

Merkposten 3: Authentizität in der Führung!

Ich erinnere mich an eine Betriebsversammlung bei Lufthansa nach dem 11. September 2001. Die Angst um den Fortbestand der Airline ging um. Der örtliche Betriebsrat am Standort Frankfurt am Main hatte die gesamte Lufthansa-Vorstandsriege geladen. Ein junger Mann ergriff das Wort und schilderte herzzerreißend seine Existenzängste, seine Sorge um seine Familie. Er glaube den Beteuerungen des Vorstands nicht, rief er. Ich merkte, dass Vorstandschef Wolfgang Mayrhuber nicht so recht wusste, wie er reagieren sollte. Er war wie Jürgen Weber ein kühler, rationaler Ingenieur und bei Gefühlsausbrüchen überfordert.

Spontan nahm ich mir das Mikrofon und schüttete vor der Menge ebenfalls mein Herz aus. Da ich mir nichts zurechtgelegt hatte, sprach ich frei von der Leber weg.

Ich fuhr nicht aus der Haut, aber aus der Rolle. Emotionalität war ungewöhnlich, nicht nur für mich selbst, auch für einen Vorstand – damals wie heute. Und ich rief dem jungen Mann mit einem ganz ähnlich alarmierten Timbre zu, dass ich den Schmerz, die Angst, die Sorge genauso spüre wie er. Dass er uns aber glauben müsse, dass wir an unseren Krisenschreibtischen Tag und Nacht wie die Berserker daran arbeiteten, die Lufthansa am Leben zu halten. Dass wir uns oft genauso hilflos fühlten wie er. Dass wir alles, alles, alles täten, was in unserer Kraft steht, auch wenn das nach außen vielleicht kaum sichtbar sei oder wie Durchwursteln aussehe. Und dass wir aber nur dann gut durch diese Krise kämen, wenn er und alle anderen jetzt zusammenhielten und sich auf uns verließen.

Danach war es mucksmäuschenstill in der Halle. Ich hatte keine eingeübte Theatralik dargeboten, sondern aus dem Herzen gesprochen. Und das hatte eine kathartische Wirkung auf die weitere Betriebsversammlung. Nachdem wir uns allseits unsere Gefühle eingestanden hatten, konnten wir wieder sachlich darüber reden, wie es jetzt weitergeht. Auch dies ist ein Beispiel für das Werkzeug, das Karl Weick uns lehrt aus der Hand zu legen. Es sind oft erschütternde Ereignisse, Edgar Scheins bereits beschriebene *upending experiences,* die entweder in die Schockstarre führen oder zum radikalen Wechsel: von der Rolle zur Identität. Da reicht es nicht, den Kiton-Blazer auszuziehen, um Nähe zu zeigen. Auch nicht den Habitus zu wechseln. Ich muss radikal *ich selbst* sein.

Merkposten 4: Transformation ist nicht friedfertig

Zum Tanzen bringen kann man Elefanten wie Lufthansa und Telekom nur über disruptive, konfliktfähige, ambidextre Führung. Wenn man einen Monolithen wie die Telekom aufbricht und Zehntausende Mitarbeiter entlässt, umschult, neu einstellt, beginnt ein Transformationsprozess, der nicht ohne Konflikte und Schmerzen möglich ist. Unzählige Male habe ich mit der militanten, rechthaberischen Postgewerkschaft gekämpft, die lange vor meiner Telekom-Zeit in der Ver.di aufging (deren Mentalität aber in ihr weiterlebt). Unser Aufsichtsratschef Klaus Zumwinkel, mein CEO René Obermann, meine Vorstandskollegen und ich: Wir standen mit unserem unternehmerischen Ansatz einer nostalgischen Front gegenüber. Es war ein Clash der Kulturen, der schließlich in einem der größten Arbeitskämpfe der Republik mündete: dem zehnwöchigen Telekom-Streik im Frühsommer 2007.

Als ich von Conti zu Telekom wechselte, war mir klar, dass Telekomspitze und Gewerkschaften bald zusammenstoßen mussten und ich schon in meinem ersten Jahr als Telekom-Vorstand vor der Frage »Untergang oder Erfolg?« stehen würde. Ein Schleudersitz-Job. Denn es war abzusehen, dass ich als Arbeitsdirektor Verhandlungsführer der Unternehmensseite werden würde. Der Aufsichtsrat hatte mich ja nicht zuletzt geholt, weil ich Erfahrung mit Arbeitskämpfen bei Conti gesammelt hatte.

Drei meiner fünf Telekom-Jahre waren von knallharten Auseinandersetzungen geprägt. Nach dem großen Streik kam der Kampf um die Schließung der Call-Center, schließlich 2008 der Bespitzelungsskandal. Telekom hatte 2005 und 2006 Telefonverbindungsnachweise in großem Stil missbraucht, um undichte Stellen nicht nur in den Reihen ihrer Manager zu identifizieren. Ein Mitarbeiter der internen Konzernsicherheit hatte auch Aufsichtsräte und kritische Journalisten überwachen lassen. Ex-Vorstandschef Kai-Uwe Ricke und der damalige Aufsichtsratsvorsitzende Klaus Zumwinkel mussten dafür moralisch wie finanziell bitter büßen. (Ich gehe darauf näher ein im Kapitel »Macht und Ohnmacht«.)

Solche Umbrüche kann man sich vornehmen friedlich zu gestalten. Aber es gelingt selten. Es ist auch Margaret Thatcher nicht gelungen, die Anfang der 1980er Jahre begriffen hatte, dass der britische Bergbau in einer Sackgasse steckte. Gewerkschaftsboss Arthur Scargill lehnte sich gegen Thatchers Politik auf, was in einem einjährigen Bergarbeiterstreik gipfelte. Er endete im März 1985 mit einer schweren Niederlage für Scargill, von der sich die britischen Gewerkschaften nie richtig erholten. Und auch im konsensverliebten Deutschland, das viel zu viele Milliarden Euro in die Beerdigung der Braunkohle steckt, wird der erkaufte Friede bald enden. Denn Konflikte mit Geld zuzukleistern, das können wir uns bald nicht mehr leisten.

Merkposten 5: Konfliktscheu schadet

Ich frage mich heute, ob die immer noch voll im Gestern verhaftete Deutsche Bahn auch eine solche fundamentale Auseinandersetzung wie die Telekom gebraucht hätte. An die Existenz gehende Arbeitskämpfe sind bitter, antagonistisch, ungemütlich. Aber sie bergen die Chance, dass am Ende eine Richtungsentscheidung steht. Ähnlich wie die Bahn leidet auch die Performance meiner alten Lufthansa darunter, dass ihre diversen Spartengewerkschaften nicht nachlassen, mit dem Vorstand um die Macht im Konzern zu ringen. Hier fehlt die Richtungsentscheidung bis heute. Schon jetzt bereitet die Pilotengewerkschaft Vereinigung Cockpit (VC) den nächsten Arbeitskampf vor und bündelt ihre Streikmacht in einer zentralen Tarifkommission. Bisher verhandelten die bis zu acht deutschen Lufthansa-Töchter einzeln und auch zu unterschiedlichen Zeitpunkten mit VC. Ihrem Ziel, den gesamten Flugbetrieb des Konzerns bestreiken zu können, kommt die Pilotengewerkschaft so näher.

Aber Auseinandersetzungen und Konflikte will heutzutage kaum noch jemand ertragen – in der Wirtschaft genauso wenig wie in der Politik: »Wir lassen niemanden zurück und verletzen niemanden.« Diese woken, hochsensiblen, inklusiven Debatten an Hochschulen wollen das eigene Umfeld und die Welt vor Irritation schützen. Sie wollen keine Identität diskriminieren. Sie schaffen Schutzräume gegen geistige Eindringlinge, gegen die böse Realität und die koloniale Vergangenheit. All dies aber entzieht sozialen Systemen ihre differenzierte Vielfalt. All dies erdrückt sie mit sozialen Normierungen, Regelwerken und Compliancevorschriften. Wer heute auf YouTube oder TikTok ein Video betrachtet, auf dem ein Krokodil eine Antilope reißt, muss oft erst einmal eine Triggerwarnung wegklicken. Der Triggerbegriff stammt aus der Traumatheorie. Menschen sollen vor Inhalten gewarnt werden, die negative Gefühle auslösen könnten. Das geht allerdings mittlerweile so weit, dass Hochschulen bestimmte Bücher aus ihren Bibliotheken verbannen oder nicht mehr in Vorlesungen nutzen.

Da Universitäten oft die Kerne bilden für spätere gesellschaftliche Entwicklung, ist mir bang. Solche Schutzdebatten wirken auf den ersten Blick mitfühlend und sympathisch. Auf den zweiten Blick frage ich mich, wie sie sich auf die künftige, wehrhafte Selbstverantwortung auswirken. Später im Berufsleben wird man vor Konflikten stehen, die sich nicht allein durch Umarmungen lösen lassen. Als ohnehin konfliktscheues Land erleben wir gerade mit Schrecken, was Pazifismus anrichten kann, wenn man seine eigenen Streitkräfte kaputtspart und blank dasteht, kaum noch dem Nachbarn helfen kann, sobald der völlig unterschätzte und jahrelang gehegte Aggressor plötzlich zu schießen beginnt. Die Maslowsche Bedürfnispyramide stellt sich wieder vom Kopf zurück auf die Grundfläche. Fragen nach Überleben und Existenzsicherung werden wieder wichtig. Konflikte auszutragen und zu bewältigen, das ist ein ganz wichtiges Bildungsthema schon in frühen Jahren.

Merkposten 6: Krisen übersteht besser, wer Krise kann

In der Krise tut sich leichter, wer damit Erfahrung oder sie wenigstens regelmäßig trainiert hat. Ich halte viel von Notfallübungen. Sie schärfen das Gefühl für Dringlichkeit und Wachsamkeit, und man eignet sich Krisenroutinen an. Nach dem Fall des Eisernen Vorhangs glaubte Deutschland, sich auf Krisen nicht mehr vorbereiten zu müssen. Belächelt wurde die Großelterngeneration, die noch Vorräte für Hungersnöte im Keller vorhielt. Erfolgsverwöhnt dachten vor allem Politik und Verwaltung nicht mehr an Krise. Alarmsirenen wurden abgeschafft. Bei der Jahrhundertflut 2021 läutete ein Mönch bei Wuppertal die Kirchenglocke, um die Menschen vor dem rasant steigenden Pegel der Wupper zu warnen.

Durch den Rückbau von Krisen- und Alarmstrukturen waren unsere Regionen im Juli 2021 auf das Hochwasser schlechter vorbereitet, als es in vielen Jahrzehnten zuvor der Fall gewesen wäre. Deutschland hat ein ums andere Mal die Gelegenheit verpasst, die neuen digitalen Chancen bei den Hörnern zu packen. Selbst nach Ausmusterung des alten analogen Handwerkszeugs hatte niemand für digitalen Ersatz gesorgt, erst recht keine neuen Fähigkeiten entwickelt auf Basis digitaler Plattformen und organisierter Ökosysteme.

Lufthansa kam nach 9–11 auch deshalb passabel durch die Krise, weil das Unternehmen seit Jahrzehnten Krisenmanagement geübt hatte, ich war in meiner Vorstandszeit Schirmherr des Projekts. Hunderte von Freiwilligen übten regelmäßig den Ernstfall eines Flugzeugabsturzes und tauschten sich im Netzwerk über Best-Practice-Erfahrungen aus. Zwar waren die Attentate in den USA etwas völlig anderes als alles, worauf wir uns vorbereitet hatten – aber die eingeübte Wachsamkeit, Agilität, Reaktionsfähigkeit, die fast schon militärische Disziplin (bei hoher Autonomie der Freiwilligen) half uns und hilft generell immens, mit den Herausforderungen einer Krise fertigzuwerden.

Merkposten 7: Interne Vertraute sind nötiger als externe Getreue.

Kurz nach meinem Amtsantritt bei der Telekom traf ich auf Dietmar Welslau. Ich war der neue Personalvorstand, er derjenige, der, obgleich gut geeignet, nun schon zum zweiten Mal bei einer Vorstandsbesetzung verloren hatte. Eng befreundet war er mit dem damaligen und ebenfalls hochkompetenten Chef-Arbeitsrechtler der Telekom Georg Pepping. Beide jung bis mitteljung an Jahren und Urgewächse des Hauses. Aber mit extremer Expertise im Umgang mit kampfbereiten und kampfbewussten Gewerkschaften. Mir war blitzschnell klar, ohne die beiden bin ich verloren.

Ich habe mit Dietmar Welslau den »Elefanten im Raum« früh angesprochen. Dass er den Job nicht bekommen habe, sei nicht meine Entscheidung gewesen, bat ich ihn um Verständnis. Aufsichtsratschef Klaus Zumwinkel hatte einen Kandidaten gewollt ohne Wurzeln im System Telekom. Ich versprach Welslau, ihn nach Strich und Faden zu fördern, ihm bei Bedarf auch zu helfen, einen ganz anderen Vorstandsposten zu bekommen. Angewiesen sei ich aber auf seinen und Peppings Rat, ohne den ich aufgeschmissen wäre. Es ging gut, und ich habe die beiden als engste und wertgeschätzte Berater bis zu meinem Ausscheiden gehegt und gepflegt. Das übliche Managerverhalten wäre gewesen: Ich schaue, wie ich die beiden so schnell wie möglich durch eigene Getreue ersetzen kann. Manchmal geht das auch nicht anders. Durch mein Verhalten habe ich auch bei vielen in der Mann- und Frauschaft meines Ressorts Vertrauen aufgebaut, weil ich nicht geköpft habe, sondern vertraut. Interne Stützpfeiler sind lebenswichtig für den Erfolg von Transformation. Herbert Diess hat das bei VW bitter erfahren müssen. Auf sein Personalressort konnte er sich auch nicht verlassen, weil es nur aus IG-Metall-Mitgliedschaftsbüchern besteht. Der damals wahrscheinlich mächtigste Betriebsratschef der Welt, Liebhaber von Kraftausdrücken und Alphatier Bernd Osterloh legte dem von BMW gekommenen Diess von Beginn an Felsbrocken in den Weg, an denen Diess schließlich scheiterte. Osterlohs Nachfolgerin Daniela Cavallo sagt man übrigens nach, dass sie nicht flucht.

Ich habe immer zuerst versucht, mit den Menschen zu arbeiten, die schon da sind. Und ich wurde selten enttäuscht. Wenn meine Erinnerung mich nicht trügt, habe ich in 40 Jahren Privatwirtschaft nur drei direkten Mitarbeitern gekündigt: in meinen frühen Berufsjahren einem alkoholkranken Mitarbeiter, der keine Suchttherapie machen wollte. Später einem Mitarbeiter, der mich schamlos über seine Leistungen anlog. Schließlich einem Zyniker, der alles, was ich anregte, ein Jahr lang schlechtredete. Später, in meinem Bundestagsbüro, musste ich härter durchgreifen und in einer Legislaturperiode allein dreimal explizit kündigen. Apparate erlauben vielerlei Kompensation für Schlechtleistung:

da gibt es jede Menge an Bypass-Optionen und Aufbewahrungsräumen für Schlechtleister. In einem Team von vier bis fünf Leuten sind alle auf Gedeih und Verderb auf die Leistungsfähigkeit aller angewiesen.

Merkposten 8: Abschweifende Debatten killen

Krise ist nicht die Zeit für Modewellen im Management, auch nicht für Debatten über Work-Life-Balance oder Gendern. Führung darf in Krisenzeiten kein Machtvakuum zulassen. Damit will ich Partizipation keineswegs killen. Aber wer in Verantwortung steht, muss die oft schleppende, vielstimmige Debatte rasant beschleunigen, um den eigenen *confirmation bias* zu vermeiden: die Neigung, Informationen so auszuwählen oder zu filtern, dass sich die eigenen Erwartungen erfüllen. Und am Ende der kurzen Debatte muss man glasklar entscheiden und sofort danach alle Fühler ausfahren, um nachjustieren oder gar revidieren zu können. In der Krise ist es wichtiger, eine Fehlentscheidung zu riskieren, als gar nicht zu entscheiden oder zu langsam. Führungs- und Unternehmenskultur braucht Fokus.

Ob bei Lufthansa in den Monaten nach 9–11 oder bei der Telekom im größten Arbeitskampf der Unternehmensgeschichte: meine Teams, wir alle miteinander, haben die Krise hochdiszipliniert abgearbeitet. Jede und jeder an seinem Platz, über Wochen hinweg 18 Stunden am Tag. Existenzielle Krisen überstehen Unternehmen nur mit aufopferungsbereiten Mitarbeiterinnen und Mitarbeitern. Wer in solchen Zeiten über die Vier-Tage-Woche debattiert, ist fehl am Platz.

Merkposten 9: Fokus statt Perfektion

Führung in Krisenzeiten ruft außerdem nicht nach Perfektion. Lieber *satisfying* statt *maximizing*. Der gesunde Menschenverstand weiß: In Krisenzeiten ist alles suboptimal. Da taugen auch 70-Prozent-Lösungen. Es hat mich immer arg gequält, wenn mir Kritiker in solchen Phasen mangelnde Vollständigkeit vorgeworfen haben. Das waren so gut wie immer

Menschen aus den eher elfenbeintürmigen Etagen des Unternehmens oder Arbeitnehmervertreter. Deren ganzheitlich geschwungene Gestaltungsansprüche waren nicht per se falsch. Aber die Damen und Herren hatten schlicht den Schuss nicht gehört.

Als Führungskraft in der Krise ist man Notfallchirurg für besonders schwere Fälle. Das heißt: Fokus, Fokus, Fokus! Wenn man die Wünsche aller Stakeholder erfüllen will, misslingt Führung in der Krise. Es gilt, auch unpopuläre Maßnahmen zu ergreifen. Als der Staat bei Lufthansa infolge der Coronakrise einstieg, war ich gespannt, wie Vorstandschef Carsten Spohr sich der populistisch-politischen Interessengruppierungen erwehren würde. Und er hat genau so gehandelt, wie ich ihn immer kannte: unbequem, durchsetzungsstark, unternehmerisch, fokussiert.

Wie seine Vorgänger an der Lufthansa-Spitze ist Spohr immer ein Gegner von Staatsbeteiligung am Unternehmen gewesen. Er hat sich also gesputet, die Coronastaatshilfen zurückzuzahlen; das war bereits im November 2021 erledigt. Spätestens Oktober 2023 soll Lufthansa auch die 14-prozentige Staatsbeteiligung am Grundkapital wieder los sein. Und all dies gibt ihm die volle unternehmerische Freiheit zurück, sich an anderen Firmen zu beteiligen oder neue Airlines zu gründen. Am Rande bemerkt: Der Verkauf dieser Beteiligung wird ein verdammt gutes Geschäft für die Staatskasse.

Als Lufthansa-Vorstand nach 9–11 war meine Aufgabe weder die für Powerpoint perfektionierte Strategie noch das Mikromanagement; mit den Details der einzelnen Prozesse kannte ich mich ohnehin nicht aus. Mein Job war, Führungsentscheidungen nach innen zu erläutern, Menschen zu motivieren und an Bord zu halten und Resonanzboden zu sein für alles, was bei der Krisenbewältigung nicht gelang. Im Telekom-Streik später nahm mich als Personalvorstand natürlich zusätzlich der Verhandlungsmarathon mit den Gewerkschaften in Beschlag.

Warum Unternehmen früher sterben oder länger leben

Im Zuge jahrelangen Erfahrungsaustauschs über Transformationsfähigkeit habe ich eine sehr persönliche Beziehung aufgebaut zum leider 2019 verstorbenen Arie de Geus, dem langjährigen Strategiechef von Royal Dutch Shell und Begründer der Szenario-Planung. 1997 hat er bei der Harvard Business Press den Management-Bestseller »The Living Company« veröffentlicht. Bei Shell hatte Arie zuvor die Frage untersucht, welche Eigenschaften Unternehmen haben, die nicht nur die klassischen 50 Jahre am Markt sind, sondern denen es gelingt, über Jahrhunderte zu überleben. Und so kam er auf vier gemeinsame Charakterzüge:

- **Konservatives Finanzgebaren.** Volle Liquidität über Jahrhunderte. Das Unternehmen setzt sein Kapital nicht risikoreich aufs Spiel, sondern füllt seinen Sparstrumpf lange mit Geld, damit es irgendwann so viel übrig hat, dass es selbstbestimmt, in günstigen Momenten in Wachstum und Weiterentwicklung investieren kann.
- **Hohe Sensibilität gegenüber dem Umfeld.** Das Unternehmen reagiert seismografisch auf jede Veränderung und ist damit in der Lage, sich stets auf neue Realitäten einzustellen – seien es Kriege, Depressionen, Technologiesprünge oder neue politische Herrscher. Ähnliche Gedanken finden sich übrigens in dem Buch »Only the paranoids survive«, in dem der damalige Intel-Chef Andrew Grove Unternehmen auffordert, ein System menschlicher Antennen zu bilden, das ihnen beim Überleben hilft.
- **Bewusstsein der eigenen Identität.** Die Topführungskräfte verstehen sich als Ombudsleute für Bestand und Zukunft der oft familiengeführten *caring company* – ganz anders als etwa in nomadenhaft geführten *fluid companies* mit hoher Manager-Fluktuation.
- **Aufgeschlossenheit gegenüber neuen Ideen.** Ohne das Kerngeschäft zu beschädigen, experimentiert das Unternehmen an der Peripherie mit ungewöhnlichen Praktiken und Innovationen. Oft führt das zur Transformation und zu neuen Geschäftsfeldern, die das Überleben weiter absichern.

Arie de Geus' Urteil über kurzlebige Unternehmen fällt knapper aus: »Viele Aktionäre und hochrangige Führungskräfte sind gar nicht daran interessiert, eine ihren eigenen Fortbestand sichernde Arbeitsgemein-schaft aufzubauen. Sie ziehen den Typus Unternehmen vor, der nur als Geldmaschine arbeitet – zum Besten eines inneren Zirkels.«

Das Plädoyer für möglichst langlebige Unternehmen nicht zu ver-wechseln mit der Frage, ob Dinosaurier sterben dürfen oder sogar sollen. Ein Gutteil der börsennotierten und auch einige eigentümergeführten Konzerne aus den 1960er Jahren bestehen heute gar nicht mehr. Me-tallgesellschaft, Nixdorf, Babcock Borsig und viele mehr. Sie sind unter-gegangen, verkauft, zerschlagen oder filetiert worden. Auch die derzeit strauchelnde Thyssenkrupp hat ein Recht darauf, in Würde unterzuge-hen. Warum sollen Unternehmen ewig leben? Das ist ja nicht einmal uns Menschen gegeben. Wer anderes verlangt, geriert sich in Überopti-mismus und leugnet den natürlichen wirtschaftlichen Lebenszyklus von Geburt bis Tod.

Auslöser von Wandel

Arie de Geus hat sich mit der Frage beschäftigt, mit welcher Genetik, mit welchen Charakterzügen ein Unternehmen möglichst lange wandlungs-fähig bleiben kann. Was aber löst Wandel eigentlich aus? Ich sehe drei große *inflection points* oder Trigger: existenzielle Not, gegnerischer An-griff (Hannibal ante portas) und Vision. Meine ehemaligen Arbeitgeber Lufthansa, Conti und Telekom haben sich eigentlich nur aus Not trans-formiert und weil oft etliche Hannibale vor der Tür standen.

Daimler-Benz hingegen hatte dank Edzard Reuter eine echte Vision, und zwar die des integrierten Technologiekonzerns – mit Mobilitätslö-sungen zu Lande, zu Wasser und in der Luft. Reuters Ideen, er stand seit 1987 an der Konzernspitze, waren wahrscheinlich für die damalige Zeit zu visionär und sein Führungsstil zu abgehoben. Ich habe mich in die-sen Jahren häufiger mit dem Raumfahrtpionier Ludwig Bölkow in Mün-chen-Ottobrunn getroffen. Bei einer unserer Unterhaltungen sagte er mir, man könne ein Raumfahrtunternehmen nicht führen wie einen Au-tomobilkonzern. Bölkows Kritik zielte nicht auf Reuter, sondern auf Jür-gen Schrempp, den damaligen Vorstandsvorsitzenden der Daimler-Benz

Aerospace (DASA). Bölkow war der Meinung, Reuter sei »viel zu weit weg« und schaue Schrempp zu wenig auf die Finger. Schrempp hatte vor dem DASA-Chefposten viele Jahre als Südafrika-Chef von Daimler-Benz gearbeitet, also als rein operativer Automanager. Bölkows damalige Sorge, dass Schrempp Daimlers Luft- und Raumfahrtindustrie an die Franzosen verscherbeln würde, bestätigte sich zu großen Teilen im Jahr 2000, als die DASA in der EADS aufging.

Edzard Reuter wurde 1995 bei Daimler-Benz entthront. An seine Stelle trat: Jürgen Schrempp, der Fokker und Chrysler kaufte und damit multimilliardenschwere Werte vernichtete. Ich bin bis heute der Meinung: Dieses Geld wäre besser investiert gewesen in die Pläne Edzard Reuters. Mit nur einem Quäntchen Glück des Tüchtigen hätte sein Weg nicht in eine solche Sackgasse geführt. Schrempp hatte es am Ende geschafft, aus Daimler wieder einen hochverschuldeten Automobilkonzern zu machen. Schlimmeres wäre Reuter auch nicht passiert.

Wie schneiden eigentlich meine anderen alten Firmen Lufthansa, Continental und Telekom ab, wenn ich sie an den Geus'schen Maßstäben messe?

Lufthansas Transformationsfähigkeit? Tiefflieger

Bei Lufthansa war *konservatives Finanzgebaren* kein Mittel der Wahl, sondern nach der Privatisierung zwingend nötig für das Überleben am freien Markt. CEO Jürgen Weber hat damals über Monate bei den Banken um Kredite gebettelt, damit er die Gehälter der Belegschaft zahlen konnte. Das lag freilich auch daran, dass Lufthansa als ehemaliges Staatsunternehmen Tausende Beschäftigte zu viel an Bord hatte, um profitabel wirtschaften zu können. Die Gründung der Star Alliance war ebenfalls ein Mittel der Not. Lufthansa fehlte das Geld für Akquisitionen, und es musste eine kreative Lösung finden, um zu wachsen.

Das *Bewusstsein der eigenen Identität* war hingegen bei Lufthansa schon immer stark ausgeprägt – stärker, als ich es jemals bei einem anderen Unternehmen erlebt habe. Es war, als hätten alle ein Lufthansa-Brandzeichen auf der Stirn getragen – wie die Rinder im Wilden Westen, nur freiwillig. Ich äußere mich ja gern kritisch, wenn es darum geht, dass Schmidt Schmidtchen einstellt, erzieht und fördert. Homosoziale Rekrutierung und Eingliederung ist alles andere als innovativ. Aber in Zeiten der Existenzkrise stärken eingefleischte Gemeinschaften die nötige Wagenburg. Ich war damals bei Lufthansa einer von nur sehr wenigen Quereinsteigern.

Die *Sensibilität gegenüber dem Umfeld* zeigte sich damals bei Lufthansa, indem wir sehr genau beobachteten, wie sich die Billigfluglinien entwickelten. Wir bezahlten Studierende dafür, dass sie am Low-Cost-Flughafen Hahn in Rheinland-Pfalz die Ryanair- und Easyjet-Passagiere zählten. Hochsensibel zeigten wir uns gegenüber jeder engen Konkurrenz, nicht zuletzt der wieder untergegangenen Deutschen British Airways (DBA). Und wir haben immer viel Zeit darauf verwendet, den Politikern in Bundestag und Bundesregierung unsere Themen nahezubringen. Lobbyismus war nie ein Fremdwort bei Lufthansa – jedenfalls mit Blick auf das etablierte Geschäft.

Wirklich visionär und radikal innovativ, wirklich *aufgeschlossen gegenüber neuen Ideen* und Geschäftsmodellen haben wir nur einmal gedacht – nämlich, als uns in den 1990er Jahren eine der bedeutendsten Organisationsinnovationen gelang: die Gründung der Star Alliance. Ein partnerschaftlicher Verbund von Fluggesellschaften, dem ohne Fusionen, Akquisitionen und feindliche Übernahmen Wachstum gelingt. Die Lufthansa ist damit bis heute erfolgreich. Ich habe selbst operativ am Blühen, Wachsen und Gedeihen der Star Alliance Hand angelegt. Mit Air China habe ich damals die Service-Kooperation verhandelt, mit Singapore Airlines die Kundenexzellenzkriterien am Frankfurter Flughafen. Hinter diesem Managementkauderwelsch verbergen sich die Anforderungen, die wir an Mitarbeiter der anderen Airline stellten. Air-China-Crews sollten zum Beispiel Lufthansa-Standards entsprechen oder Lufthansa-Teams am Boden denen von Singapore.

In der Dotcom-Blase haben wir einmal gemeinsam mit der Boston Consulting Group lange überlegt, ob wir First-Class-Passagieren eine Hemdenreinigung anbieten, bei der sie ihre Wäsche schon beim Aussteigen abgeben könnten. Wir hielten das damals für eine hyperinnovative Idee. Aber richtig wagemutige Innovation zu treiben wie Flugtaxis,

Hyperloops, E-Flugzeuge, das ist bis heute kein Thema bei Lufthansa. Dabei hätte es sich früh gelohnt, über inter- und multimodale Angebote nachzudenken, um Passagiere und Fracht mithilfe vernetzter Verkehrsströme und Zubringer per Bahn, Bus und Drohne besser an den Flughafen, den Bahnhof, den Parkplatz zu bringen. Ich verehre den Ingenieur Jürgen Weber bis heute. Aber ein Richard Branson, der erst die Virgin Air gründete und heute Raumfahrt-Entrepreneur ist, war er nicht. Hemjö Klein hatte als Lufthansa Marketing-Vorstand etliche solcher wagemutigen Ideen – vom parfümierten Passagetunnel zwischen Flughafenterminals bis zur Intermodalität bei Zubringern. Aber er präsentierte seine Ansätze derart kostenbefreit, dass sich Jürgen Weber schließlich von ihm trennte.

Unternehmen brauchen Transformationsmotoren von unten: Graswurzelbewegungen.

Aus meinem intensiven Austausch mit Arie de Geus erwuchsen auch meine ersten Gedanken, wie eine Corporate University aussehen sollte, die nicht einfach nur auf der damalig weltweiten Modewelle unternehmenseigener Fortbildungsabteilungen schwamm. Auch eine Alphabetisierungsfabrik wie die Motorola University, damals en vogue, wollte ich nicht. Motorola brachte seinen Mitarbeitern Rechnen, Statistik und Qualitätskultur bei. Genauso wenig schwebte mir eine zweite General Electric University vor wie in Crotonville, New York. Die wurde zwar allseits bewundert, war aber eine rein strategische Exekutionsmaschine für Jack Welchs Tagesbefehle.

Meine Lufthansa School of Business hingegen verfuhr nach einem ganz anderen Ansatz. Sie war die erste Corporate University im deutschsprachigen Raum. Dort haben als »Lufthansa Next Generation« Hunderte Flugbegleiterinnen, Jungpiloten, strategische Planer, Check-in-Agenten und Vorstandsassistentinnen über die Zukunft der Luftfahrt nachgedacht und Lösungen für Lufthansa erarbeitet. »Explorer 21« hieß das Projekt, es war eine organisierte Graswurzelbewegung. Und über die Initiative Climb 99 haben wir Hunderte Führungskräfte für zwei Wochen in die innovativsten Unternehmen der Erde geschickt, damit sie Ideen mit nach Hause bringen und Lufthansa damit befruchten.

Ich war später immer mit großer Überzeugung Schutzherr für Graswurzelbewegungen im Unternehmen – ob es nun um Gleichberechtigung ging, um Expatriates oder junge bis alte Talente. Transformation ist immer eine Bewegung in zwei Richtungen. Top-down genauso wie Bottom-up. Graswurzelbewegungen sind der vorrevolutionäre Humus.

Je mehr ich darüber nachgedacht habe, wie man Transformationsmotoren in Unternehmen einbauen kann, desto mehr wuchs in mir der Ehrgeiz, Vorstandsmitglied zu werden. Denn der Vorstand eines Konzerns war schließlich der Ort, an dem man eine Gesamtstrategie nicht nur entwickeln, sondern auch vorantreiben und verteidigen konnte. So hatte ich es in meiner industriellen Karriere gelernt.

Contis Transformationsfähigkeit? Gebremst

Bisher hatte ich bei jedem Wechsel die Komplexität und transformatorische Gestaltungsfreiheit meiner Aufgaben gesteigert. Als ich die Lufthansa verließ, um 2003 zum ersten Mal Dax-Vorstand zu werden als oberster Personaler von Conti, habe ich den Sprung nicht nur aus einer Unternehmensdivision in die Verantwortung für das Gesamtsystem gewagt, sondern auch Branche und Funktion gewechselt: aus der dienstleistungsorientierten Luftfahrt zum Automobilzulieferer und vom operativen Airline-Management zum Arbeitsdirektor.

Und dabei wurde mir schnell klar, wie politisch ein Vorstand agiert. Die Continental AG war einer der deutschen Vorreiter der Globalisierung – nicht nur bei niedrig-, sondern auch bei hochqualifizierter Arbeit. Es war die Zeit von Hans-Werner Sinns Basarökonomie-These, nach der die inländische Wertschöpfung immer weniger zur Industrieproduktion beitrage und die Vorleistungen aus dem Ausland zunehmen. Sinn warnte damals davor, dass Deutschland sich im Export überspezialisiere – mit langfristigen Negativauswirkungen auf die Gesamtwirtschaft.

Bei Conti beschäftigten uns solche Warnungen weniger als die handwerklich komplexe Aufgabe, transkontinentale Wertschöpfungs- und

Zulieferketten nicht nur nach Deutschland zu bauen, sondern zum Beispiel auch von China nach Brasilien. In Rumänien haben wir verlängerte Werkbänke zu Spitzenentwicklungszentren umgebaut. Hannover war nicht mehr unser Nabel der Welt. Die Welt war unser Nabel.

Typische deutsche Unternehmen wie Daimler-Benz haben ja früher ihre Zentrale und zentralen Einheiten von Deutschland aus gesteuert und ausländische Fabriken vor allem als verlängerte Werkbänke genutzt. So sah das exportorientierte Modell der deutschen Wirtschaft im 20. Jahrhundert aus. Conti hingegen war ein *forerunner* der Globalisierung mit dezentralen, miteinander vernetzten Wertschöpfungszentren.

Continental war allerdings bei meinem Eintritt im Jahr 2003 im Zuge einiger teurer Akquisitionen und in den Sand gesetzter Veräußerungen hoch verschuldet. Wir hatten alle Hände voll zu tun, erst einmal die Kasse wieder in Ordnung zu bringen,

Effizienz, Effizienz, Effizienz – bei Automobilzulieferern allemal unumgänglich angesichts der brutalen Ausquetschpolitik der Hersteller, die immer mehr Wertschöpfung an ihre Zulieferer outsourcten und gleichzeitig Preissenkungen verlangten. Die Betriebsräte und IG-Metall-Bezirksfürsten duldeten keine Kosteneffizienz beim Personal der Hersteller. Da mussten die Zulieferer geknechtet werden. Und dazu obendrauf unsere Verschuldung! Wir haben geackert an Kosten wie Strukturen.

Conti hat sich nach der Jahrtausendwende und nach der Sanierung in ein transnationales Unternehmen verwandelt, dessen Schlüsselstrukturen nicht nur im Mutterland saßen, sondern auf der ganzen Erde verteilt waren: eine *boundaryless organization.* Gleichwohl haben wir uns der technologischen Disruption des autonomen Fahrens damals nicht gestellt. Im Land des Maschinen-, Auto- und Anlagenbaus aus der Pfadabhängigkeit auszubrechen: das ist nur wahren Disruptoren gegeben. Wenn ich an Arie de Geus denke und Continental daran messe, dann waren wir damals nur in einem gut: Sparsamkeit und Minimalismus.

Conti hatte den ABS/EBS-Bremsenhersteller Teves in Frankfurt am Main erworben, der zuvor das Mikroelektronikunternehmen Temic geschluckt hatte, eine alte Daimler-Tochter. Dieser innovative Kompetenzerwerb über Zukäufe finanzierte sich durch das *konservative Finanzgebaren* des alten Reifengeschäfts, mit dem wir auch die meist deutlich geringeren Margen der Zukäufe aufpolierten. Dass wir beim alten Geschäft so extrem sparsam waren, hat uns geholfen, den Gesamtorganismus zu erneuern.

Auch mit ihrer Dezentralität robbte sich Conti an Geus' Sparsamkeitsforderungen heran. Unser Hauptquartier in Hannover war minimalistisch in seinen Steuerungsfunktionen. Der Vorstandsvorsitzende entschied selbst bei etwaigen neuen Teilzeitstellen mit, damit ja die Zentrale nicht wuchs. Ziel war immer, dass jede dezentrale Einheit eigenständig überlebensfähig war und nicht von Schwestereinheiten in Mitleidenschaft gezogen oder gar subventioniert werden konnte.

Aber die restlichen Geus'schen unternehmerischen Charakterzüge waren verkümmert. Zum einen war Conti ein ganz und gar börsengetriebenes Unternehmen; Aktienkurs wie Vorstandsvergütungen orientieren sich an Shareholder Value. Ein nomadenhafter Konzern ohne echte Heimat. Ein Vorstand ohne echte Eigentümer, nur Couponschneider, ohne gesellschaftliche Sensorik, die über die Betriebswirtschaft hinausginge. Uns allen, auch mir, wurde sehr spät erst klar, dass die vom Vorstand angestoßene Globalisierung der Wertschöpfungsketten nicht nur in der Belegschaft Sorgen auslöste, sondern auch in der Öffentlichkeit. Es ging die Angst um, dass Deutschland an Arbeit entkernt werde.

Geus'sche *Ombudsleute* für das Unternehmen waren wir bei Conti ebenfalls nicht. Wir haben lange diskutiert, ob wir das Unternehmen von der Börse nehmen, Private-Equity-Mittel an Land ziehen und damit Schaeffler kaufen. Aber all dies haben wir nur als betriebswirtschaftliche Transaktion durchgespielt, nicht als Maßnahme, um Contis Bestand langfristig zu sichern. Wie fragil dieses ganze Gedankengebäude war, zeigte sich ein paar Jahre später, als Schaeffler Conti schluckte. Eine feindliche Übernahme, gegen die Conti nicht gewappnet war. Schaeffler kam später selbst massiv unter Druck und so auch sein zwangsadoptiertes Kind Conti. Ohne den damaligen klugen Mediator und Conti-Aufsichtsratschef Wolfgang Reitzle ständen beide Unternehmen heute nicht gut da.

Und wir waren nicht nachhaltig *innovativ*. Ganz im Gegenteil. Wir haben disruptive Innovation verschlafen. Continental hatte sich zwar mithilfe von Akquisitionen massive Elektronik- und Bremstechnik-

Kompetenzen angeeignet neben seiner etablierten Gummi-, Plastik- und Kautschukexpertise. Aber das war's dann auch.

Innovation nicht erst, wenn man sie händeringend benötigt

Hier muss ich die Geschichte des Davids erzählen, dem sich der Goliath nicht zum Kampfe stellte. Im Jahr 2005 hat ein gebürtiger Solinger und späterer Wahlkalifornier mit unverwüstlichem Tech-Optimismus etwas vollbracht, was damals in Deutschland kaum jemand mitbekam, nicht einmal der stets transformationsneugierige Thomas Sattelberger.

Damals hat Sebastian Thruns umgebauter VW Touareg als selbstfahrendes Auto die Grand Challenge der Defense Advanced Research Project Agency (DARPA) in der Mojave-Wüste von Nevada gewonnen. Die DARPA steuert als Behörde des US-Verteidigungsministeriums Forschungsprojekte für die Streitkräfte und beflügelt damit zugleich radikale Innovation für Zivilisten. Mittlerweile gibt es auch zwei rein zivile Ausgründungen: ARPA Health und ARPA Energy. Zwei Jahre später, bei der DARPA Urban Challenge in Victorville in Kalifornien hat Thrun mit einem umgebauten VW Passat den zweiten Platz errungen – als Erster im Ziel, aber von den peniblen Amerikanern wegen eines leichten Verstoßes gegen die kalifornische Verkehrsordnung mit einer Zeitstrafe belegt.

Aber nicht nur ich war damals blind. Da gelang dem Stanford-Professor Thrun mit winzigem Team und Budget ein *giant leap* für die Menschheit. Was haben die Volkswagen-Granden in ihrem Wolfsburger Imperium davon eigentlich mitbekommen? 2005 war das Bernd Pischetsrieder und 2007 Martin Winterkorn, dessen Innovationsambitionen irgendwann schwer gegen die Verkehrsordnung verstoßen haben.

Auch wir bei Conti hatten zum selben Zeitpunkt ein ähnliches *window of opportunity.* Ich stand 2005 mit meinen Vorstandskollegen auf einem Parkplatz der TU Darmstadt. Wir betrachteten distanziert, wie ein von uns seit 2002 finanziertes autonomes Auto im Schneckentempo ein parkendes Auto umrundete. Unser Fokus war nur das Notbrems-Assistenzsystem. Was wäre passiert, hätten wir damals Volldampf gegeben?

Nicht auszudenken. Aber die Margen des Reifengeschäfts waren verlockender als die Chancen des autonomen Fahrens.

Conti hat damals eine eiserne Regel nicht beherzigt, die Sebastian Thrun in Fleisch und Blut übergegangen ist: Es hilft nichts, erst dann auf Innovation zu setzen, wenn die Not groß und der Geldbeutel leer ist. Man muss früh anfangen. Das nennt man: das traditionelle Geschäft kannibalisieren. Clayton Christensens Innovator's Dilemma lässt grüßen.

Diese merkwürdige Koinzidenz – Thrun sprunginnovativ in der Wüste von Nevada, wir Conti-Vorstände zementiert auf dem Darmstädter Parkplatz – fiel mir erst Jahre später auf, als wir bei der Telekom einmal die DARPA Grand Challenges debattiert haben.

Damals bei Conti haben wir nicht weit genug gedacht. Unsere Zukunftssensorik war verkrüppelt und vor allem auf Effizienz ausgerichtet. Im unternehmerischen Bruch, in dem im Zähler Wachstum, Innovation, Talent, Lernen stehen und im Nenner Effizienz und Rationalisierung, da haben wir zu arg auf den Nenner geschaut. Heute würde mein unternehmerisches Urteil natürlich anders ausfallen.

Rückwärts klüger zu werden: das hilft nicht. Man darf den richtigen Zeitpunkt nicht verpassen, voll auf den Zähler zu setzen. Da waren wir blind und zu spät.

Telekoms Transformationsfähigkeit: ein Inlandsgespräch

Das Internet und in seiner Folge die digitale Transformation ist sicher der krasseste technologische Umbruch der vergangenen Jahrhunderte, viel umwälzender noch als der von Johannes Gutenberg um das Jahr 1450 erfundene Buchdruck.

René Obermann hat die im digitalen Zeitalter liegenden Chancen für die Telekom früh erkannt. Der Konzern war in der Ära Obermann zwischen 2006 und 2013 ein Prototyp für den digitalen Umbau. Wer Verantwortung trägt zum Beispiel in der Automobilbranche, kann sich am Beispiel Telekom ansehen, was passiert, wenn Legacy-Unternehmen voll in die digitale Transformation gehen. Bei der Telekom haben wir gigantische Umbaumaßnahmen in Kundenprozessen, Organisationsstruktur und Personalkörper eingeleitet.

Dieser Umbau war natürlich auch verbunden mit einem riesigen Skill-Shift. Da wir immer weniger mit analoger Technik und Kupferkabel arbeiteten und immer mehr mit Internettechnologie, veränderten sich Produkte und Serviceabläufe radikal. Wir konnten nun zum Beispiel Störungen ohne Hausbesuch beheben und direkt heraus aus den technischen Zentralen. Damit wurden Zehntausende Stellen vor allem im technischen Außendienst nicht mehr gebraucht. Stattdessen hatten wir gigantischen Bedarf an ITlern, Call-Center-Mitarbeitern und Vertrieblern. Wir haben also Zehntausende Menschen entlassen, umgeschult, neu eingestellt. Abbau, Umbau, Aufbau – dabei haben wir darum gekämpft, möglichst vielen Mitarbeitern eine neue Perspektive zu geben. Das war ein ganz anderer Transformationsprozess als bei Conti, wo wir mit Blick auf Effizienz und Arbeitskosten vorgingen. Bei der Telekom trieb uns die neue Technologie zum Handeln.

Wir haben den Konzern in einer ersten Etappe in Service-Gesellschaften aufgespalten und in einer zweiten Etappe Festnetz und Mobilfunk fusioniert. Es war organisatorische Disruption par excellence. Ich habe meine damalige Aufgabe oft mit der Besteigung des Nanga Parbat verglichen; nicht der höchste Berg im Himalaya, aber der schwierigste. Aus den Strukturen der ehemals Deutschen Reichspost schufen wir einen modernen Technologiekonzern. Die Ängste der Mitarbeiter, ausgeplündert und verkauft zu werden, erwiesen sich als unberechtigt. Aber der Umbau war schmerzhaft.

Speedboats: unumgänglich für Transformation

Legen wir die Geus'sche Nomenklatur an die Telekom an, dann war sie von meinen Unternehmen das transformationsfähigste. Zugegeben: meine Telekom-Zeit ist der Gegenwart und dem digitalen Zeitalter am nächsten, zudem ist die Branche besonders digitalaffin.

Konservatives Finanzgebaren haben wir allerdings nicht gezeigt. René Obermanns Vorgänger Ron Sommer hatte für 40 Milliarden Euro Voicestream gekauft. 2002 hatte die Telekom Rekordschulden von 70 Milliarden Euro, der Aktienkurs stürzte von 104 Euro auf unter 10 Euro ab. Von eigener Liquidität konnte nicht die Rede sein, die Telekom schwang sich von einem hochriskanten Akt zum nächsten.

Ausgeprägt war hingegen die *Sensibilität gegenüber dem Umfeld.* Die Mitarbeitenden agieren bis heute ganz ähnlich wie Trend Scouts. Dabei tragen sie die Traditionen der alten Bundespost in sich, die im Herzen die ersten Postreformen genauso überlebt haben wie den quälenden Privatisierungsprozess. Jeder Manager, der von außen kam, hat dieses *Ombudsgen* für das Unternehmen bei der Telekom gespürt.

Was die *Aufgeschlossenheit für neue Ideen* angeht, da muss ich augenzwinkernd konstatieren, dass vielleicht nicht alle gleich aufgeschlossen waren. Das Unternehmen T-Mobile wurde auf dem gegenüberliegenden Rheinufer gegründet, damit das Neue nicht gleich vom Alten gefressen wurde. Aber Arie de Geus spricht ja auch vom Innovieren an der Peripherie.

René Obermanns Innovationsstrategie in der zweiten Hälfte seiner Ära war geprägt von wichtigen Ausgründungen auf den Sektoren Gesundheit, Smart Grid, Bildung, Automobil: an den Rändern navigierende *Speedboats* eben, zu denen zum Beispiel auch Wagniskapitalfirmen gehörten wie die heutige Deutsche Telekom Capital Partners, einst gegründet als T-Venture. René hat Start-ups akquiriert und mit ihnen experimentiert. Leider zeigte sein Nachfolger Tim Höttges weniger Leidenschaft für *Speedboat*-Versuche und verlor die Geduld, wenn sich die übliche Return-on-Invest-Logik nicht schnell genug einstellte oder er das Gefühl bekam, Geld zu verbrennen.

Radikal neu:
Quereinstieg in die Politik

Lange Jahre schon hatte ich mit dem Gedanken an die Politik gespielt. Weil mich der Schritt ins komplett unbekannte Terrain reizte. Weil ich darin einen weiteren, mich noch mehr fordernden, cross-sektoralen Komplexitätssprung sah. Weil ich ahnte, wie irrational Politik im tiefen Innern funktioniert. Ich wollte es wissen: Könnte ich auch solch ein System bewältigen und erziehen zu vernünftigerem Handeln? Bei Telekom hatte ich vollends gelernt, Strategien zu entwickeln und umzusetzen, Apparate zu reiten, Macht auszuüben, Büropolitik zu managen und große Bühnen zu bespielen. Damals werkten dort auch noch 40 000 Beamte aus ehemaligen Bundespost-Zeiten. Es waren Menschen, die meist richtig aufblühten, wenn sie in offeneren Strukturen arbeiten konnten. Die Telekom hatte mich für den administrativen Teil des Politikapparats trainiert und als hochpolitisches Unternehmen für die Politik gewappnet. So wähnte ich mich vorbereitet und gut geschult im Umgang mit Behördenmenschen und Apparaten, als ich im Oktober 2017 in den Bundestag einzog, und erst recht, als die Bundesministerin für Bildung und Forschung mich im Dezember 2021 zum Parlamentarischen Staatssekretär ernannte.

Der Kampf vor dem ersten Wahlkampf

Als Quereinsteiger in die Politik musste ich in wenigen Monaten nachholen, was klassische Politiker sich in der berühmten Ochsentour über Jahre aufbauen. Engagierte Junge Liberale können sich die langen Jahre oft sparen; die Partei reserviert ihrer Jugendorganisation gerade in

Bayern gerne einen besonders aussichtsreichen Listenplatz – was diese nicht honoriert. Die Münchner und oberbayerischen JuLis probten vor der Landtagswahl 2023 den Durchmarsch und vertrieben exzellente Senioren wie den mittelständischen Unternehmer Albert Duin und den bayerischen Wissenschaftsminister a. D. Wolfgang Heubisch auf die hinteren Ränge und nominierten ihre unbekannten Jungakademiker. Juso Kevin Kühnert war wenigstens bekannt.

Ich war 2016 ein frischer, aber an Jahren fortgeschrittener Liberaler in München. Meine Kandidatenkarriere begann mit der Suche nach einem Wahlkreis; es wurde mangels anderer Kandidaten dort der Münchner Süden. Denn im Westen und Norden kandidierten bereits die heutigen Bundestagsabgeordneten Lukas Köhler und Daniel Föst. Lukas war damals Chef der Jungen Liberalen in Bayern und Daniel war Generalsekretär der bayerischen FDP. Gegen einen der beiden anzutreten wäre Selbstmord gewesen. Der Osten war die Domäne des einstigen Parteigranden Manfred Krönauer, und er verteidigte sie mit Zähnen und Klauen.

Mit Quereinsteigern hat die FDP offenbar nicht immer gute Erfahrungen gemacht. Ob sie einmal darüber nachgedacht hat, wie schwer ihr Eigenanteil daran wiegt? Ich musste, bevor die FDP München-Süd geneigt war, mich für den Bundestag aufzustellen, nicht zuletzt ein Bewerbungsgespräch mit Hildebrecht Braun bestehen, einem Münchner Rechtsanwalt und renommierten ehemaligen Mitglied des Deutschen Bundestages. Hildebrecht grillte mich bei einem Frühstück in der Nähe seiner Kanzlei und gab sich keine Mühe, seine Skepsis zu verstecken. Er verglich mich innerlich wohl mit Franz-Xaver Kirschner, einem niederbayerischen Metzger und Steuerberater, der 2012 die FDP-Fraktion im Bayerischen Landtag von heute auf morgen aus Frust verlassen hatte und später ein Rachebuch schrieb. Es gelang mir schließlich, das Eis zu brechen, als ich ihm erzählte, wie schwer man kämpfen muss, wenn man Dax-Vorstand werden und bleiben will. Am 1. September 2016 stellte mich die FDP München-Süd offiziell ohne Gegenkandidaten und ohne Gegenstimme auf.

Zur Seite stand mir damals schon Jan Dermietzel, den ich ein paar Monate zuvor kennengelernt hatte. Ich war auf der Suche gewesen nach jemandem, der die bayerische FDP kennt, Erfahrung mit Wahlkampf und Öffentlichkeitsarbeit hat und journalistische Expertise mitbringt. So jemanden zu finden war eigentlich ein Ding der Unmöglichkeit. Über Ecken erreichte mich die Empfehlung des ehemaligen bayerischen Wirtschaftsministers Martin Zeil, ich möge doch einmal mit Herrn Dermietzel sprechen. Er war gelernter Journalist, freier Kommunikationsberater und hatte zu Zeils Regierungszeiten für die FDP-Landtagsfraktion als Pressesprecher gearbeitet. Ein mehrstündiges, sommerliches Bewerbungsgespräch auf meiner Terrasse mit Seeblick und nicht nur einer geleerten Flasche Rosé besiegelte unsere Zusammenarbeit. Ich hatte jetzt einen exzellenten Wahlkampfleiter (aus dem später der Leiter meines Bundestagsbüros, ein guter Freund und Ghostwriter dieses Buchs wurde).

Die Ochsentour im Schnelldurchlauf

Nach der Aufstellung im Wahlkreis war die alles entscheidende Hürde ein aussichtsreicher Listenplatz auf der bayerischen FDP-Landesliste für die Bundestagswahl 2017. Aufgestellt wurde diese Liste Ende März 2017, wir hatten also ab September 2016 nur ein halbes Jahr Zeit für den internen Vorwahlkampf. Innerparteilich war ich ein unbeschriebenes Blatt. Es hieß nur, ein früherer Dax-Vorstand habe seinen Hut in den Ring geworfen. Dies änderten wir, indem ich allen Kreisverbänden in Bayern anbot, mich bei ihnen persönlich vorzustellen, gerne in Verbindung mit einer Veranstaltung vor Ort. Gut die Hälfte nahm mein Angebot an. Die andere knappe Hälfte antwortete nie oder fand Gründe, den Termin hinauszuzögern, damit er ja nicht vor der Aufstellung stattfand. Mein knapper Sieg in der Stichwahl zeichnete sich da schon ab. Da ich schon lange nicht mehr selbst Auto fahre, lernte ich die bayerischen Regionalzüge und ICEs zu allen Tages- und Nachtzeiten kennen. Auch die geschlossenen Bistros in Bahnhöfen und Zügen. Und die eisigen, voll dem Wind ausgesetzten Bahnsteige. Und natürlich die Wirtshaushinterzimmer in allen Ecken Bayerns, in denen politische Abende nach wie vor stattfinden. An die 90 Veranstaltungen wurden es. Manchmal sprach ich vor 30 Teilnehmern, manchmal kamen auch nur drei. Die waren mir auch recht. Hauptsache, die Menschen merkten, dass ich voll Kampfeslust, Leidenschaft und Hartnäckigkeit in den Ring stieg. Oft kam ich nachts erst um kurz nach 1 Uhr wieder in München an und erledigte tags drauf die Aufgaben meiner zivilgesellschaftlichen Ehrenämter und Aufsichtsratsmandate in der Wirtschaft. Am späten Nachmittag stieg ich wieder in den Zug als wahlkämpfender Parteisoldat.

Stets haben wir vorher gefragt, worüber ich in meinem gut halbstündigen Eingangsstatement referieren sollte. Ich wollte ja nicht nur über mich sprechen, sondern auch darüber, woran es hakt hierzulande, an welchen Stellschrauben ich gerne drehen würde im Bundestag, um Deutschland fit für die Zukunft zu machen. Meist habe ich über Wirtschaft und Digitalisierung gesprochen, oft über die Bildungspolitik der Zukunft und einmal auch, in Ingolstadt, über Ethik und Verantwortung in der Wirtschaft. Mein Ziel war, möglichst viele Basismitglieder kennenzulernen und sie von mir und meinen politischen Vorhaben zu überzeugen. So erwarb ich mir innerparteilich den Ruf als digitalkompetenter und innovationskundiger Wirtschaftsmensch. Dies sei allen kundgetan, die mich auch heute noch nach schnellem Einstieg und Aufstieg zum Bundestagskandidaten befragen. Es ist eine brutale Ochsentour. Hinzu kommen die Anfeindungen.

Es gab nicht wenige, denen meine Kandidatur mehr als nur ein Dorn im Auge war, weil diese ihre eigene politische Karriere oder die ihrer Freunde und Gefolgsleute drohte zu torpedieren. In einer Partei, in der theoretisch jeder für jedes Amt kandidieren kann, ist man sich nun einmal selbst der Nächste. Die Zahl nicht eingehaltener Absprachen korreliert mit der Missgunst, die in einer Partei herrscht. Der Freund von heute ist der Feind von morgen und der taktische Freund von übermorgen.

Dass ich mit meinem in 40 Jahren Wirtschaft erfolgreich aufgebauten Renommee mithelfen können würde, die FDP aus der außerparlamentarischen Opposition zurück in den Bundestag zu bringen, das interessierte die Minderheit der Parteifunktionäre. Der leider viel zu früh verstorbene Digitalpolitiker Jimmy Schulz, damals mächtiger Bezirksvorsitzender der übermächtigen FDP Oberbayern, wollte mir auf einem Landesparteitag nicht einmal die Hand geben. Erst nachdem er selbst seinen sicheren Listenplatz errungen hatte, behandelte er mich wohlwollender. Auf dem Sommerempfang des Landesvorstands der FDP Bayern konfrontierte ein Parteigrande meinen Ehemann Steven mit dem Vorwurf, meine Kandidatur würde langgedienten Mitgliedern eine Einkommensperspektive wegnehmen. Durch die Blume gesprochen: Ich möge niemandem vom Futtertrog verdrängen. Andere Kandidaten versuchten mich schlechtzureden, indem sie sich Details aus meinem Lebenslauf herauspickten und raunten, ich sei gar kein »richtiger Vorstand« gewesen, sondern »nur Arbeitsdirektor«. So etwas verbreiteten Menschen, die in ihrem Leben noch nirgends richtig angestellt waren oder sonst etwas auf die Beine gestellt hatten.

Der Gegenwind verschärfte sich noch, als ich öffentlich bekanntgab, recht unbescheiden auf dem Listenplatz 5 anzutreten. Damit war man sicher im Bundestag, so die FDP mindestens fünf Prozent errang. Die damaligen schlechten Umfrageergebnisse für die bayerische FDP ließen wenig mehr erwarten. Und die Kandidaten der ersten fünf Listenplätze stehen zudem mit ihrem Namen auf dem Wahlzettel. Listenplatz 5 hatten die damaligen Bezirksvorsitzenden allerdings nicht für einen oberbayerischen Kandidaten vorgesehen. Niemand außer mir glaubte daran, dass ich Platz 5 schaffen würde. Und niemand außer mir wusste, dass ich bei einer Niederlage für Platz 5 nicht noch einmal antreten würde. Ich setzte alles auf eine Karte. Ich wollte es wissen, ob man mit kluger Strategie, kreativen Aktionen und Skalierung von außen in die Partei hinein voll ins Schwarze treffen kann. Hochriskant, aber angesichts dessen, dass mich schon damals viele aus der oberen Funktionärskaste als zu alt brandmarkten, das einzig Naheliegende.

Ich setzte auf mein Potenzial als öffentlichkeitswirksamer Außenseiter und Quereinsteiger mit Innovationskraft. Neben meinen Besuchen bei den Kreisverbänden vor Ort wollten wir der FDP auch zeigen, dass ich sowohl Säle füllen als auch bundesweite Printmedien bespielen konnte, also Partei und Delegierte mit Außenwirkung beeindrucken. Denn seit dem Rauswurf aus Bundestag und Landtag 2013 war das öffentliche Interesse an der FDP in Bayern gering. Leider findet mein damaliges Beispiel kaum Nachahmer bei der bayerischen Landtagswahl 2023 in Bayern. Ich kann Susanne Seehofer auf Listenplatz 8 nur das

Beste wünschen. Sie ist umgeben von vielen unbekannten Kandidaten-
gesichtern. Ob der bayerische Landesvorsitzende und Spitzenkandidat
Martin Hagen ihr nach der Wahl eine herausgehobene Position gibt,
hängt nicht nur davon ab, ob die FDP Bayern über die 5-Prozent-Hürde
kommt, sondern auch davon, ob seine strategische Weitsicht oder sein
Machtinstinkt überwiegt.

Der Sprung auf die Liste

Mir lag daran, als Quereinsteiger meinen eigenen, unabhängigen Weg zu
gehen und dies auch gegenüber den Wählern zu betonen. Zum Beispiel
wollte ich meine Wahlkampf-Panels nicht, wie es bei der FDP üblich
war, vor allem mit Köpfen aus dem liberalen Mainstream bestücken. Und
ich wollte Plakate, die nicht nur nach der FDP-Dauer-Agentur aussahen,
sondern mein frisches Gedankengut auch zwischen den Zeilen transpor-
tierten. Dabei unterstützte mich und Jan und meine Online-Trierer ein
tolles Wahlkampfteam aus lauter freiwilligen Helfern großteils aus meinem FDP-Kreisverband München-Süd: Sabrina Böcking, Katharina Wal-
ter, Ante Pivac, Andreas Wolkenstein, Daniel Klein, Tristan Hilgenberg.
    Ganz München hatten wir mit kräftigen Farben provokant durch-
plakatiert. Am 19. Januar 2017 diskutierte ich in München-Sendling
mit »Liberalen Querköpfen« darüber, die wie wir »den Karren wieder
flottmachen«. Aufgeregt war ich wie ein Pennäler am ersten Schultag.
Wird sich der Saal füllen? Werde ich ordentlich moderieren? Werde ich
als qualifizierter, attraktiver Kandidat rüberkommen? Es wurde ein großer Erfolg. Wir hatten bewusst einen mittelgroßen Saal ausgewählt. Er
war mit an die 120 Teilnehmern völlig überfüllt, als die damalige Wiener
Landtagsabgeordnete Beate Meinl-Reisinger (NEOS), Landshuts frisch-
gewähltes Stadtoberhaupt Alexander Putz (damals FDP) und der ehemalige Piraten-Chef Bernd Schlömer mit mir diese erste Veranstaltung über
die Bühne brachten.
    Am 9. Februar holte ich den ehemaligen Ministerpräsidenten und
Superminister Wolfgang Clement sowie die damals stellvertretende
FDP-Bundesvorsitzende Katja Suding nach München unter dem Titel

»Mehr Kreativität in Politik und Wirtschaft«. Auch dieser noch viel größere Saal im Pschorr am Viktualienmarkt füllte sich schnell, wir hatten mehr als 300 Teilnehmer. Das hatte die FDP München schon lange nicht mehr erlebt. Und Clements klare Wahlempfehlung für mich war nicht zuletzt vor der internen Listenaufstellung Gold wert:

»Ich bin sehr gerne hier, weil ich Thomas Sattelberger überaus schätze. Ich glaube, es gibt in Deutschland keinen Personaler, der stärker ist als er, der mehr Erfahrung hat. Ein unglaublich engagierter Mann, unglaublich schnell im Kopf, hoch angesehen. Wenn Sie mal auf eine Personalmesse gehen, würden Sie das erleben. Ich habe das erlebt. Ich finde, für die Freien Demokraten ist das ein wirklicher Gewinn, dass ein solcher Mann hier antritt.«

Ich ließ es mir nicht anmerken, aber ich fühlte mich wie nach dem Ritterschlag.

Als Wolfgang Clement im September 2020 starb, war ich sehr angefasst. Und genauso feuchte Augen bekomme ich wieder, wenn ich diese Zeilen schreibe. Ich hatte ihn viele Jahre zuvor kennengelernt. Wir stellten dabei fest, dass wir uns mochten. Unser Kontakt intensivierte sich, riss nie ab. Sinnieren hat immer Spaß gemacht mit Wolfgang Clement. Über Zukunft der Arbeit, die Definition von Karriere, Wandel von Personal- und Talententwicklung, unternehmerische Kräfte in jeder und jedem von uns, Transformation und Restrukturierung, Schutz und Freiheit für die Freelancer der Zukunft.

Nach seinem Tod wurde viel Gutes über Wolfgang Clement geschrieben. Ich hätte ihm gegönnt, all dies lesen zu können – zumal er zu Lebzeiten von vielen geschmäht wurde. Frauen und Männer wie er sind rar, nicht nur in der Politik. Er war ein geradliniger, unerschrockener, von Werten geleiteter liberaler Sozialdemokrat, der seine Partei lange von innen und zuletzt von außen Mores gelehrt hat. Er hatte nicht nur Verstand, sondern auch ein großes Herz. Er war ein Pfundskerl! Die Agenda 2010, die erfolgreichen Hartz-Reformen, die ganzen ruhmreichen Erfolge einer von Realpolitik und Fortschritt geprägten SPD tragen seine Handschrift. Er war ein ganz Großer. Wenn er diesen meinen Nachruf nur irgendwie und irgendwo empfangen könnte! Er fehlt mir, auch beim Verarbeiten meines eigenen politischen Exits.

Ich hatte noch andere großartige Unterstützer. Am 17. März 2017 sprach ich im prall gefüllten Münchner Literaturhaus mit meinem ehemaligen Telekom-Chef René Obermann, TeleClinic-Gründerin Katharina Jünger und Business Angel Falk F. Strascheg über mein Herzensthema Innovation. René habe ich dabei zeitlich richtig ausgequetscht, er musste mittags mit Unternehmern und mir essen, nachmittags ausgewählte bayerische Kreisvorsitzende bespaßen und am Morgen danach Weißwürste vertilgen mit bayerischen Jungen Liberalen. René war einmalig. Er verband seine Geschichte als junger Gründer mit seinem späteren erfolgreichen Wirken als Transformator-CEO bei Telekom.

An diesem Tag begleiteten mich auch ein Redakteur und ein Fotograf des Wirtschaftsmagazins *Bilanz*. Dessen Chefredakteur Arno Balzer kannte ich noch gut aus den Zeiten, als ich bei der Telekom und er *manager magazin*-Chef war. Sehr viel Vorschussvertrauen. Ich ließ die beiden Journalisten in unsere Münchner Wohnung, nahm sie mit auf einen Wahlkampfevent nach Berchtesgaden und erfüllte alle Wünsche des Fotografen. Es wurde ein grauenhafter Artikel. Das schlimmste Stück, das ich je über mich las. Nicht politische Inhalte hob der Redakteur hervor, sondern meinen offenen Hemdkragen, meine Halskette aus Gold. Er gab Sätze zwischen Steven und mir im Auto unautorisiert wieder, lästerte über unser heimisches Mobiliar. Gepaart mit den seltsamen Fotos standen Steven und ich da wie das klischeehaft naive Schwulenpaar vom Land auf der Düsseldorfer Kö. Ganz so schlimm wie Rudolf Scharpings Schwimmstunde mit der gräflichen Gattin im Pool war's nicht. Aber hier war ich blauäugig gewesen. Ich hatte meinen Wahlkampfleiter bei diesem Artikel nicht eingebunden. Und ich hatte meine damalige eherne Devise durchbrochen, das Private privat sein zu lassen. Der skurrile Text erschien zum Glück erst nach der Aufstellungsversammlung. Er ist so gut wie das einzige Medienstück über mich, das ich nie auf meinen Social-Media-Kanälen postete.

Meine Rechnung ging Ende März 2017 auf. In Bad Neustadt an der Saale setzte ich mich in der Stichwahl gegen den ausgekungelten Favoriten Ulrich Lechte auf Platz 5 der Landesliste durch. Zum Erfolg beigetragen hat nicht zuletzt meine Rede, an der Jan und ich lange gefeilt hatten. Ich habe sie am Morgen auf der Wiese hinter dem Hotel mehrmals lautstark geübt. Man findet sie bis heute auf YouTube. Als das Ergebnis verkündet wurde, war ich wie betäubt. Die Hälfte des Saals jubelte, die andere schwieg betroffen. Ich hatte als Seiteneinsteiger den regionalen Proporz und eine vermeintlich graue Eminenz der Partei geschlagen. Es war ein Durchmarsch ohnegleichen. Als Außenseiter alles gewagt und alles gewonnen. Man musste mich zu den Jubelnden hinführen, denn ich hatte die Geschehnisse von ganz hinten im Saal verfolgt.

Im Sommer 2017 füllten wir den Wahlkampf mit vielen kleineren Wahlkampfabenden in den verschiedenen Stadtbezirken meines Münchner Wahlkreises. Jetzt ging es um Wählerstimmen. Mich unterstützten dabei zum Beispiel der Verleger Dirk Ippen, die Schauspielerin Uschi Glas, die Hobbythek-Ikone Jean Pütz, der ehemalige Andechser Pater Anselm Bilgri, der Publizist Christoph Schwennicke und der prominente Gastronom Michael Käfer – alle ohne FDP-Parteibuch, aber mit freiheitlicher Grundeinstellung. Und meinen gesamten Wahlkampf finanzierte ich zu 99 Prozent mit eigenem Geld.

Vier Jahre später, im zweiten Coronafrühjahr 2021, trat ich natürlich wieder auf Platz 5 an. Das hat diesmal niemanden überrascht, und diesmal musste mich Ulrich Lechte auf Platz 5 herausfordern. Er wollte es wieder wissen. Ergebnis: Diesmal setzte ich mich mit einem deutlicheren Vorsprung durch. Heute ist leider alles langweilig wie eh und je bei Aufstellungen. Nur dass nicht nur JuLis ihre quotierten Plätze erhalten, sondern auch die Frauen. Wie grässlich!

Anfang und Ende von Jamaika

Bei der Bundestagwahl 2017 zog die FDP mit 10,7 Prozent in den Deutschen Bundestag ein. Und mit der FDP auch das erste Mal die AfD. Die Bundestagsverwaltung hatte schwer zu kämpfen mit zwei neuen Fraktionen und so vielen neuen Abgeordneten. Die ersten drei Monate verbrachten wir in oft ungeheizten Büros. Nicht jeder Abgeordnete hatte drei Räume, wie üblich, sondern drei neue Abgeordnete teilten sich provisorisch einen Raum. Erst im Januar 2018 zogen wir in unsere regulären Büros.

Parallel dazu begannen die Sondierungen für eine Jamaika-Koalition zwischen Union, Grünen und FDP. Bekanntlich endete das Projekt, als sich die FDP, für Außenstehende jäh, aus den Verhandlungen zurückzog und verkündete: »Lieber nicht regieren als falsch regieren.«

Von innen betrachtet konnte die Fraktion allein an der Körpersprache ihrer Verhandler erkennen, wie der Frust sich Woche um Woche immer mehr Bahn brach. In der letzten Fraktionssitzung vor dem Jamaika-Ende ging ich zu Christian Lindner und sagte: »Christian, lieber ein Ende mit Schrecken als ein Schrecken ohne Ende.« Und dies sagte ich, obwohl mir die Fraktionsführung schon vor Beginn der Verhandlungen signalisiert hatte, dass ich Chancen darauf hätte, in einer neuen Bundesregierung »etwas« zu werden.

Gescheitert in der Sache ist Jamaika nicht an der FDP, sondern an Angela Merkel. Sie war es, die nur den Grünen entgegenkommen wollte und die FDP links liegen ließ. Die CSU hatte ihre Flüchtlingsobergrenze und Mütterrente, die Grünen das Abschalten der Kohlekraftwerke und wir: nichts. Die FDP war blank. Damit es ein Erfolg wird, muss aber jede Partei eine Trophäe nach Hause bringen, um bei ihren Mitgliedern und ihren Wählern zu bestehen. Bei der FDP hätte es die Aufhebung des Kooperationsverbots in der Schulpolitik sein können und ein Gesetz für qualifizierte Einwanderung.

Hätten wir dem etwas entgegensetzen können, indem wir klüger verhandelt hätten? Ich habe darüber lange nachgedacht. Verhandlungen können brutal sein. Womöglich haben unsere Sondierer diese Erfahrung bei Jamaika zum ersten Mal gemacht. Christian Lindner hatte zwar mit Armin Laschet im Sommer 2017 einen Koalitionsvertrag in Nordrhein-Westfalen ausgehandelt. Aber das war im Vergleich zu den Jamaika-Sondierungen wohl ein leichteres Unterfangen. Vielleicht wäre es klüger gewesen, bei Jamaika 2017 nicht die Tür zuzuschlagen, sondern sie einen Spalt offenzulassen, indem man öffentlich erklärt: Wir vertagen uns jetzt für zehn Tage Moratorium und kehren erst dann an den Verhandlungstisch zurück, wenn bei Union und Grünen weißer Rauch aufsteigt, wenn sie verstanden haben, dass sie das Fell des Bären nicht allein unter sich aufteilen können.

Man muss Vorhaben beenden, wenn sie nicht tragen. Das ist auch ein Transformationsthema. Gehofft hatte ich indessen immer, dass wir 2021 eine zweite Chance auf Jamaika bekommen würden. Es kam anders. 2021 hatten sich Kanzlerkandidat Armin Laschet und CSU-Chef Markus Söder so ineinander verhakt, dass erst die Wahl für sie in die Hose ging und dann die Sondierungen.

Territoriale Kleinstkriege

Nach dem Jamaika-Ende 2017 und ab dem Beginn der Oppositionszeit begannen die fraktionsinternen Kämpfe um Posten. Hier erging es mir ähnlich wie bei meinem parteiinternen Vorwahlkampf ein Jahr zuvor: Meine in vier Jahrzehnten Wirtschaft erworbenen Meriten bei Bildung und Wirtschaft zählten nicht. Entscheidend war allein, wer wie lange Seniorität besaß und wer welches Parteiamt innehatte. Bildungspolitische Sprecherin und Arbeitsgruppenleiterin wurde Nicola Beer, Fraktionsvize und Arbeitskreisleiterin eine Ebene darüber: Katja Suding. Dies allein grämte Nicola Beer sehr. Ich habe dann anschließend an einem kalten Januarmorgen (um mich weiter im Spiegel ansehen zu können) erfolglos in der Arbeitsgruppe Bildung gegen Nicola kandidiert und mit einem Ergebnis von 7 zu 3 Stimmen verloren. Ich wurde Sprecher für Innovation und Forschung und rang ums Kleinklein mit meinem damals 31-jährigen Kollegen Jens Brandenburg, Sprecher für Studium, berufliche Bildung und lebenslanges Lernen. Wir stritten uns hier und da, wenn Jens mir vorwarf, ich hätte die Grenzen meiner Zuständigkeiten überschritten, als ich mich etwa einmal zu beruflicher Bildung äußerte. Solche territorialen Kleinstkriege hatte ich in der Wirtschaft zuletzt in den 1980er Jahren erlebt. Einmal habe ich Jens in einem Besprechungsraum gesagt, dass er mit solcherlei Anwürfen bei mir jede Achtung verliere. Als Nicola Beer in das Europäische Parlament gewählt wurde, wollten sowohl Jens als auch ich Arbeitsgruppenleiter und bildungspolitischer Sprecher werden. Wir einigten uns schließlich salomonisch. Ich wurde Sprecher für die Fraktion und er Leiter der fraktionsinternen Arbeitsgruppe. Er hatte Seniorität als Parteifunktionär, ich als Manager. Später verstanden wir uns besser.

Postengeschachere ist kein endemisches Thema der FDP. In den anderen Fraktionen geht es genauso zu. Und es setzt sich fort, wenn Abgeordnete um Redezeit im Plenum buhlen – auch wenn nur eine Minderheit in der Lage ist, am Rednerpult mehr von sich zu geben als die übliche Parteilyrik oder der Vorredner aus der eigenen Fraktion.

Meine drei öffentlichen Kritiken an der FDP

Aus meiner Sicht habe ich die eigene Partei und Fraktion im Innern nur selektiv und klar, öffentlich hingegen nur durch die Blume kritisiert. Aber dreimal bin ich davon abgewichen. Nur so glaubte ich, meinem Anspruch gerecht zu werden als unabhängiger Kopf und Reformer. Und ich wollte mir die Achtung meines Bekanntenkreises erhalten.

Am 10. März 2019 habe ich Christian Lindner auf Facebook kritisiert; er hatte Fridays for Future mit dem Satz »Klimawandel ist eine Sache für Profis« abgewatscht. Ich schrieb:

»Ich bin beginnend als 16-Jähriger jahrelang demonstrieren gegangen, gegen Notstandsgesetze, Schülerzeitungszensur, Vietnamkrieg, Springer-Presse. Ich finde es gut, dass junge Menschen sensibel auf die Probleme reagieren, dass sie demonstrieren. Wir haben das Apolitische lange genug beklagt. Und wenn sie die Schule schwänzen, müssen sie halt auch mit Sanktionen leben. Freiheit ist nicht grenzenlos. Es gibt Schulpflicht und auch Konsequenzen, wenn man etwas versäumt. Wer im Wissen um das alles demonstriert, hat meine Sympathie. Weil er/sie bewusst den Trade Off in Kauf nimmt.«

In meinen vieltausendfach gelesenen »notiTSen« (Nr. 37) habe ich eine Woche später kommentiert und am Schluss Christian Lindners Toleranz mir gegenüber gelobt:

»Fridays for Future, Sache der Profis. Ein Thema, bei dem Christian Lindner und ich verschiedener Meinung sind. Die vermeintlichen Profis haben in den vergangenen Jahrzehnten beim Klima alles versaubeutelt: damit meine ich weniger die Wissenschaftler als die „Profis" in Gesellschaft und Politik, die Erkenntnisse in reales Handeln überführen. Ist es nicht wunderbar, wenn junge Menschen eben nicht politisch-planmäßig agieren, sondern sich intuitiv und inspiriert eine bessere Welt wünschen? Als Oberlehrer einer jungen Generation gerät die FDP in schwieriges Fahrwasser. Wo ist unser mitreißender Spirit geblieben aus den Fuck-up Nights und der Beta-Republik Deutschland? Warum räumen wir dieses Thema nicht professionell ab, anstatt jeden Tag eine neue Variante der Legitimation zu präsentieren? Klar ist ebenso, dass Konsequenzen auf sich nimmt, wer den Unterricht schwänzt. Gut so. Jede Medaille im Leben hat zwei Seiten. Christian Lindner hat übrigens auf meine Kritik souverän reagiert. In der FDP ist Meinungsfreiheit kein leeres Wort."

Am 15. Januar 2020 habe ich unseren Ersten Parlamentarischen Geschäftsführer Marco Buschmann, der immer Advokat dafür war, auf die innovativ-progressiven Milieus zu setzen, öffentlich auf Facebook Folgendes gefragt, als wir begannen, immer neue Zielgruppen zu entdecken und die progressiven zu verlieren, welche in Sinus-Studien immer mehr wuchsen:

»Setzen wir als FDP auf die wachsenden oder die stagnierenden bzw. schrumpfenden Milieus? Als Manager würde ich immer sagen: Fokus halten und nicht vagabundieren! Gerne Bauern, Automobilarbeiter oder gute sozialliberale Sozialdemokraten, wenn sie unsere Linie teilen. Aber ansonsten progressive, nach vorne gerichtete Milieus!«

Ich hatte es so satt, dass die FDP auf der Suche nach neuen Wählerschichten progressivere Schichten den Grünen überließ – und dies im Vorfeld eines beginnenden Bundestagswahlkampfs. An diesen Facebook-Post und meine Vokabel des »Vagabundierens« hat sich Christian Lindner noch lange erinnert. Er sprach mich noch im Herbst 2021 darauf an.

Kurz darauf, als sich Thomas Kemmerich am 5. Februar 2020 in Erfurt mit Stimmen der AfD zum Thüringer Ministerpräsidenten wählen ließ, konnte ich nicht anders und musste erneut intervenieren. Ich unterbrach voller Wut einen TikTok-Dreh in München und postete zehn Minuten vor 15 Uhr auf Facebook und Twitter:

»Ich bin vor einigen Jahren in die FDP eingetreten, weil sie für Erneuerung, Fortschritt und Freiheit eintritt. Mit dieser Geisteshaltung ist es völlig unvereinbar, sich von Höcke & Konsorten in ein Amt wählen zu lassen. Wer mit Hilfe von AfD-Stimmen ins Amt kommt, darf die Wahl nicht annehmen. Im Plenarsaal im Bundestag erlebe ich regelmäßig mit, wie die AfD-Parlamentarier kaum hörbar ihre giftigen, fremden- und menschenfeindlichen Kommentare zischen und, wie vergangene Woche, Israels Staatspräsidenten zum Shoah-Gedenktag reihenweise den Applaus verweigern. Lieber Thomas L. Kemmerich, bitte überdenke deine Position!«

Eine gute halbe Stunde zuvor hatte die mutige Marie-Agnes Strack-Zimmermann schon getwittert, dass es »inakzeptabel & unerträglich« sei, dass Kemmerich sich »von jemandem wie Höcke« habe wählen lassen. Christian Lindner äußerte sich dann am Abend bei einem Pressestatement in Berlin nach einer telefonischen Präsidiumssitzung. Ich setzte am nächsten Morgen um 7.45 Uhr auf Twitter noch einmal nach:

»Ich habe mich schon gestern, vor @c_lindner, klar erklärt. Es ist unsäglich, sich von Höcke und Kumpanen wählen zu lassen. @KemmerichThL muss zurücktreten. Selbst ein Parteiausschlussverfahren ist für mich denkbar. Schäme mich für meine FDP.«

Mühseliger Kampf für Innovation, Bildung, Diversity

In der Fraktion wurden meine Oppositionsanträge zwischen 2017 und 2021 als »halbe Doktorarbeiten« gehandelt. Eine Mischung aus Respekt und Unverständnis. Gerne! Marco Buschmann wollte, dass wir das Parlament mit Anträgen fluten. Ich wollte auch fluten, aber mit den fundiertesten Anträgen. Davon habe ich 37 verfasst und daneben 40 Kleine Anfragen, also eine in fast jeder zweiten Sitzungswoche. Ich habe diese Anträge so geschrieben, damit wir zu gegebener Zeit einen guten Koalitionsvertrag aushandeln und im Fall einer Regierungsbeteiligung wissen, was Sache ist und was wir wollen. Politik hat für mich mit Handwerklichkeit zu tun, so wie ich meine Arbeit in der Wirtschaft immer als Handwerkskunst betrachtet habe. Meine Reden hingegen mochte Buschmann. »Ran an den Speck, Frau Karliczek!« Dies war meine Standardformel am Schluss fast jeder meiner Reden, über die sich nicht nur mancher Phoenix-Moderator amüsierte. Auch die dpa griff das Zitat einmal auf. Am Ende der Legislatur sagte ich dann: »Frau Karliczek, der Speck ist weg!«

Auf diesen Reim warteten meine Fraktionskollegen in jeder Rede voller Vorfreude. Die Reihen der Großen Koalition inklusive Ministerin zogen immer griesgrämigere Mienen. Gegen Ende der Legislatur trat einmal mein Ausschussvorsitzender Ernst Dieter Rossmann (SPD) ans Pult und erklärte mir nicht ohne nannyhaftes Pathos, zu einem substanziellen Mann wie mir passe doch solcher Klamauk gar nicht.

Der missratenen Innovations- und Transferpolitik von Anja Karliczek setzte ich zu Beginn der Legislatur ein internes Mission Statement entgegen, das meinem Büro als Richtschnur diente für etliche nach vorne gerichtete Entschlussanträge. Wir verstanden uns als Anwälte für die Innovationsnation Deutschland und verfassten Forderung um Forderung zum Beispiel gegen Brain Drain und für Brain Gain und schlugen vor, wie man die Abwanderung von Toptalenten ins Ausland stoppen und zugleich als Standort attraktiver werden könnte für internationale Spitzenforscher.

Mit meinem Antrag, eine Agentur für radikale Innovation zu gründen, trieb ich die Bundesregierung vor mir her, die dann tatsächlich eine Agentur für Sprunginnovationen (SprinD) aus der Taufe hob, leider mit etlichen schweren Geburtsfehlern. Im Frühjahr 2019 hatte ich in den Design Offices Unter den Linden ein Event mit für Berliner Verhältnisse sagenhaften 250 Teilnehmern organisiert. Frau Karliczeks Parlamentarischer Staatssekretär Michael Meister geriet auf dem Panel so unter Druck, dass er den Gründungsprozess der SprinD anschließend massiv beschleunigte.

Angeprangert habe ich immer wieder, dass bei den Außeruniversitären Forschungseinrichtungen (AuF) Max Planck, Fraunhofer, Leibniz und Helmholtz alle zählen, wie viele Milliarden Euro Steuergeld hineinfließen. Und kaum jemand, was dabei eigentlich messbar heraus-kommt. Dazu schrieb ich mehrere Anträge, die sich sowohl mit über-fälligen Strukturreformen befassten als auch mit einer variablen finan-ziellen Steuerung in Abhängigkeit von Zielerreichungsgraden. Meine berüchtigte Frage war immer die nach Impact und Output, die ich schon 2018 in einem Interview mit Jan-Martin Wiarda mit der Formulierung »fette Katzen« garnierte und damit die AuF meinte. Als ich bald darauf einen der unzähligen Lobbyistenevents der Wissenschaftsorganisationen in Berlin besuchte, begrüßte mich Matthias Kleiner, damals Präsident der Leibnizgesellschaft, mit den Worten: »Hallo, ich bin die fette Katze.« Es hatte sich ihm gleich eingeprägt. Gut so.

Ich beschäftigte mich auch in zwei Anträgen mit Diversity und Gleich-stellung in der deutschen Wissenschaft und Forschung. Für mich un-vergessen bleiben die verlogenen Reaktionen auf meine Anträge zur Be-schäftigung behinderter Mitarbeiter bei den fetten Katzen. Verlogen deshalb, weil beide Anträge eigentlich auf volle Zustimmung aller de-mokratischen Fraktionen hätten stoßen können, aber diese inhaltliche Übereinstimmung aus Fraktionszwängen heraus unter den Tisch gekehrt wurde.

Die AuF beschäftigen im Vergleich zur Wirtschaft gerade einmal zwei Drittel an Menschen mit Behinderung und dies überwiegend nicht in der Forschung, sondern in der Verwaltung. Forscher müssen wohl arisch-perfekt sein. Mir lag das Thema schon bei der Telekom am Her-zen. Ich habe dort dafür gesorgt, dass sich das Unternehmen nicht mit Ausgleichszahlungen aus der Verantwortung stiehlt, sondern Menschen mit Behinderungen einstellt und dabei die gesetzlich geforderten Quo-ten mehr als nur erfüllt.

Mein Antrag traf auf eine »Ja, aber«-Meinung bei Grünen und Lin-ken, die den Antrag natürlich nicht ablehnen konnten, sondern sich am Ende enthielten. Sie hatten recht: Man kann immer noch mehr fordern. Sie hatten bisher jedoch nur Frauen bei Diversity im Visier, noch nie Menschen mit Behinderung. René Röspel (SPD) merkte an, am An-trag könne er nichts kritisieren. Allerdings stieß er sich am Ton meines Wortbeitrags. Ich hatte das Quotengemauschel »Ablasshandel« genannt

und die geringe Zahl von Menschen mit Beeinträchtigung in den außeruniversitären Forschungseinrichtungen »beschämend« (ein Schwer-
behinderten-Vertreter der Leibniz-Gemeinschaft gab mir später bei bei-
dem schriftlich recht). Hauptsache, das Haar in der Suppe ist gefunden!
Wenn die FDP Unsoziales thematisiert, legen die anderen gerne ihr soziales Mäntelchen ab, anstatt an einem Strang zu ziehen und eine gemeinsame Initiative zu starten. Dennoch grollte mir nun schlussendlich eine
breite Mehrheit im Ausschuss für Bildung und Forschung. Sie richtete
ihren Ärger mal wieder nicht auf die schmerzende Wahrheit, sondern auf
den Überbringer.

Ich weise in punkto Fraunhofer deshalb noch einmal darauf hin:
diese Wissenschaftsgesellschaft hat im Vergleich viel zu wenige Frauen in
der Führung, viel zu wenige internationale Wissenschaftler, ein unsäglich
geringes Maß an Menschen mit Behinderungen bei rund 30 000 Beschäftigten und zudem eine inakzeptable Ausgründungsquote. Der neue
Fraunhofer-Präsident Holger Hanselka hat nicht nur Integritäts- und
Strategieherausforderungen zu bewältigen, sondern auch massive Kul-
tur- und Diversitythemen. Wer den Zusammenhang von Diversität und
Innovation kennt, den wundert das alles nicht.

Herzblut floss auch in meinen Antrag zur Deutschen Transfergemein-
schaft, die später als Deutsche Agentur für Transfer und Innovation in
den Koalitionsverhandlungen auftauchte. In Fachkreisen anerkannt waren meine Initiativen zur steuerlichen Forschungsförderung. Das Thema
hatte seit Jahren brachgelegen. Und ohne die Initiativen der FDP-Fraktion wären die heutigen, leider noch zu bürokratischen Ansätze steuerlicher Forschungsförderung so nicht zustande gekommen. Verwundert
waren viele, dass aus meinem Büro ein Antrag zum Thema Innovationsinitiative Handwerk kam. Die Kollegen des fraktionsinternen Arbeits-
kreises Wirtschaft beklagten sich bitterlich, dass dieser Antrag nicht unter ihrer Fahne segelte. Ich hatte jedoch wohlweislich und frühzeitig den
von mir sehr geschätzten Fraktionskollegen und bodenständigen Elekt-
romeister Manfred Todtenhausen eingebunden.

Meine Anträge zu Hightech-, Künstlicher-Intelligenz-, New-Space-
Strategie gemeinsam mit Mario Brandenburg (zu Oppositionszeiten

Sprecher für Technologiepolitik und später mein Nachfolger als Parlamentarischer Staatssekretär) waren geprägt davon, das strategielose Handeln der Bundesregierung zu entlarven. Denn deren »Strategien« waren nicht mehr als schlichte Aufaddierungen bisheriger Projekte verbunden mit Aufzählungen geplanter Projekte. Das ist keine Strategie, sondern Klempnerei. Natürlich griff ich auch zwei Themen auf, die mir von jeher am Herzen lagen. Das Thema MINT-Fächer und das Thema Soziale Innovation. Beides Themen, die ich auch in den ersten Monaten meiner Staatssekretärszeit gleich auf die Straße brachte.

Intensiv hat mich beschäftigt, unter welchen Bedingungen hierzulande (viel zu wenige) Forscherinnen und Forscher Ausgründungen aus der Wissenschaft auf die Beine stellen. Ein Anknüpfungspunkt ergab sich, als der *WirtschaftsWoche*-Redakteur Thomas Stölzel mich und mein Wissen stark einbezog bei seinen Recherchen für einen Artikel über das schwierige Los eines schleswig-holsteinischen Start-ups, das von seiner Fraunhofer-Zentrale über alle Maßen geknechtet und kurzgehalten wurde mit der Forderung nach hohen Beteiligungen und extremen Ablösesummen, so dass die Gründer verzweifelten. Für Stölzel und mich ergaben sich danach zwei zu verfolgende Recherchestränge.

Der eine Strang bestand für mich darin, die Bedingungen für Ausgründungen aus der Forschung hierzulande mit Verve zu verbessern, etwa über professioneller aufgestellte Technologietransfer-Bereiche an Hochschulen, weniger komplizierte Verfahren und Standards bei der Übertragung von Urheberrechten sowie das, was ich *worry-free IP transfer* nannte, zum Beispiel *virtual shares for IP*, was die Liquidität der jungen Davids schont, ihren unternehmerischen Elan nicht unterminiert und spätere Investoren aufgrund der Begrenzung auf unter zehn Prozent Beteiligung nicht abschreckt.

Als ich Staatssekretär war, lud mich der Präsident der Technischen Universität München (TUM) Thomas Hofmann ein, einer TUM-Präsidiumssitzung beizuwohnen. Meine Zusage verband ich mit dem Wunsch, am selben Tag mit einem guten Dutzend Start-up-Gründern zusammenzutreffen. Und zwar mit solchen, die das international renommierte Gründerzentrum UnternehmerTUM nicht unter seinen Fittichen hatte. Denn ich hatte das Gerücht vernommen, an der TUM gebe es viele Ausgründungen, die sich mit überbordender Bürokratie, vielmonatigen Verhandlungen und harten Forderungen seitens ihrer Alma Mater konfrontiert sahen, wenn es um die Nutzung von Intellectual Property und künftige Gesellschafteranteile der TUM ging. Mein Wunsch wurde erfüllt. Und die Gerüchte bestätigten sich. Eine Gründerin zeigte mir ihr Vertragswerk mit mehr als 100 Seiten. Kaum einer hatte kürzer verhandelt als acht Monate. Sie klagten über eine mächtige, haushoch überlegene Rechtsabteilung. Ich schrieb dem TUM-Präsidenten anschließend einen Dankesbrief und ging auch auf mein Start-up-Treffen ein. Zwar erhielt ich nie eine Antwort. Aber ich hörte, dass es bald darauf zu einer personellen Veränderung an der für Ausgründungen zuständigen Stelle kommen sollte.

Meine Gedanken über bessere Bedingungen für Ausgründende forcierte ich zum einen über Anträge, zum anderen über scharfe Reden und Social-Media-Kommentare sowie über Beiträge in einschlägigen Printmedien. Die TransferAllianz, der deutsche Verband für Wissens- und Technologietransfer, hat mich überhaupt nicht gemocht deswegen.

Der andere Strang: die skandalösen Zustände in der Fraunhofer-Spitze sowohl im Umgang mit Mitarbeitenden als auch mit Steuergeldern. Als Oppositionsabgeordneter schickte ich dem Bundesrechnungshof einen Brief und regte an, einigen Dutzend Sachverhalten nachzugehen, die ich präzise aufgelistet hatte. Der Bundesrechnungshof veröffentlichte seinen Bericht im Oktober 2022. Er fiel für Fraunhofer-Präsident Reimund Neugebauer niederschmetternd aus und besiegelte seinen vorzeitigen Rücktritt.

Manche behaupten ja, ich hätte eine persönliche Vendetta gegen ihn geführt. Nein. Im Kern ging es mir um eine Reform der mit Milliarden Steuergeldern pro Jahr finanzierten Forschung vor allem der außeruniversitären Forschungseinrichtungen. Und natürlich spielen bei einer solchen Reform die Führungsfiguren an der Spitze eine Schlüsselrolle, wenn es darum geht, Fortschritt zu wollen oder zu verhindern. Das gilt übrigens auch für die Max-Planck-Gesellschaft, die bis heute in Machtmissbrauchs- und Mobbingskandale verwickelt ist. So etwas lässt sich nur ganz schwer lösen, wenn der Präsident zugleich Vorsitzender des kaum mit Kontrollfunktionen ausgestatteten Max-Planck-Senats ist.

Es braucht sowohl für Fraunhofer als auch für Max Planck radikale Compliancereformen; und für Leibniz- und Helmholtz-Gemeinschaft moderate.

Beim Thema Compliance hat sich auch Anja Karliczek als Bundesministerin für Bildung und Forschung nicht mit Ruhm bekleckert. Sie beauftragte ein Fraunhofer-Institut damit, einen Standort für die neue Forschungsfabrik Batteriezelle zu suchen. Sie wusste, dass Fraunhofer selbst größter Nutznießer dieser neuen Fabrik sein würde. Als die Präferenz des Instituts für den Standort Ulm im Ministerium auf Unbehagen stieß, übernahm kurzerhand ein Ministerialer den Entscheidungsprozess und fügte der Entscheidungsmatrix noch einige selbstgewählte Kriterien hinzu. Plötzlich hatte der Standort Münster die Nase vorn mit einer Dependance in Ibbenbüren, Anja Karliczeks Heimatort und Wahlkreis. Kurz darauf wurde ebenjener Abteilungsleiter Wolf-Dieter Lukas zum Staatssekretär und BMBF-Amtschef befördert. Anja Karliczek musste sich für den Auswahlprozess bei der Standortsuche öffentlich entschuldigen.

Mit dem Helmholtz-Präsidenten Otmar Wiestler verband mich eine sehr fruchtbare Arbeitsbeziehung. Er wollte immer gute Governance. Auch mit dem früheren Präsidenten von Leibniz, Matthias Kleiner, hatte ich als Staatssekretär gedeihliche Zusammentreffen. Gerne erinnere ich mich an eine seiner Learning Journeys für Führungskräfte. Er hatte mich zu einem Abendgespräch eingeladen, und ich konnte erleben, dass zumindest eine der außeruniversitären Forschungseinrichtungen moderne, erfahrungsorientierte Lernformen pflegt.

Auch habe ich den Zukunftswurf gewagt und einen Antrag vorgelegt zur Gründung Digitaler Freiheitszonen. Ausgehend von der Sonderwirtschaftszone Shenzhen und dem Technologiepark Sophia Antipolis zwischen Nizza und Cannes adaptierte ich die Idee von Innovationsterritorien auf Deutschland. Allerdings nicht so, wie es einige meiner ostdeutschen Fraktionskollegen interpretierten. Sie instrumentalisierten das Konzept für den Strukturwandel in Braunkohleregionen. Dafür aber gerade eignet sich das Konzept einer Innovationsregion eher nicht, wie nicht zuletzt empirische Untersuchungen in den britischen Enterprise

Zones ergeben haben. Diese sind vor allem erfolgreich in Hightech-Regionen sowie rund um Topuniversitäten. (Dazu mehr in den Innovationskapiteln dieses Buchs.)

Politische Routine und Unroutine

Ich flog meist mit dem ersten Flieger und zwei Pilotenkoffern am Montagmorgen von München nach Berlin und widmete den ersten Tag der Woche den Rücksprachen mit meinem Bundestagsteam. In dem einen Koffer steckte neben Ausschuss- und Arbeitskreisunterlagen frische Wäsche. In dem anderen Koffer beförderte ich meine Mappen aus hellweinrotem Karton, in denen die Konzeptpapiere meines Teams, Briefkorrekturen, neue Arbeitsaufträge, überarbeitete Präsentationen oder wissenschaftliche Artikel über das Spezialgebiet des Teammitglieds steckten. Gewöhnlich dauerte die Rücksprache mit jedem Mitarbeiter circa eine Stunde. Der Dienstag war hochformalisiert und getaktet wie zu meinen Vorstandszeiten: frühmorgens die Sitzung der Arbeitsgruppe Bildung und Forschung gefolgt vom mehrere Arbeitsgruppen umfassenden Arbeitskreis unter Vorsitz von Fraktionsvize Katja Suding. Mittags traf sich die sogenannte Landesgruppe der bayerischen FDP-Abgeordneten zum gemeinsamen Mittagessen in einem gediegen tapezierten Raum der Parlamentarischen Gesellschaft, die im ehemaligen Palais des Reichstagspräsidenten das Ambiente eines britischen Herrenclubs darzustellen versucht. Mir haben diese bayerischen Treffen meist gut gefallen. Hier konnte man sich einmal in der Woche den Frust über Nichtigkeiten oder größeren Schmerz von der Seele reden und sich dabei an Schnitzel oder Putensalat erfrischen.

In der Fraktionssitzung ab 15 Uhr saßen sich stets Häuptlinge und Indianer frontal gegenüber, wobei die Bank der Häuptlinge stetig länger wurde. Ich habe zu Beginn der Legislaturperiode den enthierarchisierenden Vorschlag gemacht, diese Häuptlingsreihe komplett abzuschaffen. Ein Teil meiner Fraktionskollegen stimmte mir damals sofort zu. Aus meiner Sicht reichte seitlich vorne ein Stuhl für den Fraktionsvorsitzenden und einer für den jeweils Moderierenden, meist war das Marco

Buschmann. Ein echter Open Space im Fraktionssaal wäre ja nur unter extrem hohen Umbaukosten möglich gewesen. Marco Buschmann eröffnete mir einige Wochen nach meinem Vorschlag, die Fraktionsführung habe sich dagegen entschieden. Immerhin haben wir auf einigen Fraktionsklausuren mit Open-Space-Elementen experimentiert. Aber eine gute Hälfte der Fraktion war nicht von Herzen dabei, und es schlief ein. Damit blieb alles beim Alten.

Fraktionschef Christian Lindner startete mit seinem Lagebericht, dem sich eine Aussprache anschloss, in der sich die einen sonnten, weil sie Gewichtiges zu ergänzen hatten, und die anderen klagten, dass bisher dies oder jenes unter den Tisch gefallen sei. Marco Buschmann bewertete sodann die vergangene wie die laufende Sitzungswoche mit einer stets wachsenden Zahl an Charts, die uns die mediale Reichweite unserer Themen vor Augen führten und die Marco nicht ohne Lob und Tadel miteinander verglich. Mich hat immer gestört, dass diese heilige Inquisitionsarbeit Onlinemedien und Social Media außen vorließ und damit unsere jüngeren Leser und User (unser wichtigstes, auch prozentmäßig wachsendes Wählersegment) ausgrenzte. Aber der Fokus auf das Altbewährte ist ja so einfach, da hat man ja auch Routine. Und es lässt sich begründen mit der demografischen Alterung der Wähler, bei der wir ohnehin wenig Stiche machen. Ich habe immer dafür plädiert, Stärken zu stärken. Schlechtes besser machen kann man, wenn Zeit und Mittel im Überfluss vorhanden sind.

Häufig begrüßten wir einen externen Gast in der Fraktionssitzung: Wahlforscher, die hoffnungsvolle Trends vorstellten, einen Professor wie Ludger Wößmann, der uns über Bildungsökonomik in der Coronakrise aufschlaute, oder Menschen, die sich vor ihrer Wahl um vom Bundestag zu besetzende Ämter bewarben. Ich erinnere mich an Olaf Scholz vor seiner Wahl zum Bundeskanzler und an den schrecklichen Auftritt der Antidiskriminierungsbeauftragten in spe Ferda Ataman. An ihrer Wahl zeigt sich, welche geistigen Verrenkungen eine liberale Fraktion machen muss, um die in Autonomie gefällte Personalentscheidung eines Koalitionspartners zu respektieren. Ataman hatte sich zuvor jahrelang verächtlich über Deutsche geäußert (»Kartoffeln«) oder gar unbelegt die Befürchtung verbreitet, an Corona erkrankte Migranten würden in Krankenhäusern später oder schlechter behandelt. Eine solche Person wird Antidiskriminierungsbeauftragte in unserer Republik! Zähneknirschend hat beim fraktionsinternen Stimmungsbild die überwältigende Mehrheit der Kolleginnen und Kollegen zugestimmt. Wenige andere votierten dagegen, darunter Linda Teuteberg und ich.

Anschließend gingen wir unsere Entschlussanträge und Anfragen durch. Meist harmonisch. Hin und wieder redeten wir uns in Rage darüber, wer wofür zuständig und weshalb welcher Aspekt in welchem Antrag ein Unding sei. Ab und an kam es dabei zu Grundsatzdebatten, etwa über Einwanderungspolitik, eine Novelle der Hartz-Reformen oder die Abschaffung des Paragrafen 219a, der Ärzten verbot, für Abtreibung zu werben. Sternstunden der Parlamentsarbeit, in denen mir ein ums andere Mal klarwurde, wie viel intellektuelle Qualität in meiner Fraktion steckte. An solche Debatten schloss sich oft eine Probeabstimmung an, damit die Fraktionsspitze ein Stimmungsbild hatte, wie ihre Mitglieder tickten.

Am Mittwoch begann die nach außen sichtbare Parlamentsarbeit. Vormittags in den nichtöffentlichen Ausschüssen, ab mittags im Plenum mit Befragungen der Bundesregierung. Bis Freitagnachmittag schlossen sich dann zwei volle Tage und oft lange Nächte mit ersten, zweiten und dritten Lesungen an, mit Abstimmungen, Wahlen, aktuellen Stunden, Regierungserklärungen und vielen, vielen Ausprachen.

Am Start:
die Übernahme der Regierungsverantwortung

Ganz anders als die Oppositionszeiten waren die Koalitionsverhandlungen. Auch hier galt natürlich das Prinzip »Ober sticht Unter«. Neben meinem Fraktionskollegen Jens Brandenburg und dem sehr klugen Magnus Buhlert aus Bremen wurde ich in die Verhandlergruppe »Innovation, Wissenschaft und Forschung« berufen, unsere Chefin war Lydia Hüskens, damals frisch gebackene Ministerin für Infrastruktur und Digitales in Sachsen-Anhalt. Ich war erst enttäuscht, nicht selbst als

Chefverhandler berufen worden zu sein. Aber Lydia war außerordentlich kollegial und ließ uns viel Freiraum.

Ansonsten waren die Ampel-Koalitionsverhandlungen Honeymoon-Veranstaltungen, zumindest in unserer Gruppe. Da wir die hinter unseren Forderungen versteckten finanziellen Auswirkungen häufig nicht in voller Konsequenz bewerten mussten, konnten alle drei Parteien ihre Wunschlisten abarbeiten. Ich brachte meine Kernthemen SprinD-Freiheitsgesetz, Transferagentur, Innovationsregionen und hochschulische Innovationsbrücken ein, allzu große Widerstände gab es nicht. Mehr Freiheit für SprinD wollten damals alle, die Transferagentur wurde ein Kompromiss mit den Grünen. Meine Anliegen hinter Innovationsregionen und -brücken verstand kaum jemand. Wer den Forschungsteil des Koalitionsvertrags liest, wird feststellen: meine Handschrift ist unübersehbar. Das Verhandlungsteam aß zusammen zu Abend und putzte gruppendynamisch in Berlin Stolpersteine. Die Welt ist immer schön ohne böse Betriebswirtschaft und budgetäre Zahlenwelt.

Und dann begann die quälende Zeit des Wartens auf die Schlussverhandlung, die wir Freie Demokraten ohne zu große Abstriche zu erleiden erfolgreich absolvierten. Das Bildungs- und Forschungskapitel des Koalitionsvertrags wurde auch öffentlich-medial sehr anerkannt. Es gab jedem das Passende, zwischen und in den Überschriften. Ganz ähnlich wie in der Wirtschaft, in der Fusionen zwischen Unternehmen oft als »Hochzeit im Himmel« hochgejubelt werden. Nachher setzt das Heulen und Zähneklappern ein.

Mich beschäftigte zuletzt die noch sehr viel quälendere Frage, ob man mir ein Amt anbieten würde. Ich hörte: nichts. Der erlösende Anruf kam erst am 6. Dezember 2021 um etwa 21 Uhr. Bettina Stark-Watzinger wollte mich und meinen Kollegen Jens Brandenburg zu ihren beiden Parlamentarischen Staatssekretären ernennen. Jens mit dem Schwerpunkt Bildung, mich für Forschung und Innovation. Ich hatte nicht mehr damit gerechnet. Und wie ich später erfuhr, haben alle Staatssekretäre auf FDP-Seite erst an diesem Abend erfahren, dass sie berufen würden.

Diese Ernennung begriff ich als Lohn meiner politischen Anstrengungen seit 2016. Ich hatte das Optimale erreicht. Das Maximale, ein Ministerposten, war irreal. Denn eine rein männliche Ministerriege hätte die FDP sich nicht leisten können – zumal mit Bettina eine passende Besetzung gefunden war. Und ein weiteres Ministerium war für den kleinsten Koalitionspartner nicht drin. Und weder Christian Lindner noch Marco Buschmann noch Volker Wissing wären mir zuliebe zur Seite getreten. Warum auch? Wissing hatte ja sein Ministeramt in Rheinland-Pfalz aufgegeben, um erst FDP-Generalsekretär und im Falle eines Wahlerfolgs Minister im Bund zu werden. Und die beiden anderen waren mehr als gesetzt.

Ein Novum für mich war, zum ersten Mal eine Frau zum Chef zu haben. Doch das Szenario sagte mir sofort zu. Bettina Stark-Watzinger als kluge und umsichtige Ministerin. Ich als Treiber unserer Leuchtturmprojekte und hartnäckiger Umsetzer.

Bei der Telekom wurde René Obermann des Bonmots nicht müde, dass den Sattelberger nicht schere, wer unter ihm CEO sei. Im BMBF hingegen habe ich das erste Mal darauf verzichtet, der öffentlich sichtbare Erneuerer der Organisation zu sein. Dies hatte teils damit zu tun, dass ich die Neuerungen bereits voll in das Forschungskapitel des Koalitionsvertrags hineinverhandelt hatte und ich den Mund nicht noch voller nehmen wollte. Im Übrigen nahm ich in meiner neuen Rolle einiges in Kauf, wenn sich dafür inhaltliche Fronten in meinem Sinne begradigen ließen.

Meine breite Publizität auf Social Media, meine frechen TikToks und ungebürsteten Kommentare auf Twitter, nicht zuletzt meine tiefgründigen Gastbeiträge in Leitmedien: All dies kam mehr oder minder zum Erliegen, als ich zum Staatssekretär bestellt wurde. Und das hat mehr an mir gekratzt, als ich zugeben wollte. Weder auf TikTok noch auf Twitter konnte ich noch frei von der Leber weg meine Meinung sagen. Und ich überließ der Ministerin immer das erste Wort zum Thema, schrieb kaum einen Artikel, gab kaum Interviews. Hart für jemanden, der 2015 eine Autobiografie mit dem Titel »Ich halte nicht die Klappe« geschrieben hat. Ich diente so gut wie nur noch meiner Ministerin und opferte diesem Dienst nicht nur meine eigene mediale Sichtbarkeit, sondern auch weitgehend mein zuspitzendes, prägnantes Vokabular.

Dafür hatte ich ministeriumsintern ungeahnte Freiheiten. Als Bettina Stark-Watzinger mich anrief und fragte, ob ich einer ihrer beiden Parlamentarischen Staatssekretäre werden wollte, sagte ich: »Ja, aber ich will die Zeichnungsberechtigung für Minister-Entschlussvorlagen.« Ich bekam sie auch, Jens Brandenburg damit ebenso. Das heißt, wir beide waren die Letzten, die eine Entschlussvorlage kommentierten, bevor sie an die Ministerin ging. Und dieses Privileg ist hierzulande recht unüblich für Parlamentarische Staatssekretäre, in der Regel genießen es nur die beamteten Staatssekretäre. Diese Verantwortung habe ich intensiv wahrgenommen. Manchmal so ausführlich, dass der vorgesehene Platz nicht reichte und wir eine halbe Seite anhängen mussten.

Solche Vorlagen erhielt ich gebündelt meist am Abend, manchmal bis zu zwei Dutzend. Und die Erwartung des Apparats war, dass ich meine Kommentierungen bis zum nächsten Tag zu erledigen hatte. Den Apparat juckte nicht, dass er oft selbst Monate für die Erstellung der Vorlage nebst den unzähligen Kommentierungen benötigt hatte: Der Herr Parlamentarische Staatssekretär hatte zu performen. Der Freitagabend war insofern oft eine Erlösung: da hatten die Kommentierungen bis Montag Zeit.

Auch die Entwürfe unzähliger Grußworte und Reden pro Woche erhielt ich meist erst am Vorabend, in gestanzter Behördensprache und im Fließtext statt mit Struktur. Ich musste sie spätnachts umschreiben, damit ein wenigstens passabler Text dabei herauskam. Und dann noch die von mir angeforderten Konzepte. Ab März 2022 stellte ich mir den Wecker auf 3.30 Uhr am frühen Morgen, um redigieren und korrigieren zu können. Auf diese Weise habe ich wohl in sieben Monaten BMBF so viel gearbeitet wie ein abhängig Beschäftigter in zwei Jahren. Keine angenehme Variante der Ambidextrie und der Freiheitsräume, zumal ich oft gegen 23 Uhr aus dem Büro kam. Aber ich managte es. Morgenstund' hat Gold im Mund! Ich war einerseits stolz, dass ich mich zu Arbeitszeiten wie in meinen Vorstandsjahren auftrainieren konnte.

Aber es war ein Tanz auf dem Vulkan. Denn auf meinen Schultern lasteten auch private Herausforderungen. Meine 98-jährige Mutter lag damals viele Wochen im Krankenhaus. Und mein Mann Steven war in diesem Winter und Frühjahr ebenfalls gesundheitlich schwer angeschlagen. Gleichwohl vergaß ich vor lauter Arbeit einmal drei Tage lang ihn anzurufen. Sonst rief ich voller Liebe täglich mindestens zweimal an, meist am frühen Morgen und späten Abend.

Zunächst musste ich verstehen, was ein Parlamentarischer Staatssekretär ist, war er gemeinhin tut und was ich in der Lage sein würde, mit diesem Amt darüber hinaus anzustellen. Die Ministerin erteilte uns nicht nur die Zeichnungsberechtigung. Sie erklärte auch offiziell, dass ihre beiden Parlamentarischen Staatssekretäre Hüter und Treiber seien der im Koalitionsvertrag festgehaltenen Leuchtturmprojekte für Bildung und Forschung. Damit verfügten wir über ein Freiheitspotenzial im Haus, das nur wenige andere »Parlamentarische« genießen. In meinem Fall kam hinzu, dass die für meinen Beritt Forschung zuständige beamtete Staatssekretärin erst Monate später ernannt wurde und ich dieses Vakuum füllen musste, wollte und konnte. Jens' beamteten Counterpart, Staatssekretärin Kornelia Haug, hat Bettina am selben Tag wie Jens und mich ernannt. Sie ist FDP-Mitglied und seit 2006 im BMBF. Vor allem in der ersten Transitionsphase vor und rund um den Jahreswechsel 2021/22 war sie eine unschätzbare Ratgeberin für die Führungsspitze des Ministeriums. Aber natürlich war sie als ehemalige BMBF-Abteilungsleiterin voll in der Denke des alten Hauses verhaftet: alle Themen belegen, alles eng steuern.

Endlose, oft unsinnige Arbeit

In diesen ersten Wochen stellte sich heraus, dass mein Büro im Ministerium sehr schmal besetzt war angesichts des rasant wachsenden Arbeitsanfalls. Es erinnerte mich an mein erstes Büro bei MTU. Mir standen eine Persönliche Referentin und zwei hierarchisch abgestufte Vorzimmerdamen zur Verfügung. Mehr Stab gab es nicht. Die Arbeit wuchs deshalb so exponentiell, weil der Apparat nun in Windeseile Vorlagen produzierte. Einerseits war unter schwarzer Führung lange Jahre vieles

Innovative liegengeblieben, was jetzt aus den Schubladen herausgeholt wurde. Anderseits wollten die Ministerialen ihre neue Führungsspitze auf sich aufmerksam machen. Hinzu kam eine täglich wachsende Flut an Terminanfragen. Die Lobbyisten aus der Wissenschaft, die ganze Runde an Subventionsempfängern und auch alle anderen denkbaren Stakeholder wollten antreten und ihre meist finanziellen Wünsche vortragen. Hausintern abzuarbeiten waren außerdem die Kennenlerntermine mit Abteilungsleitern, Unterabteilungsleitern, Referatsleitern und einfachen Mitarbeitern. All dies galt es zu koordinieren. Und last not least: meine Bedarfe an internen und externen Terminen und die entsprechenden Vorbereitungen. Denn ein Staatssekretär wird vom Apparat eigentlich als unmündiges Kind angesehen. Eigenes Handeln ist nicht erwünscht. Alles muss durch die zuständigen Referate und ihre Leiter gesteuert werden.

Die personellen Ressourcen meines Bundestagsbüros, das ich im Zuge der Wahl 2021 fast komplett frisch zusammengesetzt hatte, konnte ich offiziell kaum nutzen. Denn das Ministerium achtete streng auf die Trennung zwischen Exekutive und Legislative – zumindest bei Prozessen, nicht bei Gemauschele. Zum Beispiel war nicht möglich, dass mein Bundestagsteam auf meinen Staatssekretär-Kalender zugreifen oder ihn gar bearbeiten konnte. Mein Vorzimmer schickte in regelmäßigen Abständen Kopien per E-Mail und analogen »Postaustausch« per Fahrer. Und wenn in meinem Bundestagsbüro ein Kontaktgesuch eintraf, das mich als Staatssekretär betraf, durfte mein Bundestagsbüro weder eine Mail noch einen Brief weiterleiten. Sondern es musste den Absender auffordern, eine neue Mail oder einen neuen Brief zu schreiben und ihn an die allgemeine Adresse des Ministeriums zu adressieren. Derlei wunderliche Regelungen gab es zuhauf. Sie zeigen, dass der Parlamentarische Staatssekretär, der ja per definitionem ein Bindeglied darstellt zwischen Ministerium und Parlament, in Deutschlands politischem System nie wirklich ausdefiniert wurde.

Ich jedenfalls entschied, das intellektuelle Potenzial meines Bundestagsteams nicht brachliegen zu lassen, sondern es als Thinktank und Bypass zu nutzen für frische, innovative Projekte. Meine Mitarbeiter recherchierten nach meinem Erstimpuls als Abgeordneter oft wochenlang, und dann konfrontierte ich die BMBF-Beamten transparent mit den herausfordernden Ergebnissen. Sie wurden zu Denkanstößen.

Ungemein geschmerzt hat mich, dass ich als Parlamentarischer Staatssekretär keine kantigen Plenarreden mehr hielt und mithin Jan Dermietzel und ich nicht mehr regelmäßig Reden gemeinsam entwerfen konnten. Bei meinen Reden für das BMBF durfte er offiziell nicht Hand anlegen. Ich gestehe aber hier, dass er es in ausgewählten Fällen doch getan hat. Und zwar dann, wenn ich nicht eines meiner nahezu täglichen Fließbandgrußworte halten musste, sondern Wochen zuvor schon wusste, dass eine anspruchsvolle Keynote anstand, mit der ich nicht nur inhaltlich, sondern auch rhetorisch glänzen wollte. Jan kam auch deshalb zum Einsatz, weil die Redenschreiber eines Ministeriums nur für die Ministerin arbeiten. Redeentwürfe für Staatssekretäre kommen direkt aus den Fachabteilungen. Und fast ausnahmslos bestehen sie in der hinteren Hälfte aus gestanzten Lobeshymnen für die Arbeit der vergangenen Jahre.

Wertvolle Zeit lag außerdem an zwei vollen Tagen in der Sitzungswoche brach, wenn mein Kollege Jens Brandenburg und ich abwechselnd die Ministerin auf der Regierungsbank im Bundestag vertreten mussten. Wie ein Gorilla im Zoo kam ich mir dort vor. Zwar ist der Bundestag ein Arbeitsparlament und kann damit umgehen, dass der Plenarsaal im Gegensatz zu Volksvertretungen autokratischer Staaten nicht stets vollbesetzt ist. Aber aus Furcht vor medialer und sophistischer Kritik von rechts außen werden Parlamentarische Staatssekretäre zu Sitzungsdiensten eingeteilt, damit die Regierungsbank niemals leer aussieht. Schwer bepackt mit Mappen, Ordnern, Papieren, die ich unter der Regierungsbank versteckte, wenn ich den ersten halben Tag Sitzungsdienst hatte, und Portion für Portion auf der Bank abarbeitete.

Mein 100-Tage-Programm

Die Ministerin beauftragte ihre Staatssekretäre, ein 100-Tage-Programm zu entwickeln sowie den Entwurf eines Leitbild- und Kommunikationskonzepts für das Ministerium, das Thema Kommunikation auf meine

Anregung hin. Das Kommunikationskonzept lag schnell auf dem Tisch, aber quälte sich in der Umsetzung – verschlampert von der Presseabteilung. Die Ministerin hat den Leitbildprozess intensiv begleitet. Er war ihr ein Herzensanliegen. Dazu fand auch unsere erste ministeriumsinterne Veranstaltung statt. Die zweite folgte erst im Juni, als ich bereits meinen Rückzug aus der Politik bekanntgegeben hatte. Presse- und Kommunikationsarbeit sind im BMBF nicht auf Agilität und Transparenz ausgerichtet, sondern eher darauf, eine Trutzburg um die Ministerin zu bilden.

Ich habe allen immer wieder eingeschärft, dass Bettina Stark-Watzinger nicht nur Bildungsministerin sei, sondern auch Forschungsministerin. Das Verflixte an der Sache ist, dass die Öffentlichkeit überwiegend auf Bildung schaut. Hier sind die Kompetenzen eines Bundesministeriums allerdings beschränkt, weil zumindest die Schulpolitik überwiegend Ländersache ist. Forschung und Innovation laufen häufig unter dem Radar der öffentlichen Wahrnehmung, sind aber Herzstück des Ministeriums. Mit großer Sorge habe ich auch in den Monaten nach meinem Rücktritt die Bildungslastigkeit der persönlichen Auftritte der Ministerin und der daraus resultierenden Kommunikationsarbeit wahrgenommen. Beim sogenannten Bildungsgipfel, zu dem bis auf zwei Landesminister alle anderen abgesagt hatten, wurde dies besonders deutlich. Die Kooperationsabkommen zum Thema Wasserstoff mit Australien und Neuseeland hätten medial ganz anders inszeniert werden müssen.

Schwierig in der Konsequenz war auch die BAföG-Novelle. Denn erstens fehlte ihr das zweite Bein, der Einbezug des Kindergelds, zum Zweiten, fast noch wichtiger, war damit ein Gutteil des Spielgelds für neue Projekte des Ministeriums verfrühstückt und der Spielraum für zum Beispiel die DATI signifikant eingeengt.

In mein pünktlich vorgelegtes 100-Tage-Programm packte ich vier Projekte. Meine beiden Leuchtturmprojekte »Freiheitsgesetz für SprinD« und die DATI. Daneben meine beiden Herzensthemen Soziale Innovation und MINT-Aktionsprogramm 2.0. Die beiden weiteren Leuchttürme Innovationsbrücken und Innovationsregionen wollten wir erst nach den ersten 100 Tagen angehen. Dieses 100-Tage-Programm eignete sich hervorragend, um die Mitarbeiter des Hauses gleich *hands on* kennenzulernen. Denn diese Projekte bedurften cross-funktionaler Abstimmung quer durchs Haus. Genau wie ich es bei Lufthansa, Conti und Telekom gelernt hatte, führte ich über Projekt-Reviews.

Für unser Projekt Soziale Innovation brauchten wir einen Beauftragten. Davon war ich zutiefst überzeugt. Und ich wollte dafür weder ein Hausgewächs noch einen Parlamentarier noch einen Wissenschaftler. Ich wollte jemanden aus der Praxis. Und ich schrieb mir eine Liste mit spannenden Namen aus der Szene der Social Entrepreneure, die ich in meinem Herzen bewegte, und matchte sie mit den Anforderungen eines Beauftragten für dieses Thema. Am Ende priorisierte ich die Gründerin der Social-Bee gGmbH: Zarah Bruhn. Ich kontaktierte sie und freute mich, dass sowohl sie als auch Bettina Stark-Watzinger meinen Vorschlag guthießen. Spannend war dann, nachdem wir drei uns einig waren, wie rigide der Apparat zunächst alle Vorbehalte gegen eine externe Lösung aktivierte. Nachdem wir diese niedergerungen hatten, kamen extreme Complianceanforderungen, wie ich sie selbst in Dax-Konzernen nie erlebt hatte. Ich hatte stets vermutet, dass das Haus alles tat, um Zarah als Beauftragte für Soziale Innovationen zu verunmöglichen. Heute sehe ich all dies in milderem Licht. Ex-Staatssekretär Patrick Graichen wäre vermutlich im Bundeswirtschaftsministerium noch im Amt, wenn seine Leute seine Personalentscheidungen so penibel durchleuchtet hätten wie das BMBF unsere. Integrität ist nichts, was man voraussetzen kann. Man muss sie stets en détail nachweisen können. Hut ab.

Die Ampelkoalition: eine unübersehbare Zwangsheirat

Für mich war schon nach wenigen Wochen Koalition und Staatssekretär klar, dass die Ampel nicht für Transformation und Aufbruch steht. Sie ist eine Zwangsverheiratung: nicht der Liebe zueinander geschuldet, sondern staatsräsonalen Zwängen.

Dies zeigte sich schon früh bei der Frage, wer die Federführung bei unseren Leuchtturmprojekten haben würde. BMWK oder BMBF? Über

Monate hinweg schwelte und loderte der Konflikt. Ein Lichtblick für die Lösung war Habecks grüne Staatssekretärin Franziska Brantner. Sie verstand, dass eine »Alles oder nichts«-Politik in die Sackgasse führte. Wir einigten uns auf einen Kompromiss. Ich gestand dem BMWK die Federführung bei der Start-up-Strategie zu und Franziska Brantner mir die Federführung bei der DATI. Bei SprinD kam es zu einer gemeinsamen Federführung.

Als ehemaliger Abgeordneter und Staatssekretär a. D. habe ich am 9. Oktober 2022 getwittert, nachdem die FDP aus dem Niedersächsischen Landtag geflogen war:

»Mir blutet das Herz! Die Ampel-Koalition ist politische Vergewaltigung der FDP. Doch Rot-Grün zu zähmen, war unumgänglich, um die Republik vor Schaden zu bewahren. Laschet war damals undenkbar. Ich würde jetzt aber die Koalition auf spitz und Knopf stellen!«

Dieser Tweet schaffte es bis in die Fernsehnachrichten. Wieder einmal traf mich ein empörter Shitstorm aus der linksgrünen Ecke. Vorgeworfen wurde mir, ich würde Vergewaltigung verharmlosen. Verwegen. Ähnlich den »Klimataliban« wollen die Woken ja heutzutage jegliche kantigen Sprachbilder verbieten. Nicht mit mir! Und Christian Lindner musste öffentlich beschwichtigen und beteuern, eine solche Meinung habe er im FDP-Präsidium nicht vernommen. Meine Intervention war unangenehm, aber richtig. Die FDP wird die Ampel nur überleben, wenn sie Brandmauern errichtet und stets das Schlimmste verhindert. Wir stehen vor der zweiten Hälfte der Legislaturperiode. Jetzt wird es ohnehin schwierig, noch neue Projekte durchzusetzen. Aber immerhin kann man konsequent nein sagen zu den großen und kleinen Begehrlichkeiten der Partner.

Im Ressort Forschung wurde der innerkoalitionäre Machtkampf am deutlichsten beim Thema DATI. Die Agentur für Transfer und Innovation ist in meinen Augen ein Paradebeispiel dafür, wie unter dem Deckmäntelchen sachlicher Kritik Kämpfe um Macht und Geld ausgetragen werden. Diesmal verliefen die Fronten aber nicht zwischen Grün und Gelb, sondern zwischen Rot und Gelb. Das SprinD-Freiheitsgesetz sollte als Prototyp für ein DATI-Freiheitsgesetz dienen. Doch bei SprinD wie bei DATI hatte SPD-Haushaltspolitikerin Wiebke Esdar massive Vorbehalte. Es ging um die Frage, wer das Sagen haben würde. Der Staatsapparat oder ein agiles Agenturschiff? Frau Esdar wollte den bürokratisch-dirigistischen Staat.

Begleitet wurde diese nach außen unsichtbare Konfliktlinie vom Geschrei aller möglichen Subventionsempfänger, die das große Geld witterten. Fraunhofer erklärte, eigentlich seien sie ja die DATI. Die Arbeitsgemeinschaft industrieller Forschungsvereinigungen (AiF), Subventionsempfänger des BMWK, und ihr inzwischen zum Glück pensionierter Geschäftsführer Thomas Kathöfer wollten auch an die DATI-Gelder heran, weil ihr eigenes Geschäftsmodell wackelte. Auch Kathöfer proklamierte, die AiF könne doch die DATI sein. Der damalige Präsident der Hochschulrektorenkonferenz, Peter-André Alt, ließ sich von den TU9 (Allianz führender Technischer Universitäten in Deutschland) vorschicken, um für sie als Zuwendungsempfänger zu werben. Auch die Zuse-Gemeinschaft spielte wieder ihr in die Jahre gekommenes Klagelied der zu kurz Gekommenen. Empört hat mich, als der BDI meine DATI öffentlich verdammte, ohne mich jemals zuvor konsultiert zu haben.

Überhaupt nicht mit Ruhm bekleckert hatte sich der Jenaer Wirtschaftswissenschaftler Uwe Cantner. Er hatte ein Extra-Policy-Papier zur DATI veröffentlicht und die Agentur darin vernichtend kritisiert. Und dies kurz vor der routinemäßigen Behandlung des EFI-Jahresberichts (EFI ist die Expertenkommission Forschung und Innovation der Bundesregierung) im Ausschuss für Bildung, Forschung und Technikfolgenabschätzung. Bis heute grämt mich, dass Cantner angesichts der desolaten Innovationssituation Deutschlands nichts anderes einfiel, als eine innovative Idee zu zertreten. Grundlegende Vorschläge zur Reform des Landes bleibt er schuldig.

Am meisten weh tut mir mein Rücktritt mit Blick auf die DATI. Denn um sie erfolgreich aufs Gleis zu setzen, hätte die Ministerin einen Bulldozer wie mich gebraucht. Die Wette gilt: Die DATI wird in dieser Legislaturperiode maximal eine Miniaturausgabe.

Hindernisse und Verbündete im Ministerium

Inhaltlich war es im BMBF oft Sisyphosarbeit. Je komplexer oder zeitkritischer das Projekt war, desto mehr Sisyphos. Einfacher war es, wenn ich wie beim MINT-Aktionsprogramm 2.0 auf routinierte Fachleute traf und die Eckpunkte von Beginn an klar waren. Hier hatten wir dann auch binnen 100 Tagen klar Schiff. Und die Ministerin konnte unsere Ergebnisse auf einer großen Veranstaltung pünktlich verkünden. Auch die Pressemitteilung und die Vorstellung der neuen Beauftragten für Soziale Innovation, Zarah Bruhn, war von Erfolg gekrönt.

Beim SprinD-Freiheitsgesetz hingegen musste ich zuerst die eigenen Leute auf Vordermann bringen. Schließlich wollten wir Freiheit für die SprinD. Bislang hatten Abteilung und Fachreferat unter schwarzer Herrschaft alles getan, um diese Freiheit zu verhindern. Ich schreibe darüber ausführlicher im Innovationskapitel. Mein erstes Gespräch mit der zuständigen Abteilungsleiterin war wie von einem anderen Stern. Ich wollte mit ihr über die bisherige Blockadepolitik bei SprinD reden. Sie versuchte ständig, eine interministerielle Initiative zur Verwaltungsreform zu thematisieren. Es wurde eine ungemütliche Stunde. Danach war allerdings die Marschrichtung klar. Und nach vier Monaten und einer größeren Gesprächsrunde mit den wichtigsten Sachakteuren hatten wir einen Referentenentwurf. Mir war daran gelegen, dass SprinD-Geschäftsleitung, BMBF sowie eine beratende Anwaltskanzlei mit einer Stimme sprachen, bevor wir die Koalitionspartner behelligten. Dies gelang. Die SPD, vor allem der beamtete Staatssekretär Werner Gatzer (SPD) im FDP-geführten Bundesfinanzministerium, beäugte das Papier argwöhnischer. Die Grünen hingegen trugen es schlussendlich mit. Inzwischen ist der Entwurf nach mehr als zwölf Monaten hin und her wieder auf dem Weg zur Verabschiedung als Gesetz: in deutlich abgemagerter, die volle Freiheit verwehrender Form.

Bei der DATI ergab sich eine ganz andere Herausforderung. Transferthemen waren im gesamten Ministerium verzettelt und zerstückelt verteilt. Vor dem Hintergrund der zunehmend schwierigen Haushaltslage war eine Konsolidierung unumgänglich. Dazu muss man wissen: Das

Ministerium war in seiner Struktur aus Ideen und Projekten gewachsen, auf denen sich die heutigen Referatsstrukturen aufbauten. So kam es vor, dass Transferaktivitäten im Hochschulbereich in der einen Abteilung geführt wurden und in der anderen der Aufbau regionaler Innovationsökosysteme mit Partner-Hochschulen.

Die Konsolidierung musste mithin auf dreifache Art und Weise erfolgen: (1) Alles zu bündeln, was unter die Marke DATI fallen könnte. (2) Zuständigkeiten für das Ganze zu vergeben, also dem einen Macht zu geben und dem anderen zu nehmen. (3) Finanzielle Ressourcen zu bündeln, also hier Geld wegzunehmen und dort alles zu versammeln. Denn es war schnell klar, dass die Finanzierung der DATI nicht nur aus neuem Geld bestehen konnte. Wir brauchten auch Finanzmittel aus Projekten, die sofort in die DATI überführt werden konnten. Und wir mussten auf Gelder zurückgreifen, die mittelfristig frei wurden, indem Projekte ausliefen oder sich umsteuern ließen. In einem Ministerium der kleinen Fürstentürmer und Grafschaften und der damit verbundenen Eitelkeiten und Eifersüchte war dies ein Unterfangen, das ich anfangs unterschätzte. Ich setze mich aber bald mit aller Härte und Konsequenz durch – beschleunigt von den laufenden Haushaltsverhandlungen. Ich wette: Eine solch konsequente Konsolidierung hatte das BMBF noch nie erlebt.

Was aber strategisch viel wichtiger war: die Ausrichtung auf eine kommunikationsfähige Markenpolitik. Schon bei Lufthansa hatte ich gelernt, dass viele Einzelaktivitäten und Projekte nebeneinander nicht kommunikationsfähig sind. Nur eine Dachmarke greift mit Wirkkraft. Ich malte mir ein Ministerium aus mit rund einem Dutzend Dachmarken (jeweils für Bildung und für Forschung ein halbes Dutzend), um dem Wirrwar aus vielfältigsten Programmen und Förderprojekten zu entkommen und anwenderfreundlich zu kommunizieren.

Inzwischen hatte die Amtschefin und gleichzeitig für Forschung zuständige beamtete Staatssekretärin Judith Pischer ihren Posten angetreten. Sie wurde meine zentrale Gefährtin beim Projekt DATI. Im Gegensatz zu mir hatte sie die disziplinarische Verantwortung für das Personal. Doch weit mehr: Wir arbeiteten zusammen wie ein Dream Team. In drei von fünf Fällen war ich der Bad Cop und sie die Nice Lady. In zwei von fünf Fällen kam es umgekehrt. Ich vermisse sie als Mensch und die Zusammenarbeit mit ihr.

Wenn das Ergebnis am Ende stimmt, wenn er in der Sache Besseres und dies schneller produziert, muss der Apparat seine Eigenheiten und Eigenarten nur bedingt verändern. Doch Strukturen können Gefängnisse sein. Unter 16 Jahren CDU-Leitung wurde kaum referats- und abteilungsübergreifende Projektarbeit gepflegt, geschweige denn trainiert. Agile Teams waren ein Fremdwort. Selbst die Initiative Work4Germany, ein Ableger der Initiative Tech4Germany, hatte wenig Erfolg im BMBF. Hier arbeiteten damals (mit dem Placet des Kanzleramts) junge Profis daran, Digitalisierung wie New Work in den Bundesbehörden voranzutreiben. Tech4Germany-Gründer Andrej Safundzic habe ich dabei schon zu meinen Oppositionszeiten intensiv beraten und sein 30-köpfiges Team zweimal zum Sommerfest in meine Berliner Wohnung eingeladen.

Unerfahrene und unprofessionelle Politiker erzieht sich der Apparat zur Marionette und hält die Fäden in der Hand – von einer Aufführung in die nächste –, aber ohne jeweils Ende oder Anfang abzuwarten. Manchmal beschleicht mich indessen das Gefühl, dass wir im aufkommenden Zeitalter der Avatare und der Metaversen bald ohnehin nicht mehr wissen, was Theater ist und was Realität.

Mein schlussendliches Scheitern in der Politik lag jedenfalls nicht an Ungeübtheit im Umgang mit Apparat, Bürokratie und Beamtenschaft. Ich hatte schlicht das System organisierten Misstrauens zwischen Parlament und Exekutive nicht ausreichend durchdrungen und bin dabei nicht tief genug in die Katakomben menschlicher Missgunst gestiegen. Ganz unabhängig davon: unser Politiksystem muss sich radikal erneuern, genauso unser Parteiensystem und die parlamentarische Arbeit. New Politics!

Strangulierte Innovation: Opfer von Staat, tradierter Wissenschaft und Forschung

Warum Abgeordnete nix von Innovation verstehen (wollen)

Deutschland rutscht abwärts. Das begann vor Jahren bei innovativer Forschung und gräbt sich jetzt in die Wirtschaft ein. Der Publizist und Wissenschaftsexperte Jan-Martin Wiarda hat in seinem Blog-Beitrag »Mit dem Modell der 70er Jahre gewinnen wir nicht das 21. Jahrhundert« am 4. Januar 2023 die These aufgestellt, Deutschland habe sich in seine Innovationskrise »fast trotzig« hineinmanövriert. Es gehöre zu unserer Mentalität im Umgang mit Krisen, diese stets auf die Umstände zurückzuführen in einer Mischung aus Selbstzweifeln und Selbsterhöhung. Ich gebe Wiarda völlig recht.

In Berlin habe ich über Jahre miterlebt, wie sehr Politiker an diesem Missstand Mitschuld tragen. Unter ihnen herrscht gemeinhin Ehrfurcht vor Wissenschaft, Forschung und Transfer. Obwohl so viele Milliarden Euro an Steuergeldern ohne Ergebnis hineinfließen, obgleich Innovation und Kommerzialisierung über die schiere Behauptung ihrer Existenz hinaus oft gar nicht vorhanden sind. Diese Unsitte geht bei vielen Abgeordneten so weit, dass sie vor Wissenschaftsgranden eher im Geiste niederknien als ihre gesetzliche Kontrollfunktion wahrzunehmen. So viel Ehrfurcht kommt Verantwortungslosigkeit gleich.

Es fällt mir nicht leicht dies einzustehen, aber in meinen Zeiten als Parlamentarier kam häufig die kundigste Kritik aus der Fraktion der Linken. Allen voran die frühere SED-Funktionärin Petra Sitte tat sich hier im Bundestag hervor. Die übrigen Mitglieder des Ausschusses für Bildung, Forschung und Technikfolgenabschätzung ließen sich regelmäßig einseifen, wenn etwa Max-Planck-Präsident Martin Stratmann, der Präsident der Fraunhofer-Gesellschaft Reimund Neugebauer oder Peter-André Alt von der Hochschulrektorenkonferenz im Ausschuss Fragen von Parlamentariern beantworteten.

Wer gottergeben fragt und sein Gegenüber gar nicht erst versucht herauszufordern, erhält die passende Antwort. Und gottergeben fragen all jene, die entweder vom Thema nur an der Oberfläche etwas verstehen. Oder die in Kuratorien, Beiräten, Senaten von Wissenschaftsorganisationen sitzen und sich dort bereits haben einseifen oder gar verwöhnen lassen. Hinzu kommen die, die auch gerne in solchen Gremien säßen und es sich nicht verscherzen wollen mit den Damen und Herren Wissenschaftsfürsten. Parlamentarier haben indessen erstens die Pflicht, sich in ihr Thema so einzuarbeiten, dass Wissenschaftsgranden ihnen kein X für ein U vormachen können. Und zweitens sollte man Parlamentariern verbieten, in Gremien von Organisationen zu sitzen, deren Arbeit zu kontrollieren ihre gesetzliche Aufgabe ist. Und es muss die Milliarden Euro schwere Geldverschwendung ein Ende haben, wenn der Output nicht stimmt. Olympia-Medaillen im Hochleistungssport wie in der Hochleistungswissenschaft sind nicht bedeutsam, wenn das Fundament modert und bröckelt. Sie dienen dann der Selbsttäuschung.

Fremdwort Strategie

Im Politiksystem, das ich als Parlamentarier und Staatssekretär zwischen 2017 und 2022 kennengelernt habe, mangelt es den meisten Köpfen in Parlament und Ministerien an Strategiekompetenz, wenn es um Zukunftsthemen geht. Haben Sie einmal die Start-up-Strategie von Anna Christmann gelesen, der Start-up-Beauftragten des grün geführten Bundeswirtschaftsministerium? Oder die bis heute nicht überarbeitete Künstliche-Intelligenz-Strategie der Großen Koalition? Verkorkst, blind zusammenwürfelt, ein Graus! 2017 bis 2021 haben FDP und Grüne die müden Strategiepapiere der Großen Koalition scharf kritisiert. Und jetzt winken sie die fast gleichlautenden Papiere der Ampel durch.

Dass die handelnden Akteure zudem nicht strategisch priorisieren können, läuft unter dem Radar. Kaum jemand hinterfragt mit kühlem Kopf, warum der Neubau des Forschungsschiffs »Polarstern« als wichtiger gilt als etwa das Startchancen-Programm für benachteiligte Schüler. Dabei ließe sich in Zeiten knapper Budgets ein prestigeträchtiges Forschungsschiff viel leichter durch gemeinsame EU-Forschungsflotten ersetzen als das heruntergewirtschaftete deutsche Bildungssystem. Statt strategische Prioritäten zu setzen, brüsten sich Haushälterinnen und Haushälter lieber damit, die »Polarstern II« trotz Ukrainekrieg gerettet zu haben. Denn sie fürchten den Aufschrei von Professorin Antje Boetius, deren Institut Deutschlands Forschungsschiff in guten wie in schlechten Tagen lenkt. Dicke Bretter für die Zukunft zu bohren, geht freilich anders.

Wie innovativ sind unsere Wissenschaftsorganisationen? Die derzeitigen Debatten über dieses Thema sind viel zu oberflächlich. Wir müssen sie ausweiten und drei Dinge genau betrachten: Input, Output oder Impact und mittendrin: Throughput.

Beim Input herrscht derzeit eine reine Euro-Rhetorik. Wir debattieren nicht über die Qualität unserer Wissenschaftsstrategie – weder über Reformansätze bei Hochschulen oder außeruniversitäre Forschungsorganisationen noch über Strukturoptionen für Innovationsförderung (Agenturmodelle zum Beispiel). Zu leise ist mir auch die Kritik an der deutschen Exzellenzstrategie zur nachhaltigen Stärkung der Spitzenforschung. Sie verludert, setzt immer weniger Prioritäten und bedient zu viele vermeintlich zu kurz Gekommene und deren Einzelinteressen. Die in dieser Strategie verankerten Exzellenzcluster sind inzwischen so aufgebläht, dass von Exzellenz an der Spitze keine Rede mehr sein kann. Nur noch von Exzellenz in der Breite und von Milliarden, die in diese durchlöcherte Strategie sickern. So wird unsere internationale Wettbewerbsfähigkeit nie steigen.

Bei alledem handelt es sich um Co-Alkoholismus zwischen dem Subventionsgeber Staat und seinen Subventionsnehmern: den Hochschulen und außeruniversitären Forschungseinrichtungen. Alle miteinander reden sie nur noch darüber, wie sich die nächste Flasche beschaffen, austrinken und neu füllen lässt. Die inhaltlichen Debatten, die Frage nach qualitativen Zielen und Ergebnissen bleiben auf der Strecke. Aus der Wirtschaft kenne ich das anders. Wer investiert, formuliert präzise Erwartungen.

Die fetten Katzen Fraunhofer, Leibniz, Max Planck und Helmholtz haben es noch unter der Großen Koalition geschafft, einen fixen Aufwuchs ihrer Budgets von drei Prozent pro Jahr zu verhandeln, und zwar konstant über zehn Jahre. Als Oppositionsabgeordneter habe ich das damals massiv kritisiert. Denn diese Verpaktung engt so gut wie jeglichen Spielraum im Forschungshaushalt derart ein, dass man in Krisenzeiten kaum noch Manövriermasse hat. Genau dies erlebt das BMBF jetzt im Zuge des Ukrainekriegs. Immer nur in Best-Case-Szenarien zu denken, war in der Ära Merkel en vogue. Wir müssen es künftig radikal anders machen. Zum Beispiel, indem man den fetten Katzen kein Geld nachwirft, sondern verpflichtende Ziele vereinbart, was und wie viel sie zu leisten haben: beim Volumen einzuwerbender Drittmittel, bei Wachstum und Anzahl von Ausgründungen, bei Lizenzeinnahmen. Unsanktionierte Zielvereinbarungen hingegen bringen wenig. Das sieht man daran, wie wenige Frauen in Führungspositionen das deutsche Wissenschaftssystem immer noch hat. Wir brauchen ein ganz neues Kosten-, Transfer- und Effizienzbewusstsein im Interesse der Innovation. 2025 steht die Evaluierung an für den Pakt für Forschung und Innovation. Ich hoffe, dass die Verantwortlichen jetzt schon beginnen, ihn aufzuschnüren und Input mit Output ins Verhältnis zu setzen.

Forschungsoutput und Forschungstransfer: lange verpönt

Was den Output betrifft, ein Zitat: »Die Situation in der Europäischen Union ist widersinnig: Trotz herausragender, weltweit anerkannter wissenschaftlicher Leistungen bringt die EU weniger neue Produkte, Dienste und Verfahren hervor als ihre wichtigsten Konkurrenten.« So stand es schon 1995 im Grünbuch zur Innovation der Europäischen Kommission. Seit drei Jahrzehnten ist dies bekannt und gilt als Europäisches Paradoxon in der Forschung. Die Studie »European Paradox or Delusion – Are European Science and Economy Out-dated?« attestierte Europa im Jahr 2017 sogar einen Niedergang seiner Wissenschaftsexzellenz, vor allem bei Zukunftstechnologien. Es mangele auf wichtigen Feldern nicht nur am Transfer, sondern bereits an den zugrundeliegenden Erkenntnissen. Nicht zuletzt in Deutschland, wie viele Indikatoren bestätigen. Und um die Wissenschaftlerinnen und Wissenschaftler selbst, um das, was man Brain Gain und Brain Drain nennt. Alle uns bekannten Daten weisen darauf hin, dass wir etwa einen Nettoverlust an KI-Forschern haben, vor allem gegenüber den USA.

Beim Output geht es nicht nur um die Zahl der Gründungen, Patente und Lizenzen, sondern auch um die Konsequenzen: Beschäftigungs- und Umsatzentwicklungen durch neue Produkte und Dienstleistungen in unserem Land. Wir reden beim Output ebenso über die Entwicklung regionaler Innovationsökosysteme, über regionale, nationale und europäische Wettbewerbsfähigkeit. In all diesen Indikatoren stehen die Ampeln auf Gelb oder Rot. Der europäische Kontinent und mittendrin Deutschland befindet sich in einem Abwärtsstrudel. Ausgenommen sind nur die Benelux- und die skandinavischen Staaten sowie die Schweiz.

Helmut Kohl hat einmal gesagt: »Entscheidend ist, was hinten rauskommt.« Doch die Debatte über den Transfer wissenschaftlicher Erkenntnisse in wirtschaftlichen Erfolg war lange Zeit verpönt. Dagegen habe ich als Oppositionsabgeordneter immer wieder angearbeitet. Mein Vorgänger als Parlamentarischer Staatssekretär, Michael Meister, raunte einst in einer Sitzung des Forschungsausschusses im Bundestag, ich solle »endlich einmal meine Managerbrille abnehmen«. Wissenschaft und Forschung hätten nichts mit Output zu tun. Wie eine Monstranz tragen solche Herren die »Freiheit von Forschung und Lehre« vor sich her und wettern gegen ökonomisches Verwertungsinteresse. Natürlich braucht es diese Freiheit. Doch ihr Zwilling ist Verantwortung. Wissenschaft und Forschung müssen raus aus ihren Elfenbeintürmen. In echten

Innovationsnationen tragen sie messbar zur Lösung großer gesellschaftlicher Herausforderungen bei und befruchten so auch die Wirtschaft, den allgemeinen Wohlstand und geben Perspektiven für Menschen. An dieser Frage müssen sich Wissenschaft und Forschung auch hierzulande messen lassen. Dafür sind sie Rechenschaft schuldig angesichts der Milliarden Euro Steuergelder, die sie erhalten. Bislang fällt die Bilanz miserabel aus.

Der Bundestagsabgeordnete Thomas Jarzombek, seit 2021 bildungs- und forschungspolitischer Sprecher der CDU/CSU-Fraktion, kritisiert die Ampel-Koalition ob der Versäumnisse aus 16 Jahren unionsgeführter Politik. Leider lässt er sich genauso wenig zur Selbstkritik bekehren wie das über Jahrzehnte CDU-geführte BMBF. Solche Politiker brauchen wir nicht. Dabei ist der Jammer groß. Denn genau jetzt benötigt Deutschland dringend technologische Souveränität – zum Beispiel bei Plattformökonomie, Raumfahrt oder Künstlicher Intelligenz. Und unser Land leidet unter dem Klumpenrisiko des hierzulande dominanten und von der Digitalisierung massiv bedrohten Maschinen-, Anlagen- und Autobaus.

Blinder Fleck: Throughput oder was innendrin passiert

Komplett durch die Ritze fällt bei systemischer Betrachtung der sogenannte Throughput. Hier geht es um weiche Faktoren wie Führungsqualität und Science Leadership, auch um Institutionskultur und die Entwicklung, Verschwendung oder Zerstörung von wissenschaftlichem Talent – bis hin zur Transformationsfähigkeit der Wissenschaftsorganisation selbst. Auch die harten Themen spielen eine Rolle, vor allem fehlende leistungsgerechte Vergütung, die Intensität hierarchischer Strukturen, das Vakuum übergreifender Prozessoptimierung, miserables Compliance Management. Throughput ist der große blinde Fleck bei Analyse und Gestaltung unseres Wissenschaftssystems.

Neben dem Alibi der Freiheit von Forschung und Lehre hat die Misere vier weitere Ursachen:

- Erstens hat sich die außeruniversitäre Forschung taylorisiert, also ihre Arbeit in viele verschiedene Schubladen aufgeteilt. Max Planck macht die Grundlagenforschung, Helmholtz betreibt die Großforschungseinrichtungen, Leibniz mehr oder weniger die Sozial- und Geisteswissenschaften und Fraunhofer kümmert sich um die Anwendung. Gebetsmühlenartige Dogmen, die die außeruniversitäre Forschung vor der Debatte schützen sollen, wie viel Transfer in die Wirtschaft ihr Output bietet. Doch die Forschungswelt weiß, dass »reine« Forschung und »unreine« anwendungsorientierte Forschung sich hybride verzahnen. Die Übergänge sind fließend. Innovationsökosysteme überlagern zudem etablierte Forschungsstrukturen. Auf Taylorisierung können sich die fetten Katzen im 21. Jahrhundert nicht mehr zurückziehen. Eine Systemrevision dieser gesamten Forschungswelt durch eine unabhängig besetzte internationale Kommission ist überfällig. Bis hin zu der radikalen Frage, ob wir die sogenannten Legacy-Strukturen unserer Forschung (die teils aus der Kaiserzeit noch stammen und seitdem kaum reformiert wurden – wie zum Beispiel bei Max Planck) in ihrer heutigen Form überhaupt noch brauchen. Da darf es keine Tabus geben. Es bestehen massenhaft Doppelstrukturen allein innerhalb des permanent wachsenden Fraunhofer-Verbunds. Sie konkurrieren miteinander um Forschungs- und Industriegelder, machen Start-ups Konkurrenz und verbrennen dabei öffentliche Gelder. Ähnlich verhält es sich auch zwischen Forschungsorganisationen. Wir haben zu viele kleine Forschungsfürsten, denen ihre Sänften wichtiger sind als handfeste Ergebnisse zum Nutzen der Gesellschaft. Institutionelle Forschung muss sich dringend auf den Hosenboden setzen und lernen, problemzentriert vom Ende her zu denken. Das ist viel wichtiger, als weiter Millionen Euro in die letzten ein bis zwei Prozent Effizienzsteigerung zu stecken. Eine erste Lösung könnte heißen, Fraunhofer-Institute in die Hochschulen zu reintegrieren.
- Zweitens entwickelten sich Wissenschaftler zu Forschungsbeamten. »Academics became government employees with neither the pressure of private incentives, nor the competition from priva-

te universities to spur research productivity.« So erklärt Caroline Fohlin, Professorin an der US-amerikanischen Emory-Universität, den Niedergang des Innovationsgeschehens in Deutschland. Eine böse Begründung. Natürlich wird nicht jeder Forschende mit Unternehmergenen geboren. Ideen und Patente müssen sich daher, oft durch *Market Push,* ihre Unternehmer selbst suchen. Fohlins Diagnose, Deutschlands Wissenschaftler seien Forschungsbeamte ohne Wettbewerbsdruck, erschreckt allerdings. Leider teile ich ihre Einschätzung. Dazu kommen der an anderer Stelle schon erwähnte Mangel an Science Leadership (also visionäre und inspirierende Führung weit über das rationale Management hinaus) sowie die Überbürokratisierung und Überzentralisierung der Organisation.

- Drittens plagt uns die Gier von Hochschulen und Forschungsanstalten. Sie ist zwar erklärbar angesichts dramatisch unterfinanzierter Hochschulen, angesichts hoher Patent-Ablösesummen für außeruniversitäre Forschungseinrichtungen. Aber sie schreckt potenzielle Gründerinnen und Gründer genauso ab, wie es unprofessionelle Technologietransferstellen an den Hochschulen tun und langwierige, durchbürokratisierte Verhandlungen über Intellektual Property. Deshalb haben wir unterdurchschnittlich wenige Ausgründungen aus der Wissenschaft in Deutschland.

- Die Verfilzung, also Beutegemeinschaft und Co-Alkoholismus zwischen Gebern und Nehmern von Fördergeldern, habe ich weiter oben angesprochen. Tradierte Subventionsempfänger sind viertens inzwischen so raffiniert, dass das Matthäus-Prinzip »Der Teufel scheißt immer auf den größten Haufen« kaum noch zu brechen ist. Besitzstand wird extrapoliert, Effizienz nicht mehr überprüft. Neue Trends werden von alten Goliaths an die Wand gedrückt, zum Beispiel laserbasierte Kernfusion. Das für Kernfusion vorhandene Geld ist alle Mal von tradierten Forschungsorganisationen für magnetbasierte Kernfusion schon abkassiert. Dazu kommt eine inzestuös vernetzte Politikerkaste, die in Kuratorien und Hochschulräten sitzen darf und vielleicht sogar ein Fraunhofer-Institut im eigenen Wahlkreis erhält.

Hochschulen müssen sich endlich profilieren

Ich habe bisher vor allem die außeruniversitäre Forschung aufs Korn genommen. Doch meist stehen auch die 420 Hochschulen (davon 120 private) vor großen Herausforderungen. Unsere Hochschullandschaft differenziert sich weder groß bei Throughput noch bei Output – abgesehen von wenigen deutschen Ausreißern in internationalen Rankings. Die Profilbildung ist der Homogenisierung gewichen. Dies ist einer der wesentlichen Gründe dafür, dass Deutschlands Innovationsfähigkeit am Boden liegt und unsere Hochschulen große Schwierigkeiten haben, sich international und national zu positionieren. Erst Vielfalt fördert Wettbewerb um Spitzenleistung und zeigt auf, wo Mittelmaß und schlechte Performance herrschen.

Und so ist auch die in Deutschland erwartete Gründungswelle privater Hochschulen bisher ausgeblieben. Entscheidungen für Standorte wie Bruchsal (für Talente wenig attraktiv), geizige privatwirtschaftliche Mäzene, fehlende Managementgurus, Me-too-Programme (die angelsächsische MBA-Programme kopieren) und Deutschlands fehlende Attraktivität sind einige Gründe dafür. Das ist bedauerlich. Denn gerade private Hochschulen wie WHU in Vallendar, Bucerius Law in Hamburg, HHL in Leipzig und ECSP in Berlin sind alle miteinander klein und hungrig und können deshalb besonders gut innovative Ausgründungen treiben.

Wie könnte eine solche nationale Profilierungsstrategie aussehen? Stellen wir uns ein Koordinatensystem vor. Auf der horizontalen Achse ist der Fokus einer Hochschule dargestellt: vom Produzenten individueller Kompetenzen und Abschlüsse bis hin zur Innovation in einem technologiegetriebenen Ökosystem aus Wirtschaft, Forschung, Wissenschaft, Gründungen, Kommunen und regionalen Behörden. Auf der vertikalen Achse tragen wir die Technologie- und Digitalkompetenz dieser Hochschule ab: sei sie nur simples Add-on oder echte DNA. Anhand eines solchen Koordinatensystems lassen sich mindestens fünf Hochschultypen identifizieren.

Links unten die reinen Produzenten akademischer Fachkräfte, so wie es die meisten deutschen Hochschulen sind, eine Fachkräftemaschine mit Onlineoptionen in der Ausbildung. Viel zu viele; in dieser Masse kaum erträglich. Profilieren ist hier die Kernmission.

Links oben Onlinehochschulen à la Udacity & Co.: digitale Hochschulplattformen, die mit Learning Analytics und Face-to-Face-Tutorials vor allem nicht traditionell Studierende mit Miniabschlüssen (Micro Credits) ausstatten oder, wie Georgia Tech, komplette Masterstudiengänge online anbieten. In Deutschland haben wir hier kaum etwas anzubieten, obgleich gerade an dieser Stelle das lebenslange Lernen massiv unterstützt werden könnte, weil die reinen Produzenten akademischer Fachkräfte von *Links unten* bei dieser Aufgabe versagen. Lernen mit Souveränität und *just in time* ist hier die Mission. Früher hätte man das Teaching University genannt.

In der Mitte der Koordinaten duale Bildungsakademien, die alle dualen Bildungspfade in Kooperation mit Unternehmen unter einem Dach anbieten: von der dualen Berufsausbildung über das duale Masterstudium bis zur dualen Promotion oder dualen Professur. Ein Quantensprung bei Praxisorientierung und Anwendungsnähe von Theorie als Mission.

Rechts unten: Bei Innovation im Ökosystem reden wir über Hochschulen als regionale Change-Motoren, die vor allem in ihrem geografischen Umfeld mit jeder Art von Innovationsakteuren (in Wirtschaft, kommunaler Verwaltung oder im Bildungs- und Gesundheitswesen) das Innovationsökosystem vor Ort weiterentwickeln.

Haben Sie einmal die Technische Hochschule Ostwestfalen-Lippe besucht mit ihren drei Standorten in Lemgo, Detmold und Höxter? Dann haben wir etwas gemeinsam. Diese Hochschule schlägt großartige Innovationsbrücken zu den Akteuren im Umland. Sogar die örtliche Handwerkskammer ist auf dem Campus vertreten. An vielen anderen Hochschulen (auch vielen, die das BMBF für innovativ hält) herrscht eine ganz andere Denke. In Lemgo interessiert, was die Region braucht; das ist *Market Pull.* Woanders fragt man sich zuerst, welche Forschungsprojekte die Professoren im Köcher haben und wie man die am besten vor Ort an Mann und Frau bringt: *Technology Push.* Wer Mittelständler kennt, weiß, wie sie reagieren, wenn sie gepusht werden.

Genau deshalb braucht Deutschland eine DATI, die den Namen verdient. Die DATI muss genau hinhören, was regionale Innovationsakteure brauchen. Sie muss diesen Bedarf gemeinsam mit den Akteuren erörtern und Prioritäten setzen, damit die Hochschule vor Ort fokussiert forschen und maßgeschneidert an Lösungen arbeiten kann.

Rechts oben sind die DeepTech-Innovationsnuklei. In Großbritannien sind diese Research Universities sogar eingebettet in sogenannte University Enterprise Zones, um wechselseitigen Transfer zu ermöglichen. Universitäten wie TUM, RWTH Aachen, andere TU9s und auch Universitäten wie Erlangen-Nürnberg sind zwar eingebettet in eine Region von forschungsintensiven DeepTech-Akteuren wie zum Beispiel Siemens Health Engineers oder Biotech-Gründungen. Aber die Transfer-Hausaufgaben sind noch nicht gelöst.

Innovationsregionen um DeepTech-Hochschulen herum

Deutschland wird sich als *Innovation Nation* nur dann wieder etablieren, wenn statt reformresistenter staatlicher Förderpolitik echte Freiheitsräume für Innovation entstehen. Exterritoriale Strukturen jenseits bisheriger Logik! Und die beginnen mit Maker-Garagen an deutschen Schulen – so, wie es viele Firmen heute schon mit ihren *Innovation Hubs* machen. Sie setzen sich fort bei unabhängigen Innovationsagenturen wie SprinD oder DATI und DeepTech-Regionen, wie in Großbritannien die *University Enterprise Zones* etwa in Cambridge und Manchester. Mittlerweile hat die britische Regierung mehr als 20 solcher Zonen etabliert neben noch mehr regulären Sonderwirtschaftszonen. In beiden Zonen-Arten klotzt das Königreich mit Steuerboni, Investitionszulagen, ultraschnellem Internet und Bürokratiearmut. Eine innovativ-explosive Mischung aus Spitzenforschung, DeepTech-Gründern, Industriepartnern. Das ist etwas ganz anderes als die seit Jahren laufende kleinteilige und recht ergebnislose deutsche Debatte über Reallabore und Experimentierklauseln. Im grünen Bundeswirtschaftsministerium ist das jetzt allemal niederrangig.

Wer als DeepTech-Uni mehr und mehr erfolgreiche Ausgründungen haben will, muss sich in punkto Technologietransfer professionell aufstellen. Dazu gehört vor allem, Venture-Kapitalisten früh einzubinden und Dritte Orte für Aufwuchs und Pflege von Gründungen zu schaffen – nicht *in* der Hochschule, sondern *an* der Hochschule. Die Münchner UnternehmerTUM ist ein gewichtiger Prototyp.

Ich habe fünf mögliche Positionierungen für Hochschulen genannt. Gerne mehr! Denn Diversität an Hochschultypen bereichert das Land und arbeitet gegen den Trend der Gleichmacherei, der isomorphen Gleichförmigkeit im Hochschulsystem. Dabei geht es mir nicht um Diversität um der Diversität willen. Hochschulen haben genau zu prüfen, wo sie ihre Stärken stärken.

Mythos Staat: der Rohrkrepierer bei Innovation

Breit auf Twitter kommentiert habe ich das Missverständnis der Wirtschaftswissenschaftlerin Mariana Mazzucato, die vorschlägt, staatliche angelsächsische Innovationspolitik auf unser bürokratisches deutsches Beamtenland zu übertragen. Inzwischen räumt sie in ihrer Schrift »The Big Con« zumindest ein, dass viele Regierungen von Wirtschafts- und Politikberatungen abhängig sind. Sie fordert, Regierungen sollten selber geeignetes Personal aufbauen und entwickeln. In unseren verbeamteten Apparaten würde das Jahrzehnte dauern.

Mich wundert gar nicht, dass ein so wirtschaftsunerfahrener Wirtschaftsminister wie Robert Habeck Frau Mazzucato als Kronzeugin seines staatsgläubigen Denkens benennt. In Habecks Ministerium haben schließlich ökologische Forschungsmissionen nicht die Problemlösung zum Ziel, sondern schreiben von vornehrein die Technologie vor: Technologiedeterminismus statt Technologiewettbewerb. Und wer staunt jetzt noch, dass das SPD-Blättchen *vorwärts* Mazzucato zur Spiritus Rectora der SPD-Zukunftsmissionen ausgerufen hat? Alle miteinander Protagonisten eines Staates, der als Lenker, Investor, Unternehmer interveniert in Forschung, Technologie, Innovationsförderung. Mazzucatos Ideen mögen mit innovationserprobtem US-Spirit und dortigen agilen Innovationsarchitekturen funktionieren. Kommt deutsche Mentalität ins Spiel, wird ein Rohrkrepierer daraus. Ich zitiere den Düsseldorfer Ökonomen Justus Haucap: »Werbung für die

Vision eines unternehmerischen Staates war die staatliche Vorstellung während der Pandemie sicher nicht.« Und die Wirtschaftsweise Monica Schnitzer konstatierte jüngst: »Der Staat hält viel zu lange an schlechten Ideen fest, weil er anders als Unternehmen nicht pleitegehen kann.«

Der langsame und behäbige deutsche Staat war schon immer geschmäht, auch in Zeiten kontinuierlichen oder episodischen Wandels. Jetzt, in disruptiven Zeiten, sind die Grenzen seines Schaffens im grellen Scheinwerferlicht sichtbar. Öffentliche Verwaltung, Politik und Zivilgesellschaft sehen sich mit Krisen im Inland konfrontiert, deren neue Qualität wir nicht für möglich gehalten hatten. Der russische Überfall auf die Ukraine und die Erkenntnis, dass das eigene Land verteidigungsunfähig ist, ist das jüngste Beispiel. Vorher die Flutkatastrophe an der Ahr im Juli 2021, die Coronapandemie ab 2020 verbunden mit der Bildungskatastrophe an deutschen Schulen und zuvor 2015 die Flüchtlingskrise haben den vordergründig starken Staat weit über die Grenzen seiner Leistungskraft gefordert. »Staatsversagen« erwächst zum geflügelten Wort.

Wie Meteoriteneinschläge treffen diese Krisen auf ein Land, das mit seinem alten politischen und exekutiven Betriebssystem lange gut fuhr und dessen Stabilität auf mehr oder weniger gut geölten Routinen eines in sich ruhenden Verwaltungsapparats fußte. Jetzt wird immer klarer: Handwerkskasten und Fundamente der Vergangenheit reichen nicht nur nicht aus, um der disruptiven Kraft heutiger und künftiger Krisen zu begegnen. Schon die Bewältigung wirtschaftlicher Umbrüche durch geeignete Rahmenpolitik geht in die Hose.

Ähnlich wie Unternehmen neben ihrem ersten Betriebssystem der Exploitation (Nutzbarmachung, Ausbeutung) ein zweites bräuchten für Revitalisierung und Innovation, so bräuchten öffentliche Verwaltungen neben ihrem ersten Betriebssystem der effizienten Abarbeitung ein zweites nicht nur für Krisenbewältigung, sondern auch für Reformen.

Ein solches Zweitsystem verfügt über Frühwarnsignale, Rapid-Response-Fähigkeiten und skalierbare Reform- und Wiederaufbaufähigkeit. All dies hat schmerzlich gefehlt nicht nur in den jüngsten Krisen: Der Umgang mit Ukrainekrieg, Flutkatastrophe, Flüchtlingskrise und Covid-19 war in vielerlei Hinsicht Offenbarungseid staatlicher Lernunfähigkeit, die in mangelhafter Krisenresilienz mündete. All dies fehlt schmerzlich auch im Bewältigen des Klimawandels, des demografischen Wandels und der digitalen Transformation.

Für die Krisen gab es immer lautere Unkenrufe. Den »Bericht zur Risikoanalyse im Bevölkerungsschutz 2013« indessen mit lesenswerten Kapiteln zu den Themen Hochwasser und Pandemie hat der Bundestag in seiner 18. Wahlperiode ohne Debatte im Plenum zur Kenntnis genommen – trotz Flutkatastrophe 2002 an der Elbe und trotz etlicher Pandemiewellen seit der Jahrtausendwende. Im November 2017 hat der Nationale Normenkontrollrat in seinen Schlussfolgerungen aus der Flüchtlingskrise 2015 einen Leistungsaudit aller relevanten Bundesbehörden angeregt. Nichts ist geschehen.

Dies erfordert, in Krisen wie in kritischen Zeiten, begabte Führungspersönlichkeiten: respektierte, glaubwürdige Krisenmanager mit dem Blick aufs Ganze. So charismatische öffentliche Figuren wie Helmut Schmidt, der als Innensenator bei der Hamburger Sturmflut 1962 nicht auf Vorschriften schaute, sondern sofort beherzt anpackte und viele Leben rettete. Auch Bundeskanzler Gerhard Schröder war mal ein solcher Krisenmanager, der mit den schmerzhaften Hartz-Reformen nach langen Jahren der Massenarbeitslosigkeit und des wirtschaftlichen Niedergangs das Land wieder auf den richtigen Pfad zurückbrachte. Sein heutiges Agieren gegenüber Russlands Präsidentin Wladimir Putin zeigt aber auch, dass begabte Führungspersönlichkeiten dies oft nicht ihr Leben lang sind.

Fehlschläge staatlicher Innovationssteuerung

Ich warne außerdem davor, dem Kanzleramt die Steuerung und Kontrolle von Innovationsstrategie zu überlassen, wie es die Expertenkommission Forschung und Innovation (EFI) unter Uwe Cantner vorschlägt. Ein ständiger »Zukunftsausschuss« beim Bundeskanzleramt soll die unausgegorenen Strategien der Ministerien kontrollieren, zum Beispiel die Zukunftsstrategie für Forschung und Innovation, die Digitalstrategie und die die Start-up-Strategie. Ressortegoismen verhindert man nicht mit Zentralisierung und Ausschüssen. Hinzu kommt das Machtspiel zwischen Koalitionspartnern. Vielleicht sollte die EFI-Kommission einmal ein zweiwöchiges Schnupper-Shadowing bei einem der Staatsminister im Bundeskanzleramt absolvieren? Dann wüsste sie, dass nicht Organisationslösungen wirksam sind gegen Mikropolitik, Machtkämpfe und Egoismen. Sondern nur politisches Leadership und autoritativer Durchgriff. Diese beiden Qualitäten sucht man aber im Kanzleramt vergebens.

Im März 2023 hofften nicht wenige auf dem Kongress »D2030 – Deutschland neu denken« auf eine kontroverse Debatte über die »Zukunftsstrategie« der Bundesregierung. Mit mir auf dem Panel saßen EFI-Chef Uwe Cantner und Steffi Ober vom Bund Umwelt und Naturschutz. Ich war thematisch vorbelastet, denn ich hatte den ersten Entwurf dieser Strategie als Staatssekretär rund ein Jahr zuvor noch selbst kritisch redigiert. Die Zukunftsstrategie für Forschung und Innovation hätte ein großer Wurf werden können. Aber sie geriet genauso dünn wie unsere Debatte darüber. Einig waren Ober, Cantner und ich uns darin, dass es dieser Strategie an strategischem Inhalt mangelt. Die zermürbenden interministeriellen Abstimmungsrunden haben das Papier weichgekocht. Allerdings war mir schon im BMBF aufgefallen, dass Harvards Strategie-Guru Michael Porter offenbar im Ministerium nicht bekannt war. Komparative Wettbewerbspositionierung, SWOT-Analyse, Priorisierung der Challenges, Vernetzung mit anderen Teilstrategien: alles fehlt komplett. Und die genannten Key-Performance-Indikatoren sind viel zu mager. Professionelle Strategiearbeit ist in der Politik nicht gefragt. Denn sie macht einen selbst transparent und nachprüfbar.

Was aber bringt eine Strategie, deren Erfolg man nicht messen kann? Start-up-Strategie des Wirtschaftsministeriums, KI-Strategie des Forschungsministeriums oder eben die Zukunftsstrategie der Bundesregierung: schade ums Papier! Und dies in Zeiten, da ChatGPT die Welt revolutioniert.

Zurück zur Zukunftsstrategie: Ihr Kernstück sind die Missionen. Doch hier muss ich die Verfasser des Papiers zumindest ein wenig in Schutz nehmen. Echte Missionen sind schon in der Hektik der Koalitionsverhandlungen Opfer fehlender Auseinandersetzung zwischen den Verhandlungspartnern geworden. Jeder durfte seine Containerbegriffe ausspucken und wiederfinden. Das hätte aber niemanden daran hindern dürfen, im Nachhinein strategisch nachzuschärfen. John F. Kennedy hat am 25. Mai 1961 gesagt:

»I believe that this nation should commit itself to achieving this goal, before this decade is out, of landing a man on the moon and returning him safely to the earth.«

Dieser Satz erklärt großartig, was eine Mission ist. Er gibt die konkreten Ziele vor: *landing and returning* nebst Qualitätsaspekt: *safely.* Und den Zeitrahmen: innerhalb der Dekade der 1960er Jahre.

Schon die KI-Strategie der Bundesregierung, 2018 konzipiert und 2020 aktualisiert, war eine Wunderkerze. Ein Strategiepapier, das Projekte festschreibt statt Manövriermasse wie Manövrierraum für unbekanntes Kommendes zu geben, verdient den Namen nicht. Es fehlen jedwede Kriterien für eine Erfolgskontrolle bei der Umsetzung und dafür, Fortschritte, Stagnation und Rückschritte sichtbar zu machen. Das Papier strotzt hingegen vor Input-Indikatoren. Die sind aber nicht das entscheidende Kriterium. Messen müssen wir nicht, was wir hineingeben, sondern was dabei herauskommt: Output! Key-Performance-Indikatoren (KPI) wie Fortschritte Deutschlands in internationalen Open Data Indices, KI-Kompetenzen von Absolventen, Marktanteile von in Deutschland entwickelter KI-Hard- und Software.

Wer nur auf Input setzt, landet da, wo Deutschland heute steht: zum Beispiel bei der Entwicklung der Patentfamilien im Machine Learning weit hinter Kanada, Korea, Japan, China und USA. Deutschland hat derzeit nur 175 KI-Start-ups, das etwas kleinere Großbritannien hingegen 445 und die mehr als viermal größeren USA 2594.

Strategie ohne Wettbewerbspositionierung ist blauäugig. Die Bundesregierung muss Vergleichsmaßstäbe benennen, so dass sich beurteilen lässt, ob und in welchem Tempo Deutschland zu den globalen Playern

USA und China aufschließt. Der KI-Strategie der Bundesregierung fehlt bislang jegliches komparatives Strategie-Monitoring. Die Tür zur reinen Ankündigungspolitik steht weit offen.

Ein Konzept für eine international wettbewerbsfähige KI-Infrastruktur muss nicht nur in der Forschung greifen, sondern vor allem bei Wissens- und Erkenntnistransfer, Gründung, Kommerzialisierung und Skalierung. Mit klaren Benchmarks, die Deutschland erreichen und übertreffen will. Schlüsselthema ist derzeit die KI-Expertenlücke. Es fehlen hier rund 10 000 Topexperten für Big Data und Data Sciences. Zudem fehlen 85 000 KI-Architekten, vor allem in der Medizin und im Ingenieurwesen.

Der EFI-Kommission werfe ich zudem vor, dass sie nicht gründlich genug alle Optionen auf den Tisch gelegt hat, etwa das Steuerungsmodell der US-Regierung. Sie produziert stattdessen ein oberflächliches Benchmark mit Japan und Südkorea und spricht gar nicht erst an, dass in Deutschland interessengeleitete Subventionsempfänger die Politik beraten und nicht wie in den USA unabhängige Köpfe. Die US-Regierung hat ein Office of Science and Technology mit Experten im Weißen Haus, deren Positionen bei jeder Wahl, jedem Regierungswechsel neu besetzt werden können. Nicht wie bei deutschen Beamten. Und es gibt ein President Council on Science and Technology mit 30 preisgekrönten, renommierten und unabhängigen Wissenschaftlern, die nicht wie die Chefs von Fraunhofer & Co. *a priori* Repräsentanten von Subventionsempfängern der Regierung sind. Was für eine Interessenkollision! Darüber hinaus ist das Thema Forschung in den USA auf drei Ministerien aufgeteilt (Gesundheit, Energie und Verteidigung) und mittels intelligenter Agenturmodelle gestreut auf Arpa-Energy, DARPA und National Institute of Health. Es gibt dort gar kein Forschungsministerium, sondern überwiegend ressortspezifische, missionsbasierte Forschung.

In der Forschungs- und Innovationsszene, meinem ureigenen Feld (als Politiker und heute als Zivilist), entstehen über diese Fragen immer wieder gute Debatten – zum Beispiel zwischen zwei Koryphäen und mir. Der Ex-Chef der Expertenkommission Forschung und Innovation (EFI) und Direktor am Max-Planck-Institut für Innovation und Wettbewerb in München, Dietmar Harhoff, tritt für Ambidextriepolitik ein und will exterritoriale Agenturmodelle schaffen. Uwe Cantner hingegen, Harhoffs Nachfolger bei EFI und Vizepräsident der Universität Jena, plädiert für die Sisyphosaufgabe einer Reform der öffentlichen Verwaltung und eines Marschs durch die Ministerien sowie Zentralisierung beim Bundeskanzleramt. Ich stimme klar Harhoff zu. Schon am Umgang der Ministerien und Haushälter mit Agenturmodellen beißt man sich doch die Zähne aus. Wie sollen erst Reformen an Beamtenstatus und -recht gelingen?

Die EFI-Kommission muss endlich Mut und Wumms aufbringen. EFI muss auch die unbequemen Optionen auf den Tisch legen und bewerten, und sie darf dabei die Faktoren Kompetenz und Führung nicht unter den Tisch fallen lassen.

Freiheitliche Innovationsarchitekturen werden sabotiert

Seit 2016 ringen fortschrittliche Köpfe der deutschen Forschungsszene um eine unabhängige Agentur für radikale Innovation. Henning Kagermann, damals Acatech-Chef, war dabei: seit vielen Jahren nicht nur Mahner für technologischen Fortschritt, sondern auch Treiber. Natürlich auch die beiden kühlen Analytiker Dietmar Harhoff und der jüngst ausgeschiedene Max-Planck-Präsident Martin Stratmann. Sie alle eint der Wunsch, die Lücke mangelnder disruptiver Innovation im Forschungssystem nicht nur tayloristisch zu schließen (also mit einem ein weiteres Zusatzmodul benötigenden Element), sondern Deutschland wieder an die Spitze der Innovationsnationen zu bringen. Und dies per disruptiver Innovation. Wir brauchen genau die disruptive Innovation hierzulande, die wir kaum noch haben oder gar kommerzialisieren – außer bei MP3 (Dutzende Jahre her) und CRISPR/Cas (fast erzwungen, da die spätere Nobelpreisträgerin Emmanuelle Carpentier ob mangelnder Ressourcen nach einer neuen wissenschaftlichen Heimat zu suchen begann).

Seit über sechs Jahren quälen sich Deutschlands Politiker mit dieser Agentur. Ich habe im Februar 2019 eine große Veranstaltung zu einer »Agentur für radikale Innovation« organisiert, wie ich sie in einem Entschlussantrag im Bundestag gefordert hatte. Auf dem Panel saß zum Beispiel Brian Pierce, damals Deputy Director und später Director der DARPA. Der Druck auf das BMBF unter CDU-Ministerin Karliczek wuchs. Aber das Ministerium hat unter Schwarz-Rot nur eine Missbildung produziert. Die Agentur für Sprunginnovationen (SprinD) wurde zwar 2019 von der Bundesregierung gegründet. Aber sie war von Beginn an ein an Händen und Füßen gefesselter David, der ohne Schleuder in den Kampf gegen die Goliaths dieser Welt geschickt wurde. Das legalistische Konstrukt der Agentur war so bösartig, dass Innovatoren im Tal des Todes ohne Venture-Capital-Optionen ihr Intellectual Property zuerst einer staatsfinanzierten Forschungsgesellschaft überlassen mussten, bevor staatliches Geld floss. Also Selbstenteignung des eigenen geistigen Eigentums vor staatlicher Subventionierung.

Als Staatssekretär habe ich hartnäckig dafür gekämpft, dass diese Agentur unternehmerische Entscheidungen unabhängig treffen kann – Darlehen zu geben etwa oder sich an Innovationsunternehmen zu beteiligen. Oder die Freiheit zu haben, über das eigene Innovationsbudget selbst disponieren zu können und nicht kameralistisch jedes Jahr am Tropf der Bundestagshaushälter zu hängen. Innovation lässt sich schlecht in Jahresscheiben schneiden. Genauso sollte SprinD dauerhaft marktgerechte Vergütungen zahlen können.

Derart nach vorne gerichtete Agenturpolitik würde natürlich etliche Karrieren im Wissenschaftsraum den Karrieren in der Privatwirtschaft ähnlicher machen, diese leistungsorientiert anreizen und Agilität forcieren. So wie wir bei der Telekom professionellen und unternehmerisch denkenden Beamtinnen und Beamten außertarifliche Expertenverträge angeboten haben.

Der SprinD und weiteren Innovationsagenturen wie der DATI blieben die nötigen Freiheitsräume bis heute verwehrt. SprinD darf jetzt zwar bald etwas mehr wagen. Aber weitaus nicht so viel wie anderswo. Und budgetär erst recht nicht ausreichend finanziert. Auch der zuletzt vorgelegte Gesetzentwurf ist nicht so ausgestaltet, um international mitzuhalten. Er ist in punkto Budget-Volumen und Wegfall staatlicher Aufsicht zu halbherzig: zu wenig für richtig gutes Leben, deutlich zu viel zum Sterben. Die Ampel-Politik setzt lieber auf dosierte, inkrementelle und letztlich ministeriell beaufsichtigte Veränderungsschritte. Unternehmertum mit halbem Dampf. Und immer noch finanziell kümmerlich im Vergleich mit den Agenturen anderer Nationen. Schuld daran tragen Ministerialbürokraten zusammen mit linken Forschungspolitikern wie der SPD-Haushälterin Wiebke Esdar. Mikropolitisch gesteuerte Innovationsverhinderung war einer der Gründe für meinen Rücktritt als Staatssekretär im Mai 2022.

Ganz anders lief es jüngst in Großbritannien. Der dortige Wissenschaftsminister George Freeman hat Anfang 2023 die Gründung der Advanced Research and Invention Agency (Aria) als unabhängige staatliche Institution bekanntgegeben. Arias Budget beträgt 800 Millionen Pfund für vier Jahre, die recht frei ausgegeben werden können. Laut Freeman vertraut die britische Regierung auf unabhängige Experten, die über die Auswahl förderfähiger Projekte entscheiden sollen. Eine Spitze gegen deutsche Innovationspolitik? Die bloße Ankündigung schafft zwar noch keine Realität. So viel Innovationsfreiheit wurde jedenfalls hierzulande noch nicht einmal angekündigt.

Deutschland in spätrömischer Dekadenz: kranker Mann Europas

Diese glasklare wie brutale Feststellung habe ich für Wirtschaft wie Verwaltung hinlänglich begründet. Im Kapitel »New Politics« komme ich zu ähnlichen Schlussfolgerungen für das Politiksystem: Die politischen Ubers stehen vor den Toren so wie damals Hannibal ante portas.

Zum einen haben 16 Jahre Merkel das Land in einen Wohlfühlstaat entwickelt, in dem für das Soziale fast alles getan wurde, für Bildung, Innovation und Digitalisierung dagegen kaum etwas. Das Land ist stehengeblieben, wurde überholt und ist heute ein rückständiger Sozialstaat. Konfliktfähigkeit wurde nicht erprobt, sondern ausgesessen, Krisen nicht durchgestanden, sondern mit Geld verkleistert, kräftigende Hilfe zur Selbsthilfe ersetzt von einem bevormundenden staatlichen Paternalismus.

Das alles hat uns träge, müde und fett gemacht. Nicht nur Zivilgesellschaft und Politik, sondern leider auch die Wirtschaft. Die hat sich immer wieder gegen die wuchernde Bürokratie gestemmt, aber die Chancen von Digitalisierung und Innovation nicht genutzt oder nicht rechtzeitig genug. Unsere Volkswirtschaft taumelt in die Rezession, während andere Länder signifikante Wachstumsraten ihres Bruttoinlandsprodukts aufweisen. Ich schreibe eingangs, dass Aufstieg und Abstieg von Nationen natürlich sind, wenn man sich nicht frühzeitig dagegenstemmt. Ist das nun das Armageddon? Nein. Wir sind zwar mitten in der Krise, leben aber von unserem angesammelten Fett, und es geht noch nicht an die Muskeln.

Was Deutschland sich leistet, gleicht spätrömischer Dekadenz. Guido Westerwelle hatte mit diesem Satz anno 2010 völlig recht. Er war seiner Zeit allerdings ein Jahrzehnt voraus. Und er hatte einen leichten Drall in die falsche Richtung. Nicht die Leistungen für Langzeitarbeitslose sind Kern des Problems. Sondern, dass wir es uns fast alle in Liegestühlen auf der Titanic bequem machen, die kommende Krise ausblenden und so eitel wie besserwisserisch unsere deutschen Sonderwege pflegen: im weiteren Ausbau des Sozialstaats, im alleinigen Fokus auf regenerative Technologien, im Verzicht auf Atomkraft oder bei feministischer Außenpolitik und einer gleichzeitig immer noch erodierenden Verteidigungskraft. Und all dies mit dem Pathos von Deutschland als zentralem Ankunftsort für Flüchtlingsströme. Spätrömische Dekadenz drückt sich auch aus in der Auftraggebergesellschaft, die ich im Kapitel »Handwerklichkeit und Leistung« beschreibe.

Richtig rasend macht mich der Gedanke, dass so gut wie jedes Land um uns herum längst die bildungs-, arbeits- und innovationspolitische Wende eingeleitet hat. Deutschland indessen glaubt immer noch an die Rezepte von vorgestern. Während sich um uns herum alle emanzipieren, ruhen wir uns auf unseren verwelkenden industriellen Lorbeeren aus.

In der aktuellen Diskussion werden als Gründe für die schwächelnde Wirtschaft oft die Coronajahre angeführt und der russische Überfall auf die Ukraine verbunden mit den folgenden Energie- und Energiepreisschocks. Doch der ökonomische Abstieg hatte lange zuvor begonnen mit schrumpfenden Wachstumsraten und in die Knie gegangener Produktivität. Zu Zeiten Ludwig Erhards war die deutsche Wirtschaft noch im Schnitt acht Prozent im Jahr gewachsen, in späteren Jahrzehnen noch knapp drei Prozent. In der ersten Dekade des neuen Jahrtausends war es nur noch ein Prozent. Und 2023 steuern wir in die Rezession oder schrammen – eher unwahrscheinlich – knapp an ihr vorbei. Rosig sieht die Zukunft nicht aus. Das goldene Jahrzehnt vor Corona war prall gefüllt mit sozialpolitischen Wohltaten. Gemangelt hat es an Reformen sowie Investitionen in Infrastruktur und Wachstum.

Einerseits ist es richtig, dass die Krisen im Kapitalismus so normal sind wie die Staatsbankrotte im Sozialismus. Aber Nationen wie die USA, Dänemark und Südkorea zeigen beispielhaft, dass man sich ohne zu tiefe Abstürze wieder aufrappeln kann. Uns wird es diesmal härter treffen, weil die Rutschbahn keine Umkehr ermöglicht. Aber mutiges Bildungsunternehmertum, Gründer- und Wirtschaftsunternehmertum sowie Forschungsunternehmertum werden am Tipping Point der Krise umso wichtiger sein. Und für die Rahmenbedingungen brauchen wir Politikunternehmer. Die Helmut Schmidts und Gerhard Schröders, die ihre Wiederwahl aufs Spiel zu setzen bereit sind. So wie Gorbatschow die damalige Sowjetunion aufbrach, obwohl er zuvor Jahrzehnte im Zentralkomitee der KPdSU gesessen hatte. Konrad Adenauer setzte nach dem Zweiten Weltkrieg die Gründung der Bundeswehr und die Wiederbewaffnung durch gegen den erbitterten Widerstand der Sozialdemokratie unter Kurt Schumacher. Die zentrale Ingredienz für den Turnaround heißt: Leadership.

Heute leidet ganz Deutschland an Clayton Christensens »Innovator's Dilemma«, das nicht nur für Unternehmen, sondern auch für Nationen zu gelten scheint. Im Erfolg erstarrte Volkswirtschaften verhindern mit ihren alten starken Standbeinen neue Spielbeine. Wir waren mal Wirtschaftswunder. Wir sind nach 1945 wie Phoenix aus der Asche auferstanden zum globalen ökonomischen und sozialpartnerschaftlichen Erfolgsmodell. Das hatte vor allem mit Leistungswillen zu tun, aber auch mit exzellent (vor allem beruflich) gebildeten Facharbeitern und Experten und starken Staatsfinanzen: Mindset, Professionalismus, Solidität. Drei

Jahrzehnte später ein zweiter Aufstieg. Gerhard Schröder mit seinen mutigen Hartz-Reformen führte das Land aus Massenarbeitslosigkeit und Ineffizienz. Damals nannte man uns schon einmal den Kranken Mann Europas.

Keine kleine Herausforderung dabei ist, die an ihre geistigen Gefängnisse gewöhnten Menschen dieses Landes für die neue Freiheit zu begeistern. Das ist umso schwieriger, je abhängiger beschäftigt jemand ist. *Learnt helplessness.* Das Sein bestimmt das Bewusstsein. In diesem Sinne bin ich immer noch Marxist.

Macht und Ohnmacht

Macht und Ohnmacht sind bei Führenden häufig engstens verwoben. Macht kann sich jäh wandeln in Ohnmacht. Und nur ein schmaler Grat trennt Macht und Machtmissbrauch. Ich will einige Begebenheiten schildern aus meiner aktiven Zeit in der Wirtschaft. Ähnlichkeiten zur Politik sind unübersehbar.

Die Arroganz der Macht hat keine Substanz

Vor Jahren, ich war noch Telekom-Vorstand, saßen der damalige Audi-Chef Rupert Stadler und ich bei einer Jahrestagung der Betriebswirte zusammen auf dem Panel. Auf die Frage des Moderators (und früheren Roland-Berger-Chefs) Burghard Schwenker, ob und wie wir schwierige Führungssituationen erleben, antwortete ich aufrichtig: Bei Telekom verspürte ich fast täglich Ohnmachtsgefühle gegenüber Bürokratie und Apparat – denn die seien in ihrer Eigendynamik unberechenbar. Und ich befände mich konstant in einem Zustand zwischen Skepsis und Unsicherheit, ob ich auf einem Pulverfass säße. Schwenkers Frage, ob es ihm ähnlich gehe, beantwortete Rupert Stadler knapp und arrogant: Er habe seinen Apparat fest im Griff.

Heute, rund ein Dutzend Jahre später, lässt sich diese Aussage nur auf zweierlei Weise deuten vor dem Hintergrund des Dieselskandals. Entweder hatte er den Audi-Apparat fest im Griff und trieb die Manipulationen bewusst; dann hat er als Zögling und Nachfolger in spe von Volkswagen-Chef Martin Winterkorn alle Tricks der Macht brutal exekutiert, um Konkurrenten zu übervorteilen. Das in meinen Augen wirklichkeitsnahe Szenario. Mächtige in ihrem geistigen Silo halten sich oft für unfehlbar und unangreifbar. Oder aber Stadler nahm, wie er 2023 vor Gericht eingestanden hat, das manipulative Geschehen bei Audi duldend in Kauf. Dann fühlte er sich doch eher abhängig vom Apparat, dann ist ihm wohl im Gestrüpp seines eigenen Hofstaats die Wahrheit nur in kleinen Portionen zugetragen worden. Möglicherweise hatte er sie noch gar nicht in voller Tragweite erfasst, aber weder nachgefragt noch tiefer nachgebohrt. Und schließlich musste er erkennen, dass die Manipulation unaufhaltsam und unumstößlich war.

Das ist das Gefühl des Ausgeliefertseins dem Apparat gegenüber. Man kommt sich vor wie Don Quichote, obwohl man doch auf dem Papier der Mächtigste im Haus ist. Man ergibt sich dem Apparat ein Stück weit und traut sich nicht, in dessen Katakomben hinabzuklettern. Weil man ahnt, wie schmutzig die Wahrheit sein könnte.

Ob Stadler heute genauso antworten würde wie damals? Jedenfalls ist der Kontrast interessant zwischen der Arroganz, die ich auf dem Podium der Betriebswirte erleben durfte, und dem heutigen Häufchen Elend, nachdem der Skandal vor Gericht Stück für Stück ans Licht gekommen ist. Ich bin mir bei ihm nicht sicher, ob Rupert Stadler Ohnmacht, Demut oder Verbitterung gelernt hat, als er vor der Alternative Geständnis oder Gefängnis stand. Das ist der jähe Sturz vom Sockel, den sich der oder die Mächtige nicht in den schlimmsten Träumen vorstellt.

Ohnmacht folgt auf Sorglosigkeit und Kontrollverlust des Mächtigen

Eine musterähnliche, aber meines Wissens machtpolitisch anders gepolte Geschichte war die Aufarbeitung des Bespitzelungsskandals bei der Telekom. In den Zeiten von Kai-Uwe Ricke, René Obermanns Vorgänger, war der Konzern immer wieder geschüttelt von Whistleblowern, Indiskretionen, an die Presse durchgestochenen geheimen Dokumenten. Aufsichtsratschef Klaus Zumwinkel hatte (wohl im Benehmen mit Ricke) die Konzernsicherheit gebeten, die undichten Stellen zu ermitteln. Deren Mitarbeiter Klaus Trzeschan erledigte dies mittels illegaler Praktiken, indem er Anrufer-Nummern und Nummern von Angerufenen ermittelte. Abgehört hat er keine Gespräche, aber herausgefunden, wer in Aufsichtsrat und Vorstand mit welchen Journalisten in Verbindung stand. Diese Methode legte auch Bewegungsprofile offen. Wenn ich meiner Menschenkenntnis folge, war Zumwinkel sich der illegalen Praktiken Trzeschans gar nicht bewusst. Aber die Wahrheit kennen nur er selber, Ricke und Trzeschan. Ich denke, Klaus Zumwinkel hatte unterschätzt, wie raffiniert und hinterhältig der Apparat beim *Wie* reagieren kann, wenn die Mächtigen ihn mit dem *Was* beauftragen. Wer als Chef nicht eindeutig klarstellt »Finden Sie das heraus, aber mit legalen Mitteln« oder sich regelmäßig über den Stand und das *Wie* Bericht erstatten lässt, verletzt seine Sorgfaltspflicht. Der Strafrichter kam jedenfalls damals zu dem Schluss, Ricke sei es »offensichtlich egal gewesen, mit welchen Methoden Trzeschan die Indiskretion im Konzern aufdecken wollte«.

Man darf sich nicht zum Tanzbären machen lassen, den die Gefolgsleute am Nasenring durch die Manege führen können. Ist meine Skepsis dem Apparat gegenüber eine Arznei? Nur zum einen. Zum anderen muss man achtsam und wachsam sein, um nicht in Sorglosigkeit zu verfallen. Stattdessen ist Sorgfalt en detail geboten. In einem gruppendynamischen Experiment an den National Training Laboratories (über die ich im Kapitel »Die eigene Transformation« schreibe), hat mich eine Trainerin aufgefordert, von meinem Stuhl aufzustehen, hinter ihn zu treten und mein eigenes Handeln zu beobachten. Hinter sich zu treten, das ist in Situationen, in denen man (vermeintliche) Macht ausübt, ein geeigneter Weg, um sich darüber klar zu werden, was gerade wirklich passiert. Man nimmt plötzlich über die eigene verengte Perspektive hinaus die gesamte Szenerie außenherum wahr.

Machtreflektierende Manager sind offen für Disput, für abweichende Meinungen. Machtverliebte hingegen schätzen Konformismus. Im Zuge des Telekom-Bespitzelungsskandals hatte ich eines Abends eine lange Auseinandersetzung mit meinem Vorstandschef René Obermann. Emotional prangerte ich die unterirdische Unternehmenskultur an, die zu diesem Skandal geführt hatte. Obermann war zu kurz im Amt, um für die alte Kultur verantwortlich zu sein. Gleichwohl fühlte er sich persönlich angegriffen. Unser Gespräch geriet hitzig. Am nächsten Morgen kam er in mein Büro und sagte, er habe nach unserem gestrigen Gespräch schlecht geschlafen. Ihm sei über Nacht klar geworden: Die Telekom braucht eine

Kulturreform. Ich schätze diese Bereitschaft von Übergeordneten, Debatten auf Augenhöhe zu führen. Dieser eine Streit hat für die Telekom viel Gutes ausgelöst. In den Jahren danach haben wir auf allen Ebenen intensiv an unserem Wertegerüst und unserer Servicekultur gearbeitet, intensiv gefördert von Obermann. Ganz anders als zum Beispiel bei Volkswagen. Dort haben die Chefs, allen voran Ferdinand Piëch, die Unliebsamen und Unbeugsamen vom Hof getrieben: von Daniel Goeudevert über Bernd Pischetsrieder bis Wolfgang Bernhard – allesamt Quereinsteiger. Machtreflektierende Manager hingegen schätzen Diversity. Damit meine ich nicht die vielzitierte Frauenquote, sondern Diversity of Mind.

Ich selbst war nicht nur einmal unterwegs in den Abgründen von Machtpolitik – als Täter wie als Opfer. Darüber, wie ich als Zwerg mit Jürgen Schrempp rang, dem zu meinen Zeiten diktatorischen Herrscher der Daimler-Benz Aerospace (und später der Daimler-Benz AG), und meine ganz frühe Degradierung bei MTU habe ich in meiner Autobiographie »Ich halte nicht die Klappe« geschrieben. Schrempps furchtbarer Satz »Daimler braucht mich mehr, als ich Daimler brauche« wurde oft zitiert. Nur wenige haben ihre eigenen Wahrheiten so brutal ausgesprochen. Mit diesem Satz begründete Schrempp seinen absoluten Machtanspruch und den Strategiewechsel nach dem Ende seines Vorgängers Edzard Reuter. Fast wie bei Frankreichs Sonnenkönig Ludwig XIV. verschmolzen Person und Position. Der Konzern war Schrempp. Und der Aufsichtsratschef war Schrempps Zechkumpan Hilmar Kopper, der ehemalige Chef der Deutschen Bank. Daimler unter Schrempp verwandelte sich in einen Feudalstaat ohne Checks und Balances. Schrempp war Herrscher, Gesetzgeber und Oberster Richter in einer Person. Und wie viel Geld und Erde er dabei verbrannt hat, beschreibe ich im Kapitel »Führung in Transformationszeiten«.

Mächtige sind Schachfiguren der noch Mächtigeren

Bei Continental stand im Jahr 2006 die Schließung des Reifenwerks in Charlotte im US-Bundesstaat North Carolina an. Peter Hüttenmeister, Bezirksleiter der zuständigen Industriegewerkschaft Bergbau, Chemie,

Energie (IG BCE), saß im Aufsichtsrat von Continental, rief mich an und fragte, wann er seinen amerikanischen Gewerkschaftskollegen diese Werkschließung übermitteln könne. Ich antwortete sybillinisch: »zeitnah zum Vorstandsbeschluss«. Er behauptete später, ich hätte »zeitgleich« gesagt. Und so setzte er es in die Tat um. Unser Aufsichtsratsvorsitzender Hubertus von Grünberg nahm Hüttenmeisters Indiskretion zum Anlass, dessen Rücktritt aus dem Aufsichtsrat zu fordern. Die Gewerkschafter verlangten im Gegenzug meinen Kopf, schließlich hätte ich Hüttenmeister ja – nach seiner Darstellung – grünes Licht gegeben.

Diese nächtliche Sitzung geriet gespenstisch – zum Machtkampf eines Aufsichtsratsvorsitzenden mit der Gewerkschaft. Hüttenmeister und ich waren nur noch Schachfiguren auf einem Brett, das weit über North Carolina hinausreichte. Für den Widerstand gegen die Restrukturierungspläne der Konzernleitung stand Hüttenmeister. Ich für ihren Vollzug. Auf einer niedrigeren Ebene ging es um das alttestamentarische wie mafiöse Prinzip »Auge um Auge, Zahn um Zahn«. Wenn die Arbeitnehmerseite ein Blutopfer bringen musste, sollte es auch die Kapitalseite tun. Der preußische Edelmann von Grünberg hätte wohl nie klein beigegeben; das widersprach seinem Ehrgefühl und Habitus. Die Gewerkschaft zog Hüttenmeister schließlich aus dem Aufsichtsrat ab, und von Grünberg rettete meinen Kopf. Mir hatten diese qualvollen nächtlichen Stunden indessen meine ganze Ohnmacht vor Augen geführt. Mein Vorstandsleben und ich selbst hatten an einem seidenen Faden gehangen. Je mächtiger man wird, desto mehr noch Mächtigere trifft man, in deren Machtspiel man leicht als Bauernopfer enden kann. Dies schafft Abhängigkeit gegenüber Rettenden, Machtpromotoren, schützenden Händen. Und der entkommt man als Schachfigur nur, wenn man sich beizeiten ein neues Schachbrett sucht. Wenig später, im Jahr 2007, wechselte ich zur Telekom. Wie Ohnmacht sich anfühlt, hat später auch Hubertus von Grünberg erleben müssen. 2009 musste er den Aufsichtsratsvorsitz bei Continental niederlegen, weil die neue Eigentümerfamilie Schaeffler ihm das Vertrauen entzogen hatte. Ob ich Schaefflers feindliche Übernahme beruflich überlebt hätte? Es steht in den Sternen.

Machtkämpfe sind Revierkämpfe

Eine McKinsey-Beraterin präsentierte einmal auf einer Telekom-Vorstandssitzung die Kosten- und Produktivitätssituation des Konzerns. Eines ihrer Charts trug die Überschrift »Arbeitskosteneinsparungen aus T-Service aufgezehrt«, untermauert von einer Kostenstatistik. »T-Service« stand für den großen Arbeitskampf 2007 und seine finanziellen Konsequenzen. Ich fiel aus allen Wolken. Erstens war das Chart mit niemandem aus meinem Ressort abgestimmt, zweitens war es falsch. Denn es unterschlug einen elementaren Aspekt der Tarifeinigung nach dem Streik: Der sah vor, bis dato fremdvergebene Leistungen in Höhe von fast einer halben Milliarde Euro ins Unternehmen zurückzusourcen, um Beschäftigung stabiler zu machen. Dabei ging es um Tausende Jobs, um die Mitarbeiter und ihre Vergütungen. Kostenrechnerisch stiegen so die Arbeitskosten der Stammbelegschaft, und die Kosten für Beschaffungsleistungen sanken. Diese gesunkenen Kosten tauchten in dem Chart aber gar nicht auf.

Ich stand auf und sagte: »Das ist ein verlogenes Chart. Wie kommt das unabgestimmt in diese Präsentation?« Mein Vorstandskollege, dessen Ressort die Präsentation bei McKinsey in Auftrag gegeben hatte, wand sich. Ich packte meine Akten zusammen und sagte zum Protokollführer der Sitzung: »Bitte schreiben Sie auf, dass Herr Sattelberger die Vorstandssitzung verlässt, weil ein irreführendes Chart nicht entfernt wurde.« Wir Vorstände wussten ja, dass Telekom-Aufsichtsratschef Ulrich Lehner alle Protokolle der Vorstandssitzungen gründlich las. Ich ließ dies kurz sacken und fügte hinzu: »Ich verzichte auf die Protokollierung, wenn Herr Höttges sich entschuldigt.« Als ich auf dem Weg zur Tür war, sagte Tim Höttges gepresst »Entschuldigung«. Das hat er mir nie verziehen. Bis heute gehe ich davon aus, dass die Beraterin für das falsche Chart nichts konnte. Sie hatte schlicht von den Controllern keine vollständigen, korrekten Informationen erhalten.

Als Abgeordneter ging ich in Berlin einmal mit Christian Lindner vom Reichstag zurück zu unseren Büros in der Dorotheenstraße. Auf der anderen Straßenseite hielt eine schwere Limousine. Ihr entstieg mit gediegener Gestik Tim Höttges, um schnurstracks die Straße zu überque-

ren und Christian Lindner die Hand zu schütteln. Mich ignorierte Höttges zunächst, bis er Christian mit Blick zu mir fragte: »Na, bereitet er
Ihnen ähnliche Probleme wie mir damals?«

Der Apparat des Finanzressorts hatte versucht, McKinsey zu inst-
rumentalisieren, um mir ans Bein zu pinkeln, um mich zu demontie-
ren. Eine strukturelle Machtverschiebung zu meinen Gunsten war die
Ursache. Im Gefolge des harten Tarifkampfs hatte ich mithilfe der Boston Consulting Group eine qualitative Personalplanung aufgesetzt, die
dem tumben Dogma reinen Personalabbaus entkommen wollte. Denn
sie definierte nicht nur Maßnahmen zum Personalabbau, sondern auch
zu Personalaufbau (Rekrutierung oder Insourcing) und -umbau (Re-
qualifizierung). René Obermann und viele Telekom-Führungskräfte haben dies mit voller Überzeugung nach innen wie nach außen vertreten.
Darüber hinaus enthielt unsere Personalplanung Budget-Konsequen-
zen für Rückstellungen im Zuge von Vorruhestandsregelungen, Investitionen in den Skill-Shift der Belegschaft und den Personalaufbau für
bislang nicht vorhandene Kompetenzen. In Summe etliche Milliarden
Euro – weshalb mein Bericht über die qualitative Personalplanung sich
schnell zu einem Fixpunkt der Aufsichtsratssitzungen entwickelte. Auf
diesem Weg bestimmte das Personalressort die Höhe der Arbeitskosten,
so der Aufsichtsrat meinem jeweiligen Vorschlag folgte. Und so verschob
sich die Budgetverantwortung für das System Arbeit vom Finanz- zum
Personalressort.

Anfänglich erschien mir dieser Machtzuwachs nicht bedeutsam. Im
Laufe der Zeit erkannte ich jedoch, wie eklatant er sich auf meine Po-
sitionsmacht als Personalvorstand und Arbeitsdirektor auswirkte. Dieser territoriale Machtverlust machte dem Finanzressort schwer zu schaffen. Einen Frontalangriff über die Bande wie in dieser Vorstandssitzung
hat es nie wieder gegeben. Machtkampf beginnt häufig in der Luftho-
heit über einem Territorium und damit, Buzzwords und Themenfelder
für sich zu reklamieren. Dann beginnt das Ringen am Boden. Entweder
gewinnt man neues Territorium oder erobert gegnerisches Territorium.
Die qualitative Personalplanung muss dem Finanzvorstandskollegen wie
ein Angriff auf eigenes Gelände vorgekommen sein. Dabei hatte sie sich
ganz organisch ergeben.

Omnipotenz und Tränen

Krokodilstränen flossen auch in meinem Büro einmal, allerdings nicht meine. Auf meiner Sitzgarnitur in Frankfurt am Main saß Ralf Teckentrup, wie ich Mitglied im Airline-Vorstand der Lufthansa – später war er Condor-Chef. Der weinende Ralf war verantwortlich für Netz- und IT-Themen und hatte sich in den vergangenen Jahren immer wieder hart an Technik-Chef Wolfgang Mayrhuber gerieben und mit ihm unerbittliche Einkaufsverhandlungen geführt über technische Dienstleistungen, etwa Flugzeugüberholungen. Nun hatten wir gerade erfahren, dass Mayrhuber in den Konzernvorstand aufsteigt und Vorsitzender unseres Airline-Vorstands wird. Teckentrup sah seine Tage beim Kranich gezählt und heulte Rotz und Wasser. Ich tröstete ihn: Einen solchen Crack wie ihn würde man doch nicht in die Wüste schicken. Mein Zuspruch muss ihm gutgetan haben. Bald darauf wurde er ohne Wissen von uns Airline-Vorständen bei CEO Jürgen Weber und Wolfgang Mayrhuber vorstellig und schlug ihnen vor, er könne doch »Koordinator des Airline-Vorstands« werden, um Mayrhuber zu entlasten.

Hierzu passt noch eine Anekdote über Timotheus Höttges. Mitten im großen Telekom-Streik 2007 rief er mich an. Ich steckte gerade in schwierigsten Tarifverhandlungen und schenkte seiner Intervention nur widerwillig Gehör: »Du musst jetzt abschließen, die wollen mich killen«, rief er flehend. »Tim«, entgegnete ich kühl, »erstens killen die erst René Obermann und dann mich. Und dann erst kommst du dran.« Mein Selbstbewusstsein hat ihn immer gereizt. Ich machte ihm klar, dass ich die Verhandlungen führe, das Risiko trage und mir nicht reinreden lasse. Denn ich roch, dass Ver.di weiter nachgeben würde, wenn ich mich nur beharrlich genug zeigte. Und so kam es. Federn lassen musste nur die Gewerkschaft.

Tims Angstanruf hat mir auch gezeigt, wie existenziell sich Mächtige davor fürchten, ihrer Macht wieder beraubt zu werden. Die Macht ihrer beruflichen Stellung und ihre Persönlichkeit verschmelzen zu einem nicht mehr zu trennenden Brei. Das Paradebeispiel Jürgen Schrempp habe ich schon beschrieben. Den Verlust ihrer Stellung fürchten etliche Topmanager genauso wie ihren biologischen Tod. Nicht wenige Alphatiere haben sich nach herben beruflichen Niederlagen das Leben genommen, in den vergangenen Jahren häufiger bei Schweizer Banken.

Macht und Ohnmacht haben viel mit der Psyche zu tun – mit dem Wechselspiel von Großmannssucht und dem Buhlen um Mitleid und Beistand (dann nämlich, wenn man als Großmann auf Granit beißt). Ein gefährliches Gebräu, das aber in einer gewissen Dosierung hilfreich sein kann. Narzissten beweisen oft ein besonderes Geschick bei Kommunikations- und Marketingthemen. Man muss sie nur in der passenden Phase der Unternehmensentwicklung einsetzen und in Schach halten. Einigen gestürzten Lichtgestalten wie zum Beispiel Thomas Middelhoff nehme ich bis heute nicht ab, dass ihre Niederlage sie geläutert hat. Manche wie eine Monstranz vor sich hergetragene neue Transzendenz riecht eher nach neuem Geschäftsmodell als nach Saulus-Paulus-Erlebnis.

Volkswagen: gescheiterter Prototyp von Machtkultur

An kaum einem Ort treffen Macht und Selbstherrlichkeit der Chefs so sehr auf die Ergebenheit ihrer Untergebenen wie im El Dorado des Volkswagen-Konzerns. Die Alleinherrscher aus Wolfsburg haben über viele Jahre das Prinzip gegenseitiger Kontrolle und des Machtausgleichs außer Kraft gesetzt. Und sie kamen jedes Mal durch – mit Chuzpe, Bestechung des Betriebsrats und dem Verbreiten von Angst. Ab und an wurden Sündenböcke ausgesondert wie Martin Winterkorn beim Dieselskandal, der ja nur der jüngere Fall einer ganzen Reihe harter Verfehlungen ist, aber bis dato die extremste.

Berauscht von ihrer globalen Eroberungsstrategie haben Ferdinand Piëch als Mehrheitsgesellschafter und Martin Winterkorn als Konzernchef ein komplexes und selbstherrliches Machtgefüge von ganz oben installiert und mit schier unerreichbaren Zielen versehen. Dies ist in deutschen Konzernen keinesfalls beispiellos. Die daraus folgenden illegalen Handlungen allerdings schon. Erstmals ruchbar wurde das Unwesen dieser Kultur 1996. Zwei Jahre später schasste VW seinen Einkaufschef

Ignacio López, als er unter Verdacht stand, Betriebsgeheimnisse von General Motors zu Volkswagen geschmuggelt zu haben. López trug den Spitznamen »Würger von Wolfsburg« ob seiner Knebelungspolitik gegenüber Lieferanten. 2004 kam es zur sogenannten Abgeordneten-Affäre, als aufflog, dass frühere VW-Mitarbeiter (vor allem Betriebsräte), die inzwischen im Parlament saßen, weiter auf der VW-Gehaltsliste standen. Im selben Jahr musste Personalvorstand Peter Hartz zugeben, sich über zehn Jahre hinweg mit 2,6 Millionen Euro das Wohlwollen von Betriebsratschef Klaus Volkert erkauft zu haben. 2010 dann die VfL-Wolfsburg-Affäre: Volkswagen hatte einen Vertrag mit T-Systems erst dann verlängert, als die Manager der Telekom-Tochter ihrerseits bereit waren, einen Sponsor-Vertrag mit dem VfL Wolfsburg über vier Millionen Euro pro Saison zu verlängern. Der Deal über die Pflege von Computersystemen bei VW hätte nicht an die Unterstützung des Werksklubs VfL gekoppelt werden dürfen. Den T-Systems-Managern habe ich damals selbst gekündigt, und sie kamen wegen Korruption vor Gericht.

Der Darmstädter Soziologe Michael Hartmann untermauert in seiner Forschung, dass Eliten (wie bei VW) oft in einer Parallelwelt leben, deren Mitglieder in zirkelschlüssigen Kategorien denken. 24 Prozent der Arbeiter halten die sozialen Unterschiede in Deutschland für gerechtfertigt. Unter den Angehörigen des Großbürgertums, also der oberen fünf Promille der Gesellschaft, sind es 56 Prozent. Und je länger ihre Zugehörigkeit zu den oberen Fünfhunderttausend währt, als desto selbstverständlicher empfinden sie ihre Sonderstellung. Der Irrglaube, durch die eigene großartige Persönlichkeit an die Spitze gelangt zu sein, paart sich mit der Haltung, das eigene Handeln sei aus Prinzip richtig. Viele Spitzenleute sind ordentliche Menschen. Mindestens ebenso vielen aber fehlt der Instinkt, um ihre eigene Heuchelei zu bemerken.

Machtorganisationen neigen dazu, sich eine Kultur der Günstlinge und Hofschranzen zu erschaffen. Unterliegen sie keinem Korrektiv, so unterdrücken sie ehrliche Geister und schaffen eine Atmosphäre der Angst, in der so lange nichts Kritisches nach oben gelangt, bis dort nur noch der berühmte Kaiser ohne Kleider anzutreffen ist. Das ist auch bei

Volkswagens Dieselgate so gewesen. Getrieben von wahnwitzigen Absatz- und Ergebniszielen haben sich Manager wie Ingenieure korrumpieren lassen – und den Mund gehalten. Ein kleiner Schritt aus der Grauzone hinüber zur verbotenen Handlung. Ein kleiner mit Absicht getaner Schritt, der große Konsequenzen für das Unternehmen hatte – und für das Ansehen einer ganzen Nation.

Macht braucht ihre Jasager

Aber ist es nicht auch ein Problem derer, die das alles mit sich machen lassen? 1993 hat der Ökonom Canice Prendergast einen Aufsatz über die Theorie der Jasager veröffentlicht, der bis heute nichts von seiner demaskierenden Kraft eingebüßt hat. Prendergast wies nach, wie sehr Hierarchien intern die Anpassung fördern und wie das Gegenteil einer leistungsgerechten Unternehmenskultur entsteht. Mir berichteten junge VW-Ingenieure, sie hätten das vorgelegte Gewerkschaftsbuch unterschreiben müssen, bevor sie das erste Gespräch mit ihrem Vorgesetzten führten. Mir berichteten VW-Führungskräfte, sie tolerierten lieber schlechte Leistungen, als einen Konflikt zu riskieren mit der Gewerkschaft oder eigenen Vorgesetzten. Das ist der Einstieg in die Disziplin der Feiglinge, in den Gehorsam der Kommisskultur.

Wo Anerkennung oder Karriere vor allem vom Urteil des Vorgesetzten oder von Betriebsräten als Co-Managern abhängen, ist die Führungsspitze einer Firma bald von windschlüpfrigen Nickern umgeben. Vor allem das Mittelmanagement leitet nur gefilterte und rosa eingefärbte Informationen nach oben. Und umgekehrt: Wo Opportunismus und Konformismus irgendwann Urteilskraft und Kompetenz ersetzen, schlucken abhängig Beschäftigte die falschen Einschätzungen des Managements. Und der Anpassungsdruck ist dort am größten, wo Karrieren geschmiedet werden: in den Zentralen. Dort geht man der eigenen Selbstdarstellung auf den Leim. Autokraten wie einst Martin Winterkorn können sich nur ausleben, weil sie von einem Heer der Abhängigen umgeben sind. Wahr ist leider: Karrieren entstehen genauso oft durch Treuepunkte beim Chef, durch Habitus, Seilschaft, Zugehörigkeit zu den richtigen Kreisen oder strategische Platzierung eines loyalen Statthalters wie durch qualifizierte Entscheidungen. Fehlverhalten in der Führung führt zu Fehlverhalten in den Geschäftspraktiken – und umgekehrt. Ein Teufelskreis.

In Aufsichtsräten sind auch Arbeitnehmervertreter immer wieder mitschuldige Co-Akteure bei Skandalen und Krisen. Für Geld, Privilegien, Privilegierung ihrer Klientel und persönlichen Machtgewinn verkaufen manche ihre Seele. Der VW-Betriebsratsvorsitzende Klaus Volkert musste ins Gefängnis, weil er zweifelhafte Sonderboni eingestrichen und eine brasilianische Geliebte über die Firma abgerechnet hatte. Revanchiert hatte er sich mit selektivem Wohlwollen gegenüber seinem Arbeitsdirektor Peter Hartz, der ebenfalls rechtskräftig verurteilt wurde wegen Untreue und Begünstigung des Betriebsratschefs. Klaus Volkerts Nachfolger Bernd Osterloh hat die 14,5 Millionen Euro Vergütung für seinen CEO, der sich jetzt wegen des Dieselskandals vor Gericht verantworten muss, mit dem unsäglichen Satz verteidigt: »Martin Winterkorn ist jeden Cent wert.« Ob Winterkorn ihn deshalb mit einem divisionalen Vorstandsjob im VW-Konzern belohnte? Rollen diffundieren in Grauzonen. Verantwortung und Kontrolle lösen sich auf und gehen ein schmutziges Verhältnis ein mit der Illegitimität.

Der Bundesgerichtshof hat übrigens im Januar 2023 das bei Volkswagen praktizierte Vergütungsmodell für Betriebsräte für unrechtmäßig erklärt. In etlichen anderen Konzernen wird es ebenfalls angewandt. Das Urteil hat bundesweite Konsequenzen für Sozialpartnerschaft und Mitbestimmung. Volkswagen musste 80 überbezahlten Arbeitnehmervertretern das Gehalt um bis zu 50 Prozent kürzen.

Welch inzestuöse Firmenkultur: Arbeitnehmervertreter werden als Co-Manager hofiert, und gleichzeitig vermengen sich Rationalisierungskonflikte mit der Diskussion um Vorstandsboni. In den börsennotierten Unternehmen kennen Kontrolleure und Kontrollierte einander eben. So etwas gab es mutmaßlich bei Siemens vor der Bestellung von Joe Kaeser als CEO und ziemlich offensichtlich bei Daimler – mehrfach wurde Jürgen Schrempps Vertrag verlängert, obwohl er als CEO eine klare Fehlbesetzung war.

Was kann man gegen die Falschen an der Macht tun?

Vor allem dürfen wir nicht aufhören, in Unternehmen, aber auch in Gesellschaft und Politik, die Frage nach der Rekrutierung des Nachwuchses zu stellen. Charakterliche Webfehler lassen sich früh erkennen. Sorgen wir dafür, dass die Richtigen nach oben kommen? Nick Leeson, der *Golden Boy*, hat die 200 Jahre alte Barings Bank in die Pleite getrieben. Er behielt beim Zocken freie Hand trotz früher Hinweise aus der Revision. Damit es nicht zum Drama kommt, sollte man erstens Webfehler in Führungskompetenzen und Charakter frühzeitig erkennen. Dazu lassen sich Anleihen bei der US-Luftwaffe nehmen. Bei der Auswahl von Geschwaderkommandanten führt man dort Buch über die Beinahekollisionen der Piloten. Professionelle Talentförderung muss vergleichbar arbeiten. Kleine Verfehlungen, Egoismen, Eitelkeiten, Führungsmängel – auch eine Reiseabrechnung in der Grauzone – sind Beinahekollisionen, die früh erkannt und in Beurteilungen dokumentiert werden sollten. Gerade bei Topbesetzungen kann es sich rächen, ohne Rücksicht auf die Vorgeschichte zu entscheiden. Besonders Aufsichtsräte sollten Charakter und Verhalten von Kandidaten viel öfter berücksichtigen als bisher.

Zweitens zahlt sich bei Besetzungen immer aus, wie gut man die Auswahl plant. Es zählt Kompetenz, nicht Stallgeruch. Fest installierte Kronprinzen verstellen den Blick auf Optionen. Wer dogmatisch beste Geschäftsintimität und Branchenkenntnis fordert, will letztlich, dass die alte Garde weitermacht. Deshalb lohnt sich ein Blick auf die gelebte Praxis der Nominierungsausschüsse. Zufallskontakte und hemdsärmelige Zurufe in Netzwerken sind zwar legitim, ersetzen aber nicht Systematik und Checks and Balances. So wählt im schwedisch-norwegischen Modell die Hauptversammlung die Mitglieder des Nominierungsausschusses, statt sie vom Aufsichtsrat besetzen zu lassen. Auch angelsächsische Aufsichtsgremien pflegen die Kultur der frühen Planung, wenn es um Nachfolger an der Unternehmensspitze geht. Das ist gerade nicht das Handauflegen, wie es damals mit Peter Löscher und anschließend Joe Kaeser bei Siemens oder mit Anshu Jain und Jürgen Fitschen bei der

Deutschen Bank geschah – oder mit Peter Terium und Johannes Teyssen bei den Unternehmensspaltungen von RWE und E.ON.

In den Reihen der Nachfolge-Kandidaten und erst recht bei dem oder der Ausgewählten muss sich Vielfalt widerspiegeln. Nicht nur Frauenquote und Internationalität, sondern Andersartigkeit bei Gedanken und Einstellungen. Fehlentwicklungen gedeihen dort, wo sich Unternehmen von einzelnen Handlungsmustern und Menschentypen abhängig machen und sich so neuen Erfahrungs- und Denkmustern verschließen.

Drittens sind wirklich unabhängige Kontrolleure wichtig. Der VW-Aufsichtsrat ist in den Händen der Familien Piëch und Porsche, ihrer Freunde auf der Arbeitnehmerbank und des Landes Niedersachsen. Ferdinand Piëch hatte selbst einmal seine Frau in das Gremium gehievt. Es gibt kaum Vertreter der freien Aktionäre außer den bisher stillen aus Katar. Solche Clan-Wirtschaft muss ersetzt werden durch eine Wertekultur, die nicht kompromittierbar ist und auch dann nicht dem Geschäftserfolg geopfert wird, wenn es hart auf hart kommt. Dazu gehört, dass der Aufsichtsrat auch tatsächlich unabhängige Kontrolleure stellt, dass er die Qualität seiner eigenen Arbeit intensiv prüft und die Führungskultur in der gesamten Organisation im Blick hat.

Man braucht Maßstäbe für die Vergütung von Vorstand und Aufsichtsrat, nicht nur wegen der öffentlichen Empörung über die Millionen für Betrüger. Gibt es Komponenten, die nicht nur den finanziellen Erfolg honorieren? Zumal, wenn sich herausstellt, dass vergangene Erfolge im Schatten bandenmäßiger Kriminalität entstanden sind? Führungsleistung muss in Vergütungen, Gehälter und Boni einfließen, die zudem unter mehrjährigem Vorbehalt stehen sollten. Der Betrugsskandal bei VW begann vor zwei Jahrzehnten!

Zuletzt: Organisationen müssen führbar bleiben. Ein monolithischer Apparat mit Hunderttausenden Mitarbeitern, mehr als einem Dutzend Marken und einer zentralistischen Plattformstrategie ist vielleicht nur noch führbar wie eine kommunistische Partei. Demokratischer Zentralismus, so nannte das der selige Leonid Breschnew in der KPdSU. Innovation verträgt keine Chefs, die sich in jedes Detail einmischen und den Nachgeordneten die Luft zum Atmen nehmen und den Raum zum Experimentieren. Deshalb muss VW sich zerlegen in dezentrale, transparente Geschäftseinheiten und Geschäftsleiter, die persönliche Verantwortung tragen – so wie bei Continental: minimalistische Zentrale, hohe Autonomie der dezentralen Geschäfte, kein Geschwätz über interne Synergien, sondern ein klarer Fokus auf die vielen Kunden und Märkte.

Der Philosoph Peter Sloterdijk geht mit der Wirtschaftselite hart ins Gericht. Im Gespräch mit Gabor Steingart entwickelte er 2023 das Psychogramm einer vom Glück begünstigten und von Hybris befallenen Kaste, die ihren auf Konferenzen wie dem Weltwirtschaftsforum in Davos formulierten Ansprüchen an andere bei sich selbst nicht im Geringsten nachkommt. »Man kann nicht den Eindruck bestätigen, den Wirtschaftsführer gerne hervorrufen, als wüssten sie, was sie tun. Man bekommt immer mehr den Eindruck, dass hier eine real existierende Irrationalität vor sich hintreibt.« Bei diesen angeblichen Topleistern sieht er einen hohen Grad an autohypnotischen Funktionen, die zur »leistungslosen Bereicherung« und zum »Prinzip der Überbelohnung« führen. Gabor Steingart kommentierte denn auch treffend diesen Radikalismus der Desillusionierung. Wer sich darauf einlasse, werde mit Erkenntnisgewinn belohnt: »Sloterdijk, der sich selbst als *Extremist der Desillusionierung* outet, leistet hier ganz im Schumpeter'schen Sinne kreative Zerstörungsarbeit.«

Handwerklichkeit und Leistung

Kürzlich saß ich in einer Pizzeria in München-Schwabing zusammen mit Daniel Nagel, einem der Gründer von Jugend gegen Aids. Ich erzählte ihm, dass ich an einem neuen Buch schreibe und beabsichtige, ein Kapitel den Themen Handwerklichkeit und Leistung zu widmen. »Menschen wollen sich im Job nicht mehr quälen«, entgegnete er spontan. Und ich ergänzte: »Und deshalb können sie sich auch nicht mehr freuen, wenn sie nach langer Qual etwas erreicht haben.« Daniel hingegen quält sich, um seine soziale Initiative immer weiter zu verbessern.

Ohne »Training, Training, Training« keine Handwerkskunst

Was hat Handwerklichkeit mit Qual zu tun? Aus meiner Sicht eine ganze Menge. Genauso mit Frustrationstoleranz, Disziplin, Ausdauer und der Fähigkeit, nach einer Niederlage wieder aufzustehen – wie im Spitzensport. Das endlose Training, bis man es zum Meister gebracht hat. Das endlose Training, um Meister zu bleiben. Lehrjahre sind keine Herrenjahre. Wenn es darum geht, unermüdlich zu üben, stets das Allerbeste aus sich herauszuholen: dann sollten die Herrenjahre am besten nie beginnen.

Meinen alten Freund Max Ringlstetter, seit vielen Jahren Professor für Betriebswirtschaft an der Universität Eichstätt-Ingolstadt, habe ich neulich gefragt, welches Erlebnis mit mir sich ihm in unserer jahrzehntelangen Freundschaft am meisten eingeprägt habe. Seine prompte Antwort: 1995 oder 96 hätte ich ihn einmal um 23 Uhr aus dem Nichts heraus angerufen und das Gespräch mit dem Satz begonnen: »Max, ich bin eine arme Sau!« Ich war damals für die Lufthansa in Frankfurt am Main tätig und arbeitete über Monate bis spät in die Nacht. Um meine Idee einer weltweit anerkannten strategischen Personalentwicklung glaubwürdig umzusetzen, trug ich Tag für Tag Unmengen an Geröll und Schutt aus anderen Aufgabenfeldern ab. Das ging so weit, dass ich nachts Tippfehler in Arbeitsverträgen oder Beförderungsschreiben korrigierte; die wurden damals alle noch mit der Schreibmaschine angefertigt. Ich habe immer gerne viel gearbeitet. Aber an diesem Abend war ich an meine Grenzen geraten. Kurz bevor ich Max anrief, hatte ich abermals einen falschgeschriebenen Namen entdeckt.

Mein Münchner Friseur ist Mitte 40 und heißt Denis. Er nimmt sich stets 55 Minuten Zeit, um mein prächtiges Fell mit vielen verschiedenen Scheren so zu stutzen, dass mein Haupt am Ende der Marmorbüste eines römischen Senators gleicht. Auf meine Frage, ob er eigentlich Routine entwickelt bei einem solchen Kurzhaarschnitt, protestierte er fast schon angefasst: Nein, für ihn sei »jeder Haarschnitt ein neues Training mit einem neuen Ende«. In jüngeren Jahren habe er jede mögliche Fortbildung besucht, um sich in seiner Handwerkskunst zu veredeln. Mittlerweile leite er selbst Weiterbildungsseminare für Friseure und mache die spannende Erfahrung, sich dem Urteil seiner Lernenden zu stellen. Alles, was leicht und elegant aussehe, sagt Denis, sei hart erarbeitet. Beim Thema Perfektion ist Denis' Vorbild der britische Snookerprofi Ronnie O'Sullivan. Kennen Sie Snooker? Ich hatte von diesem dem Billard ähnlichen Sport noch nie gehört; er ist vor allem in Großbritannien und China populär. O'Sullivan war, als ich dieses Buch schrieb, Weltranglistenerster seines Fachs; vielleicht ist er es ja noch, wenn Sie dieses Buch Jahre später lesen? Er übt laut Denis wie ein Besessener. Gelingt es ihm im Training nicht, 100 Bälle hintereinander fehlerlos einzulochen, also ein sogenanntes *Century Break* zu schaffen, beginnt er wieder bei 1 zu zählen, bis er es hundertmal schafft.

Mich erinnert diese Geschichte an den legendären Eberhard von Kuenheim, zwischen 1970 und 1993 BMW-Vorstandschef. Er und ich gehören der Carl-Friedrich-von-Weizsäcker-Gesellschaft an, so dass ich ihn über Jahre immer mal wieder auf einer Veranstaltung traf. Ich erscheine auf solchen Events ja gerne locker-flockig und habe nichts zu schreiben dabei. Ganz anders Kuenheim. Er zückte stets ein kleines schwarzes Notizbuch und trug darin akribisch ein, was ihn interessierte. Und das war nie wenig. Immer, wenn ich ihn dabei beobachtete, stellte ich mir vor, dass er seine Notizen wahrscheinlich später reflektierte und weiterentwickelte. Und innerlich schämte ich mich dann ein wenig, dass ich nicht genauso vorging. Sein Handwerk zu beherrschen: das geht gar nicht, ohne sich vorher ausgiebig zu quälen. Und das gilt nicht nur für echte Handwerker wie Friseure und Snookerspieler, sondern auch für Manager, Ärzte, Politiker, Dirigenten und Programmierer.

Arbeit um ihrer selbst willen

Der amerikanisch-britische Soziologe Richard Sennett hat 2007 das Buch »Handwerk« veröffentlicht und darin liebevoll beschrieben, warum es sich lohnt, Arbeit um ihrer selbst willen zu erledigen. Laut dem Autor handelt das Buch »von den handwerklichen Fertigkeiten, von der Fähigkeit, Dinge so herzustellen, dass sie wirklich gut sind«. Arbeit ist hierbei keine Strafe wie in Charlie Chaplins Film »Modern Times« aus dem Jahr 1936, in dem die Werktätigen vor lauter Räderwerken nicht mehr weiterwissen. Nein. Handwerker zu sein ist Ausdruck und Zweck des Arbeitslebens.

Der ungarische Psychologieprofessor Mihaly Csikszentmihalyi beschreibt in seinem Buch »Flow. Das Geheimnis des Glücks« nicht die Qualen, sondern, wie man in erfüllender Arbeit versinken kann und dabei von einem Flow getragen wird, so dass man immer weitermachen will. Trainierte Langläufer berichten ja Ähnliches. Das Wirtschaftsmagazin *brand eins* hat einmal eine Toilettenfrau beschrieben, die ihr Glück darin gefunden hatte, die Psychologie von Menschen zu erkunden. Sie tat dies in all den oft oberflächlichen oder sehr persönlichen Begegnungen und Gesprächen am Waschbecken oder an der Tür.

Wie sehr es schmerzen kann, wenn Handwerklichkeit fehlt, habe ich als 19-Jähriger auf dem Stuttgarter Rathausplatz erfahren. Es war mir für immer eine Lehre. Vor rund 20 000 Demonstranten war ich einer der Redner gegen die damaligen Notstandsgesetze. Ich hatte mir vorher einige Gedanken auf einem halb zerrissenen Zettel notiert und trug sie nun vor – im Stakkato, ohne Satzbau, ohne roten Faden und immer nervöser. Mich rettete ein sintflutartiger Regenguss, der diese unwürdige Szene jäh beendete. Was habe ich mich geschämt! Und wenn ich heute daran denke, kommt das Gefühl der Scham sofort wieder hoch. So etwas Schlechtes hatte ich nie vorher und nie mehr nachher abgeliefert. Seitdem arbeite ich konsequent handwerklich.

Sie denken jetzt vielleicht, dass ich bei der Rede einfach gehudelt habe, wie das ja typisch sein kann für Heranwachsende. Ein Hudler war ich aber in der Schule gar nicht. Mit Hingabe und Akribie und ganz ohne Auftrag von Lehrer oder Eltern habe ich als Volksschüler deutsche Flüsse aus dem Atlas in mein Schulheft abgemalt – von der Quelle bis zur Mündung mit jeder Wendung und Windung. Als Gymnasiast bereitete ich lateinische Texte für den nächsten Schultag so vor, dass ich jedes *Participium coniunctum* wie aus der Pistole geschossen wörtlich übersetzen konnte, ohne dabei zunächst auf einen Relativsatz oder Ähnliches ausweichen zu müssen. Es ging so weit, dass mir sogar auffiel, wo Cicero oder andere alte weiße Männer recht lax formuliert hatten. »Herr Lang-Lehndorf«, meldete ich mich am nächsten Tag in der Lateinstunde, »an dieser Stelle hätte der Autor sich doch auch anders ausdrücken können!« Solche Stellen zu entdecken und mich dabei für den nächsten Tag zu präparieren, hat mir mehr Freude bereitet als die spätere Eins in Latein auf dem Zeugnis. Und wahrscheinlich habe ich mindestens so lange wie mancher römische Schriftsteller an meinen Sätzen gefeilt, wenn es um Artikel für das *Rotkehlchen* oder die Schülerzeitung unseres Eberhard-Ludwigs-Gymnasiums ging. Ich wollte die schwierige politische Kost bildhaft, schmackhaft, anschaulich und eindringlich servieren.

Als Bundestagsabgeordneter habe ich nicht zuletzt dank dieser Erinnerung meine Plenarreden akribisch vorbereitet und zelebriert. Sie hatten meist zwischen sieben und zehn Versionen, an denen mein damaliger Büroleiter Jan Dermietzel und ich abwechselnd feilten, bevor ich jede neue Fassung dem um einen Stehtisch versammelten Büroteam vortrug. Weil ich immer sehr viel mehr Inhalt an Mann und Frau bringen wollte, als in der knappen Redezeit von drei oder vier Minuten möglich war, ging es meist darum, die Rede klug zu kürzen und prägnante Wortbilder einzubauen. Jeder hatte bei mir Stimmrecht, auch Werkstudenten, Praktikanten, Hospitanten, Besucher. Alle mussten ran, Kritik üben und Verbesserungsvorschläge machen. Lob interessierte mich nicht. Ich wollte immer das bestmögliche Ergebnis und dann den dynamischsten Auftritt im Plenarsaal – ganz im Sinne von Richard Sennett, der es so formuliert: »In allen Bereichen handwerklicher Einstellung spielen Disziplin und Selbstkritik eine wichtige Rolle. Man orientiert sich an gewissen Standards, und im Idealfall wird das Streben nach Qualität zum Selbstzweck.« Nicht nur den Kollegen vor Ort sollten meine Argumente um die Ohren fliegen, auch den Zuschauern an den Bildschirmen und meiner Social-Media-Gemeinde, denen wir meine Reden im Nachgang auf allen möglichen Kanälen in Häppchen servierten.

Zu meinen schärfsten Kritikern (aber auch Fürsprechern) gehörte damals meine Mutter, die im Alter von Mitte 90 meine Reden live auf Phoenix verfolgte. Allerdings nicht nachts: Etliche Reden hielt ich ja zur Geisterstunde – bis ein CDU-Politiker im November 2019 am Rednerpult kollabierte und die Plenarsitzungen für einige Monate nicht mehr bis in die frühen Morgenstunden gingen.

Sich auf die Meisterprüfung vorbereiten

Noch mehr Akribie und Sorgfalt als bei meinen Reden wandte ich bei meinen Anträgen an. Während etliche solcher Anträge bei anderen Kollegen über drei Seiten kaum hinausgingen, hatten meine gerne an die 20 Seiten. Ich wollte die Materie stets tief durchdringen und habe sie mit unzähligen Experten und Praktikern diskutiert, bevor ich meine Fraktionskollegen auf dem formellen Prozessweg involvierte. Evidenzbasierte Politik nenne ich das. Kann ich empfehlen. Macht aber Arbeit, und das ist weniger glamourös als Delegationsreisen; an keiner einzigen habe ich teilgenommen. Ich wollte tief in der Materie drin sein für den Fall, dass wir nach der nächsten Bundestagswahl mitregieren.

In meiner Oppositionszeit zwischen 2017 und 2021 war Anja Karliczek (CDU) Bundesministerin für Bildung und Forschung. Die »Strategie« der Bundesregierung für Künstliche Intelligenz, die Frau Karliczek damals dem Bundestag vorstellte, hielt dem Anspruch einer Strategie auf keiner einzelnen Seite stand. Hätte sie dieses Papier nicht dem Parlament, sondern dem Vorstand einer börsennotierten Aktiengesellschaft vorgelegt, hielt ich der Ministerin damals vor, hätte man sie hochkant aus der Sitzung geworfen und ihr erst einmal ein paar Hausaufgaben aufgegeben. Leider haben Werkstücke in der Politik oft keinen Anspruch auf Vollkommenheit, sondern auf den geringsten Widerstand.

Meine Werkstücke sind selten ohne Qual entstanden. Das galt nicht nur für Reden, Anträge, Gastbeiträge, Interviews, sondern auch für meinen Newsletter als Abgeordneter. Um mich von den üblichen drögen Aussendungen vieler Kollegen abzuheben, habe ich nach jeder Sitzungswoche eine Art Tagebuch veröffentlicht, die »notiTSen aus Berlin« – nachzulesen bis heute auf meiner Website. 88 einzelne lebendige Protokolle sind es geworden von Ende 2017 bis August 2021. Sie fraßen für meinen Büroleiter zwischen sechs und acht Stunden jeden Samstag nach Sitzungswochen und dieselbe Zeit noch einmal am Sonntag, um meine Korrekturen einzuarbeiten und die Texte samt Fotos fit zu machen für Facebook, Twitter, LinkedIn & Co. Und auch mich haben diese Texte pro Wochenende mindestens acht Stunden Arbeit gekostet. Nach zwei aufeinanderfolgenden Sitzungswochen war man bedient.

Zu Disziplin, Ausdauer und Perfektion gehört auch die Umsetzungskontrolle. In all meinen Teams und Büros war meine Wiedervorlage gefürchtet. Ich hatte für jeden Mitarbeiter eine Mappe oder einen Stapel, bis zu 40 Zentimeter stark. Mein ganzes Leben habe ich bei Ablagen und Wiedervorlagen nur analog gearbeitet. Digitale Ablagesysteme sind mir bis heute ein Rätsel. Ob Artikel, Anträge, Vorlagen, Präsentationen oder dieses Buch: Ich redigiere stets handschriftlich – und das als steter Rufer für die Digitalisierung. Helmut Schmidt konnte sich das Rauchen nicht abgewöhnen. Ich habe mir das digitale Ablegen nie angewöhnen können.

Der Unterschied zwischen Verwaltung und Verantwortung

Mein Lufthansa-CEO Jürgen Weber rief mich eines Morgens um 8 Uhr an. Ich war operativer Airline-Vorstand und damit bei der Lufthansa auch zuständig für Services am Boden und in der Luft. Nach einer knappen Begrüßung fragte er mich völlig unvermittelt: »Wem gehören die Bordkartenautomaten?« Ich erläuterte, die Lufthansa lease diese Geräte von einem anderen Unternehmen, der Firma X. Weber ging auf meine Antwort nicht ein und fragte erneut: »Wem gehören die Bordkartenautomaten?« Ich begann, nun weiter auszuholen, und erklärte ihm die betriebswirtschaftlichen Details dieser Leasingtransaktion. Er unterbrach mich jäh: »Die Bordkartenautomaten, Herr Sattelberger, gehören Ihnen. Ich stehe gerade am Hamburger Flughafen, und die Dinger sind jetzt zum dritten Mal in diesem Monat ausgefallen. Und weil sie Ihnen gehören, Herr Sattelberger, sorgen Sie jetzt dafür, dass das nicht mehr passiert.«

Jürgen Weber hat mir an diesem Morgen klargemacht, dass ich ihm gegenüber für alles verantwortlich war, was in meinem Bereich gut lief und schieflief. Ich konnte keine Schuld auf Lieferanten und Subunternehmer abschieben, wie es Airlines und ihre Manager häufig tun. Wenn etwas nicht klappte, war es meine handwerkliche Aufgabe, dies abzustellen, und nicht, ihm den Schuldigen am Schlafittchen herbeizuschleifen. Es interessierte nicht, wer schuld war. Sondern nur, ob und bis wann ich den Fehler beheben würde. Schließlich war das auch alles, was unsere Kunden interessierte. Das ist der Unterschied zwischen Verwaltung und Verantwortung, zwischen Service-Wüste und Service-Mentalität, zwischen Handwerker und Sündenbock-Sucher.

Ich habe mich nach diesem aufrüttelnden Morgentelefonat aufgemacht auf einen vielmonatigen Weg durch ein Labyrinth mit 50 bis 60 Lieferanten. Ich wurde zum Fachexperten für Bordkartenautomaten und -systeme, lud zweiwöchentlich um 8 Uhr morgens (genau die Uhrzeit, zu der der Boss mich angerufen hatte) zu Sitzungen mit mehreren Dutzend Experten, in denen wir störungs- und indikatorenbasiert diagnostizierten, woran es hakte, und Schritt für Schritt jede einzelne

Störung ausmerzten. Nach etwa neun Monaten begann ich, weniger zu schwitzen. Ich konnte Jürgen Weber mitteilen, dass die Bordkartenautomaten der Deutschen Lufthansa nun weltweit extrem zuverlässig arbeiteten. Das Werk war getan. Ich war zufrieden, fast im Flow!

Handwerklichkeit verludert hierzulande

Heute leben wir in Deutschland in einer handwerklichen Auftraggebergesellschaft: Die einen denken und beauftragen, und die anderen machen und tun. Dieses Prinzip gilt gerade innerhalb von Unternehmen. Die Kaste der abgehobenen Manager und Spezialisten auf der einen Seite, die Kaste der Ausführenden auf der anderen. Genauso ist es in Unternehmensnetzwerken, zum Beispiel der Automobilbranche. Die Zuliefererpyramide besteht aus Zulieferern der Zulieferer der Zulieferer der Zulieferer – möglichst auf verlängerten Werkbänken in Asien oder Südosteuropa. Und ganz oben bei Daimler, Volkswagen, BMW spezifizieren ganze Berufsschichten, was andere ausführen. In großen Unternehmen agiert diese Schicht wie die früheren Frühstücksdirektoren. Es beginnt schon im mittleren Management, dem es nicht an Kompetenz bei Zahlenwerken mangelt, aber an Fachlichkeit. Wenn in naher Zukunft ChatGPT solche Zahlenwerke ausspucken kann, werden aus diesen Frühstücksdirektoren erst Dampfplauderer und am Ende Parasiten.

Ich meine das nicht ganz so inhuman, wie es klingen mag. Kennen Sie den Vogel, der den Krokodilen zwischen den Zähnen herumpickt und sich genüsslich von ihren Speiseresten ernährt, ohne sich anstrengen zu müssen? Krokodilwächter heißt er. Ob er sich wirklich so verhält, da widersprechen seriöse Ornithologen. Aber das Bild passt dennoch. Krokodilwächter gibt es nicht nur zuhauf in der Wirtschaft, sondern auch in der Politik. Themen wie Innovation, Künstliche Intelligenz oder Technologietransfer lesen sich die meisten nur im Schnellverfahren an. Sie lassen sich von Lobbyisten oft ungeprüft die Argumente für Reden zuliefern und sourcen ihren Verstand aus, statt selbst handwerklich zu arbeiten. Ich bezeichne solche Tätigkeiten nicht nur als No-Jobs, sondern auch als No-Berufe. Sie entbehren jeglicher Substanz und haben sich von dem Bedürfnis befreit, etwas von Beginn bis Ende schaffen zu wollen, auf das man stolz sein kann.

»Die Holdingökonomie löst die Exportmaschine ab und bedient den europäischen Club aus den osteuropäischen und türkischen Werken, Nord- und Südamerika aus den USA und Mexiko, Asien aus China, Indien, Korea oder Vietnam. In Deutschland bleibt langfristig nur die Verwaltungszentrale, die Forschung – und ein Showroom. Man nennt es Deindustrialisierung.« So formulierte es Beat Balzli in seinem Artikel »Man nennt es Deindustrialisierung« im November 2022 in der *WirtschaftsWoche*. Er beschreibt nicht die alte Basarökonomie von Hans-Werner Sinn, in der wir in Deutschland nur noch zusammenfügten, was aus aller Herren Länder zugeliefert wurde. Sondern die Weiterentwicklung zur Holdingökonomie, zu reiner Verwaltung mit angedockter Forschung. Beat Balzli hat im November 2022 freilich nicht vorausgeahnt, dass BioNTech seine Krebsforschung nach Großbritannien verlegen würde und auch Bayern und BASF mit ihrer Forschung nun ins Ausland gehen. Hält dieser Trend an, reden wir in Deutschland bald nur noch über Administrationszentralen. Ich will den Teufel nicht an die Wand malen. Wir können diese Entwicklung verlangsamen, stoppen, und allemal dauert sie eine Dekade und länger. Aber sie spielt sich schon längst ab: unter der Oberfläche und in den Unternehmen darüber.

Projekttourismus und Teamarbeit: organisierte Verantwortungslosigkeit?

Konzerne wie Lufthansa oder Telekom verführen Mitarbeitende heutzutage dazu, wie Touristen von Projekt zu Projekt zu jetten. Eine Position länger innezuhaben, das wird immer seltener. Und wenn es passiert, führt es häufig in den ewigen Spezialistenkamin. Die Geister überzogener Projektarbeit locken allzu oft in die organisierte Verantwortungslosigkeit. Man gehört etlichen Teams gleichzeitig an und spürt immer weniger, was das eigene Tun anrichtet. Wenn Zuständigkeit, Aufgabe und Verantwortung sich entkoppeln, hat das Konsequenzen für den persönlichen

Entwicklungsprozess. Ich lief immer wieder Gefahr, als Führungskraft diesen Projekttourismus meiner Mitarbeiter mitzumachen, zumal ein Konzern die Fähigkeit hat, eine Unzahl an Projekten zu generieren. Ich konnte nur gegensteuern, indem ich meine eigenen Führungskräften oft fast symbolisch für Lösungen verantwortlich machte, wie ich es bei Jürgen Weber gelernt hatte.

Unternehmen sind gut beraten, nicht nur Teamarbeit in Projekten zu fördern, sondern auch die sichtbare Einzelleistung zu fordern. Dies ist nicht nur wichtig, um Talente zu ertüchtigen. Es dient auch der Wetterfestigkeit der Organisation. Gerade in Krisen ist der Einzelne in seiner Urteils- und Handlungsfähigkeit oft der entscheidende Faktor. Vor dem Hintergrund von Disruption, von Cyberangriffen und unterbrochenen Wertschöpfungsketten müssen sich Unternehmen immer mehr zu High-Realiability-Organisationen entwickeln. Das ist kein Thema nur für Atomkraftwerks- und Flughafenbetreiber, sondern mehr und mehr für ganz viele Unternehmen. Und diese künftigen High-Reliabilty-Organisationen benötigen Leute, die ihr Handwerk verstehen. Schon Gary Hamel und Coimbatore K. Prahalad haben in ihrem Führungsklassiker »Core Competences« über die in menschlichem Know-how verankerten Kernkompetenzen eines Unternehmens geschrieben, die nicht verludern dürfen.

Wer aber zwischen Projektjobs herumvagabundiert, kann nicht zum Meister reifen. Nehmen Einzelverantwortung und sichtbare einzelne Beiträge immer mehr ab, können Menschen weniger wachsen. Positives wie negatives Feedback für die Einzelleistung fallen hinten runter, wenn stets das Team im Vordergrund steht und seine Mitglieder ihr persönliches Leistungsprofil nicht unter Beweis stellen können. Klar, Menschen sind neugierig und erfahrungshungrig. Sie wollen heute viele Möglichkeiten, um sich ein werthaltiges Portfolio an Erfahrungsfeldern für ihr Berufsleben aufbauen zu können. Die Vielfalt! Andererseits sind sie gut beraten, ihre Kern- und Spezialkompetenzen zu kräftigen. Handwerkskunst war vom Mittelalter bis in die Moderne hinein ein I-Shape. Der Tiefgang! Jetzt wird er zum T-Shape. Tiefe plus Breite! Auch das traditionelle Handwerk entwickelt sein T. Die im Zuge der Digitalisierung entwickelte Methode des *integrated building management* macht gewerkeüber-

greifende Bauplanung möglich – mit gleichzeitigen und aufeinanderfolgenden Schritten, mit zeitlicher Auslastung und Ressourcenplanung.
Ein Handwerksmeister ist gut beraten, querschnittliche T-Kompetenz zu
kennen und zu können.

Organisation ertüchtigen statt Gehirn outsourcen

Ein Prinzip gegen Auftraggeberkultur, das mich quer durch mein Berufsleben begleitete: der eigenen Kraft zu vertrauen. Ich habe meinen Leuten immer gesagt: »Wir sourcen unser Gehirn nicht aus. Bevor wir Berater anheuern, versuchen wir es erst selbst. Alles, was Berater anbieten,
können wir selbst lösen und besser.« Eine Organisation ertüchtigt sich
ja auch intellektuell, konzeptionell, strategisch und handwerklich, wenn
sie selbst handelt, anstatt sich zur Vergabeagentur für Beraueraufträge zu
degradieren. Selbst die von mir gescholtene Ökonomin Mariana Mazzucato spricht heute von der Infantilisierung des angeblichen »Entre-
neurial State« durch Berater.

Ich kenne zu viele Managerinnen und Manager, die nichts mehr
selbst können und nur noch beurteilen, was andere machen. Dieser
Trend entfachlicht das Management, degradiert Manager zu Projekt-
betreuern und beerdigt Schippe um Schippe geistige und handwerkliche Kraft des Unternehmens. Dinge selbst in die Hand zu nehmen: das
hat zutiefst damit zu tun, neue Herausforderungen anzunehmen, sich
durchzubeißen und daran vor allem selbst zu wachsen. Auch meine Mitarbeiter im Bundestagsbüro haben diese Schule durchlaufen bis hin zu
den Praktikanten, die ich mit großer Lust immer ein klein bisschen überfordert habe.

Richard Sennett geht davon aus, dass alle Fertigkeiten mit körper-
licher Praxis beginnen – selbst die abstrakten und intellektuellen. Eine
bitterböse Attacke auf alle Denker, die weder körperlich noch handwerklich arbeiteten. Gleichzeitig ein wunderschönes Plädoyer für Fantasie und Prototypenbau; genau die Skills, die Gründerinnen und
Gründer brauchen, um eine Idee in die Tat umzusetzen. Nötig dazu ist
freilich Mut zum Improvisieren, zur zeitweisen Imperfektion. So wird

man Schritt für Schritt besser, und am Ende gelingt ein solides Werkstück. Handwerkskunst ist ein Innovationsermöglicher par excellence. Reine Imitation oder rein lineare Verbesserung hingegen kitzeln den Innovatorengaumen nicht.

Es hat seinen Grund, warum Deutschland einer der größten Beratermärkte ist. Internationale Vergleichsstudien bescheinigen dem deutschen Management eine hohe Güte bei Effizienz und Kostenkontrolle. Bei Strategie, Vision und Innovation hingegen sieht es düster aus. Wirklich intensiv über drei Jahre beauftragt habe ich in meinem Wirtschaftsleben nur einmal die Boston Consulting Group bei einem extrem fachlichen Personalthema: Total Workforce Management. Wir haben das gesamte System Arbeit im Ist-Zustand abgebildet, strategische Geschäftsoptionen darübergelegt und die Konsequenzen für den Personalkörper heruntergebrochen: Neurekrutierungen, Personalabbau, Umschulung, Freelancer-Austausch, Weiterbildung, Outsourcing, Insourcing. Das war eine sehr fruchtbare Zusammenarbeit. Ich hätte sie nicht ohne Berater bewältigen können und niemals so schnell.

Unternehmensberater sind ja durchaus fähige Menschen, die ich immer gerne zum Austausch eingeladen habe, zumal wenn ich das Unternehmen gerade gewechselt hatte und Headhunter wie Strategieberater in Heerscharen an die Tür klopften. Das traf sich, denn ich saß dann gerade an meiner neuen Agenda und konnte Impulse gut gebrauchen. Ich habe ihnen immer die Tür geöffnet, ihre meist putzmunteren Powerpointfolien beäugt und mich später daraus bedient. Manche dieser Folien nutze ich bis heute für meine Vorträge. Gute Blaupausen machen, das können Berater wie keine andere Berufsgruppe. Ich habe mir von ihnen ein bisschen die Zeit stehlen lassen und ihnen dafür zwei, drei Charts geklaut. »I've got the territory! And I smartcopy for my map!«

Handwerklichkeit bei Karrierepolitik

Ich möchte die Parallelen zum Handwerk nicht überstrapazieren. Aber die Entwicklungsstufen vom Lehrling zum Gesellen zum Meister haben ihren Sinn – als Komplexitätssprünge wie persönlicher Reifungsprozess. Lehrjahre sind keine Herrenjahre: ein völlig altkluger Spruch. Aber wie so viele alten spießigen Klugheiten liegt auch hier im Kern ein Stück Wahrheit. Und die inspiriert mich zu einigen Reflexionen über handwerkliche Karrierepolitik.

Wenn ich Menschen eingestellt habe, habe ich immer auf zwei Dinge geachtet (die Richard Sennett übrigens eng verwoben sehen würde): Handwerklichkeit und Charakterlichkeit. Dazu gehört, Blender zu erkennen und auszusortieren, die charakterlich keine Lust haben auf Handwerklichkeit. Ich habe mir von Kandidaten immer Werkstücke ihres Schaffens zeigen lassen: wissenschaftliche Ausarbeitungen, Konzeptionen, Präsentationen, Artikel, Recherchen. Am wichtigsten war mir dabei die Gliederungssystematik. Ich schaue, ob sie auch im Detail stimmt, ob sie logisch und konsistent ist und die Reihenfolge nicht durcheinander. Wäre zum Beispiel Punkt 1.1.3 nicht besser aufgehoben unter Punkt 1.1.1.4? Wer Analysefähigkeit mit Tiefgang beherrscht, hat bei mir einen dicken Stein im Brett.

In meinen Büros stand immer ein Flipchart. Die Bewerber und ich haben zusammen gebrainstormt, zum Beispiel über strategische Personalarbeit oder Exzellenz im Service. Und am Ende war das Flipchart voller Begriffe, und ich habe den Bewerber gebeten, jetzt mal all diese Gedankenblitze in eine logische Hierarchie zu gliedern nach dem Motto Eiche, Buche, Tanne und ihrem Überbegriff Baumarten. Da trennt sich schnell die Spreu vom Weizen.

Der britische Philosoph, Linguist und Logiker Bertrand Russell brachte mich über seine Ausarbeitung »Theory of Knowledge« und die damit verbundenen Begriffssysteme ganz früh auf die Spur. Schon in den 1970er Jahren habe ich so Auswahlprozesse gesteuert bei Bewerbern für das Duale Studium. Russell hat nicht umsonst immer wieder darauf hingewiesen, wie wichtig präzise Taxonomie bei jeder kritischen Analyse ist.

Auch im Herbst 2021, als ich mir für die neue Legislaturperiode ein fast ganz neues Büro aufgestellt habe, haben mein Büroleiter Jan Dermietzel und ich Kandidaten, die wir ernsthaft ins Auge fassten, um Texte gebeten, auf die die Bewerber selbst stolz waren. Und die haben wir analysiert, bewertet und oft mit dem Bewerber besprochen. Und wir haben anhand solcher Werke stets recht schnell festgestellt, wer fachlich besser zu mir passt und wer nicht. Die Charakterlichkeit versuchten wir in langen Interviews zu erkennen. In meinen 40 Jahren Wirtschaft gelang mir das zunehmend mit hoher Treffsicherheit. Im Politiksystem war ich nach sechs Jahren Geselle beim Thema Rekrutierung. Ein menschliches Trüffelschwein, wie ich mich ja gerne nenne, braucht nicht nur den Rüssel, sondern auch Erfahrung.

Sehr gut erinnere ich mich an einen Bewerber für eine Bereichsvorstandsposition in einer unserer Divisionen bei der Telekom. Als Personalchef hatte ich gehört, dass er in der Sache hervorragend war, aber wegen rüdem Führungsstil sein vorheriges Unternehmen im sogenannten gegenseitigen Einvernehmen verlassen hatte. Wenn es um Handwerklichkeit in Führungsfragen geht, helfen Versprechen auf die Zukunft überhaupt nichts. Ich gab ihm seine zweite Chance bei uns. Und ich versprach ihm schon bei seiner Einstellung, dass ich auf absehbare Zeit vierteljährlich einen Check machen würde, ob er sein Führungshandwerk verbessert hat. Über fast vier Jahre habe ich diesen Manager teils kontrolliert und ihm teils wie ein Coach zur Seite gestanden. Er fand das nicht berauschend, aber ich hatte Verantwortung für seine Untergebenen. Laissez-faire praktiziere ich nie. Wenn man unsicher ist: nicht gleich loslaufen lassen. Sondern aufpassen!

Mit fast 50 Jahren Erfahrung gehe ich heute bei Kennenlern- und Einstellungsgesprächen viel instinktiver vor als früher. Ich stelle unkonventionelle Fragen, konfrontiere mein Gegenüber mit einer frechen Hypothese und schaue, ob wir uns die Bälle zuspielen können. Lücken oder Brüche im Lebenslauf interessieren mich sehr. Aber nicht, weil sie mich stören. Überhaupt nicht! Genau dies sind die spannenden Stellen: wenn jemand mir erklärt, was und warum etwas vielleicht nicht glatt gelaufen ist. Ich lasse mich aber auch nicht von der Generation Z erpressen, sondern konfrontiere sie gnadenlos, wenn ich Mittelmaß erkenne.

Und ich schaue dabei nie nur auf das Individuum vor mir, sondern frage mich immer: Passt er oder sie auch ins bereits vorhandene Team? Ich habe schon bei Daimler und MTU darauf geachtet, Teams zusammenzustellen mit möglichst unterschiedlichen Menschen – lange bevor sich der Begriff Diversity durchsetzte. Dazu gehörte, dass ich auf all meinen Posten immer schnell eine kompetente Frau mit wichtigen Aufgaben betraut habe. Und ich habe gerne ehemalige Bundeswehroffiziere eingestellt, die nach zwölf Jahren militärischer Verpflichtung in die Privatwirtschaft wechseln wollten. Denn anspruchsvolle Aufgaben haben zwar einiges mit Kreation zu tun, aber genau so viel mit Disziplin. Heute würde ich, wenn möglich, auch auf unterschiedliche Ethnien achten. Und ich habe mich immer schon so diszipliniert, dass am Ende nicht die persönliche Sympathie den Ausschlag gab.

Könnte ich an den heutigen Einstellungsverfahren ganz grundsätzlich etwas ändern: Ich würde zu mehr Experimenten raten. Die anonyme Bewerbung hat sich in Deutschland nicht durchgesetzt; Personaler erwarten immer noch Porträtfotos. Aber es gibt zum Beispiel Unternehmen, die Künstliche Intelligenz einsetzen, um Softwareentwickler anhand besonders markanter Social-Media-Footprints zu identifizieren und ihnen proaktiv Jobs anzubieten. Und hat man ein paar gute Bewerber oder Kandidaten identifiziert, halte ich immer noch viel von Assessment Centern und noch mehr von Tests. Skandinavier und Angelsachsen zeigen da viel weniger Scheu als wir Deutsche, allenfalls Berufsanfängern muten sie so viel Stress zu. Dabei sind Kreativitäts-, Belastungs- und Intelligenztests gepaart mit biografischen Interviews bei Toppositionen am nötigsten.

Prototypen handwerklich designen für Zukünfte

Binnen der ersten 100 Tage habe ich in einem neuen Unternehmen stets so schnell wie möglich ein Zukunftsbild entworfen. Eine *map*, was man bis wann erreichen will innerhalb der nächsten fünf Jahre. Man schwebt dann nicht auf Wolke 17 über der Belegschaft, über den Betriebsräten, den Führungskräften, über den eigenen Vorstandskollegen. Sondern man erdet sich und macht sich in seiner Arbeit überprüf- und messbar. Zukunftsdesign ist nicht nur ein Thema für Vorstände. Jeder Handwerker kann ein Zukunftsbild designen. Es ist die geistige Landkarte, mit der man sein Territorium durchfurcht. Ein Prototyp für die zu leistenden Werkstücke.

Richard Sennett hat sich damit beschäftigt, wie handwerkliche Tätigkeiten in der Vergangenheit dargestellt und beschrieben wurden. In Kupferstichen von Werkstätten, Werkzeugen und Herstellungsverfahren zum Beispiel. Diese in Sennets Augen oft sprunghafte, nichtlineare Form des Fortschritts hat Menschen bildhaft und eindrucksstark geholfen, ihre Kompetenzen immer weiter zu verbessern oder abzurunden.

Meine Prototypen habe ich in jedem Unternehmen in eine Grafik gegossen ähnlich einer Bauzeichnung für entstehende Architektur, damit alle Beteiligten meine Gedanken besser verstehen und verinnerlichen konnten. Bei Lufthansa hatte ich anfangs das magische Dreieck der Personalarbeit, das die Beiträge für Mitarbeiter, Kunden und Aktionäre zum Ausdruck brachte. Als operativer Airline-Vorstand hatte ich die siebenstufige Service-Agenda: von der operativen Prozessqualität à la Bordkartenautomaten bis zu *humans as brands*. Service-Mitarbeitende sollten sich als Markenbotschafter verstehen. Die Voraussetzung dafür war, dass sie selbst eine Kultur der Wertschätzung erlebten. Bei Conti waren es 5+1: fünf Business-Initiativen und ein Enabler. Die fünf waren: bewegliche Fabriken, globales Arbeitskostenmanagement, Führungskompetenz und Hochleistungskultur, exzellente Attraktivität als Arbeitgeber, Strategisches Kompetenz-Management. Der Enabler war die HR-Exzellenz, also Hochleistung in klassischen Personaldisziplinen wie Einstellung, Training, Vergütung, Entwicklung. Und bei Telekom die HR Big X mit wettbewerbsfähiger Belegschaft, Servicekultur, Talent-Agenda und als Enabler die HR@2012.

Mit diesem präzise beschriebenen Zukunftsziel waren alle Beteiligten angestachelt und formiert, sich ihm Schritt für Schritt zu nähern. Überall hatte ich Messgrößen hinterlegt. Die Phraseologie reiner Strategie ohne ehrliche Beurteilung der Umsetzung hasse ich. Vom Messen, Zählen, Wiegen wird die Sau zwar nicht fetter, aber Signale geben Hinweise, wo man noch tiefer bohren muss. Und immer wenn wir eine Etappe erreicht, ein neues Produkt gelauncht oder ein weiteres Zwischenziel genommen hatten, habe ich unseren Fortschritt öffentlich sichtbar gemacht – ähnlich einer gemalten Torte, die Kuchenstück um

Kuchenstück bis zur runden Vollständigkeit wuchs. Genau wie der Stolz des Teams über die eigene Leistungskraft.

Ohne Grafik, aber mit einem Zweiseiter habe ich auch für meine ersten vier Jahre Bundestag Ziele aufgesetzt und im Büro aufgehängt. Nach zwei Jahren bereits hatten wir alles abgeschlossen. Eine Mitarbeiterin war darüber gar nicht so glücklich. Denn nun setzte ich mir und damit ihr neue Ziele.

Dahin gehen, wo Handwerkliches geleistet wird

Im Dschungel einer Organisation habe ich mir immer meine eigenen Pfade geschlagen. Ich verließ mich nicht auf die konventionellen Reportings und Hierarchien, sondern wurde ohne Vorwarnung oder Ankündigung selbst vorstellig bei den Menschen, die die wirklich handwerkliche Arbeit leisteten, die die erste Idee hatten und am besten wussten, wo es hakt. Das hat nicht jedem Vice President im mittleren Management gefallen. Aber es führte bei mir zu raschen Einsichten und für andere zu heilsamen Veränderungen. Später bin ich weich geworden, dann durfte der zuständige Vorgesetzte zumindest zuhören. Nomen est omen: Stuhlreihe um Stuhlreihe gibt es Vor-Gesetzte. Aber die Zukunft wird alle diese koordinierenden, vorselektierenden, disziplinierenden No-Jobs ausradieren.

In allen meinen Unternehmen habe ich mir immer mal wieder einen vollen Tag von 7 bis 17 Uhr geblockt für ein Ritual, das ich 360-Grad-Gesprächsrunden nannte. Wenn ich wissen wollte, wie ein Callcenter tickt oder die T-Labs der Telekom an der Technischen Universität Berlin, ein Conti-Entwicklungszentrum oder eine Lufthansa-Station, habe ich mich in zweistündigen Zeitblöcken nacheinander mit allen Stakeholdern getroffen: mit dem Leiter, dem Führungskreis, dem Betriebsrat, mit Werkern, Entwicklern, jungen Talenten. Am Ende des Tages hatte ich meist erfasst, was gut lief und wo der Schuh drückte.

Gut erinnere ich mich an den Werksleiter der Conti-Reifenfabrik im rumänischen Timişoara, der sich am späten Abend meines ersten Besuchs mein Feedback anhörte, nichts aufschrieb und nichts davon umsetzte. Zurück in Hannover beschwichtigte mich der damalige Conti-CEO Manfred Wennemer, der sei halt ein österreichischer Schlawiner. Und eigenwillig seien Werksleiter doch generell. Bei meinem nächsten Besuch in Timișoara verlegte ich das abendliche Gespräch mit dem Herrn auf 7 Uhr in der Früh. Ich führte ihm den Kugelschreiber und diktierte, was ich bis wann von ihm erwartete. Schlawiner haben mich immer gut kennengelernt.

Ein ähnliches Erlebnis hatte ich in einem mexikanischen Conti-Reifenwerk. In meiner allerersten Vorstandssitzung bei Conti wurde berichtet, man fürchte dort Unruhen unter der Belegschaft. Ich beschloss spontan, mir die Situation vor Ort anzuschauen. Und meine Nase betrog mich nicht. Vor Ort begann meine 360-Grad-Begehung in den Waschräumen.

Der Werksleiter war überrascht, als ich ihn fragte, warum sich in den Toiletten für Reifenarbeiter kein Klopapier befände. Er antwortete, es werde eh immer nur gestohlen. Dass er mit einem solchen Führungsstil den Teufelskreis im Konflikt mit der kommunistischen Gewerkschaft nur befeuerte – darauf kam er nicht. In all meinen Gesprächsrunden erlebte ich Ängstlichkeit und Misstrauen. Wennemer enthob den Werksleiter auf meinen Vorschlag von seinem Posten.

Solche 360-Grad-Begehungen haben meine Sensorik für Hochleistung, Mittelmaß und Schlechtleistung geschärft und meinen Führungsstil geprägt. Etwaige (und keineswegs seltene) Übertreibungen oder Täuschungsmanöver konnte ich meist im nächsten Gespräch gegenchecken und kam so sehr effizient heran an die eigentlichen Wahrheiten. Was noch wichtiger war: Ich wusste, worüber ich sprach, und war handwerklich tief im Thema. Wer als Führungskraft neu in ein Unternehmen kommt, dem kann ich diese Methode nur empfehlen. Erst recht Managern, die von Hofschranzen umgeben sind und Realitätschecks brauchen. Ich war nie misstrauisch, aber habe immer auf meine gesunde Skepsis gehört. Gerade in größeren Unternehmen hat sich eine Kultur eingeschlichen, Probleme gesundzubeten und Erfolge zu verklären. Die Verlogenheit nimmt zu. Denn der Graben zwischen Führenden und Geführten wird immer breiter und Leistung und Handwerklichkeit immer unsichtbarer.

Führung ist professionelles Handwerk

Zwei Gurus. Der Pionier modernen Managements, Peter Drucker, und der Pionier eines lehrbaren Fachs Management, Professor Henry Mintzberg von der kanadischen McGill University, haben Unternehmensführung in Theorie und Praxis revolutioniert.

Laut Mintzberg ist das Management ein Feld, auf dem sich Künste, Wissenschaft und Handwerk miteinander mischen. Diese Erkenntnis hat er in zwei Masterstudiengänge gegossen, denen die üblichen Finanzanalyse- und Buchhaltungselemente fehlen. In seinem Buch »Managers, not MBAs« erläutert Mintzberg, warum die in MBA-Programmen übliche Zahlen- und Theorielast Führungskräfte in ihrer Entwicklung eher hemme als beflügle. Weder kämen bessere Manager dabei heraus, noch trügen MBA-Programme dazu bei, die Managementpraxis insgesamt voranzubringen. All dies ist schon 20 Jahre her. Und immer noch bringen Mintzbergs Studiengängen Jahr für Jahr herausragende Manager hervor. Sie alle tragen das Gütesiegel einer internationalen Ausbildung, die Management nicht mit Zahlen und Kurven vermittelt, sondern wie eine Geisteswissenschaft.

Peter Drucker hat als Erster erkannt, dass die Führung eines Unternehmens ein erlernbares Handwerk ist. Und er hat das nötige Handwerkszeug für den Beruf in 35 Büchern umfassend entwickelt. Leider habe ich ihn nie kennengelernt, dafür seine Witwe beim Peter Drucker Forum in Wien vor vielen Jahren. Sie stand oft in seinem Schatten, obgleich sie richtungsweisend wissenschaftlich gearbeitet hat.

Erfolgreiche Führungskräfte sind effektiv in der Wirkung und beherrschen effizient und professionell ihre handwerklichen Management- und Denkwerkzeuge. Sie arbeiten methodisch, systematisch, gründlich und sorgfältig. Sie sind oft bescheiden und diszipliniert. Dabei gibt es keine einheitlichen Führungsmethoden oder gar -techniken. Technik reduziert einen Menschen auf eine Maschine. Leider glauben zu viele Menschen und Führungskräfte an die Toolbox. Wie gute Führungskräfte vorgehen, hat Fredmund Malik, Peter Druckers Proponent im deutschsprachigen Raum, in seinem Buch »Wenn Grenzen keine sind« treffend beschrieben:

»Sie arbeiten stetig an der Perfektionierung ihrer persönlichen Arbeitsmethodik. […] Sie wissen, dass es keine Grenzen gibt für Effektivität und Effizienz – außer die selbstgesetzten im Kopf. […] Gute Manager orientieren sich am Inhalt, nicht an der Verpackung; am Sein, nicht am Schein. Sie verschwenden keine Zeit für ›Showmanship‹, sondern kultivieren ›Craftsmanship‹; sie sind nicht an Ritualen, sondern an Resultaten, nicht an Input, sondern an Output interessiert. Und vor allem: Sie haben ihre Geschäfte unter Kontrolle, sie setzen Prioritäten und sie führen die Dinge zu Ende. Effektivität des Arbeitens, Zeitökonomie und Finalisierung der Aufgaben sind ihre Rezepte.«

Handwerklichkeit als Haltung und Arbeitsweise führt zu Spitzenleistung, die einen persönlich erfreut und die Institution in der Sache weiter nach vorne bringt. Sie ist für ein Land wie Deutschland fundamental.

Motivation und Ethos handwerklicher Arbeit

Zur Ehrbarkeit: Mittelalterliche Zünfte verlangten makellose Moral als Aufnahmebedingung. Wer einen Kandidaten vorschlug, musste vor dem gesammelten Gewerk bezeugen, dass es sich um eine redliche, ehrliebende, treue und gottesfürchtige Person handele. Der Begriff pflanzt sich bis heute fort im ehrbaren Handwerk.

Wenn ich dies schreibe, muss ich dann schon daran denken, dass ich selbst ein sündiger Mensch bin – so wie es sicher auch bisweilen Meister, Gesellen und Lehrlinge im Mittelalter waren. Gleichwohl ist die Frage der Moral eng verknüpft mit der Schaffenskraft. Ein somalischer Pirat oder ein sizilianischer Mafioso mögen Etliches erreichen, aber sie sind keine Handwerkskünstler mit Ethos.

Ergänzen lässt sich das allenfalls noch mit einem Gedanken von Richard Sennett. Für ihn ist Motivation, das menschliche Wollen, wichtiger als Talent und natürliche Begabung. Das sehe ich genauso. Ich bin wie Sennett Uroptimist. Wer zuallererst gestaltungsmotiviert, hochgradig frustrationstolerant und hartnäckig ist, kann Fehlschläge verwandeln in Verbesserungen und Erfolge. Sennet schreibt: »Die Fähigkeit, gut zu arbeiten, ist unter den Menschen gleich verteilt.«

Die SED hat nicht interessiert, ob ihre Helden der Arbeit Handwerkskünstler waren. Sie setzte rein auf ideologischen Gehorsam bei den Überoptimierern stalinistischer Vorgaben. In der Coronakrise entdeckte die Bundesrepublik die Helden der Arbeit ganz neu: Reinigungskräfte, Kassiererinnen und Pflegekräfte erhielten das Prädikat »systemrelevant«. Dass jede dieser beruflichen Tätigkeiten Würde innehat: unbestritten. Ebenso bekannt: Häufig wird erst in Krisensituationen der wahre Wert sichtbar. Die Heuchelei besteht darin, dass die Krise eben nicht zu einem neuen Aushandlungsprozess führte über die Wertschätzung dieser Beruflichkeiten. Sondern allenfalls zu punktuellen und in der Inflation verpuffenden Pandemieprämien. Sehr schade.

Leistung zeigt sich nicht nur im Wettbewerb mit anderen. Sondern in Gemeinschaftssinn, solidarischem Handeln, Kooperation und der Bereitschaft, auch unangenehme Arbeit ohne Murren und Knurren zu übernehmen. All dies bildet erst die Grundlage dafür, dass auch andere sich motiviert fühlen, ihren Beitrag zu leisten.

Karrieren und Potenzialentfaltung

Viele dachten, als ich 2012 bei der Telekom aufhörte, ich würde direkt in die Politik wechseln. So sehr hatte ich mich mit Frauenquote, New Work und MINT allerorts tatkräftig eingemischt. Doch wie bereits beschrieben, habe ich mich zunächst mit meinen *Schiffchen* beschäftigt, mit meinen zivilgesellschaftlichen Projekten im aktiven Unruhestand. Es war eine Zivilistenkarriere, eine damals ganz neue Erfahrung für mich, an die ich aber nun nach der Politik wieder sehr gut anknüpfen kann. Die dritte Karrierevariante meines Lebens. Karrieren und Karrieremanagement haben mich immer fasziniert – genauso wie spiegelbildlich die individuelle Potenzialentfaltung. In der Wirtschaft selbst habe ich nur Karrieren erlebt als Quereinsteiger in Apparate, also in bürokratische Organisationen.

Mein Wirtschaftsleben: Quereinsteiger in Apparaten

Wenn ich das Unternehmen wechselte, habe ich nie einen Stab enger Mitarbeiter mitgenommen, sondern mich der neuen Lage mutterseelenallein, quasi soloselbständig ausgesetzt. Ich hatte immer das unerschütterliche Vertrauen, im neuen Unternehmen genügend Substanz, Loyalität und Lust auf Neues vorzufinden. Und mir war klar: Wer mit einem Schwarm von Gefolgsleuten kommt, muss mit dem Widerstand der alteingesessenen Garde rechnen, der man gerade kollektiv die Entwicklungsperspektive genommen hat.

Apparate sind ja wie in Franz Kafkas Roman »Der Prozess« albtraumhafte Labyrinthe einer oft surrealen Bürokratie. Es kann einem als Neuling ähnlich gehen wie Kafkas Protagonisten Josef K., dem völlig verborgen bleibt, ob ein irgendwie gearteter Prozess tatsächlich heimlich voranschreitet oder nicht. Man fühlt sich bisweilen nicht greifbaren, mysteriösen Urteilssprüchen ausgesetzt, ohne jemals zu erfahren, weshalb man angeklagt war. Zu Beginn bei Lufthansa, Conti und Telekom kam ich mir daher oft vor wie ein demütiger Anthropologe allein unter den Eingeborenen einer unerforschten Insel. Ich musste mühsam entziffern, welche Sprache sie sprechen, ob sie sich mit mir anfreunden oder mich fressen wollten und wie sie untereinander agierten.

Wenn man ein Unternehmen als Neuling von innen kennenlernt, ist man anfangs blind wie ein neugeborenes Kätzchen. Man muss sich langsam vortasten und eine ganz eigene Sensorik entwickeln. Zum Glück! Denn das eröffnet hilfreiche Einblicke, wenn man sich darauf einlässt. Zu lange aufhalten darf man sich mit derlei Diagnosen aber auch nicht. Etliche Anthropologen wurden bei ihren Visiten geschlachtet. Auch das Immunsystem eines Apparats will sich schützen gegen unbekannte Bazillen. Es gilt zwar zunächst auszutesten, wie sich das eigene Handeln auf Widerstand und Beschleunigung auswirkt. Doch dann muss man rasch und wahrnehmbar führen. Als neue Spitzenführungskraft hat man dafür keine 100 Tage Zeit. Aber man darf nie Teil des Systems werden, sondern allenfalls Halbinsulaner.

Wird man neu in ein Unternehmen gerufen, ist meist die Kacke am Dampfen. Ich blieb deshalb immer Grenzgänger zwischen den Welten, Sektoren und Systemen. Nur so findet man Wahrheit. Frösche legen ihren Teich bekanntlich nicht trocken. Ich war nie Frosch. Das hatte den Vorteil, dass ich unabhängig und unvoreingenommen blieb und zugleich variantenreicher wurde. Und den Nachteil, dass ich eremitenhaft zwischen den Welten wanderte. Für die innere und äußere Unabhängigkeit zahlt man den Preis des Alleinseins. Weil man sich nicht einlässt, kennt man anfangs die wirklich »Bösen« nicht, auch nicht die »Guten«. Sich mit den Falschen einzulassen, hätte einen hohen Preis. Nur Halbinsulaner zu sein, ist keine leichte Entscheidung. Man lässt sich mit Haut und Haaren ein auf die Aufgabe, nicht jedoch auf die Kultur – anstrengend, aber gut für die Unabhängigkeitserklärung der eigenen Seele. Der Lohn besteht darin, besser transformieren und erneuern zu können.

Mir war das harte Ringen um Inhalte immer wichtiger als Seilschaften oder sogenannte Loyalität mit hofstaatähnlichen Strukturen, wie es sie in unzähligen Apparaten dieser Republik immer noch gibt. Einflüsterer, Hofschranzen, Rasputins umscharen eine Führungskraft in mehreren Zwiebelringen und filtern untrennbar miteinander verwobene Wahrheiten, Gerüchte und Schwindeleien. Wer als Führungskraft gestalten will, täte den Teufel, diesen Hofstaat abzuschaffen. Aber man muss ihn als das erkennen, was er ist, und seine Vorzüge nutzen, ohne in seine Fallstricke zu tappen. Dazu gehört, sich Schneisen zu schlagen, den Hofstaat zu umgehen und mit den Menschen zu reden, die die wirkliche Arbeit machen. Später, wenn man kenntnisreicher ist, kann man sich aufmachen, den Hofstaat auszudünnen.

Man kann mit dem Apparat spielen, ihn bestrafen und sich auf seinen irrationalen, kafkaesken Charakter einlassen und sollte dabei möglichst nicht verzweifeln. Man kann Menschen den Stuhl vor die Tür setzen, sie bis ins Extreme strapazieren, dosiert gewähren lassen oder auf alte Recken vertrauen. Und ich gestehe: Ich liebe den Kampf mit dem und um das große Rad und die nie endgültig entschiedene Frage, ob mich der Apparat reitet oder ich ihn.

Konzernkarriere heißt: mehr und mehr Komplexität meistern

Konzernkarrieren sind überwiegend Führungs-, Projekt- und Expertenkarrieren. In Komplexitätssprüngen zu denken, auch zwischen diesen Karrieretypen, war Kern von Personalentwicklung und Talentmanagement bei Continental wie bei der Telekom. Ich habe solche Sprünge natürlich auch selbst erlebt. Zum Beispiel, als ich bei der Lufthansa befördert wurde: vom Stabsbereichsleiter mit knapp 70 Mitarbeitern zum operativen Airline-Vorstand mit Verantwortung für mehr als 20 000 Menschen. Nicht wenige dachten damals, dass mich dieser Sprung überfordern würde. Vor dem Scheitern bewahrt hat mich meine Besessenheit, Dinge handwerklich sauber umzusetzen.

Solche Komplexitätssprünge in Form einer bodenständigen Karriere boten wir bei der Lufthansa damals auch den sogenannten Managementpiloten. Junge, frisch ausgebildete und talentierte Co-Piloten, denen wir die Chance gaben, Managementaufgaben in den Büros am Boden wahrzunehmen und dabei intensive Führungserfahrung zu erwerben. Eine extrem anspruchsvolle Aufgabe für junge Leute, die überwiegend fachlich ausgebildet worden waren. Im Cockpit ist man ja allein mit dem Kapitän. Einer meiner ersten Managementpiloten war ein mit den Hufen scharrender Herr namens Carsten Spohr. 1994 habe ich ihn zum Leiter von Personalmarketing und Nachwuchsentwicklung in meinem Beritt gemacht. Er war so gut, dass der Vorstandsvorsitzende Jürgen Weber ihn mir allerdings bald wegschnappte.

Die konzerninternen Stand- und Spielbeine von Karriere fallen meist nicht zu disruptiv aus. Geachtet haben wir immer auf den richtigen Mix aus Routinemanagement und der Auseinandersetzung mit Neuem. Kluge Karrierepolitik ist ein bewusst dosierter Misfit zwischen den Anforderungen der neuen Rolle und bislang erworbenen Kompetenzen. Es unterfordert Mitarbeiter, wenn man ihnen Aufgaben gibt, auf die sie passen wie das Deckelchen aufs Töpfchen. Man überfordert sie aber, wenn die neue Aufgabe zu wenige Elemente bietet, mit denen sie sich auskennen. Der Misfit sollte so groß sein, dass er in überschaubarer Zeit zu schließen und gegen Ende sogar zu meistern ist. Im alten Industriezeitalter hätte man in einem Konzern wohl fünf bis sieben Jahre veranschlagt, heute sind es eher zwei bis vier. Aus meiner Sicht ein Schlüsselthema für Karriereentwicklung. Denn nicht zu viele sollten sich per Peter-Prinzip entwickeln: hinein in die Inkompetenz. Ohne Stretch, ohne die Komfortzone zu verlassen, wird es nicht gehen. Doch leider denken viel zu wenige Unternehmen an Misfit. Das hat damit zu tun, das sich Personalarbeit zunehmend deprofessionalisiert, vor allem im Mittelstand. Und auch in Konzernen sind Diversity- und New-Work-Themen mittlerweile oft wichtiger als die Basics.

Es eine Kernaufgabe von Führungskräften, die Begabungen und Talente in ihrer Organisation zu befreien. Dazu dient auch dieser gewollte Misfit. Er ermöglicht Mitarbeitern Erfahrungsfelder, auf denen sie sich richtig anstrengen müssen, ohne sich komplett zu verausgaben. Aber Strapaze darf sein. Ganz so heiter war es auch bei mir nicht. Von nicht Wenigen habe ich lange nach dem jeweiligen Ende unserer Zusammenarbeit Sätze gehört wie »Ich habe gelitten wie eine Sau, aber ich bin dabei ungemein gewachsen. Das habe ich erst viel später erkannt.« »No gain without pain« sagen die Briten. Halten Sie mich nicht für einen Sklaventreiber! Auf persönliche schwierige Situationen und seelische Belastungen habe ich immer Rücksicht genommen und nach maßgeschneiderten Lösungen gesucht. Zum Ponyhof geriet die Zusammenarbeit mit mir allerdings nie. Schließlich wusste jeder im Voraus, was ich von ihr oder ihm erwartete, bevor er oder sie ins Team eintrat.

Rarität in alten Unternehmen: Wertschätzung für junge Rebellen

»Liberating talent«, wie ich es in den 1990er Jahren formulierte, war mir ein Herzensanliegen. Ungeschliffenen Juwelen Chancen zu eröffnen, hat mich immer beseelt. Die Realitäten der Industriegesellschaft indessen sind teils düster. Hierarchien und Normierungen schlagen oft brutal zu. Gerade die Kreativen der jungen Generationen Y und Z dürsten nach Sinn und Wertschätzung. Sie sind jung, bestens ausgebildet, hungrig, voller Ideale und Tatendrang: »Generation Y oder Z willkommen«, heißt es. Von wegen. Realität schlägt Rhetorik. Drei Beispiele aus meinen Netzwerken.

Jan B., Ende 20, Betriebswirt in einem Versicherungskonzern, hat schon im Studium Projekte gestemmt, erst recht jetzt. Er ist kreativ und denkt unternehmerisch. Das Kollegium sieht ihn reif für die Beförderung. Nur der übernächste Chef sagt kalt: »Ich sehe ihn dort nicht.« Aus einer Vorstandsvorlage hatte er Jan B. ein Thema gestrichen, das angeblich »politisch« nicht passte. Doch der Vorstand hakte nach, der junge Mann antwortete ehrlich, man gab ihm recht. Tja, die ehernen Regeln der Hierarchie verletzt, die Karriere beschädigt. Jan B. sagte tief getroffen: »Ich bin für die Sache eingetreten und habe mit meinem Potenzial bezahlt.«

Maren F. war ein brillanter Kopf in der Personalabteilung eines Mittelständlers. Die junge Frau hatte in Fachbüchern veröffentlicht, erhielt externe Auszeichnungen für ihre HR-Arbeit. Als sie erkannte, dass ihr Arbeitgeber, ein Hidden Champion, Warnsignale des Wettbewerbs ignorierte, schlug sie eine breite Innovationsinitiative vor, um das Unternehmen für Veränderung zu sensibilisieren. Lapidare Antwort des Personalleiters: »Machen Sie das, wofür wir Sie eingestellt haben.« Ohne sachliche Auseinandersetzung wurde das Thema abgehängt, Maren F. abgebügelt. Danach war sie offen für Stellenangebote.

Dritter Fall: Marc L., der Jüngste der drei, arbeitete bei der deutschen Tochter eines US-Konzerns, der jedes Jahr drei bis vier Kulturziele für die Mitarbeiter proklamierte. Sei mutig! Sei der Allerbeste! Feiere Erfolge! Der junge Mann hielt das für realitätsverkleisternd und schrieb dem Geschäftsführer: »Erstens, warum räumen wir nicht ehrlich ein, dass die meisten Mitarbeiter nur das sagen, was die Geschäftsleitung hören will? Zweitens, jede Firma braucht wertgeschätzte B-Spieler, die gute, solide Arbeit liefern. Drittens, wir feiern heute lieber Fehler der Nachbarabteilung, als selbst besser zu werden.« Das Feedback: Marc L. möge sich überlegen, ob er in der Firma richtig aufgehoben sei.

In jedem dieser drei jungen Menschen habe ich eigene Erfahrungen wiedererkannt – zum Beispiel die beim Motoren- und Turbinenhersteller MTU, als mir mit Mitte 30 der Vorstandsvorsitzende Hans Dinger die Beförderung stornierte. Ich hatte zu scharfe Fragen zur Unternehmensführung gestellt. Auch als Personalverantwortlicher hatte ich immer wieder damit zu tun, dass junge Menschen in den Hierarchien geschurigelt wurden. Frustrierend, damals wie heute.

Junge Menschen glühen für eine Sache, bringen Ideen ein. Doch man stutzt ihnen früh die Flügel. »Füge dich«, blocken Vorgesetzte ab und nennen es Abstimmungsprozess. So läuft das Ringen der Jungen um Stimme, Spielraum und Perspektive ins Leere. Überzeugung trifft auf Büropolitik und Sache auf Macht. Hierarchie schlägt Meritokratie. Schwülstige Employer-Branding-Botschaften sind dann nicht mehr als die Huren einer verlogenen Unternehmensphilosophie. Schnieke New-Work-Büromöbel dienen als Potemkin'sche Dörfer. Dahinter verbirgt sich oft nur modrige, alte Unternehmenskultur. Ich verachte diese Recruiting-Vögel, die online und auf Messeständen schwindeln, dass sich die Balken biegen.

Starre Bürokratien glauben an die heilige Ordnung. Dazu gehören Funktionäre, die das System im Gleichgewicht halten. Nach oben dulden sie keine Dissonanz. Nach unten senden sie Signale der Uniformierung. Links und rechts pflegen sie Konsensrituale des Mittelmaßes. So funktioniert der Apparat mit seinen Normungs- und Abrichtungsprozessen. Aber er entwickelt sich nicht weiter. Deshalb sollten freiheitsliebende Mitglieder der Generationen Y, Z und Millenium (die meisten fühlen sich ja recht wohl in abhängiger Beschäftigung) schnell die richtige oder die eigene Firma finden. Alteingesessene flehentlich anzubetteln, ihre Arbeitskultur umzukrempeln: das bringt herzlich wenig.

Das mögen sich die jungen New-Work-Influencer hinter die Ohren schreiben. Genauso die soften Unternehmenspersonaler, die ihnen opportunistisch hinterherlaufen. Ein sonst sehr sympathischer Gen-Z-Keynote-Speaker hat vor einiger Zeit für den »Bare Minimum Monday« geworben: am Montag minimal arbeiten, damit der Sonntagsstress vor der neuen Woche geringer ausfalle. Meine Antwort auf LinkedIn lautete: »Ich bin es zunehmend müde, entmündigende Kommentare zu hören, wie ich arbeiten soll.« Jeder und jede soll sich die Arbeit aussuchen, die zu ihr oder ihm passt. Und bei Irrtum: schnell die Firma wechseln, eine gründen oder selbständig werden!

Gen-Z-Karriere: Freiheit oder Flucht in die Sicherheit?

Die angeblich so homogene Generation Z erlebe ich inhomogen. Ich habe junge Leute kennengelernt wie Charles Bahr, Fabian Grischkat, Sara Dumat, Urs Meier, die mit vollem, teils extremem Arbeitseinsatz, auch neben der Schule, die Chancen voll ergriffen haben, die sich aus neuen Berufsbildern ergeben. Influencer und YouTuber mit dahinterliegenden Skills und Karriereoptionen, etwa professionell Videos schneiden zu können oder messerscharfes Zielgruppenmarketing. Teile der deutschen Gen Z sind genauso an materiellem Einkommen und Karriere interessiert wie wir Babyboomer. Kapitalismus und Marktwirtschaft greifen noch. Gott sei Dank.

Es gibt aber auch nicht wenige junge Männer und Frauen dieser Generation, die sehr altruistisch an ihr Leben herangehen, die aus vollem Herzen Gutes bewirken wollen auf dieser Welt, die ihnen die Vorgängergenerationen in ihren Augen reichlich heruntergekommen übergeben haben. Ich beobachte das mit Freude; auch weil ich weiß, dass mit zunehmendem Alter Nüchternheit, Vernunft und leider auch manche Enttäuschung den Sturm und Drang ausbalancieren werden.

Glaubt man den gängigen Generationenstudien, will die Mehrheit der Generation Z Freiheit und Sicherheit harmonisch miteinander vereinbaren – nicht mit Work-Life-Balance, sondern per Work-Life-Separation. Das ist paradox. Junge Menschen wollen massenhaft in abhängige Beschäftigung oder ins Beamtentum einwandern in der Hoffnung auf private Freiheit werktags ab 16 Uhr und freitags ab 12.30 Uhr. Ein Phänomen besonders saturierter Gesellschaften: Wasch' mir den Pelz, aber mach mich nicht nass! Neben seiner Verliebtheit ins Privatleben zeigt dieser Teil der deutschen Gen Z ein fast irrationales Bedürfnis nach Sicherheit. Vielleicht haben die Coronalockdowns an deutschen Schulen hier Unheil angerichtet. Umgekehrt müsste es sein: In der heutigen Welt sollte man lernen, mit Zerbrechlichkeit und Unsicherheit zu leben. Nicht Risikoscheu ist jetzt gefragt, sondern Innovationsfreude.

Den Vampiren entkommen: selbst Karriere planen

Als ich Personalvorstand bei Conti war, haben wir einmal ein gemeinsames Treffen hauseigener junger Talente mit jungen Talenten der TUI organisiert. Neben mir nahm der damalige TUI-Personalvorstand Peter Engelen teil. Die Zusammenkunft fiel mitten in den Umbauprozess vom Mischkonzern Preussag zum Touristikkonzern TUI. Bitterlich beklagten sich etliche TUI-Nachwuchskräfte über ihr Arbeitsvolumen in dieser disruptiven Phase. Meine Antwort fiel zweigeteilt aus. Einerseits erlebe man einen solch massiven Konzernumbau wohl nur einmal im Leben, das biete einzigartige Erfahrungen. Andererseits sollten die jungen Leute abwägen, ob derlei Erfahrungen im Verhältnis stünden, wenn sie ihr Unternehmen nur noch als Vampir wahrnähmen. Kollege Engelen (meines

Wissens nicht verwandt oder verschwägert mit Ursula Engelen-Kefer, obgleich das gut passen würde) empörte sich ob meiner Vampirformulierung. Ich stehe zu ihr.

Liebevoller ausgedrückt: Die meisten Unternehmen sind rein daran interessiert, dass ihre Angestellten ihr Maximum geben. Was vorher, nachher, links und rechts darum herum passiert, ist für das Unternehmen nicht relevant. Ein solcher Fokus ist nicht nur völlig legitim, er ist auch nützlich. Arie de Geus hat dies bestens beschrieben. Firmen passen sich an Marktverhältnisse an und benennen ihre Personalabteilung gerne um von »Human Resources« in »People Experience«. Es entspricht dem Zeitgeist. Derlei Wendigkeit sollte aber niemand mit Herzenswärme verwechseln. Sondern man muss als Unternehmer der eigenen Talente seine eigene Karriereplanung dagegensetzen. Nur so widersteht man den Verführungen von Unternehmen. Vampire sind sie fast alle.

Dagegen gibt es allerdings Knoblauch. Die eigene Mission und Aspiration kennen, die passenden Lern- und Entwicklungsorte wählen, an Kompetenzen feilen und ein Erfahrungsportfolio aufbauen: sein Selbst werden. Am Ende eines Berufslebens oder Lebens ist man der Einzige, der Bilanz zieht. Nachrufe auf sich selbst wird man nicht mehr lesen können. Aber schreiben kann man sie schon: indem man sie lebt.

Disruptive Karrieren: von Piraten lernen?

Heutige Führungskräfte sind meist ausgebildet und sozialisiert in Unternehmen und Karrieremustern rund um die Jahrtausendwende. Sie sind oft Schüler und Opfer von Jack Welch samt seinem elaborierten Handwerkszeug für das strategische Management: die eingeübten Rituale der Mikropolitik. Betriebswirtschaftliche Planungszyklen, die getreu dem optimistischen Blick expansiver Manager nur Trends nach oben extrapolieren. Solche Sonnenschein-Tools befähigen jedoch niemanden, Disruption und Karriere in Krisenzeiten zu managen. Wie nötig Quereinsteiger und Change-Manager an der Spitze transformationsbedürftiger Unternehmen sind, habe ich schon beschrieben. Nicht jedoch, dass es sie auch in der Fläche geben muss.

In ihrem Buch »The Misfit Economy« legt die Wirtschaftshistorikerin Alexa Clay dar, wie viel sich lernen lässt von Misfits: von Hackern, somalischen Piraten und anderen Gangstern. Sie stehen schräg im Stall gesellschaftlicher Normen und schlagen Kapital aus ihrer Einzigartigkeit. Die Piraten vor der Küste Somalias haben aus einem lokalen Problem, dem Kampf gegen ausbeuterische internationale Fischfangflotten, ein globales Geschäftsmodell entwickelt. Nicht so radikal und erst recht nicht rechtsfrei sollte es zugehen bei der Besetzung von transformationsrelevanten Führungs- und Expertenposten in Unternehmen. Aber wir brauchen Rebellen, Außenseiter, Exoten, die sich trauen, ver-rückte Wege einzuschlagen. Intrapreneurship in der Fläche ist nötig, damit sich in ausreichend vielen Köpfen einer Organisation unternehmerisches Denken und Handeln quer zum Strich verankert und so die Disruptoren an der Spitze unterstützt. Das alles ist nicht angenehm für Unternehmen und erst recht nicht für Intrapreneure, also Mitarbeiter, die als ihre eigenen Unternehmer agieren. Wir wissen, wie das Immunsystem alter Organisationen reagiert. Aber oft genug gelingt ein Vorstoß. Und wenn nicht, wird daraus eine Lektion fürs Leben.

Die *Skunk Works* der Advanved Development Programs beim Rüstungskonzern Lockheed Martin zum Beispiel sind legendär für Intrapreneur-Innovationen. Eine geheimnisumwitterte Spezialabteilung, die experimentelle und exotische Waffensysteme entwickelt, einst zum Beispiel die Stealth-Technologie für Tarnkappenbomber. Stinktiere gegen die etablierte Kultur. Weil Intrapreneurship bei *Skunk Works* ähnlich funktioniert wie ein Unterseeboot, gelingen hier Innovationen trotz alter Strukturen. Der Unternehmer Gifford Pinchot III. hat 1985 die zehn Gebote des Intrapreneurs verfasst. Mein Lieblingsgebot: Es ist leichter, um Verzeihung zu bitten als um Genehmigung.

Intrapreneur-Rebellen sind die Zwillinge der Entrepreneur-Rebellen. Alexa Clay beschreibt in ihrem Buch einen einstigen amischen Kamelmelker, dem es gelang, in den USA einen florierenden Handel mit Kamelmilch aufzubauen. Denn viele Menschen dort glauben, dass Kamelmilch die Symptome von Autismus bei Kindern lindern könne. Wer sich Dinge zutraut, kann weit kommen. Vom Tellerwäscher zum Millionär. Oder vom Kamelmelker zum Entrepreneur.

Karrieren nehmen selbst in Deutschland zunehmend disruptiven Charakter an. Wer hätte gedacht, dass zwei Mainzer Biotech-Pioniere nach vielen Jahren Mühsal in wenigen Monaten ein Milliarden-Unternehmen aufbauen? Dass Bastian Nominacher, Bäckersohn, spätberufener Abiturient und Absolvent der TU München, das Software-Einhorn Celonis gründen würde? Im Gegensatz zu vielen anderen bewundere ich, wie Elon Musk Tesla, SpaceX, Twitter führt. Mit Tesla lehrt er den deutschen Automobilmarkt das Fürchten und demütigt ihn in China. Mit SpaceX will er sich seinen Lebenstraum erfüllen: eine Kolonie auf dem Mars. Tesla dient diesem Lebenstraum wohl als Cashcow. Und ich habe als besessener Twitterer nicht bemerkt, dass dort nur noch ein Achtel der Mitarbeiter an Bord ist. Twitter hingegen ist bei den Kosten mittlerweile fast *break-even*. Ob all dies gelingt, steht in den Sternen. Musk ist indessen ein Disruptor par excellence.

Entrepreneurship-Karrieren gegen deutsches Mittelmaß

Wichtiger Katalysator für eine neue Gründungsdynamik in Deutschland war die Otto Beisheim School of Management (WHU). Einer ihrer Absolventen: Rocket-Internet-Gründer Oliver Samwer, ein Gründeralphatier. Bei aller Kritik an seinen rüden Managementmethoden: Er hat seit 2007 die Berliner E-Commerce-Szene wesentlich initiiert und inspiriert. Die WHU steht mit Blick auf ihre Studierendenzahl mit an der Spitze der gründungsstärksten deutschen Hochschulen. Doch freilich: Am E-Commerce allein wird Deutschland nicht genesen.

· Neue starke Spielbeine sind gefragt: Cyberphysische und Software-Unternehmen, vor allem bei Künstlicher Intelligenz und Internet of Things, Biotechnologie, Climate Tech, Raumfahrt. Prototypen dieser neuen Zunft sind zum Beispiel das Münchner Process-Mining-Unternehmen Celonis, Senkrechtstarter BioNTech, Wasserstoff-Unicorn Sunfire und die voll europäisch finanzierte Isar Aerospace – überwiegend handelt es sich um Ausgründungen aus Universitaten. Unser Ziel muss sein, dass sie in den kommenden Jahren Tausende Nachahmer hierzulande finden: Techspezialisten mit extremem Kundenfokus, Weltmarktführer oft in Nischen.

Doch dazu bedarf es der Gründung jeder Menge forschungsbasierter Start-ups. (Aus-)Gründerkarrieren für Forscherinnen, Ingenieure und Software-Entwicklerinnen sind oft sehr viel komplexer und tiefschürfender als die Rocket-Internet-Karrieren. Forschende Gründer brauchen oft viele Jahre experimentellen Engagements und sind meist noch unendlich weit von möglichen Märkten entfernt. Dabei müssen die jungen Unternehmen oft ein Tal des Todes voller Entbehrungen durchschreiten. Hinzu kommt, dass an etlichen Stellen ökonomischer Sachverstand fehlt und eine Kultur unternehmerischer Antriebsmotivation. Die deutsche Forschungs- und Wissenschaftswelt protzt ja gerne mit ihrer Erkenntnisorientierung. Märkte und Kunden hingegen betrachtet sie wie fremde Wesen in einem fernen Reservat, das man pietätvoll lieber gar nicht betritt.

Forschungsorganisationen halten sich gerne nicht nur im erkenntnistheoretischen Bereich auf, sondern auch, in guter deutscher Beamtenmanier, in der finanzbeschaffenden Administration. Deshalb hatte ich sie 2018 als »fette Katzen« bezeichnet.

In meinen Bundestagszeiten habe ich mein Team analysieren lassen, wie sich die Zentralen der großen Forschungseinrichtungen Max Planck, Fraunhofer & Co. quantitativ wie qualitativ unterscheiden von den Zentralen Dax-notierter Konzerne. Leibniz schnitt dabei recht passabel ab, es ist die am wenigsten fette Katze. Das Zahlenwerk von Helmholtz war undurchsichtig. Max Planck hatte (relativ und in Bezug auf die Gesamtbelegschaft) viermal mehr und Fraunhofer achtmal mehr Mitarbeiter in seiner Zentrale als bei börsennotierten Unternehmen üblich. Besonders ausgeprägt sind bei Max Planck und Fraunhofer die riesigen Präsidialstäbe, die das Bundesforschungsministerium gerne mit bis zu 20-köpfigen Delegationen besuchen. Das Ministerium selbst wartet bei solchen Visiten regelmäßig nur mit drei Experten auf.

Im Gegensatz zu etlichen Wissenschaftlern liebe ich das Reservat forschungsbasierter Ausgründungen, Venture-Capital-Märkte und Kunden und habe es oft selbst betreten. Ich berate einige Ausgründungen aus der Wissenschaft und habe dort auch eigenes Geld investiert, gar nicht einmal wenig. Mein mittlerweile tiefer Einblick in diesen Teil der Start-up-Szene barg anfangs einige Überraschungen. Wie schüchtern sich junge Gründende aus der Forschung an Markt und Geschäft heranrobben! Sie formulieren oft viel zu zaghaft in ihren Businessplänen, treten bei Pitches, schon vor ihren Vorgesetzten, übervorsichtig auf. Da prallen die Welten unternehmerischer Wirtschaft und hierarchischer Wissenschaft aufeinander. Die einschlägigen Gründerjournale verwenden wahrscheinlich deshalb viel Platz darauf, immer wieder zehnseitige Muster-Pitches unterschiedlichster Couleur zur Nachahmung zu empfehlen. Auch den Wachstums- und Preismodellen, die sich kluge Wissenschaftler mit Zahlenexpertise ausdenken, fehlt oft der unternehmerische Wagemut. Und hier reden wir über Menschen, die ihre dem Wissenschaftssystem eigene Gründungsskepsis ja längst überwunden haben.

Mit Professor Arnold Picot saß ich ein paar Jahre vor seinem viel zu frühen Tod in einem Münchner Café. Wir waren freundschaftlich verbunden, er zählte zu meinen liebsten wissenschaftlichen Gesprächspartnern. Und wir unterhielten uns über eine seiner Studien, die sich mit der Frage befasste, warum Google nicht in Deutschland erfunden und gegründet wurde. Er vertrat die sehr bodenständige These, dass deutsche Gründer nicht global dachten, sondern sich in ihrem Hang zum Mittelmaß damit begnügten, Lösungen nur für Deutschland oder Europa zu entwickeln. Solche Firmen skalieren selten über mehr als 49 Mitarbeiter. »German Mediocracy« nannte er das.

Eine Lösung dagegen heißt: Science Entrepreneurship. Natürlich brauchen wir cross-disziplinäre Gründervorlesungen und -seminare. Vor allem brauchen wir freudemachende Hackathons, Makeathons, Maker Spaces, in denen Erleben möglich ist. Qualifikation ist dabei nicht das alles Entscheidende. Mindestens so wichtig ist der Spirit, etwas mit Spaß und Freude zu tun. Mein guter Freund, der Unternehmer Rainer Stetter, organisiert jedes Jahr für bis zu 500 Studierende weltweit Makeathons auf Gran Canaria unter dem Motto »The Green Island«. So sehen künftige Vorlesungen aus, Prototypen für die Hochschulen der Zukunft. Da Hochschulen sich nicht selbst reformieren, will er solche Prototypen jetzt nach Deutschland reimportieren – gesponsort vom deutschen Mittelstand. Humus für Gründerkarrieren.

Freelance-Karrieren haben Zukunft: außer in Deutschland

Die Organization-Man-Logik des Industriezeitalters bricht nicht nur in Gründungskarrieren seit Jahren auf. Sondern auch für digitale Freelancer und Portfolio-Worker, für die der Karriereforscher Douglas T. Hall den Begriff der »Proteus-Karriere« prägte. Der Meeresgott Proteus aus der griechischen Mythologie war als Sohn Poseidons ein Meister der Verwandlung und konnte jede beliebige Gestalt annehmen. Proteus-Karrieren weisen alle zur Autonomie befähigenden Lebensfunktionen auf und können sich chamäleonartig unterschiedlichsten Aufgaben anpassen. Multi-Tasking in Multi-Companies.

In sich digitalisierenden Ländern nimmt die Zahl digitaler Freelancer rasant zu. Denn kleine wie große Unternehmen, kommunale wie Zentralverwaltungen haben überall auf der Welt gigantischen Transformationsbedarf. In Deutschland hingegen fristen digitale Freelancer ein karges Dasein. Unsere öffentliche Verwaltung denkt kaum daran, sich zu reformieren. Damit fällt nicht zuletzt ein wichtiger Markt weg. Darüber hinaus haben SPD-Bundesarbeitsminister von Andrea Nahles bis Hubertus Heil ihr Damoklesschwert über der vermeintlichen Scheinselbständigkeit aufgehängt. Dabei sind die Selbständigen zweigeteilt, wie nicht zuletzt Corona offenbarte. Zum einen bestehen sie aus hochqualifizierten, gut verdienenden Freelancern; sie finden sich überwiegend in der Software- und IT-Branche sowie im Consulting. Zum anderen handelt es sich oft um prekär verdienende Kleinunternehmer, unabhängig von ihrer Qualifikation. Wer all diese Selbständigen über einen Kamm schert, schützt nur die prekäre Seite und zerstört dabei die Innovationskeime des oberen Segments, aus denen immer wieder eine Vielzahl an Gründungen erwächst. Auftraggebenden Unternehmen und digitalen Solisten bleiben damit nur drei Optionen: Freelancer lassen sich als abhängig Beschäftigte einstellen. Sie verkümmern hierzulande. Oder sie wandern aus.

Als Oppositionsabgeordneter habe ich Selbständigenverbände und Freelancernetzwerke immer wieder massiv unterstützt bei ihren oft verzweifelten Forderungen nach differenzierter Behandlung. Mit Andreas Lutz, dem Vorsitzenden des Vereins der Gründer und Selbständigen in Deutschland (VGSD), kämpfte ich in meinen politischen Jahren in Berlin gemeinsam gegen die roten Socken im Bundesministerium für Arbeit und Soziales. Lutz kann mit Sachverstand und Leidenschaft berichten, warum Selbständige endlich finanzielle Gleichbehandlung bei der Krankenversicherung brauchen, warum für sie Optionen einer Altersvorsorge wichtig wären, vergleichbar mit der Künstlersozialkasse. Und wieso wir endlich transparente und saubere Positivkriterien für Selbständigkeit brauchen anstelle von beliebig dehnbaren Negativkriterien für Scheinselbständigkeit.

Sozialdemokratische Arbeitspolitik will nicht verstehen, dass wir Schutzrechte und Freiheitsrechte fein ausbalancieren müssen. Den Beamten im Bundesarbeitsministerium ist die Problematik durchaus bewusst. Aber aus ideologischen Gründen wollen sie Selbständigkeit als Anomalität und Abnormalität brandmarken. Nicht zuletzt deshalb war zu den Jamaika-Verhandlungen nach der Bundestagswahl 2017 die Angst im Bundesarbeitsministerium groß, dass das Haus unter FDP-Obhut und unter meine persönlichen Fittiche geraten könnte. So wurde es mir zumindest zugetragen. Es hätte mir große Freude bereitet, als Arbeitsminister in diesem Roten Kloster einmal ordentlich auszumisten.

Arbeitsminister Hubertus Heil hat 2020 den sogenannten Rat der Arbeitswelt ins Leben gerufen mit hochrangigen Vertretern aus Wissenschaft, Wirtschaft und Gewerkschaften. Die ehemaligen Personalchefinnen von Siemens und Lufthansa, Janina Kugel und Bettina Volkens, sowie die Zürcher Betriebswirtschaftsprofessorin Uschi Backes-Gellner verließen den Rat ein gutes Jahr später im Streit. Nachgerufen hat ihnen die verbliebene Horde, sie seien faul und finanziell ansprüchlich gewesen. In Wirklichkeit ging es um harsche inhaltliche Differenzen bei der Digitalisierung der Arbeitswelt. Der für seine Tiraden berüchtigte frühere ver.di-Chef Frank Bsirske hat dem Rat, wo auch immer es ging, seinen ideologischen Stempel aufgedrückt. Und Minister Heil hat aktiv zugesehen. Das Damentrio hat sich das wohl nicht gefallen lassen.

Schon als im Bundesarbeitsministerium noch Andrea Nahles regierte, habe ich dort in Experten-Workshops zur Zukunft der Arbeit immer wieder eine undogmatische Sichtweise eingefordert. Gewerkschaftsideologen, Ministerialbeamte und linkslastige Professoren warnten damals vor den angeblich riesigen Gefahren von Clickwork: dem Angebot digitaler Dienstleistungen auf Onlineplattformen. Seitdem sind an die sieben Jahre vergangen, und die Warnungen damals waren völlig umsonst. Eine verschwindend geringe Anzahl von Menschen ist hauptoder nebenberuflich als Clickworker tätig. Davon lassen sich zwei Drittel passabel bis ausgezeichnet bezahlen. Die linke Mafia des traditionellen Arbeitsmarkts beschwört immer gerne Katastrophenszenarien und verbreitet Angst und Schrecken, um jegliche Änderung am Status quo zu verhindern. Diese Geisteshaltung ist in unserer Zeit der Umbrüche besonders schädlich.

In der Coronapandemie hat sich bitter gezeigt, wie Deutschland zu Freiberuflern und Freelancern steht. Soloselbständige, Gründer und Kleinstunternehmer kämpften ums Überleben. Millionen Beamte und abhängig Beschäftigte hingegen bezogen schlicht weiter Gehalt, teils noch mit Coronazulage fürs Homeoffice. Oder sie kamen mit Kurzarbeitergeld finanziell relativ entspannt durch die Krise.

Ich selbst bin kein Freelancer. Als Grenzgänger an der Peripherie verfüge ich jedoch über einige wichtige Freelancer-Eigenschaften. Ich betrachtete mich als Manager meiner Talente und habe ein Kompetenzbündel aufgebaut inklusive Vertrieb, Distribution und Controlling, das mich relativ autark macht. Das Wichtigste: Ich pflege meine Marke »TS« mit unendlich viel Mühe und Liebe. Sie ist das, was ich bin und was ich werde. Sie ist das, was mir niemand nehmen kann – selbst wenn ich ansonsten alles verlöre. Ich pflege die Marke auf Social Media, mit Büchern, Interviews und Artikeln und mit auch heute noch 30 bis 40 Vorträgen und Vorlesungen im Jahr. Vor allem aber, indem ich Klartext rede über die Gegenwart und Zukunftsbilder schaffe.

Viele meiner Kompetenzen habe ich mir über Initiativen erworben, zum Beispiel MINT Zukunft schaffen oder Wege zur Selbst-GmbH. In solchen Freiwilligenföderationen kann man sich neues Wissen, neue Perspektiven aneignen. Vor allem lernt man, frei von Hierarchien Einfluss auszuüben, Probleme auf Augenhöhe zu lösen und soziale Kompetenzen für die digitale Ökonomie zu nutzen. Fähigkeiten, die man als Vorstand oft verlernt, als künftige Führungsperson und Influencer aber unbedingt braucht. Als Zivilist, der ich jetzt wieder bin, kommt mir das sehr zugute.

Der nichtunternehmerische Staat und seine Karrieren

Die angelsächsische Debatte um einen »unternehmerischen Staat« ist mit Blick auf Deutschland absurd. Erstmals traf ich Professorin Mariana Mazzucato, Direktorin am Londoner University College im Jahr 2018 auf einem Panel. In ihrem aufsehenerregenden Buch »The Entrepreneurial State« hatte sie jüngst nachvollziehbar argumentiert, dass Internet, GPS, Mikroprozessoren und Silicon Valley in den USA ohne den unternehmerischen Staat nicht entstanden wären. Mariana und ich diskutierten damals über das spannende Thema »Beyond market failures: how the state creates value«. Mir fiel auf, wie eng amerikanisch Mazzucato dachte. Ich musste ihr auseinandersetzen, dass deutsche Beamte anders ticken als amerikanische *civil servants.* Die Deutschen dienen lebenslänglich und verlassen nicht zu Tausenden ihre Jobs, wenn ein neuer Präsident sein Amt antritt und damit eine neue Regierung an die Macht kommt. Das sogenannte PLUM Book nennt dann in Amerika mehr als 9000 von der neuen Regierung zu überprüfende Positionen (über 1500 davon muss der Kongress bestätigen). Für US-Spitzenbeamte und -Politiker ist cross-sektoraler Wechsel zwischen Wirtschaft, Wissenschaft und Zivilgesellschaft Normalität.

In Deutschland drücken sich Wirtschaftsleute allermeist um die politische Ochsentour. Und wer als Politiker oder Topbeamtin in die Wirtschaft wechselt, landet überwiegend in Lobbyisten- und Stiftungsjobs. Karrieren in Beamtensilos führen hierzulande zu einem *Un-Entrepreneurial State* ohne unternehmerische Talente und ohne agile Prozesse in der öffentlichen Verwaltung.

Dieser deutsche Beamtenapparat ist Herzstück und zugleich Schutzwall geschlossener Systeme. Eine Wurzel dafür liegt bereits in der staatlichen

Verwaltungsausbildung, die sich seit den Preußenkönigen kaum gewandelt hat. Ähnliches gilt für Karriereprozesse in Verwaltungen; für ihre Einstellungs-, Vergütungs- und Beförderungsprozesse, die die Mentalität dieses Apparats zementieren. Deshalb tut es so weh, wenn große Teile der jungen Generation so sehr nach der Beamtenkarriere lechzen.

Ich behaupte: Deutschlands eigentlicher Souverän sind nicht die Wahlberechtigten, sondern die Beamtinnen und Beamten in den Bundes- und Landesministerien. Sie schreiben nach jedem Regierungswechsel mindestens zu zwei Dritteln fort, was sie schon für die Vorgängerkabinette aufs Gleis gesetzt haben. Und sie scheren sich dabei einen Dreck um Koalitionsverträge oder Wahlprogramme der Partei, die das jeweilige Haus regiert.

Auch beim Ex-Monopolisten Telekom war vor 15 Jahren vielen Mitarbeitern relativ egal, wer gerade Vorstand war oder was im Unternehmen außerhalb der eigenen Abteilung vor sich ging. Zur Hochphase des großen Telekom-Streiks 2007 stieg ich in Bonn in den Aufzug und sagte dort zu einem Mittdreißiger: »Na, zur Zeit ist's richtig stürmisch!« »Ja, ja, der Jahresabschluss«, stimmte er mir sofort zu. Mir stand offenbar ein Controller gegenüber, der kaum aus seinen Exceltabellen hervorschaute. Er war kein Einzelfall. Bürokratische Systeme sind hochgradig introvertiert, ohne Sensorik und Fühler nach außen. Der zweitlängste Streik der deutschen Nachkriegsgeschichte hatte bei ihm nur einen dumpfen Ton ausgelöst an der Stahlwand des Tankers.

Ich habe bei jedem Wechsel in einen neuen Apparat festgestellt: So wie man den Apparat transformieren will, so sehr muss man auch selbst bereit sein, sich ein Stück weit auf ihn einzulassen. Innovation will er nicht, weil er es so machen will wie in den Routinen eingeübt. Kybernetiker sprechen von Homöostase, vom Gleichgewicht des Systems, das ein bürokratischer Apparat auf Teufel komm raus nicht verlieren will.

Dass ich so viel lästere, soll aber nicht darüber hinwegtäuschen, dass Apparate auch über Weisheit verfügen. Zum Handwerk des Managers wie des Politikers gehört, die Unmenge beachtenswerter Impulse, Warnungen und Meinungen aus dem Apparat herauszukitzeln – und dann zu entscheiden. Der Apparat ist auch oft ein wertvoller Resonanzboden, der vor Fallstricken bewahrt und die Heimtücke des Systems erspüren kann.

Irrlichternde Politjunkies ohne Praxis

Oft wird mir die Frage gestellt, was ich eigentlich denke über die ganzen Studienabbrecher im Bundestag. Und genauso oft überrascht meine Antwort: Ich kann gut damit leben. Bei der Telekom habe ich die Rekrutierung angewiesen, zehn Prozent unserer offenen Stellen mit Menschen zu besetzen, die ihr Studium abgebrochen oder sonst einen Bruch im Lebenslauf haben. Natürlich mussten sie ihr Können und Wollen dafür auf einem anderen Feld unter Beweis gestellt haben. Viel mehr stört mich im Bundestag, dass viele Abbruch-Parlamentarier vor der Politik kaum bis keinerlei berufliche Erfahrung gesammelt haben. Viele lassen sich mitten im Studium aufstellen und vollenden es dann nicht. Mein Nachrücker im Bundestag ist auch so einer, der den Spagat zwischen Mandat und Abschluss noch meistern muss. Mich befremdet das.

Allein von den elf Vorsitzenden der im Bundestag vertretenen Parteien (Doppelspitzen eingerechnet) sind drei ohne Studienabschluss. Und sechs haben wenig bis gar keine Berufserfahrung gemacht, bevor sie Vollzeit in die Politik gingen.

Als ich noch kein Politiker war, habe ich nicht wenige Männer und Frauen aus der Politik kennenlernen müssen, die ihrer Branche überdrüssig waren und einen Job in der Privatwirtschaft suchten. Die meisten waren schwer vermittelbar. Wie soll man da in Fraktion und Partei einen geraden Rücken machen?

Am mangelnden Portfolio gerade disruptiver Erfahrungen scheitern auch viele postpolitische Karrieren in der Wirtschaft. Mehr als zarten Wandel haben diese Karriereverläufe nicht im Tornister. Das hat natürlich auch damit zu tun, dass Deutschland seit 1945 keine wirklich disruptiven Krisen durchgemacht hatte, bevor 2020 die Coronapandemie hereinbrach und 2022 Russland die Ukraine überfiel. Ich spreche hier nicht über die Hinterbänkler jeder Fraktion: oft mehr als zwei Drittel der Abgeordneten, die Turbulenzen meist überleben. Ich meine die vorderste Reihe. Roland Koch trat als passabler Ministerpräsident von Hessen im Jahr 2010 zurück, um 2011 Vorstandsvorsitzender des Baukonzerns Bilfinger zu werden. Er blieb dies gerade einmal drei Jahre und hat sicher dabei bemerkt, wie wenig ihn die durchgeklonten politischen Karrierewege auf Entscheidungen in der Wirtschaft vorbereitet hatten. Bereits als 14-Jähriger war der Ministersohn Mitglied der Jungen Union. Rituale, Stil und Habitus hat er nur in der Politik gelernt.

Der entscheidende Unterschied zwischen Politik und Wirtschaft unserer Tage scheint mir zu sein: Unternehmen sind Organisationen dosierten Vertrauens. Die Politik lebt von organisiertem Misstrauen. Wer aber allem und jedem erst einmal misstraut, ist unfähig, Kulturarbeit zu leisten. Unter all den Vollblutpolitikern, die sich in die Wirtschaft begeben haben, ragt einzig Lothar Späth als erfolgreicher Monolith heraus. Andere wie der frühere Kanzleramtsminister Eckart von Klaeden oder Schleswig-Holsteins Altlandesvater Thorsten Albig fristen bei Daimler und DHL als Lobbyisten ihr Leben.

Aber auch im Politiksystem selbst finden sich etliche Politiker, die nur bei schönem Wetter passabel verwalten können. Für die Krise sind sie nicht gemacht. Verteidigungsministerin Christine Lambrecht war schon mit der Bundeswehr überfordert und mit dem Ukrainekrieg erst recht. Melanie Huml war eine nette bayerische Gesundheitsministerin, den Umbrüchen der Coronapandemie aber nicht gewachsen. Anne Spiegel flog als Umweltministerin von Rheinland-Pfalz mitten in der Flutkatastrophe an der Ahr in den Urlaub. Und auch Jürgen Pföhler, Landrat von Ahrweiler, hielt es in der Flutnacht nicht für nötig, sich bei der Einsatzleitung seiner Kreisverwaltung vor Ort einzufinden. Man fasst sich an den Kopf. Ist es das alte Handwerkszeug, das keiner wegwerfen will, oder die Angst, im Wirbel der Disruption unterzugehen?

Der alte Edgar Schein wusste es alles schon

Wenn ich diese verschiedenen Karrieren Revue passieren lasse, kommen mir die Karrierekonzepte von Edgar Schein in Erinnerung. Einer dieser heute fast vergessenen Organisationsforscher, die nicht alles mikroökonomisiert haben. Schon sehr früh faszinierten mich seine sogenannten Karriereanker. In einer Langzeitstudie hat Schein die berufliche Entwicklung von Absolventen der Sloan School of Management am

Massachusetts Institute of Technology erforscht und dabei acht Karriere-kompetenzen identifiziert.

1. Technisch-funktionale Kompetenz ist Karriereanker für ausgesprochene Experten: vom Steuerberater bis zum IT-Spezialisten. In vielen Firmen wurden für solche Kompetenzen Experten- oder Fachlaufbahnen eingeführt. Leider verkamen davon nicht wenige zu Elefantenfriedhöfen. Viel zu viele Vorgesetzte haben sie missbraucht, um aus ihrer Sicht unbrauchbare Führungskräfte zu entsorgen. Schade um die uralte Karriere der Handwerklichkeit.

2. Die Befähigung zu General Management verbindet und koordiniert das Fachwissen verschiedener Disziplinen und Funktionen. Dazu braucht man den berühmten T-Strich über dem Fachlichkeits-I, das dann zum T-Shape wird, das ich auch im Kapitel »Handwerklichkeit und Leistung« erwähne. Kern dieser Befähigung ist, alles Bestreben auf ein gemeinsames Ziel ausrichten zu können. Die klassische Führungslaufbahn, in tradierten wie in IT- oder Biotech-Konzernen.

3. Nach Autonomie und Unabhängigkeit streben vor allem klassische Freelancer und Selbständige. Kontrolle, Vorschriften, festgelegte Standards muten sich für sie an wie ein Goldener Käfig. Karriere dient ihnen dazu, immer unabhängiger zu werden. In Deutschland oft eine Sisyphosarbeit.

4. Nach Sicherheit und Stabilität sehnen sich Menschen, für die der lebenslänglich sichere Arbeitsplatz von Bedeutung ist. Sie lieben es, wenn die berufliche Entwicklung Vorausschaubarkeit bietet. Und sie honorieren dies mit ihrer Loyalität. Wie Teile der Generation Z, nur sind diese nicht so loyal, außer sie sind im Staatsdienst.

5. Unternehmerische Kreativität ist Menschen eigen, die oft mit ausgeprägter Besessenheit Geschäftsideen entwickeln und in die Praxis umsetzen, die große Firmen schaffen, Reichtum aufbauen wollen und dies auch mögen.

6. Sinnstiftung und Serviceorientierung wohnt Menschen inne, die ihre Ideale verwirklichen, Menschen helfen, die Welt verbessern

wollen. Social Entrepreneure, aber auch stinknormale gemeinwohlorientierte Arbeit gehören dazu.

7. Die totale Herausforderung reizt Menschen, die im Beruf agieren wie Leistungssportler. Sie wollen sich ständig mit anderen messen – am allerliebsten bei Problemen, für die bislang niemand eine Lösung gefunden hat. Richard Branson ist so einer, eine typische Redbull-Karriere.

8. Lebensstilintegration motiviert Menschen, die mit klassischer Work-Life-Balance etwas anfangen können, also mit einer möglichst strikten Trennung zwischen Privatleben und Beruf. Wer bisher gelesen hat, weiß: Thomas Sattelberger gehört nicht dazu.

Edgar Schein hat seine acht Karriereanker sehr viel differenzierter beschrieben, als ich es hier mache. Dieses Konzept zeigt uns: Es gibt weder das eine dominierende Konzept, noch muss man sich für eines der acht entscheiden. Ganz im Gegenteil: Eine Community, ein Unternehmen, eine Nation brauchen die Vielfalt dieser Karriereanker. Jeder einzelne leistet seinen ganz eigenen Beitrag zur Entwicklung sozialer Systeme.

Manchmal bitten mich ja sehr junge Leute um den ultimativen Karrieretipp. Oder Menschen in ihren mittleren Lebensjahren ziehen Zwischenbilanz und fragen mich, wie sie ihrer Karriere neuen Schub verleihen oder etwas ganz Neues anfangen könnten. Ich tue mich schwer, meinen Rat zu formulieren. Viele kleine Ratschläge finden sich in allen Kapiteln dieses Buchs. Aber wozu ich jedenfalls immer als Erstes raten würde: Schau dir Edgar Scheins Karriereanker an und priorisiere einmal, welche Anker dir am wichtigsten und welche am wenigsten wichtig sind. Was treibt dich an? Darauf aufbauend lohnt es sich darüber nachzudenken, wie der nächste Karriereschritt gelingt. Übrigens: Unter *Karriere* versteht man in Deutschland meist hierarchischen Aufstieg. Die englische *Career* meint allem voran persönliche Entwicklung.

Vielfalt und Diversity of Mind

Kanzlerin Angela Merkel hat mir einmal, als ich sie bei einer Konferenz in der Hauptstadtrepräsentanz der Telekom begrüßte, mit den Worten geantwortet: »Ah, der Quotenkönig!« Wenn mich jemand im Zusammenhang mit dem Thema Vielfalt erwähnt oder zitiert, fällt selten unter den Tisch, dass ich die erste Frauenquote in einem börsennotierten Konzern hierzulande eingeführt habe. Die freiwillige Selbstverpflichtung der Telekom hat damals einen viel größeren Stein ins Rollen gebracht in Politik, Wirtschaft, Verwaltung, Wissenschaft, ja, allen Sektoren der Gesellschaft. Vor dem Hintergrund fehlgeleiteter dogmatischer Quotendebatten in den vergangenen Jahren stelle ich mir die Frage, ob ich heute alles noch einmal so machen würde wie damals am 15. März 2010 bei der Einführung der Telekom-Frauenquote.

Ich und Frauenquote? Heute nein!

Ich gestehe, mein Bauchweh ist so groß geworden, dass ich in der ersten Antwort lautstark »Nein« rufen würde. Ich würde es nicht mehr machen, und zwar angesichts der Stupidität, mit der Akteure in Politik, Wirtschaft und Zivilgesellschaft dieses Thema getrieben haben. Für mich war Frauenquote für die Spitze sowie Talent- und Kulturarbeit für die Breite immer eine Paketlösung. Symbolpolitik Top-down und Kultur- und Talententwicklung Bottom-up gehören untrennbar zusammen. Dies habe ich den damaligen Bundesfrauenministerinnen Kristina Schröder (CDU) und Manuela Schwesig (SPD) sowie der damaligen Bundesarbeitsministerin Ursula von der Leyen (CDU) deutlich kommuniziert. Immer mit der klaren Aussage, dass ich die Quote nicht in Familienunternehmen sehe und nicht im breiten Mittelstand.

Doch die Politik hat die Quote isoliert in immer mehr betroffene Unternehmen reingedrillt – so, wie man es in Bergwerken macht. In vielen großen mittelständischen Unternehmen hat man dieses Drillen als verletzend und als die unternehmerische Freiheit massiv beeinträchtigend angesehen und Zahlenvorgaben nur unter Zwang erfüllt. Nicht, weil Unternehmer per se frauenfeindlich sind, sondern weil sie die Quote als weiteren Baustein etlicher politischer und bürokratischer Zwangsmaßnahmen ansehen. Der weitaus kleinere Teil der Unternehmen hat die Paketlösung verstanden. Doch die meisten haben unter dem politischen Zeitdruck nur personelle Besetzungspolitik gemacht. Konzerne schufen eigene Organisationseinheiten, um das Thema abzuarbeiten oder wegzudelegieren.

Meine zweite Antwort: Die Signale aus der europäischen und deutschen Politik für eine Zwangsquote waren damals unübersehbar. Ich hatte blauäugig geglaubt, gesetzlicher Regulierung zuvorzukommen durch freiwillige Verpflichtung. Die Telekom war *early innovator* mit ihrer freiwilligen Selbstverpflichtung. Doch kaum jemand folgte freiwillig nach.

Quoten für alles und jeden

Aus der deutschen Quotendebatte ist ein unentwirrbares Knäuel von Ansprüchlichkeiten gewachsen. Plötzlich fordern Repräsentanten der LGBTQIA+-Bewegung eine Queer-Quote. Vertreter der Generation Z wollen einen Sitz in Vorstand oder Aufsichtsrat. Die Rassismusdebatte führt zu ähnlichen Diskussionen. Ostdeutsche verlangen ihre Quote für Führungspositionen. Transpersonen beanspruchen gleiche Rechte wie Frauen. Plötzlich steht nicht mehr das meritokratische Prinzip der Leistung für den Aufstieg, sondern Identität oder Herkunft. Ich habe immer schon kritisiert, dass Phänomene homosozialer Reproduktion und von Seilschaften den Leistungsbegriff aushöhlen. Das darf aber nicht dazu führen, dass man weiterer identitärer Aushöhlung die Tür öffnet. Inzwischen geht das Unheil noch weiter in Richtung einer quotierten Gesellschaft. Jede faktisch oder gefühlt benachteiligte Gruppe fordert ihre Quote, ihre Privilegien. Zugespitzt formuliert: Am Ende einer solchen Debatte kann man nur noch lesbische Frauen mit Behinderung und Migrationshintergrund befördern.

Angesichts zunehmender Identitätspolitik in Unternehmensleitungen und Führungskadern ist auch die Frage legitim, ob nicht Mittelmaß ins Management kommt durch übereifrige Diversity-Politik und eine damit verbundene übereilte Beförderungspolitik. Im Kapitel »Karrieren und Potenzialentfaltung« berichte ich, dass bei der Telekom eine Beförderung immer als Komplexitätssprung definiert war. Erstens musste man einen Sprung machen, zum Zweiten in ein Aufgabenfeld, das viel tiefschürfender und fordernder war als das alte. Inzwischen sehe ich in vielen Unternehmen der Wirtschaft und Verwaltung Sprünge in die übernächste Ebene, um Quoten zu erreichen. Dies gilt besonders für Aufsichtsorgane. So schafft man nicht mehr organisch Karrieren, sondern betet den Götzen Quote an.

Als Pionier der Frauenquote sage ich: Selbst wenn bundesweit und über alle Sektoren hinweg die Hälfte aller Entscheiderposten weiblich besetzt wären, wäre das Glas nur halbvoll. Was mich viel mehr beschäftigt: Diversity of Mind.

Es hilft ja nichts, wenn Frauen völlig gleichberechtigt führen, bezahlt und befördert werden, wenn zudem der Anteil von Menschen mit Migrationshintergrund, mit Behinderung oder diverser sexueller Orientierung unter Entscheidungsträgern deutlich wächst und die Führung gleichwohl immer noch nur die eine Wahrheit, das eine Dogma kennt. Was wir über Diversity in den klassischen Dimensionen hinaus brauchen, ist eine von Diversität geprägte Meinungsbildung und -findung. Ich habe zu viele Frauen in Toppositionen erleben müssen, die genauso gleichförmig dachten und agierten wie ihre männlichen Kollegen. Die Fähigkeit, divers zu denken im Sinne des berühmten Satzes von Francis Picabia »Der Kopf ist rund, damit das Denken die Richtung wechseln kann«, ist für Entscheidungsträger aller denkbaren Diversity-Dimensionen eine Schlüsselkompetenz.

Quotenhammer statt kluger Talent- und Kulturpolitik

Ich habe schon Jahre vor unserer Telekom-Quote Kultur- und Talententwicklung für Diversity forciert. Veranschaulicht habe ich das mit einem

Christbaum, dessen goldener Engel an der Spitze nicht leuchten wird, wenn man nicht auf allen Zweigen die Kerzen anzündet. Talentpolitik ist dann exzellent, wenn sie die Potenziale von vielen entfaltet. Die Filigranität Telekom'scher Talentpolitik und meiner eigenen Einstellung mutete oft machtlos an gegen den rustikalen Holzschnitt von Parteien, Frauenverbänden und identitären Organisationen. Deren Denke ist: Ich habe jetzt den Quotenhammer, wo ist das Problem? Je mehr Quote, desto besser!

Wer aber den Quotenhammer in der Hand hat, vergisst die Talent- und Kulturpolitik schnell. Dazu gehören betrieblich etwa Vertrauensarbeitszeit und Veränderung alter betrieblicher Zeitrituale, Neudefinition von Karrieresystemen, Arbeit am Mindset von Entscheidungsträgern, Ermöglichung von Diversity-Netzwerken in Unternehmen. Dazu gehören politisch ein neues Arbeitszeitgesetz sowie die Ausweitung (nicht die Einengung) von Soloselbständigkeit, Incentivierung rascher Rückkehr aus der Elternzeit, Reform der Steuerklassen. All dies blieb auf der Strecke, und Quotenpolitik wurde entweder tollpatschig verkürzt oder dogmatisch vereinfacht umgesetzt. Politikentscheider wollen nur an quantifizierbaren Schrauben drehen. Unternehmenskultur ist für sie ein Fremdwort, weil sie meist nur politische Unkultur kennengelernt haben.

Deshalb bin ich heute so hin- und hergerissen, ob ich blauäugig meinem Idealismus erlegen bin oder durch die Dummheit anderer eines Besseren belehrt wurde. Ich kann mich nur damit trösten, dass die damalige EU-Justizkommissarin Viviane Reding die Quotierung ebenfalls trieb. Hätte es die Telekom nicht gemacht, dann hätten es andere gemacht. Ein schwacher Trost.

Überzeugungstäter für Diversity

Was hat mein großes Engagement geweckt für das Thema Diversity? Wie so oft beginnt so etwas bei einem selbst. Ich gehöre in mehrfacher Hinsicht einer Minderheit an. Erstens als Junge vom Land, den es in die Stadt verschlagen hat. Zweitens als Kind zweier Nichtakademiker, das den Traum der Eltern vom sozialen Aufstieg in sich aufnahm (auf

Aufstieg und sozialen Klassismus gehe ich im Kapitel »New Education und New Learning« näher ein). Meine 1924 geborene Mutter war Lehrerin für Handarbeit, Hauswirtschaft und Turnen – ausgebildet im Zweiten Weltkrieg am staatlichen Hauswirtschaftlichen Seminar in Kirchheim unter Teck. Mein Vater hatte nicht studieren können, weil er als Soldat eingezogen worden war. Sein ziviles Berufsleben begann er als einfacher Verwaltungsaktuar am Landratsamt in Tübingen. Bar jeder akademischen Ausbildung hat er sich bis zum Ministerialdirektor und Chef der Landtagsverwaltung in Baden-Württemberg hochgearbeitet – eine für damalige wie heutige Verhältnisse unglaubliche Laufbahn.

Und drittens bin ich homosexuell. Meine ersten homoerotischen Neigungen spürte ich mit 15 oder 16 Jahren. Ich gab ihnen nicht nach, obgleich ich bald einen gleichaltrigen sozialistischen Genossen traf, der mich abgrundtief begehrte. Mir erschien das Interesse an Männern etwas zu sein, das man im Interesse der politischen Sache auch vernachlässigen oder beiseiteschieben konnte.

Meinen Neigungen gegenüber Männern nachgegeben und mich mir selbst gegenüber als homosexuell geoutet habe ich erst Jahre später, als ich das Maoistentum hinter mir gelassen hatte und mit meinem Dualen Studium bei Daimler-Benz durchstarten wollte. Diese Rückkehr ins bürgerliche Leben löste offenbar einen inneren Knoten. All dies hat mich doch tief im Innern sensibiliert für Diversity.

Zentral wurde für mich in jüngeren Jahren der Umgang der Gesellschaft mit Aids, der Versuch, Homosexuelle komplett auszugrenzen, ja Kranke quasi ins Internierungslager zu stecken. Aids erschütterte die Szene in ihren Grundfesten, waren doch anfangs vor allem Homosexuelle betroffen. Diese Krankheit brach in der Blüte unserer Jahre über meine Generation herein. Politisch geschockt hat es mich, als Peter Gauweiler 1987, damals bayerischer Innenstaatssekretär im Kabinett von Franz Josef Strauß, als erste Anti-Aids-Maßnahme Kasernierungen für Erkrankte vorschlug, anstatt Bayerns Kraft darauf zu verwenden, zu helfen oder Heilmethoden und Medikamente zu entwickeln. Gauweiler redete jenen reaktionären Kräften nach dem Mund, die der Meinung waren, die »Lustseuche Aids« sei eine Strafe Gottes für die unbiblischen Schwulen und geschehe ihnen ganz recht. Dass ein König-Ludwig-Verehrer wie Gauweiler auf solche Ideen kam, entbehrt freilich nicht einer gewissen Ironie. Und langsam trauen sich die Historiker ja auch, offen darüber zu sprechen, dass Friedrich der Große nicht allein mit seinem Preußen verheiratet war, sondern seine Ehefrau vor allem deshalb vernachlässigte, weil er auf Jungs stand. Gauweiler zeigte damals deutlich, wie brutal Teile der Politik in Ausgrenzung und Einzäunung dachten. Dies hat sicher meinen Sinn für Toleranz und Diversität geschärft. Die Amerikaner würden sagen: für *diversity & inclusion*.

Die Spitze ist nicht schwul – don't come out

Dass ich mich erst nach meiner aktiven Telekom-Zeit fast beiläufig outete, hat zweierlei Gründe. Karrieren in das obere Management oder in die Vorstandsetage sind meiner Erfahrung nach immer noch hochriskant für offen lebende Homosexuelle. Auf dem Zenit meiner Karriere als Dax-Vorstand hatte ich einen anderen Beweggrund: Ich wollte nicht, dass mein Engagement für Diversity und für Frauen in Unternehmen und Führung überlagert wird von unberechenbaren Debatten über mein Outing. Ich wollte auf der Sachebene bleiben, denn ich wusste: In Deutschland existiert (bis heute) eine besonders subtile Form des Kastensystems, das schwer zu durchdringen ist. Für eine gewisse Zeit werden in Unternehmen auf der Vorderbühne politisch korrekte Debatten geführt, während gleichzeitig hinter der Bühne das alte Leben weitergeht.

Bis heute hat sich kein aktiver Unternehmensführer oder eine Unternehmensführerin als schwul oder lesbisch geoutet – auch fast kein aktiver Vorstand. Das Vorstandsmitglied der Deutschen Telekom Nick Jan van Damme ist eine Ausnahme, seit er in einem Interview mit der Zeitung *Die Welt* Ende Februar 2016 auch über seinen Ehemann gesprochen hat. Ich kenne etliche mehr. Unter den Geouteten im Fußball, einer Domäne des Männer-Hypes, ist kein aktiver deutscher Profi. Die Skepsis gegenüber Outing ist bei den Betroffenen groß und die positive Wirkung von Outing leider gering. Trotz der mustergültigen Diversity-Proklamationen auf der Bel Etage kommt es in den Katakomben zu den alten Gesprächen.

Archaische Vorurteile in den Eliten

Nach meinen persönlichen Erfahrungen (empirische Studien gibt es dazu kaum) sind in den Topetagen von Unternehmen nach wie vor mentale Muster verbreitet, die nicht förderlich sind für Diversity. Ein Schwuler ist in diesen mentalen Mustern nicht selten einer, der – Entschuldigung für die drastische Ausdrucksweise – »sich in den Arsch ficken lässt«. Das heißt, er lässt sich auf eine Art und Weise behandeln, die der maskulin-heroische führende Manager mit Unterwürfigkeit gleichsetzt.

Pierre Bourdieus Konzept der männlichen Herrschaft und Raewyn Connells Konzept der hegemonialen Männlichkeit thematisieren Männlichkeit in der sozialen Praxis von Sprache, in sozialen Handlungen, Körpersprache und Sexualität, und zwar als Machtausübung. Penetration ist dabei das Symbol von Dominanz und Herrschaft. Deswegen kreisen Schwulenwitze in männlichen Führungsetagen häufig um effeminiertes, tuntenhaftes Verhalten und bestätigen so den Mythos eigener Kraft und Stärke. Obwohl in der Gesellschaft die Akzeptanz von Diversity und LGBTQIA+ sichtbar ist, spiegelt sich dies häufig nicht in den realen Welten des Managements wider. Aber es bessert sich langsam.

Gleiches gilt auch für Frauen. Denen wird nach diesem Verständnis eine dienende oder kümmernde Rolle zugeschrieben. So glauben heroisch Herrschende, dass Frauen genauso wie Schwule nicht emotional stabil, nicht ausdauernd, eben »schwach« seien. Wie können sie jemals den männlichen Attributen einer heroischen Führungskraft entsprechen? Öffentlich würde das natürlich niemand so formulieren. Aber das sind die Bilder in den Köpfen – hochgradig subtil, nicht selten gefährlich. Es gibt tatsächlich eine empirische Studie, dass fast 40 Prozent der Manager in archaischen Stereotypen in Bezug auf Frauen denken. Aber man weiß nicht, in welchen Köpfen das steckt. Das macht das Outing so unberechenbar.

Don't ask, don't tell

Im August 2011 hat der Versicherungskonzern Allianz Vertreter aus Politik, Wissenschaft und Unternehmen zu einem Runden Tisch eingeladen, um für eine Sensibilisierung für die Belange der LGBTQIA+-Community und deren bessere Integration in die Arbeitswelt Anstöße zu geben. Das war damals richtungsweisend. Die Zeitung *Die Welt* veröffentlichte damals einen Artikel mit der bezeichnenden Überschrift »Allianz träumt von rosa Unternehmen«. Das zeigt die gesamte Mystik und Neu-Gier (Gier auf Neues im wahrsten Sinne), die das Thema umgeben. Anders als die soziodemografischen Merkmale Alter, Geschlecht und Migrationshintergrund ist Homosexualität erst durch die Aussage »Ich bin homosexuell« erfahrbar. Diese öffnet zugleich die Türen für all die Fantasien, die das Denken, Hören und Fühlen über Sexualität mit sich bringen. Wenn über Homosexualität gesprochen wird, dann meist hinter vorgehaltener Hand, hinter verschlossenen Türen, auf den Gängen oder im organisationalen Getuschel.

Als ich Telekom-Vorstand wurde, musste ich eine Sicherheitsüberprüfung des Bundesnachrichtendienstes (BND) über mich ergehen lassen, da die Telekom ein für die Sicherheit der Bundesrepublik systemrelevantes Unternehmen ist. Angeben musste ich zum Beispiel auf einem Fragebogen, mit wem ich zusammenwohne. Ich habe diesen Fragebogen erstmal 14 Tage liegen lassen und mich dann entschieden, »Steven Cunningham« in das dafür vorgesehene Feld einzutragen. Den Namen der Liebe meines Lebens, den niemand in meinem öffentlichen Leben je gehört hatte.

Der Telekom-Sicherheitsmanager und Kontaktmann zum BND, mit dem ich schließlich das Abschlussgespräch führte, dankte mir für meine »Ehrlichkeit«. Und auch wenn ich bei Telekom nie ein Wort darüber verloren habe, war sicher vielen klar, dass ich auf dem anderen Ufer ging. Ich war Schirmherr von queerbeet, dem queeren Netzwerk der Telekom, schrieb Vorworte für das Magazin des Kölner Christopher Street Days und sprach im Gegensatz zu meinen Vorstandskollegen nicht über Frau und Familie. Die früher in den US-Streitkräften übliche Devise »don't ask, don't tell« halte ich auf dem Weg zu Spitzenpositionen in Wirtschaft und Wissenschaft nach wie vor für klug. In der Politik ist das inzwischen anders.

Grenzen achten und ziehen

Seine sexuelle Neigung auszuleben, da muss es allerdings auch Grenzen geben. Michael Adam, 1984 geboren, schwul und von 2011 bis 2017 SPD-Landrat von Regen im Bayerischen Wald, ist über diese Grenzen gestürzt. Seine Wahl war ein Zeichen für gewachsene Toleranz in der hintersten Provinz, die man außerhalb Bayerns früher mit dem Film »Jagdszenen aus Niederbayern« verband, der die borniert Engstirnigkeit einer Dorfgemeinschaft bis hin zu einer Massenpsychose beschreibt. Landrat Adam hat der neuen Toleranz seiner Bayerwäldler keine Ehre erwiesen, sondern sein Dienstzimmer für intime Treffen genutzt, was medial ähnlich viel Aufsehen erregte wie seine Wahl. Er trat nicht zurück, aber bei der turnusgemäßen Kommunalwahl 2017 nicht wieder an. Zu Recht.

Musterähnlich die als Marc Biefang geborene spätere Bundeswehr-Offizierin, die mit neuem Vornamen Anastasia zwischen 2017 und 2020 die erste offen transgeschlechtliche Bataillonskommandeurin der Bundeswehr wurde. Auf Tinder warb sie für sich mit den Worten »Spontan, lustvoll, trans*, offene Beziehung auf der Suche nach Sex. All genders welcome«, was ihr 2019 einen dienstlichen Verweis wegen Verletzung der außerdienstlichen Wohlverhaltenspflicht einbrachte. Nach Biefangs Klage wurde dieser Verweis gerichtlich bestätigt, 2022 hat sie Verfassungsbeschwerde eingelegt. In beiden Fällen fehlte den Protagonisten die Grenzziehung zwischen spontaner Lust und mit ihren Ämtern verbundener Verantwortung für den guten Ruf ihrer Institution und Position.

Liebesbeziehungen mit beruflich Untergebenen sind in Deutschland legitim und legal – im Unterschied zu vielen US-amerikanischen Firmen, in denen dem Höhergestellten schnell die Kündigung drohen kann. Der ehemalige Vier-Sterne-General der U.S. Army David Petraeus musste als CIA-Chef zurücktreten, weil er sich auf eine außereheliche Affäre mit einer Reserveoffizierin eingelassen hatte. Das amerikanische Militärstrafgesetzbuch stellt Ehebruch unter Strafe. Petraeus wurde nach einem Schuldeingeständnis im April 2015 zu einer zweijährigen Bewährungsstrafe und einer Geldstrafe von 100.000 US-Dollar verurteilt. Bei Daimler-Benz habe ich in meinen frühen Berufsjahren erlebt, wie die

Beziehung zwischen einer Kollegin und ihrem Vorgesetzten dazu führte, dass einer in eine andere Abteilung versetzt wurde. Das war damals Policy des Hauses, damit es weder zu der Weitergabe diskreter Informationen bei Gesprächen vor dem Einschlafen noch zu Interessenskollisionen zwischen Vorgesetztem und Mitarbeiter kommen kann.

Solche Regeln einzuhalten, lohnt sich im Übrigen auch für die »Family und Friends«-Netzwerke in der Politik, die weit über das Netzwerk des ehemaligen BMWK-Staatssekretärs Patrick Graichen hinausreichen. Wer Freunde und Familie auf Entscheiderposten befördert, macht sich angreifbar. Dass Graichen zurücktreten musste, stand von vornherein fest, auch wenn sein Minister Robert Habeck viel zu lange an ihm festgehalten hat. Ich habe das auf Twitter immer wieder angeprangert. Die Grünen waren früher Ausbund an Strenge und Prinzipien und haben wie keine Partei in der Bundesrepublik auf die Trennung zwischen Parteiämtern und parlamentarischen Mandaten gepocht. Heute gehören die Grünen zu den Verludertsten.

Drei Zielsetzungen von Diversity

Diversität hat unterschiedliche Intentionen.

- Die erste gründet sich auf Ethik und Moral und will Minderheiten unter die Arme greifen und zumindest Chancengleichheit und Gleichberechtigung herstellen. In Deutschland leben 42,8 Millionen Frauen und 41,5 Millionen Männer. Dies unter Diversity einzuordnen, ist sicher nicht sachgerecht. Sondern da greift der verfassungsrechtlich abgesicherte Grundsatz der Gleichberechtigung von Mann und Frau. Um Diversity geht es aber bei der Frage von Frauen in der Führung. Denn hier haben überwiegend Männer das Sagen.
- Die zweite Zielsetzung: Geschäftserfolg. Wir wissen inzwischen durch unzählige Studien, dass in Entscheidungsgremien eine hohe Korrelation besteht zwischen wirtschaftlichem Erfolg und divers zusammengesetzten Gremien.

- Die dritte Zielsetzung: Organisationen sind nicht nur in guten Zeiten erfolgreicher, wenn sie divers aufgestellt sind. Auch in Zeiten, in denen Wetterfestigkeit, Resilienz und Innovationskraft gefordert sind, haben divers aufgestellte Teams die Nase vorn.

Wir diskutieren in Deutschland viel zu oft nur über die erste Zielsetzung: plump, moralisierend, mit erhobenem Zeigefinger und viel zu engem Fokus auf geschlechtliche und kulturelle Diversität. Zumal es bei Letzterer meist nicht um die Internationalität von Entscheidern geht, sondern im Zuge grün-ideologisch dominierter Migrationsdebatten um die Integration unterprivilegierter Zuwanderer. Eine einseitige Verirrung! Die zweite Zielsetzung ist eine trivial betriebswirtschaftliche. Und ich finde es schäbig, Diversity rein ökonomistisch zu begründen, obwohl dieser Zusammenhang natürlich ein guter ist. Spannend ist die häufig aus dem Blick geratene dritte Zielsetzung, die ich in diesem Buch bereits im Zusammenhang mit der Frage thematisiere, wie lange Unternehmen leben und überleben können.

Eine Studie von Technischer Universität München und Boston Consulting Group unter Federführung von Isabell Welpe zeigt auf, dass es branchenübergreifend oft die geschlechtsneutrale Vielfalt von Bildungshintergründen, beruflichen Erfahrungen und Karrierewegen ist, die Unternehmen wetterfest und innovativ macht. Und dass diese Vielfalt entscheidender ist als allein der Frauenproporz in Führungspositionen. Innovation hingegen wird laut der Studie gestärkt durch Frauen in der Führung.

Schmidt sucht Schmidtchen

Dies alles ist ein Plädoyer für offene, variantenreiche Systeme, die Unterschiede zulassen. Geschlossene Systeme halten Ähnlichkeit für attraktiv nach dem Motto »birds of a feather flock together«. Die Harvard-Soziologin Rosabeth Moss Kanter hat etliche Studien und Bücher über dieses Phänomen der homosozialen Reproduktion veröffentlicht, das im Industriezeitalter lange als Kitt taugte für Unternehmen. In heutigen offeneren Netzwerkstrukturen stößt es massiv an seine Grenzen und richtet Schaden an.

Wir haben es in diesem Fall mit hartnäckigen Gegnern zu tun: mit tief verwurzelten sozialen Strukturen der Ähnlichkeit in Unternehmen, mit tradierten Stereotypen über Erfolg und Misserfolg und mit der Vererbung von Macht in der Seilschaft. Geschlossene Systeme verweigern die Zugangsberechtigung für neue Ideen oder andersartige Mitglieder. Vor langer Zeit bei Lufthansa zugetragen wurde mir, wie massiv es das »Offizierskorps« der Flugkapitäne erschüttert hat, als einer der Kollegen eine Geschlechtsumwandlung vornehmen ließ. Auch die Frage, ob Frauen Flugzeuge sicher fliegen, sprechen Fluggäste hinter vorgehaltener Hand immer noch an. In unzähligen Beförderungsdiskussionen während meiner Tätigkeit als Personalchef habe ich es immer wieder gehört: nicht die Leistung sei das Problem, sondern die »Passung«.

Ähnliches konnte ich am eigenen Leib erfahren, als mir wegen meiner Wehrdienstverweigerung in den 1960er Jahren Ende der 1980er Jahre eine Karriere verweigert werden sollte – und zwar von Karl Dersch, damals Marketing-Vorstand der Daimler Benz Aerospace (DASA). In einer Vorstandssitzung, in der es um meine ansonsten abgestimmte Beförderung zum Vice President Management Development & Education bei der DASA ging, legte er ein Veto ein, weil ich Zivildienst geleistet hatte. Nach einem längeren Gespräch zwischen Jürgen Schrempp und mir ließ Dersch sich schließlich erweichen und wollte mich Jahre später, nachdem wir uns kennengelernt hatten, sogar zu seinem Marketingdirektor ernennen. Einer breiteren Öffentlichkeit wurde Karl Dersch später bekannt, als er die Reichskriegsflagge im Garten seiner Villa hisste und als Präsident der Luft- und Raumfahrtindustrie eine von ihm geplante Gedenkfeier für Hitlers V2-Rakete in Peenemünde absagen musste.

Habitus nicht vergessen!

Zum Thema Habitus habe ich eine sehr ambivalente Beziehung. Für die, die nichts mit ihm anfangen können, ist er eine gläserne Decke. Das gilt für Männer wie für Frauen. Ich weiß, dass man dem Habitus zumindest im Berufsleben nicht entkommt. Nur widerstrebend unterwerfe ich mich ihm. Pragmatisch gesprochen: Sich Habitus anzueignen und zuvor seine Codes zu entschlüsseln, müssen alle lernen, die nach oben stoßen wollen. Oder man geht halt zu den Grünen, den Linken oder zur Gewerkschaft. Manchmal gelingen Außenseiterkarrieren. Je disruptiver die Zeiten, desto wichtiger wird Kompetenz und umso unwichtiger Habitus. Gefährlich wird's, wenn Habitus auch in Krisenzeiten dominiert.

Als ich Daimler verließ, um zur Lufthansa zu gehen, musste ich dort zuerst einen Messer-und-Gabel-Test bestehen. Der Vorstand achtete damals darauf, ob man fähig war, stilgerecht zu essen und zugleich höfliche Konversation zu betreiben. Vorstandschef Jürgen Weber interessierte sich für meine Leistungen. Der damalige Finanzvorstand Klaus Schlede hingegen besah sich meine Schuhe und erkannte nach prüfendem Blick, dass ich sie inklusive Rahmen makellos geputzt hatte. Solche Ansprüche hat das gehobene Bürgertum vom Militär übernommen. Meine Mutter erkannte in meinen Bundestagszeiten einmal auf einem Foto, dass meine Schuhsohlen zwar staubfrei, aber nicht ordentlich geölt waren, was sie mir im nächsten Telefonat vorhielt. Julia Weishaupt, eine meiner Mitarbeiterinnen im Bundestag, hat mich hingegen einmal dafür gelobt, dass ich im Gegensatz zu vielen anderen Parlamentariern stets gepflegte Schuhe trug. Ob ich denn selbst putze, fragte sie mich. Und war erstaunt, als ich bejahte. Auch manchen Fraktionskollegen fiel mein Schuhwerk auf, und sie haben mich gefragt, wo ich es kaufe. Ich verrate es hier nicht, der Hersteller braucht gar keine Werbung.

All dies gehört zu den Ritualen der Upper Class oder derer, die dahin vorstoßen möchten. Der französische Soziologe Pierre Bourdieu bezeichnet diese Rituale als Habitus. Für mich sind sie oft mehr Schein als Sein. Wenn ich Bewerber einschätze, interessiert mich nicht, ob der Habitus passt, sondern, wie Menschen mit Habitus umgehen. Und ich spreche sie ohne Vorwurf darauf an, wenn sie wie ein Bohemien zum ersten Gespräch erscheinen oder aufgetakelt. Manche schaffen es ja auch, Regeln gekonnt zu brechen und so erst recht Habitus zu zeigen. Und andere versuchen sich anzupassen und scheitern krachend.

Eine meiner ersten Plenarsitzungen im Bundestag Anfang 2018 verfolgte ich als einziger Abgeordneter ohne Sakko. Es gibt ein Foto, auf dem ich in meinem hellblauen Hemd heraussteche wie ein schwarzes Schaf. Ich hatte mein Jackett ob der Hitze im Saal über meine Stuhllehne gehängt, wie ich es aus Sitzungen in der Privatwirtschaft kannte.

Die Habitus-Signale eines bildungsbürgerlichen Lebens waren früher wichtig, weil sie als Selektionskriterium dienten. Entscheidender als Leistung war, ob man aus »gutem Hause« stammte. Heute ist vieles informeller, aber manchmal ist der Frieden trügerisch, und hinter Lässigkeit verbirgt sich Habitus erster Güte. Er ist anerzogen und kann gelernt werden. Man muss nur wissen, dass es ihn gibt. Die Persönlichkeit zu wechseln ist viel schwieriger, wenn nicht sogar unmöglich. Schein und Sein.

In den Katakomben des Übergriffs

Wenn es um die Herausforderungen für Frauen in der Kultur geht, spreche ich oft über die Katakomben des Sexismus, der Belästigung, des sexuellen Übergriffs und des Mobbings. Persönlich halte ich solche Fragen für viel wichtiger als die, ob eine Frau *mehr* im Vorstand sitzt. Denn jetzt sprechen wir darüber, ob eine Organisation, eine Institution ein Biotop für weibliche Talente ist oder eine übelriechende Kloake hinter schöner Fassade. Und dies bestimmt die Aufstiegswünsche oder die Fluchtmotive von Frauen in Organisationen viel mehr als eine weibliche Galionsfigur an der Spitze. Ich bin skeptisch gegenüber Standardformeln weiblicher Rollenvorbilder, wenn nicht zuvor die Katakombe gesäubert ist.

Die größte dieser Katakomben ist die katholische Kirche, bei der es allerdings nicht nur um sexuelle Übergriffe von Priestern gegenüber Mädchen und jungen Frauen geht, sondern überwiegend gegenüber Knaben und jungen Männern. Am Beispiel der katholischen Kirche zeigt sich am deutlichsten, warum geschlossene Systeme sich nicht selbst säubern und selbst nach Aufdeckungen über viele Jahre hinweg die Aufarbeitung der dunklen Realität verschleppen. So etwas stellt Identität und Existenzberechtigung des gesamten Systems in Frage.

Katakomben finden sich inzwischen auch in der Gründerszene, der Rockszene, der Filmszene. Begonnen hat es mit dem amerikanischen Produzenten Harvey Weinstein und Schauspieler Kevin Spacey. In Deutschland wird über Till Schweigers Verhalten am Set gemunkelt. Der Regisseur Dieter Wedel entkam einem Gerichtsverfahren wegen Vergewaltigung durch Ableben. Und gegen Till Lindemann von Rammstein ermittelt nun die Berliner Staatsanwaltschaft. Kunst, Musik, Entertainment, Film, erst recht die Kirchen, das sind geschlossene Kasten, in denen besondere Abhängigkeitsbeziehungen bestehen, sei es zum Priester als Repräsentanten Gottes auf Erden oder zum kultisch verehrten Leadsänger. Abhängigkeit, wo Aspiration und seelische Hingabe Ohn-Mächtiger extrem hoch ist und die mangelnde Gunst eines Mächtigen ein Vakuum hinterlässt. Dies erklärt übrigens auch die Fülle von Mobbing und Machtmissbrauch in Wissenschaftsorganisationen, in denen die Gunst des Wissenschaftsgranden über Wohl und Wehe der Doktorandin und des Post-Docs entscheidet.

Macht kann zur Verrohung der Seele führen, und Geld ist oft mit Gier und Neid verknüpft. Und so wandeln sich gutwillige bis neutrale Triebe und Motive zu Korruptoren in Politik, Wirtschaft, Wissenschaft. Besonders schlimm wird es, wenn Macht und Sex zusammenkommen wie beim britischen Königinnensohn Prince Andrew oder bei dem früheren Hewlett-Packard-Boss Mark Hurd, der seine Geliebte beförderte und darüber stürzte. Auch Geld und Sex bilden eine üble Mischung. Beispiele gibt es zur Genüge; Bill Gates, Jeffrey Epstein und Donald Trump stechen jeder auf seine Weise heraus.

Wer sind die Opfer, wer die Täter?

Als Personalchef genauso wie als Führungskraft mit Personalverantwortung habe ich mich seit den 1990er Jahren intensiv mit Machtmissbrauch, Mobbing und Diskriminierung beschäftigen müssen. Und zuvor habe ich mich ab und an selbst als Opfer solcher Verhaltensweisen erlebt.

Opfer wie Täter sind überall zu finden. Oft sind es Menschen in Abhängigkeitsverhältnissen, die Top-down die Opfer von Machtmissbrauch werden. Nicht selten werden aber auch Führungskräfte Opfer von Mobbing – Bottom-up oder von ganz oben. Je hierarchischer und geschlossener die sozialen Systeme sind, so wie in der Wissenschaft, desto brutaler, auch subtiler sind die Mechanismen. Martin Stratmann, Ex-Präsident der Max-Planck-Gesellschaft, erklärte mir einmal den bei der Max-Planck-Gesellschaft herrschenden Druck auf abhängig Beschäftigte damit, dass bei der Jagd nach Nobelpreisen wenige Tage entscheidend sein könnten. Welch heroischer Forschermythos zu Lasten der Geführten!

Zumindest für die Max-Planck-Institute gilt: Bei gerade mal 54 weiblichen und übermächtigen 250 männlichen Direktoren hat man als weibliche Direktorin fast eine Chance von acht Prozent, dass einem öffentlich Führungsfehlverhalten vorgeworfen wird, als Ausländer (Frau wie Mann) eine Wahrscheinlichkeit von fast vier Prozent und als deutscher weißer Mann bislang null Prozent. Dies auf Basis der mir öffentlich bekannt gewordenen Fälle. Und sobald man öffentlich angeschuldigt ist, kann man sich bei anonymen Beschuldigungen kaum noch wehren.

Auch die Beschäftigten an der Basis der Pyramide wissen ihre Machtmechanismen zu nutzen. Als ich bei der Telekom die Frauenquote für alle Führungsebenen initiierte, wurde bald die Kritik am Führungsstil weiblicher Führungskräfte lauter. Das reichte von »Haaren auf den Zähnen« bis zum Gerede über weibliche Schikaniermethoden. Inzwischen belegen Studien, dass Beschäftigte quer durch die Geschlechter mit Kritik von Chefinnen offensichtlich schlechter umgehen können als mit der Kritik männlicher Counterparts. Es gibt also diskriminierende Stereotype gegenüber weiblichen Führungskräften. Das macht die Klärung von Missbrauch viel schwerer, weil die Wahrheit in einem Dschungel sich überlagernder Wahrheiten verborgen ist. Insofern ist die Aussage von Geraldine Rauch, der Präsidentin der TU Berlin, dass man sich von unten nach oben schwieriger wehren kann, natürlich genauso richtig wie falsch.

Ich selbst hörte vor nicht allzu langer Zeit zu meinem Entsetzen, dass eine große Forschungsorganisation ihrem Personalreferat Mitarbeiterbefragungen (mit maßgeschneidertem Feedback an jedes Team mit mehr als neun Mitarbeitern) verwehrte. Die Fraunhofer-Gesellschaft ließ Mitarbeiterbefragungen viele Jahre ausfallen, nachdem eine Befragung für die Führungsspitze um den damaligen Präsidenten Reimund Neugebauer verheerend ausgefallen war. Die Götter und Göttinnen im Wissenschaftssystem erlauben kein direktes Feedback. So können weder an der Spitze noch in der Mitte der Führungspyramide nötige Verhaltensänderungen frühzeitig adressiert werden.

Gendern und Transgendern bringt mich zur Weißglut

Über ein Tabu habe ich noch gar nicht gesprochen. Das Gendern. Wobei das Gendern nur ein Teil des Problems ist. Mittlerweile werden ganze Sprachcodes umdefiniert. Minderheiten »Minderheiten« zu nennen oder Flüchtlinge »Flüchtlinge«, gilt als Herabsetzung und Diskriminierung. Gendern ist mehr als rhetorische oder grammatikalische Übung. Gendern ist die Unterwerfung der eigenen Sprache unter das ideologische Diktat einer Minorität. Insofern muss ich Kristina Schröders Kritik nachschärfen, die über »sprachliche Verrenkungen« schrieb. Es ist eine linksgetriebene Sprachpolizei! Die politische Linke, die in diesem Fall schon in der Mitte beginnt, reklamiert die Deutungshoheit darüber, was moralisch als legitim gilt. Andere normative Perspektiven sind für sie Ausdruck sexistischen und rassistischen Verhaltens und Charakters. Wie schlimm, dass hier unter dem Deckmäntelchen der Diversität die Diversity of Mind zerstört wird.

Ebenfalls treibt mich die unsägliche Debatte um den Transgender-Aktivismus um, die ursprünglich berechtigte Anliegen von Betroffenen völlig überlagert. Es ist heute tabu, dagegen anzutreten. Die Aktivistinnen und Aktivisten dieser Szene haben es geschafft, dass man sein Geschlecht wie ein Kleidungsstück wechseln kann. Heutzutage wollen Personen mit Penis als Transfrauen in Frauensaunen gehen und mit Männermuskeln ausgestattete Transathletinnen ihre Wettbewerberinnen in wichtigen Disziplinen besiegen. Und über all dies wird mittlerweile heftig debattiert und kaum noch über Frauenrechte in Wirtschaft und Gesellschaft. Ich habe auf der Jahreskonferenz der Business and Professional Women (BPW) im November 2022 einen leidenschaftlichen Appell an die Frauenverbände gerichtet, Widerstand zu leisten. Doch die traditionellen Frauenverbände schweigen aus Feigheit, Angst oder Opportunismus. Terre des Femmes, eine der wichtigsten und traditionsreichsten feministischen Organisationen, hat sich im Transgender-Streit fast völlig zerlegt.

So sexistisch ist die deutsche Gründerszene

In den Teilen der Gründerszene, in denen wenig Kulturarbeit gemacht wird und eher der Gründer den Ton angibt, kommen mehr und mehr dieser Katakombenvorfälle ans Licht. Da braucht man gar nicht nur Uber anzuschauen, sondern die ganz normale deutsche Start-up-Welt. Studien haben ergeben, dass Frauen in deutschen Start-ups deutlich häufiger sexuell belästigt werden als in herkömmlichen Unternehmen. 54 Prozent der Befragten konnten sich daran erinnern, in den vergangenen zwölf Monaten Ziel anzüglicher Kommentare und Witze gewesen zu sein, 44 Prozent waren Ziel von anzüglichen Blicken, 27 Prozent erhielten unerwünschte und sexuell eindeutige Mails und Nachrichten, ein Fünftel wurde gegen ihren Willen geküsst.

Im Münchner Start-up Finn.Auto hat der inzwischen zurückgetretene CEO Max-Josef Meier auf der Unternehmensweihnachtsfeier am 10. Dezember 2021 im alkoholisierten Zustand neun Mitarbeiterinnen sexuell belästigt. Der Rücktritt erfolgte erst eineinhalb Jahre nach dem Vorfall. Eine interne sogenannte Aufarbeitungsgruppe sorgte zwar für interne Aufklärung, nicht jedoch für echte Sanktionierung. In der Münchner Start-up-Szene war es ein offenes Geheimnis, aber auch hier gab es eine Mauer des Schweigens. Nicht nur in der Old Economy, sondern auch in der New Economy gilt: Eine Krähe hackt der anderen kein Auge aus.

In einer anderen Befragung stellte sich heraus, dass in deutschen Start-ups Sexismus zu 30 Prozent häufiger vorkommt als im europäischen Durchschnitt und fast doppelt so häufig wie etwa in den Niederlanden. Diese Zahlen sind besorgniserregend, weil sie die Unkultur und Unmoral offenlegen – und das in einem Zukunftssektor Deutschlands. In den allermeisten Fällen ändern mehr Frauen an der Spitze von Start-ups wenig. Sondern nur eine umfassende präventive Kulturarbeit oder harte Sanktionierung in der Folge. Auch hier wird der Unsinn numerischer Quotenpolitik deutlich.

Resiliente Organisationen sind *diverse in mind*

Mit Skepsis beobachten Risikosoziologen den verbreiteten Glauben an planbare Transformationsfähigkeiten angesichts individuell wie kollektiv zunehmend unkalkulierbarer Risiken. Ich teile diese Skepsis. Der Zauberbegriff Resilienz hingegen benennt die Fähigkeit eines bedrohten oder attackierten Systems, nicht prognostizierte oder nicht kalkulierbare Schäden zu überstehen. Ein resilientes Unternehmen ist entweder so robust, dass Verwundungen relativ gering ausfallen, oder so wendig, dass es im *bounce back* rasch in den Ursprungszustand zurückkehrt.

Gerade dieses Phänomen gewinnt an Bedeutung vor dem Hintergrund der heutzutage dominanten Nachhaltigkeitsdebatte. Krisen vorbeugen zu können scheint x-fach wichtiger zu sein für nachhaltige Entwicklung. Resilienz hingegen stellt die kluge Frage, wie man Stehaufmännchen-Fähigkeiten entwickelt, also Organisationen wie Systeme so konfiguriert, dass sie nach Einschlägen und Erschütterungen rasch ihre Verwundungen heilen können. Robert Kaltenbrunner, den ich hier stellenweise zitiere, hat sich in seinem Artikel »Ein neues Wort: *Resilienz*. Was, wenn es für *Nachhaltigkeit* schon zu spät ist?« in der *Frankfurter Allgemeinen Zeitung* vom November 2013 für eine solche Stehaufmännchen-Strategie ausgesprochen. Dies sei allen Weltuntergangspropheten ins Stammbuch geschrieben.

Eine interessante Frage dabei ist, ob und wie man Unternehmen so resilient entwerfen und entwickeln kann, dass sie harte Erschütterungen stets abfedern und so langlebiger werden. Der Kybernetiker W. Ross Ashby hat das nach ihm benannte Ashby'sche Gesetz begründet, nach dem ein System nur überlebensfähig und resilient gegen Erschütterungen und Veränderungsdruck von außen antworten kann, wenn seine Varietät und Diversität im Innern so groß ist wie in der Außenwelt.

Das verstehe ich unter Wetterfestigkeit. Die Zukunft hat mehrere Zukünfte. Und meist kommt die, für die es kein Szenario gibt. Sich auf den Worst Case vorzubereiten oder gar auf das unbekannte Unbekannte, schärft die Sinne. Auch wappnet es das eigene Selbst für eine womöglich wenig rosarote Zukunft.

Für eine Renaissance der deutschen Leitkultur

Um Sie ein bisschen zu reizen, verrate ich Ihnen, dass ich im Jahr 2000 voll hinter Friedrich Merz stand, als er als Vorsitzender der CDU/ CSU-Bundestagsfraktion angesichts starker Zuwanderung eine Debatte über die »deutsche Leitkultur« vom Zaun brach. Kultur ist nicht allein Summe oder Querschnitt aller in einer Zivilisation auftauchenden Kulturen. Kultur ist Kompass und Wertegerüst und damit der Gegenbegriff zur Entwicklung von Parallelgesellschaften, die sich nach außen abschließen und allein ihr vermeintlich eigenes Wohl im Auge haben.

Friedrich Merz' Leitkulturdebatte hat die Republik vor schwierige Fragen gestellt: Unter welchem geistigen Schirm leben wir? Wie viel Unterschied verträgt Kultur, wie viel Vielfalt ist unter wie viel Einheit denkbar? Diese Diskussion wurde nicht zu Ende geführt. Die Sarrazin-Debatte ein Jahrzehnt später spaltete die Republik. Sie stellte die Frage: Wer soll überhaupt einwandern dürfen? Sarrazins Buch »Deutschland schafft sich ab« verkaufte sich mit 1,5 Millionen Exemplaren. Beide Debatten, die über die Leitkultur wie die über den Umfang und die Konsequenzen von Einwanderung, wurden in unserem Land nicht einmal zu einem vorläufigen Ende geführt. Das macht die Schweiz mit ihren Volksabstimmungen ganz anders und richtig. Fehlgeschlagene Debatten sind auch die besten Beispiele für fehlende Antworten auf Integration und Vielfalt. Sie machen deutlich, dass unvollendete nationale Debatten, abgebrochen und ohne Konsequenzen, die Situation verschärfen. Gleichzeitig sind solche ungelösten Debatten Vorboten einer disruptiven Entwicklung, wie wir sie hier und heute erleben. Ich stehe für diese Debatte und beziehe Stellung für die Leitkultur, weil ich den großen gemeinsamen Nenner (das Haus mit großem Dach und vielen Räumen, die Vielfalt zulassen) für besser halte als die Multikulti-Gesellschaft ohne kulturelles Dach.

Als Friedrich Merz im Dezember 2004 als Vizefraktionschef der CDU/CSU im Deutschen Bundestag zurücktrat und damit den jahrelangen Machtkampf mit Angela Merkel als Geschlagener beendete, rief ich ihn an. Mein Angebot: Sollte er eine neue Partei gründen wollen, ich wäre mit an Bord! Angenommen hat er es nicht, sich aber sehr höflich bedankt.

Parallelwelten zerstören den Pluralismus

Wolfgang Merkel, bis 2020 Direktor der Abteilung Demokratie und Demokratisierung am Wissenschaftszentrum Berlin (WZB), hat in einem beachtenswerten Beitrag für die Zeitschrift *Cicero* ausgeführt, dass homogen-kulturelle Gesellschaften leichter zu regieren seien. Unter anderem deshalb wurden die Kurden in der Türkei, die Uiguren in China, die Tschetschenen in der alten Sowjetunion und die Juden im Dritten Reich verfolgt und vernichtet. Und auch für die Ausgrenzung der Gastarbeiter im Nachkriegsdeutschland war die leichtere Regierbarkeit einer homogenen Gesellschaft einer der Gründe. Diese Ausgrenzung diene aber nicht nur der Beherrschung oder gar der Ausrottung von Minderheiten, sondern auch der Regierbarkeit der sogenannten Mehrheit. Subkulturelle Strukturen der Ähnlichkeit bildeten sich aber nicht nur in Situationen der Unterdrückung, sondern auch in ihrem Gegenteil: dem Laissez-faire einer offenen Gesellschaft. Das gilt für religiöse Parallelgesellschaften genauso wie für Männerzünfte, Migrantenviertel, Privatschulen für Elitenkinder oder Schwulen- und Lesbenviertel in Metropolen.

Heterogene Gesellschaften, so Merkel, tendierten dazu, erstens ethnische Konfliktlinien zu ziehen, zweitens sich in Subkulturen zu fragmentieren und drittens Eigen-, Zivil- und Parallelgesellschaften herauszubilden – bis hin zu eigenen Rechtsnormen. Das klingt sehr beunruhigend, denn heterogene Gesellschaften werden unsere Zukunft sein. Die Zukunft bringt demnach nicht Vielfalt in der Einheit, also einen großen Schirm und darunter die Vielfalt. Es gibt dann keinen größten gemeinsamen Nenner, der uns verbindet, sondern bestenfalls Einheit in der Vielfalt, also den kleinsten gemeinsamen Nenner. Es besteht eine hohe

Wahrscheinlichkeit, dass wir eine Ära erleben werden, in der Parallelwelten massiv anwachsen, die auch diesseits oder jenseits rechtsstaatlicher Gebote ihre tradierten Rechtssysteme gegen die Werte der kulturellen Moderne stellen, wie sie Jürgen Habermas formuliert hat: der Vorrang der Vernunft vor der religiösen Offenbarung, Demokratie basierend auf der Trennung von Religion und Politik, Pluralismus und Toleranz. Dabei wird von einigen Parallelgesellschaften die Toleranz der Mehrheitsgesellschaft eingefordert, während diese selbst zu dieser Toleranz gegenüber der Mehrheit nicht bereit sind.

Schon seit 2007 forscht der Harvard-Professor Robert Putnam, Autor des berühmten Buchs »Bowling Alone«, in dem er den Niedergang des Sozialkapitals in den USA analysierte, über den Zusammenhang zwischen Vielfalt und Vertrauen. In seinem Beitrag »E pluribus unum: Diversity and Community in the 21st century« bezweifelt Putnam die in der Wissenschaft dominante Kontakttheorie, die besagt, dass Misstrauen durch Kontakt und Kommunikation miteinander schwindet. Seine Forschungen führen zu einem differenzierten Ergebnis: Bei zu viel Diversität sänken Wahlbeteiligung, gesellschaftliches Engagement, Vertrauen in die Politik und in den eigenen Einfluss, Anzahl der Freunde und Bekannten, persönliches Glück und Lebensqualität. Gleichzeitig steige die Beteiligung an politischen Protesten.

Das Magazin der *Süddeutschen Zeitung* hat im Februar 2016 über die Überzeugungen zweier junger syrischer Migranten berichtet. Auf die Frage »Was haltet ihr davon, dass ein Mann einen Mann heiraten darf?« antwortete Abed: »Das ist verrückt.« Und Diaa, der zweite junge Migrant: »Das ist ekelhaft.« In Syrien gebe es kaum Homosexuelle, glauben sie. In seinem Sprachkurs hat Abed einen jungen Griechen kennengelernt, der schwul ist. Einmal erzählte dieser Abed von seinem Freund, und Abed floh. »Ich hasse dieses Thema«, sagt er, und: »Ich habe 22 Jahre ein anderes Leben gelernt, und jetzt werde ich 22 Jahre brauchen, es zu verlernen.«

Wir werden also eine Gesellschaft der Heterogenität und der konfliktträchtigen Diversität, ob wir es wollen oder nicht. Und wir werden auch eine Gesellschaft der Konflikte zwischen Diversity-Dimensionen. Der Historiker Heinrich August Winkler formuliert in einem Essay »Europa nur als Wille und Vorstellung« für die *Süddeutsche Zeitung* 2015: »Viele der Herkunftsländer sind zerfallende und zerfallene Staaten, fast alle sind autoritäre, hierarchische und patriarchalische, durch Clanstrukturen und Gewalt geprägte Gesellschaften, in denen antifeministische, homophobe und judenfeindliche Einstellungen weitverbreitet sind.« Wenn er deswegen fordert, dass Integration vor allem eines bedeuten solle: »die Verpflichtung auf die gleichen westlichen Werte, an denen sich auch die Deutschen selbst messen lassen müssen«, so ist das unumgänglich. Es ist die Lehre zu ziehen: Diversity-Konflikte dürfen wir nicht politisch korrekt unter den Teppich kehren, sondern müssen sie austragen und aufarbeiten – unter dem Schirm einer deutschen Leitkultur.

New Education und New Learning

Lernfähigkeit ist ein entscheidender Faktor, wenn es darum geht, wie lange Organisationen oder Gesellschaften überleben. Arie de Geus lässt grüßen. Lernfähigkeit zeichnet sich allerdings nicht nur dadurch aus, dass man Neues lernt. Sondern genauso dadurch, Althergebrachtes wieder verlernen zu können. Da geht es nicht nur darum, obsoletes Wissen zu verlernen, sondern auch um lang geübte Kulturtechniken, um vererbte, in Stahl gegossene Wahrheiten, um Alltagsroutinen und symbolische Handlungen.

In den 1990er Jahren habe ich mich intensiv mit der Lernfähigkeit von Unternehmen auseinandergesetzt, angeregt durch Gespräche mit Peter M. Senge vom Center for Organizational Learning am Massachusetts Institute of Technology (MIT). In meinem Buch »Die lernende Organisation« von 1994 habe ich mich damit beschäftigt, was alles neu zu lernen ist. Vernachlässigt habe ich, was man alles verlernen muss. Meine damaligen Konzepte für eine neue Qualität der Unternehmensentwicklung kamen zwar bei den Lesern gut an. Verändert aber haben sie nichts. Und das lag wohl auch daran, dass ich nicht ausreichend verdeutlicht hatte, wie erfolgskritisch es ist, verlernen zu können. Man muss in der Lage sein, die eigenen *mental models* (Peter Senge) auf den Prüfstand zu stellen, und sie unter Umständen anschließend zertrümmern.

Dem Physiker Thomas S. Kuhn wird der Satz zugeschrieben: »Wissenschaft entwickelt sich von Beerdigung zu Beerdigung weiter.« Max Planck hat denselben Gedanken pietätvoller ausgedrückt: »Eine neue wissenschaftliche Wahrheit pflegt sich nicht in der Weise durchzusetzen, dass ihre Gegner überzeugt werden und sich als belehrt erklären. Sondern vielmehr dadurch, dass ihre Gegner allmählich aussterben und dass die heranwachsende Generation von vorneherein mit der Wahrheit vertraut gemacht ist.« Es ist eine böse, bittere Pille, dass Menschen alte Dogmen oft nicht verlernen können. Die Dogmatiker müssen erst sterben.

Auf Karl Weick, der uns auffordert, das alte Werkzeug wegzuschmeißen, wenn's brenzlig wird, bin ich schon eingegangen. Die sogenannte Legacy, die Altlasten, Erbschaften, mentalen Modelle und Hinterlassenschaften wiegen je schwerer, desto älter man wird. Dies gilt für Individuen, Unternehmen, Volkswirtschaften gleichermaßen, und es behindert Transformation.

Wirtschaft als Inspiratorin für Fortschritt in der Bildung

Viele meiner Gedanken und Standpunkte zur Bildung entstammen meinen Wirtschaftserfahrungen. In jedem meiner Unternehmen habe ich über innovative Bildungsexperimente nachgedacht. Es fing 1979 an mit einem ersten, mit einer Kollegin geschriebenen Buch über Selbststeuerungsmodelle und Lernzielvereinbarungen – ein Jahre zuvor begonnenes Experiment, das fehlschlug. In diesem Buch »Organisationsentwicklung in der betrieblichen Ausbildung« haben wir über das Scheitern dieses Projekts geschrieben. Wir hatten nicht wenige junge Menschen in ihrem Freiheitswunsch überschätzt und zu wenig im Vorgehen differenziert. Eine gute Lehre für das Thema Mündigkeit. Angelernte Hilflosigkeit, *learnt helplessness,* bricht man nicht per Vorgabe auf. Verlernen zu können ist ein langwieriger Prozess. In den 1980er Jahren schuf ich dann eine mustergültige Personalentwicklung bei MTU in München und Friedrichshafen; im Kapitel »Eine Lebensaufgabe: die radikale eigene Transformation« schreibe ich darüber.

Als ich in den 1990er Jahren die Lufthansa School of Business gründete, habe ich mich erneut mit offenen Lernkulturen auseinandergesetzt. Ich erkannte, wie innovationsschwach das deutsche Weiterbildungswesen war, und setzte das Start-up Corporate University dagegen als Alternative, als sogenannten Dritten Ort (dazu unten mehr). Dabei entdeckte ich meine Mitte der 1970er fehlgeschlagenen Selbstorganisationsideen wieder – und setzte sie diesmal erfolgreich um. Parallel beförderte ich bei

Lufthansa das Thema einer offenen, von Diversität getriebenen Bildung. Für mich waren Durchlässigkeit und Elite nie Gegenspieler, weder in der Spitze noch in der Breite, genauso wenig wie Erkenntnis und Verwertung, Persönlichkeitsbildung und daraus folgende Wirkung.

Vieles, was wir in diesen Jahrzehnten andachten und danach umsetzten, öffnete zudem Türen für die heutigen interaktiven, kollaborativen und autonomen Lernformen des digitalen Zeitalters. Wir standen dabei auf den Schultern der Lernstatt-Bewegung und der teilautonomen Arbeitsorganisation, mit denen skandinavische Unternehmen wie Volvo und Saab Pionierarbeit leisteten. Sie gestalteten die Arbeitswelt humaner und demokratischer. Und meine Bildungsexperimente seit meinem ersten Buch 1979 waren die andere Seite der Medaille fortschrittlicher Arbeitsorganisation. 2015 habe ich diese Ideen als Co-Herausgeber des Buchs »Das demokratische Unternehmen« weiterentwickelt. Dazu mehr im Kapitel »New Work«.

Wirtschaftskulturen drücken Bildungskulturen ihren Stempel auf, sie bestimmen ihr Bewusstsein. Das klingt fast neomarxistisch. Da schreien nun sicher einige Pädagogen auf. Aber deren bildungshumanistische Träume verpuffen, wenn sie an die Systemgrenzen stoßen. Die meisten Bildungsexperimente sind daran gescheitert.

Es sind drei große Debatten, die die Bildungslandschaft wie Pflüge durchfurchen:

Erste Debatte: Nicht Abschottung und Stereotype, sondern soziale Durchlässigkeit

Die erste der drei Debatten reicht zurück bis ins frühe 19. Jahrhundert – in ein Spannungsfeld zwischen Frühkapitalismus und Bildungsfeudalismus. Humboldt wollte aus dem ständischen Bildungssystem ausbrechen. Ihm schwebte das Ideal vor von der Emanzipation mündiger Menschen durch Bildung und Schule. Heute verstehen wir darunter das soziale Recht auf Bildung für alle Mitglieder der Gesellschaft.

Der Versuch, die soziale Abschottung der höheren Stände zu durchbrechen, scheiterte vor fast 200 Jahren. Heutzutage sieht es kaum besser aus. Seit Jahrzehnten bescheinigt die OECD Deutschlands Bildungssystem extreme soziale Undurchlässigkeit; die Schulschließungen in der Coronazeit haben diese Abschottung auch noch verstärkt.

In der Bildungsgerechtigkeit gilt leider das alte deutsche Sprichwort »Der Apfel fällt nicht weit vom Stamm«. Von Geburt an öffnet sich die Schere zwischen Kindern aus bildungsfernen und -nahen Familien. Der soziale Status prägt sich nicht erst in der Schule aus, die Kinder bringen ihn bereits mit zur Einschulung. Blickt man auf den sozialen Hintergrund der Familien, koppeln sich Bildungsentscheidung und -erfolg konsequent an sozialen Status, an ökonomische und kulturelle Ressourcen. Ist der soziale Status niedrig, raten Eltern, Angehörige, Familie, Freunde, auch Lehrer häufig von einem Bildungsaufstieg ab. Die Ressourcen erscheinen ihnen zu karg. Dies zeigt zugleich den Fokus nötiger Reformen: Pfadabhängigkeit im sozialen Milieu aufgrund gesellschaftlich fest verankerter Stereotype.

Laut einer 2023 erschienenen Studie des Münchner ifo-Instituts haben Kinder von Eltern mit hohem Einkommen und guter Bildung deutlich höhere Bildungschancen als Kinder aus Familien mit niedrigem Einkommen und Eltern ohne Abitur. Nur 21 Prozent der Kinder, deren Eltern beide kein Abitur haben und zusammen weniger als 2600 Euro netto im Monat verdienen, gehen aufs Gymnasium. Bei Kindern, deren Eltern Abitur und ein Haushaltseinkommen von mehr als 5500 Euro netto haben, sind es 80 Prozent. Der Studie zufolge sind Einkommen und Bildungsniveau die entscheidenden Faktoren bei der Wahrscheinlichkeit eines Gymnasialbesuchs der Kinder. Migrationshintergrund sei hingegen ein Faktor, der viel weniger ins Gewicht falle.

Als möglichen Lösungsweg empfehlen die ifo-Forscher, Kinder aus benachteiligten Verhältnissen schon im frühen Alter gezielt zu fördern – zum Beispiel über eine sogenannte Opt-out-Regelung für den Kitabesuch. Kinder würden dann automatisch für die Kita angemeldet, Eltern könnten nur in begründeten Fällen eine Ausnahme beantragen. Dieser kluge Ansatz ist übrigens das Gegenteil dessen, was die CSU mit ihrem »Betreuungsgeld« anrichtete, indem sie Eltern in Deutschland finanziell belohnte, wenn sie ihr Kind nicht in die Kita schickten. Das polemische Synonym »Herdprämie« gefällt mir viel besser.

Eltern schätzen zum Beispiel die mathematischen Fähigkeiten ihrer Töchter bei gleichen Leistungen deutlich schlechter ein als die von Söhnen. Das Bild der MINT-Berufe als reiner Männerberufe hält sich hartnäckig. In einem Experiment der *New York Times* folgten Jugendliche der Aufforderung: »Draw a Scientist!« Zu 72 Prozent malten die jungen Menschen männliche Wissenschaftler. Auf die Frage, welches Geschlecht Künstliche Intelligenz habe, antworteten in einer Allensbach-Umfrage zwar 77 Prozent mit »weder noch« oder machten keine Angabe. Doch 3,5 Prozent antworteten mit »weiblich« gegenüber 19,3 Prozent »männlich«-Antworten. Empirisch belegte Schlussfolgerung: Frauen trauen sich bis in ihre Mittvierziger Jahre deutlich weniger zu als jeweils gleichaltrige Männer. MINT-Berufe bleiben Männerberufe. Dies ist in der Digitalökonomie besonders folgenreich. Heute schon haben wir den *Gender Divide:* wenige Frauen in Führungs- wie Expertenpositionen, zu schwach ausgeprägten weiblichen Gründungswillen und zu wenige tatsächliche Gründungen durch Frauen, zu wenig MINT-Orientierung bei Frauen.

In der digitalen Ära kommt zu diesem traurigem Trend der *Digital Divide* hinzu. In einer doppelten Zangenbewegung mit dem *Social Divide* wird er sozial benachteiligte Schichten noch stärker als bisher ausschließen. Und in einer doppelten Zangenbewegung mit dem *Gender Divide* wird er die Frauen noch viel stärker als bisher abhängen – wenn sich nicht radikal etwas ändert in Kulturen und Köpfen (auch) von Lehrerinnen und Lehrern, Investorinnen und Investoren, in Peer Groups, Bekanntenkreis und vor allem in den Familien.

Der berühmte neuseeländische Pädagoge John Hattie, Direktor des Melbourne Education Research Institute, weist immer wieder darauf hin, dass Eltern nicht »die ersten Lehrer« seien, sondern »die ersten Lernenden«. So wie Eltern lernen, lernen auch ihre Kinder. Komplett vernachlässigt wird das Elternlernen bei der Frage, wie man die eigenen Kinder bestmöglich bei der beruflichen Orientierung unterstützen kann. Lehrersprechstunden oder Volkshochschulangebote genügen nicht. Nötig ist eine »Massenalphabetisierung« von Eltern, die tief hineinreicht in die wenig privilegierten Schichten, nicht zuletzt in Zuwanderergenerationen.

Familienförderung und frühkindliche Bildung in den Kitas sind gerade hier ein Muss. Sonst vertieft sich das Bildungsprekariat immer mehr, und Niedriglohnsektor, Einkommensspreizung, Hoffnungs- und Perspektivlosigkeit wachsen. Als Parlamentarischer Staatssekretär habe ich 2022 das »MINT-Aktionsprogramm 2.0« auf den Weg gebracht und ordentlich finanziell ausgestattet. Ein Pfeiler des Programms ist das Elternlernen. Möge das Saatgut aufgehen.

Unvollendet: Reformschritte für Durchlässigkeit

Bei den Reformen mit Fokus auf Chancengleichheit und Durchlässigkeit ging es zunächst um rechtlich-formale Fragen, zum Beispiel darum, Zugang zu gewährleisten. Bis in die Zehnerjahre dieses Jahrhunderts zum Beispiel trennten noch signifikante Barrieren berufliche und akademische Bildung. Im nächsten Schritt war die ökonomische Barrierefreiheit Thema. Zum einen die Unentgeltlichkeit von Schule – heute wieder aufgeweicht durch die wachsende Attraktivität Schulgeld verlangender Privatschulen, leider darunter auch Eliteschulen, die nur die oberste Klientel bedienen. Und zum anderen rückte jüngst wieder in Coronazeiten die Unentgeltlichkeit von Lernmitteln brutal ins Scheinwerferlicht. Mangels digitaler Lernmedien wurde allen klar, dass Deutschlands Kultusministerien die Digitalisierung verschlafen hatten. Bis heute ist nicht einheitlich geregelt, wann Schülerinnen und Schüler kostenlos welche Hard- und Software vom Staat erhalten. Deutschland wartet immer noch auf digitale Lernmittelfreiheit.

Danach kam die Frage auf nach gleichen Startchancen bei Stadt und Land, seit 1990 auch bei Ost und West. Legendär Ralf Dahrendorfs Formel von der »katholischen Arbeitstochter vom Land«, an deren Stelle heute der Migrantenjunge in der Großstadt tritt. Viel zu spät folgte eine aktive Bildungspolitik, um soziokulturelle Defizite auszugleichen: Inklusion, Bildungsberatung, Vorschulerziehung. Doch der Schaden war angerichtet. In den Brennpunktvierteln größerer Städte hierzulande herrschen fast schon US-amerikanische Ghettostrukturen und Schulsegregation.

Heutzutage geht es bei Reformversuchen allem voran um das Innenleben der Schule, um Schulkultur mit moderierten Entwicklungsprozessen, um Individualisierung, um eine Pädagogik der Vielfalt und der Potenzialentfaltung. Leider nichts davon im großen Stil, sondern überwiegend in Pilot-Schulen. Die allermeisten Schulen machen immer noch Reparaturbetrieb auf den vorherigen Entwicklungsstufen der Durchlässigkeit.

Jüngst hielt ich auf einer Junglehrertagung vor fast 300 Teilnehmern den Eröffnungsvortrag über »Schule der Zukunft«. Danach fragten mich nicht wenige, ob ich einmal bei ihnen hospitieren wolle. Denn dann würde mir die Zukunft vergehen. Stundenausfall, Lehrermangel, langsamer Ganztagsausbau, viele frustrierte Eltern. Ich kann die jungen Lehrkräfte verstehen und überlege oft, ob pathetische Zukunftsbilder derzeit ausgedient haben. Die Maslowsche Bedürfnispyramide lehrt uns, dass Menschen zuerst ihre Grundbedürfnisse befriedigen wollen. Infiziert von der woken Berliner Blase kümmern sich viele Bildungsinitiativen aber kaum noch um Grundbedürfnisse, sondern nudeln Diversity und Antirassismus ins Zentrum allen Strebens. In der Sache ja gar nicht falsch – aber in dieser absoluten Abgehobenheit völlig kontraproduktiv. Gerade angesichts der aktuellen Schulkrise brauchen wir Bildungsinitiativen, die an die Nöte von Schülern, Lehrern, Eltern andocken.

Zweite Debatte: Humankapital versus Humanismus

In der Nachkriegszeit, in der Ära des Wiederaufbaus hin zum vollentwickelten industriellen Kapitalismus, begann die zweite große Debatte: effizientes Humankapital versus Humanismus. Sie stellte die Frage nach Erkenntnis versus Verwertung, nach der Relation von Input und Output in der Bildung, nach dem Zusammenhang zwischen dem Bildungsniveau einer Volkswirtschaft, ihrer Produktivität und ihrem Wohlstand. Gerade die Chicagoer Schule war dabei Vorreiter. Gary Becker von der University of Chicago erhielt 1992 den Nobelpreis nicht zuletzt für seine Humankapital-Theorie der Investitionen in Bildung. Die alte Forderung nach »Humanismus« hingegen greift zurück auf das bislang fehlgeschlagene

Humboldt'sche Bildungsideal, in dem alle Mitglieder einer Gesellschaft ihr Potenzial entfalten können sollen. Und zugleich ist diese alte Forderung geprägt von Ablehnung oder mindestens Skepsis, wenn es darum geht, inwieweit sich Bildung wirtschaftlich verwerten lässt.

Als Symbol für die Wende in der Humankapital-Debatte steht der PISA-Schock aus dem Jahr 2000. Zwar hat Deutschland bei Mathematik, Naturwissenschaften und Lesekompetenz danach massiv aufgeholt – aber leider nur bis 2012. Seitdem sind wir wieder abgestürzt auf das Level von 2003. Hier fehlt es nicht nur an Effizienz. Auch das Qualifikationsniveau unserer Volkswirtschaft ist insgesamt so abgesackt, dass es mittelfristig unsere Wettbewerbsfähigkeit und den Fachkräftenachwuchs massiv beschädigt. Warum? Millionen An- und Ungelernte im Arbeitsmarkt, darunter ganz viele Menschen mit abgebrochener Schulausbildung. Da brauchen wir über optimale Verwertung gar nicht erst zu reden. Es geht um den immateriellen Kapitalstock, der immer mehr bröckelt.

Der Philosoph Georg Picht hat schon 1964 den Begriff der »Bildungskatastrophe« geprägt und Nachteile Deutschlands im internationalen Wettbewerb prognostiziert. In eine ähnliche Richtung äußerte sich Ralf Dahrendorf 1965 in seinem Buch »Bildung ist Bürgerrecht«; er sah aufgrund geringer Bildung die bundesdeutsche Demokratie gefährdet. Aus dieser Debatte gingen auch die Gesamtschulen hervor, zunächst als Schulversuch. Und in den 1980er Jahren kam in einer Riesenwelle der Ausbau der Fachhochschullandschaft nach dem olympischen Prinzip »Schneller, höher, weiter«. All dies war notwendig, aber noch nicht zielführend.

Heute entzweit die bildungspolitische Debatte über Erkenntnis und Verwertung oft Bildungsbürgertum, Wissenschaft und Wirtschaft. Zum einen genügt vielen Bildungsbürgern die reine Erkenntnis. Und gerade Universitäten machen es sich gemütlich hinter der Formel der Freiheit von Forschung und Lehre und kaschieren so ihr mangelndes Interesse an Verwertung und Transfer. Zum anderen fordern viele Unternehmen und ihre Verbände für die Bildung eine Deckelchen-aufs-Töpfchen-Philosophie: Menschen sollen auf Jobs passen. Solche polaren Debatten haben keine gemeinsame Schnittmenge und bieten keine Lösungen.

Dritte Debatte:
Kreation versus industrielle Instruktion

Bildungs- und Wirtschaftssysteme sind nun einmal folgenschwer miteinander verwoben. Staaten mit innovativen Spielbeinen (etwa bei Software, Climate Tech, Entertainment, Biotechnologie oder Raumfahrt)
haben durch die Bank deutlich fortschrittlichere Bildungssysteme als
Deutschland. Die Transformation in Wirtschaft und Gesellschaft hat in
innovativen Nationen Reformsprünge im Bildungswesen genauso beschleunigt wie das Wachstum datenbasierter Geschäftsmodelle.

Deutschland hingegen ist ein Land des Maschinen-, Anlagen- und
Autobaus geblieben. Mit exzellenter Massenproduktion und perfekter
Maßarbeit, mit einer »Zero Defect«- statt einer »Trial & Error«-Kul-
tur. Zu einem monoindustriellen Land wie Deutschland passen einfüg-
same, normierte Menschen. Und diese Passungsleistung erbringen unsere Schulen und Hochschulen als Massenbildungsfabriken – fast wie in
der industriellen Fertigung. Deutschlands schwache Transformation verhindert, dass wir im großen Stil Bildungsmodelle entwickeln, die fit sind
und fit machen für die digitale Ära.

Erst ein hochentwickeltes Spielbein Digitalökonomie wird diese
dritte Debatte erblühen lassen. Sie hat ebenfalls zwei Pole: einerseits die
Effizienzfabriken der Bildung mit ihrer immer noch industriell geprägten Instruktion (das heute vorherrschende pädagogische Prinzip). Andererseits das kreative Lernen in postmaschinellen Innovationsmanufak-
turen.

Industriegesellschaften denken auch bei Bildung an optimierte Massenproduktion und Reproduktionskultur. Die digitale Ära hingegen ist
beeinflusst von Fragen nach Kreation, Design, Innovation, Informalität, Individualisierung, Experimentierkultur. Schule in der digitalen Ära
wird keine Instruktionsanstalt mehr sein, sondern kreative Werkstätte.

Elite versus Durchlässigkeit, Effizienz versus Humanismus, Industri-
alisierung versus Kreation. Wahrheit und Legitimation stecken in all diesen Spannungsbögen. Auf der Suche nach einer Institution neuen Typs,
die sie berücksichtigt und bewältigt, fällt mir die David A. Boody School
ein. Als Bildungsexperiment »School of One« im New Yorker Brenn-

231

punkt Brooklyn wurde sie von der örtlichen Schulbehörde ins Leben gerufen und lebt wie jeder innovative Bildungsleuchtturm von kreativem
Mix: Sie bricht mit geordneten Klassenräumen, schafft Open Spaces wie
auch sogenannte Maker Spaces. Diese Schule bricht auch das soziale Silo
auf – ihre Absolventen studieren. Und sie bricht mit sozialer Hierarchie;
Lehrende werden zu Lerncoaches und Mentoren. Eines kommt jedoch
noch hinzu: Künstliche Intelligenz und Learning Analytics ermöglichen
jungen Menschen, tagtäglich individuell maßgeschneiderte Lernpfade
einzuschlagen mit den richtigen Inhalten, dem richtigen Tempo und der
richtigen Intensität. Keine durchtechnokratisierte Schule, sondern eine
menschliche Schule mit Algorithmen als digitalen Coaches – auch für
zeit- und ortsunabhängiges Lernen. Die Initiative New Classrooms hat
solche autonom verwalteten Freiheitsräume inzwischen ausgeweitet und
in elf US-Bundesstaaten aus der Taufe gehoben.

Kompetenzen schlagen Noten und Abschlüsse

Schon jetzt sinkt der Marktwert formaler qualifikatorischer Abschlüsse
und von Klausur- und Abschlussnoten. Hingegen steigt der Wert von
Kompetenzen. Talente, auch Studienabbrecher, die ihre Kompetenzen in
Start-up- und Experimentierkultur informell erworben haben, brechen
vielerorts die Mauern des Arbeitsmarkts auf, hinter denen elitäre Akademiker seit Jahrhunderten ihre Schäfchen ins Trockene bringen. Das heißt
nicht, dass der Besuch elitärer Bildungseinrichtungen wie Salem, Eton,
Harvard oder TU München keine Signalwirkung mehr entfaltete – immer weniger allerdings eine kompetenzbasierte. Vielmehr geht es dabei
darum, einer Elite anzugehören.

Symbolisch für das neue Lernen steht der »Club der toten Dich-
ter«. Diese Filmlegende von 1989 zeigt auf bewegende Weise: Wir brauchen ein Schulmodell nonkonformistischer, schöpferischer Kreativität
anstelle eines von Drill und Anpassungskultur geprägten Lernens. Und
in der Übergangsphase wohl beides parallel. Es gibt zwar bildungspolitische Überzeugungstäter, die die Posaunen vor Jericho blasen und den
Totalumbau fordern. Aber sie bedenken in ihrer Naivität nicht, was der

Preis des Scheiterns ist: eine Schulreform, bei der die Hoffnung nie stirbt und das Handeln nie einsetzt. Ich befürworte ein Modell organischeren Übergangs. Deshalb habe ich zum Beispiel zusammen mit einem Unternehmer eine gemeinnützige GmbH gegründet, die Maker Tools und Maker-Garagen an deutschen Schulen fördert. Unser ehrgeiziges Ziel: 10 000 Maker-Garagen an 10 000 deutschen Schulen.

Stellhebel I: Dritte Orte – Lernen für die Zukunft

Wer sich eine Maker-Garage in voller Blüte ansehen möchte, findet sie etwa an der Deutsch-Skandinavischen Gemeinschaftsschule in Berlin. Sie hat zwei ehemalige Klassenzimmer umgebaut zu einem Raum mit bunter Lernwerkzeug-Mischung: Lötkolben, 3D-Drucker, Caliope-Roboter, Malstafetten. Die Tools sind aber weniger wichtig als die Experimentierkultur auf Augenhöhe. All dies kostet keine Riesensummen. In unserer gGmbH kalkulieren wir mit um die 20.000 Euro pro Schule.

Diese Dritten Orte des Lernens (neben Schule, Familie oder Peer Group) brechen soziale Statusgrenzen auf und versuchen, gleiche Entfaltungschancen für jeden zu ermöglichen. Es ist auch ein Bruch mit traditioneller Schulhierarchie: Lehrer oder Lehrerin sind keine Vorgesetzten mehr, sondern Lernprozessbegleiter. So entstehen neue soziale Normen und eine neue soziale Ordnung, die sich von der hierarchischen schulischen Ordnung unterscheiden und Brücken zur hierarchiearmen Netzwerkgesellschaft schlagen.

Solche Ideen sind nicht neu. Der US-amerikanische Soziologe Ray Oldenburg hat in den 1980er Jahren die Theorie der Dritten Orte begründet. Dient der erste Ort dem Familienleben und der zweite dem Beruf, ist der dritte ein offener, informeller Treffpunkt für alle Schichten und Altersgruppen – ganz ähnlich einem bayerischen Biergarten. Hier nivellieren sich finanzielle oder soziale Unterschiede, hier kommen Menschen barrierefrei und spielerisch ins Gespräch. Waren es früher die Universitätsbibliotheken und Buchläden, dann die Internet-Cafés, die Häuser der Eigenarbeit und Co-Working-Spaces, sind es heute Maker-Garagen und Fab Labs.

233

Allerdings dürfen sie nicht technik-omnipotent sein. Die Amerikaner haben früh erkannt, dass sich das STEM (Science, Technology, Engineering, Math) zu STEAM mit (Liberal) Arts weiterentwickeln muss. Technische und soziokulturelle Innovation sind miteinander tief verwoben. Soziales, künstlerisches und schauspielerisches Lernen gehen Hand in Hand mit technologischem Lernen. Als früher MINT-Aktivist habe ich mich immer geärgert, dass man aus dem Wort MINT nichts Entsprechendes formen kann.

Dritte Orte sind für ein so sklerotisch erstarrtes Bildungssystem wie das deutsche nicht der einzige Weg nach Rom. Aber aus meiner Sicht der einfachste und schnellste. Dritte Orte stören die Stakeholder nicht, die so oft die alte Welt bewahren wollen: Eltern- und Lehrerverbände, Schulbehörden, übereuphorische Schülervertretungen und nicht zuletzt politische Parteien, die in Bildung ja auch oft ein Mittel sehen, ihre Ideologien früh in den Köpfen zu verankern.

An jeder Schule und Hochschule Dritte Orte zu installieren, das mutet dagegen an wie ein Kinderspiel. Niemand muss hier Konkurrenz fürchten. Denn der Dritte Ort ist *an* der Schule, die Hürde zu ihm muss gar nicht genommen werden. Der Fächerkanon des alten Systems bleibt unangetastet. Innovation beginnt an den Rändern, an der Peripherie und ist offen für neue Akteure.

Damit so ein dritter Lernort gelingt, braucht man dann neben zwei, drei motivierten Lehrern und der schützenden Hand der Schulleitung nur noch einige außerschulische Akteure: pensionierte Meister und Techniker zum Beispiel, IT-Beraterinnen, junge Technikstudierende, die Lust und Freude daran haben, so eine Maker-Garage organisatorisch und pädagogisch zu betreuen.

Ich bin davon überzeugt: Dritte Lernorte würden den schulischen Ganztag erheblich aufwerten. Und auch das Damoklesschwert Lehrermangel würden sie erheblich entschärfen. Denn attraktivere Schulen ziehen auch Quereinsteiger und Seitenwechsler an. Eine Studie hat jüngst Hinweise geliefert, dass Lehrkräfte ohne Lehramtsstudium keine schlechtere Arbeit machen als ihre klassisch ausgebildeten Kollegen. Zwar kommt Lehramtsabsolventen ihr höheres fachdidaktisches und

-methodisches Wissen zugute. Quereinsteiger hingegen sind fachlich gleichwertig und stressresistenter.

Im bayerischen Buch am Erlbach war ich eingebunden in den Aufbau einer Maker-Garage, die so erfolgreich war, dass im Sommer 2015 Bundeskanzlerin Angela Merkel sich das Projekt höchstselbst besah. Zwei Momente dieses Tages habe ich nicht vergessen.

Als ein an die zehn Jahre altes Mädchen der Kanzlerin zeigen wollte, was man mit einem Lötkolben anstellen kann, zerrte ihr ein gleichaltriger Junge das Gerät aus der Hand und rief: »Ich kann es besser.« Die Kanzlerin runzelte die Stirn und sagte: »Lass' sie doch machen!« Dieses Erlebnis bestärkt mich darin, dass monoedukatives (nach Geschlechtern getrenntes) Lernen in bestimmten Lebens- und Bildungsphasen Sinn ergibt.

Die Kanzlerin ging dann zu einem jungen Buben, der am 3D-Drucker beschäftigt war. Hinter ihm stand sein Lerncoach, ein Student der Hochschule München. Frau Merkel blickte von einem zum anderen und fragte den Studierenden: »Und Sie haben ihm das beigebracht?« Trocken antwortete der gar nicht angesprochene, fleißig arbeitende Bub: »Nee. Das habe ich mir selbst beigebracht.« In einfacheren Worten kann man Maker Space nicht erklären.

Bringt man Summerhill, Ray Oldenburg und die digitale Welt zusammen, dann wird deutlich, wie Dritte Lernorte aussehen könnten. Und deshalb bin ich so fest davon überzeugt, dass jede einzelne Schule heute über eine Maker-Garage verfügen sollte.

Deutsche Schulen: reformunfähig!

Ist das deutsche Schulsystem ein *failed system?* Ich meine: ja. Das Coronavirus ist über die deutschen Schulen hinweggefegt wie ein Sturm und hat seit 2020 gnadenlos offengelegt, wie rückständig und unflexibel unser Bildungssystem ist. Überwiegend verantwortlich hierfür ist die Politik. Angela Merkel hat im Jahr 2008 zwar die »Bildungsrepublik« Deutschland ausgerufen. Diese Chance hat aber niemand genutzt – auch nicht Angela Merkel.

2019 kam der sogenannte Digitalpakt Schule. Und zwar derart voll-gestopft mit Bürokratie, dass die Schulen bis Mitte 2022 nur wenige Prozent der zugesagten fünf Milliarden Euro abgerufen hatten. Das apparatschikhafte Betriebssystem des Digitalpakts wurde durch Corona vollends zu Fall gebracht. Selbst als Oppositionsabgeordneter habe ich mich für diese Politik von Bund, Ländern, Schulbehörden geschämt. Es mangelte an Hardware-Ausstattung, an Content, an IT-Service und an hinreichender Lehrerfortbildung. Schüler mit bildungsärmerem Hinter-grund fielen gnadenlos durchs Netz. Und die Lehrer waren teils gelähmt, teils digital inkompetent. Schule in Deutschland: ein Desaster.

Obwohl es nie an Reformversuchen oder neuen Ideen gemangelt hat. Die Montessoripädagogik setzt seit 1907 auf junge Menschen als »Baumeis-ter ihrer Selbst« mittels offenen Unterrichts und Freiarbeit. Ich selbst bin seit den 1960er Jahren ein begeisterter Anhänger der Reformpädagogik von Summerhill. Nicht wegen des freiwilligen Unterrichtsbesuchs, son-dern wegen des zwischen Schülern und Lehrern möglichst gleichberech-tigten *self-government* und der Werkstätten für die Schüler. Summerhill war der Eisbrecher für viele später folgende Experimente.

Die 1960er Jahre waren ja der Beginn meiner radikalen Zeit, der au-ßerparlamentarischen Opposition (APO), der Emanzipationsbewegung, der autonomen Kinderläden. Auch dies waren Sozialexperimente, lei-der teils bis hin zu päderastischen Auswüchsen bei den späteren Grü-nen. Summerhill war für uns rebellische Schülerinnen und Schüler na-türlich ein Sehnsuchtsort. Erst Joschka Fischer und später ich gaben an den Gymnasien rund um Stuttgart die Schülerzeitung *Rotkehlchen* her-aus. Schon damals wetterten wir gegen die schnöde Paukanstalt und war-ben für freiheitliche, demokratische Schulmodelle.

Margret Rasfelds Initiative Schule im Aufbruch bemüht sich seit 2012 um eine ganzheitliche und transformative, nachhaltigere Bildung. Die Sudbury-Schulen nach dem Modell der 1968 gegründeten Sudbury Val-ley School im US-Bundesstaat Massachusetts legen ihren Schwerpunkt auf die demokratische Selbstverwaltung. Wirkliche Durchschlagskraft haben alle diese Ansätze nie entfaltet, in der Breite nachhaltig verändert haben sie wenig. Ähnlich sieht es im Übrigen aus an den privaten Universitäten von Bucerius Law in Hamburg über WHU in Vallendar, ESMT in Berlin, EBS in Oestrich-Winkel bis Zeppelin in Friedrichshafen. Es fehlt auch hier an Skalierung.

Vor allem Schulexperimenten legt die staatliche Schulbürokratie jede Menge Steine in den Weg, Medien ignorieren oder denunzieren sie, teilweise ist ihnen wie den Waldorfschulen der Reformimpetus abhandengekommen. Oft habe ich in den vergangenen Jahrzehnten Experimente dahinsiechen sehen, immer wieder neue Generationen an Bildungsaktivisten leuchteten wie Kometen am Himmel auf und verglühten. Man verzweifelt am Bildungssystem. Natürlich: Für den Aufbau neuer Institutionen brauchen wir Propheten der Zukunft, Überzeugungstäter der Bildung, Prototypen-Pioniere neuer Bildungswelten. Menschen wie Margret Rasfeld sind die Hefe im Teig. Aber wenn der ordnungspolitische Rahmen nicht aufgebrochen wird, sehe ich schwarz. Dann gibt es nur mehr Märtyrer.

Unsere Kultusminister haben unser Schulsystem an die Wand gefahren. Die Kultusministerkonferenz hat strukturell versagt. Gleichwohl verteidigt diese pädagogisch-kultusbürokratische Oligarchie ihre Pfründe bis aufs Messer. So wie für die großen preußischen Verwaltungsreformen mutige Hardenbergs und Steins nötig waren, so braucht es heute Schulministerinnen und -minister sowie Topbeamte, die Reformer werden, neue Ordnungspolitik schaffen und den Widerstand der Partikularverbände brechen. Unser föderales Schulsystem braucht jede Menge Gorbatschows.

Stellhebel II: Schulfreiheitsgesetze

Neben meinem ersten Stellhebel, dem massenhaften Ausbau Dritter Orte als Übergangsbrücken zu dosierter Freiheit, sehe ich einen zweiten großen Stellhebel. Schulentwicklung braucht zweierlei Freiheit: nicht nur innere, sondern gerade die äußere.

Das vor allem außerhalb Deutschlands sichtbare Wachstum an frei operierenden Coding Schools und Coding Universities, in denen man ohne qualifizierten Abschluss probieren, studieren und dann seinen Weg machen kann, ist nur die Spitze des Eisbergs. Darunter gärt es an einer Vielfalt bildungspolitischer Experimente. So schafft es Dänemark in einem sogenannten »Freiheitsversuch«, in vier regionalen Experimentierdistrikten schulische Bildung zu befreien – neben frühkindlicher Bildung und Altenpflege. Richtgröße ist dabei das Wohlbefinden von Schülern und Lehrern, die gemeinsam mit Eltern und Kommunen gemeinsam Schule neu bauen. Sonderbildungszonen in Analogie zu Hightech-Sonderwirtschaftszonen. Schule kann so wie auf dem Reißbrett ganz neu designt und dann aufgebaut werden – für die analoge wie für die digitale Welt bis hin zur Abschaffung der Noten. Präsenz wie Distanz, Caliope-Roboter wie Lötkolben, klassische Autoren wie Hans Christian Andersen und moderne Komponisten wie Edvard Grieg kannten die Dänen ja schon. Doch sie wollen noch weiter gehen. Jacob Chammon, Däne und ehemaliger Schulleiter der Deutsch-Skandinavischen Gemeinschaftsschule in Berlin, hat mir begeistert von seinen Besuchen in diesen Schuldistrikten berichtet.

Wie wirkt sich mehr Freiheit für Schulen aus? Laut einer OECD-Studie werden zum Beispiel in den Niederlanden bis zu 85 Prozent der Entscheidungen für eine Schule vor Ort getroffen, nur 15 Prozent verbleiben bei den übergeordneten Schulbehörden. In Deutschland hingegen fallen 13 Prozent der Entscheidungen vor Ort in der Schule, und 87 Prozent entscheiden die Behörden.

Deswegen sind für die äußere Freiheit Schulfreiheitsgesetze in den Bundesländern nötig – in Analogie zu Hochschulfreiheitsgesetzen. Sie erst ermöglichen den Weg zu schulspezifischer Profilbildung und regionalem Qualitätswettbewerb bis hin zu Avantgarde-Schulen. Schulfreiheit als Rahmen setzt Reformkräfte ohnegleichen frei. Große Teile der Lehrer- und Schülerschaft wollen aus ihren Kasernenstrukturen ausbrechen.

Schulfreiheitsgesetze müssen staatlichen Schulen Freiheit über Budget, Personal, Vergütung und Fächerkanon geben, gelebte Profilbildung jeglicher Art sicherstellen und benachteiligten Schulen und ihrer Schülerschaft vergleichbare Startchancen ermöglichen. Dann kann fairer Wettbewerb beginnen.

Stellhebel III: Chancenfairness für private Schulen

Ein weiterer großer Stellhebel hin zu neuem Lernen wäre aus meiner Sicht, private und staatliche Schulen gleichzustellen. Mehr als eine Million Schülerinnen und Schüler, das ist etwa jeder Zehnte, besuchen heute schon Schulen in privater Trägerschaft.

Zudem gibt es derzeit einen Exodus häufig privilegierter Schülerinnen und Schüler in private, oft internationale Schulen. Dies wiederum führt dazu, dass Behörden Neugründungen von Schulen in privater Trägerschaft immer argwöhnischer betrachten. Der experimentelle Charakter vieler solcher Neugründungen verstößt gegen das Normierungsverständnis der Schulbürokratie. In etlichen Bundesländern erhalten private Schulen deutlich weniger Geld vom Staat als staatliche. Private Schulen sind damit auf Schulgeld angewiesen. Es gibt auch Schulen, die hohe Preise verlangen, um damit absichtlich ein von jeher elitäres Klientel anzulocken. Mit denen sollte man aber nicht alle privaten Träger in einen Topf schmeißen. Und: Soziale Segregation existiert auch zwischen Stadtvierteln und ihren öffentlichen Schulen. Denken wir andersherum: Erhielten private Schulen so viel Geld wie öffentliche und verzichteten zugleich auf Schulgeld, wäre das doch ein Anreiz für private Träger. Der Anteil privater (unter den beruflichen und allgemeinbildenden) Schulen ließe sich von heute 14 Prozent steigern auf 25 Prozent. Wir brauchen diese kritische Masse von mindestens 25 Prozent, die im Wettbewerb mit öffentlich finanzierten Schulen Innovationsimpulse geben kann. Solche Impulse von Privatschulen sind Lebenselixier für unser Bildungssystem – ganz ähnlich den Start-up-Impulsen für die tradierte Wirtschaft.

Deshalb sollten auch Unternehmen oder Unternehmensverbünde eigene Berufsschulen aufbauen und betreiben, am besten sogar eigene Mittelschulen und Gymnasien mit Fokus auf die MINT-Fächer. Ich packe nicht nur innovative Non-Profit-Organisationen und Stiftungen am Portepee. Auch die Privatwirtschaft muss die Ärmel aufkrempeln und finanzielle und sachliche Beiträge leisten, damit Deutschland neue, zukunftsfitte Wege in der Bildung geht. Das käme nicht zuletzt den Talent-Pipelines der Unternehmen zugute. Ein nationaler Kraftakt für Schule – Public Private Partnerships in Potenz und Multimilliarden Euro – ist der einzige Weg aus der Schulkrise.

Stellhebel IV: Kooperationspflicht von Bund und Ländern

Bewusst an letzter Stelle nenne ich das seit Jahren diskutierte Kooperationsverbot zwischen Bund und Ländern in der schulischen Bildung. Es in eine Kooperationspflicht umzukehren – dafür hat sich die FDP im Deutschen Bundestag sehr eingesetzt, als ich ihr bildungspolitischer Sprecher war. Ich habe das zwar immer für richtig gehalten, aber nicht für existenziell wichtig. Denn selbst ein Kooperationszwang würde Schule nicht von Grund auf reformieren. Er würde nur sicherstellen, dass im Gegenzug für mehr Geld vom Bund zentrale und verpflichtende Qualitätsziele vereinbart werden und so Bildungsoutput wie -impact hoffentlich steigen. Außerdem berührt die Bund-Länder-Kooperation mein zentrales Thema überhaupt nicht: die Freiheit der Schulen, ihre Entwicklung selbst in die Hand zu nehmen. Wir brauchen kluge Bypasslösungen: Dritte Orte, Schulautonomie über Freiheitsgesetze, Fairness für private Schulträger. All dies kann jedes Bundesland allein umsetzen: mit mutigen staatlichen Reformen am Rahmen. Oft fräsen solche Teillösungen den Weg zum Update des Gesamtsystems. Dann könnten bei uns viele Tausende Schulen neuen Typs entstehen.

Innovationsarme Hochschulen

Ich habe jetzt fast ausschließlich schulische Bildung thematisiert. Doch auch die hochschulische Bildung steht vor einem gravierenden Reformbedarf – gerade bei Studium und Lehre. Der ehemalige Präsident der Hochschulrektorenkonferenz Peter-André Alt bescheinigt Hochschulen zwar eine »permanente Reform«. Auf einer öffentlichen Onlineveranstaltung mit ihm habe ich diese steile These einmal kritisch hinterfragt.

Sie kennen vielleicht die verschiedenen Innovationstypen: Produkt- und Dienstleistungsinnovation (weit darüber hinausgehend auch Geschäftsmodellinnovation) wirken vor allem im Außenleben einer Organisation: auf Märkte, Konkurrenz und Kunden. Sie sind ausgerichtet auf das direkte Erleben der Nutzer. Prozessinnovation hingegen beschäftigt sich damit, wie effizient und reibungslos sich das Innenleben einer Organisation gestaltet. Endkundenorientiert ist Prozessinnovation allenfalls mittelbar.

Schauen wir aus diesem Blickwinkel auf die Reformen im Hochschulsektor, und genau das habe ich Peter-André Alt zugemutet, finden sich in über 70 Jahren allenfalls eine Produktinnovation und eine Geschäftsmodellinnovation. Der Rest sind Prozessinnovationen, von denen Studierende kaum etwas haben.

Die einzige Produktinnovation war das Duale Studium, in dem sich hochschulische Bildung und berufspraktische Ausbildung verzahnen. Weitere Produktinnovationen, von denen die Endkunden von Hochschulen und Universitäten hätten profitieren können, blieben lange Zeit oder vollständig auf der Strecke. Zum Beispiel der Ausbau wissenschaftlicher Weiterbildung zu einem hochkarätigen Hochschulgeschäftszweig: Professional und Executive Education für Experten und Führungskräfte, Campusentwicklung hin zu einem Innovations-Ökosystem, die Transfer- und Innovationsförderung als Dritte Mission der Hochschule neben Forschung und Lehre oder das Wachstum privater Universitäten.

Und die einzige Geschäftsmodellinnovation war die europäische Bologna-Hochschulreform, die allerdings in Deutschland an vielen Stellen zur reinen Strukturreform verkam.

Als Verfechter des Dualen Studiums und des Bachelors war ich in all diesen Jahren quälender Umsetzung der deutschen Variante der Bologna-Reform eine wandelnde Litfaßsäule für Humankapital und die Funktionstüchtigkeit junger Studierender. Ich habe fast zehn Jahre lang als Arbeitgebervertreter gegen massive Widerstände die Zweiteilung in Bachelor und Master ausgefochten, und zwar nicht zwingend konsekutiv, also direkt aufeinanderfolgend. Ich stand für nonkonsekutive Masterstudiengänge wie international üblich. Genau so war ich der Meinung, dass cross-disziplinäre Studiengänge möglich sein müssen, ein Bachelor in Maschinenbau oder Betriebswirtschaft zum Beispiel und dann ein Master in Management oder Biologie. Daneben war ich immer ein Freund dualer Professuren, die zwischen wirtschaftlicher Praxis und Hochschule changieren. Dieselbe Idee gefällt mir übrigens auch mit Blick auf Lehramtsstudierende, bei denen die duale Lehrerausbildung leider auch ein noch unerreichtes Ziel ist. All dies wurde nie im großen Stil verwirklicht. Stattdessen setzte sich ein Verständnis von Lehre und Studium durch, das sich mit den tristen Schlagworten »einmal, komplex, kompakt, theoretisch und dann nie mehr« beschreiben ließe.

Technische Universitäten sahen in mir damals den Totengräber des Diplomingenieurs und damit den Untergang des Abendlandes. Hier habe ich gelernt: Wissenschaft ist einer der konservativsten Gegner von Reform – bis hin zur Gehässigkeit. Ein System, in dem keiner dem anderen etwas gönnt, in dem sich niemand etwas traut, in dem verbeamtete Wissenschaftler Mikado spielen und sich vor jeder Bewegung fürchten. Die Meute bewegt sich erst, wenn ihr staatlicher Futtertrog wandert, wenn man ihr eine Karotte vor die Nase hält. Aus Eigenantrieb aber verändern (sich) die wenigsten.

Ernst Schmachtenberg, damals Rektor der RWTH Aachen und Präsident der TU9, der Allianz führender Technischer Universitäten in Deutschland, kanzelte mich öffentlich ab als »Freund der Fachhochschulen«. Fachhochschulen, das waren aus seiner Sicht eher zu Unrecht aufgewertete Berufsakademien. Die sollten mal schön still und leise Bachelors hervorbringen und sich ansonsten bescheiden. Er half mit dieser Schmähung allerdings sehr, denn später haben mich gerade die Hochschulen für Angewandte Wissenschaften mit großer Freude zu Vorträgen und Initiativen eingeladen.

Als Vertreter der Bundesvereinigung der Deutschen Arbeitgeberverbände (BDA) in den Beratungen zur Hochschulreform habe ich Herrn Schmachtenberg damals einen höflichen Brief geschrieben und ihn um ein Gespräch gebeten. Diese Bitte ließ der Wissenschaftsgrande unbeantwortet. Im Jahr 2015 hat er den Dieselskandal, in den seine RWTH sehr viel mehr verwickelt war als zunächst öffentlich bekannt, kleinzureden versucht und ihn mit einer »leichten Geschwindigkeitsübertretung« verglichen. Volkswagen hat dafür viele Milliarden Euro Geldbuße gezahlt.

Die nach außen innovationsarme Hochschullandschaft war in den vergangenen Jahrzehnten überwiegend geprägt von einer Unmenge an nach innen gerichteten Prozess-, Steuerungs- und Strukturinnovationen. Introvertiert. Wenig kreativ. Wenig kreierend. Aus eigener Konzernerfahrung sage ich: Das ist quälend und inspiriert niemanden. Vielleicht verlässt Peter-André Alt auch deshalb vorzeitig seinen Posten als Präsident der Hochschulrektorenkonferenz.

Aber gerade in Postcoronazeiten erkenne ich durchaus disruptives Innovationspotenzial für neue Geschäftsmodelle. Die Pandemie und das dadurch erzwungene Distanzlernen können – wenn wir unsere Erfahrungen positiv nutzen und skalieren – eine neue hochschulische Kultur in Präsenz wie Distanz hervorbringen bei Bildung, Forschung, Transfer.

Und die kann Impulse geben für eine neue, interaktive, individualisierte Onlinelehre. Denn: Lernalgorithmen, Lernanalytics, tutorielle Assistenzsysteme bieten hier (wie in der School of One) beste Möglichkeiten des individualisierten Wissenserwerbs – flankiert von Teamchats oder Onlinedialogen mit dem akademischen Tutor.

Gleichzeitig öffnet sich die zweite, viel wichtigere Tür. Experimentieren, Erörtern, Erproben, Entscheiden, Reflektieren auf Tuchfühlung. Dann werden die Innovation Labs zum Zentrum einer forschenden, experimentierenden und reflektierenden Hochschule.

Mit Stephan Leible, Präsident der Universität Bayreuth, habe ich einmal darüber gesprochen, wie er seine Hochschule zu einer Unternehmerschmiede umgestalten könnte. Er war damals Feuer und Flamme für diese Idee. Wie das seine Geisteswissenschaftler aufnähmen, fragte ich ihn. Sie seien sehr unglücklich, antwortete er mit Sorge im Gesicht. Ich riet ihm, einen Maker Space einzurichten, in dem Philosophinnen und Philosophen neue Gesellschaftsmodelle entwerfen oder mit neuen Sozialstrukturen experimentieren können.

Hierbei wäre es übrigens ureigene Aufgabe einer Hochschule der Zukunft, Indikatoren für Innovationsleistung zu erarbeiten, so dass sie Output, Outcome und Impact jenseits aller Marketing-Rhetorik belegen kann – allein schon sich selbst gegenüber, aber auch anderen gegenüber: sei es Wachstum ihrer Start-ups, Impact ihrer juristischen oder sozialwissenschaftlichen Arbeit auf Gesetzestexte, ihre Positionierung bei der Zufriedenheit ihrer Studierenden oder in renommierten Rankings.

Weniger Wilhelm, mehr Alexander von Humboldt

Ein Hochschuldesign, das digitale Effizienzgewinne nutzt bei Vorlesungskapazitäten, Finanzmitteln, Hörsälen, um Humboldt 2.0 zu ermöglichen: Das ist die Lösung. Und wenn dieser Standard dann zur Ersten statt nur zur Dritten Mission würde, dann wäre das der Königsweg für eine Hochschule der Zukunft. Die darin möglichen Hochschulprofile beschreibe ich im Kapitel »Strangulierte Innovation: Opfer von Staat, tradierter Wissenschaft und Forschung«.

Ich war einmal Schirmherr des Maker Spaces der UnternehmerTUM in Garching bei München. Dieser Maker Space war ursprünglich dazu gedacht, die Zahl der Studienabbrecher im Maschinenbau drastisch zu reduzieren, indem man sie früh genug in Kontakt mit praktischer Arbeit bringt. Daraus hat sich heute ein beachtlicher Experimentierraum für junge Talente entwickelt. Zwei Studierende wurden beim Aufbau dieses Maker Spaces nach Stanford geschickt und an das Georgia Institute of Technology, damit sie sich dort Prototypen anguckten. Sie kamen begeistert zurück. Nicht nur wegen der dortigen Maker Spaces, sondern auch wegen sehr praxisorientierter Vorlesungen, in denen die Statik-Professorin Hölzer an mehrere Hundert Studierende austeilte, damit sie Brücken bauen und so sehr anschaulich und ganz ohne Lehrbuch Schwerkraft- und Statikregeln experimentell begreifen konnten. Dass die beiden Münchner Studierenden so begeistert waren, hatte aber auch damit zu tun, dass sie dort erstmals selbst Maschinen bedienen durften. So etwas ist in US-amerikanischen Tech-Unis üblich, an vielen deutschen Technischen Universitäten erst dann, wenn Studierende (bis in höhere Bachelor-Semester) genügend Theorie gepaukt haben. Wissensanhäufung statt ständiger Theorie-Praxis-Erfahrungen. Gerade für Hochschulen sind solche »Macher-Räume« zwar spät ansetzende, aber gleichwohl immer noch wirkungsvolle Kreativ- und Praxisorte. Was wäre, wenn sie das hochschulische Zentrum würden? Humboldt 2.0 – mehr von Wilhelm oder mehr von Alexander von Humboldt? Wilhelm reformierte Top-down, Alexander hingegen ging auf Expeditionen nach Zentralasien und zu den Zitteraalen in Südamerika. Mein Herz schlägt für Alexander.

Science Leadership statt Hochschultechnokratie

Ich möchte hier eine wichtige und oft völlig übersehene Zutat für eine Hochschule der Zukunft nennen.

Es ist den Wirrungen und Wendungen einer zwar permanenten, aber eben nichtinnovativen, nach innen gerichteten Hochschulreform geschuldet, dass an den Hochschulspitzen hierzulande jede Menge effiziente Wissenschaftsmanager wirken. Gleichzeitig haust in den Verästelungen der Gremienhochschule die Anarchie der Lehrstuhlinhaber. Genau hier fehlt es Hochschulen an Science Leadership: an mutigen, auch unternehmerischen Persönlichkeiten an der Spitze der Institution, die ihre Hochschule herausprofilieren aus der Eintönigkeit, dem Mehr an Gleichem. Persönlichkeiten, die über die Jahre hinweg die Institution zur Höchstleistung führen. Übrigens ist dies dieselbe Leadership-Herausforderung, der sich die neuen Generationen deutscher Wirtschaftsführerinnen und -führer seit Jahren bereits stellen: in ihren gut geölten Effizienzmaschinen zunehmend auch wieder Innovation zu schaffen.

Bei Führung in der Wirtschaft wird seit Jahrzehnten unterschieden zwischen Management und Leadership: Ersteres ein effizienzgetriebenes, eher technokratisches Führungsverständnis, zwar notwendig, aber erst hinreichend, wenn verzahnt mit Leadership: Vision kreieren, Menschen inspirieren, Commitment schaffen, selbst Vorbild sein. Doch meist prägen an Hochschulen blutarme Wissenschaftstechnokraten die Spitze, die lieber die Gegenwart effizient managen als zukunftsorientiert zu führen.

Und dann gibt es noch diejenigen, die weder Leadership noch Management können. Sie schert es nicht, ob sie ihre Organisation visionär nach vorne führen und die Mitarbeiterschaft engagiert ist oder nicht. Sie kümmert auch nicht, ob der Output oder Impact ihrer Organisation schlecht, der Throughput ineffizient ist. Hauptsache, sie werden gefüttert, der Input stimmt. Sie führen formal und bürokratisch.

Wer die Führungsmisere der deutschen Wissenschaft beschreiben will, kann Sebastian Thrun zuhören. Der Ex-Stanford-Professor und Multi-Gründer beschrieb mir in einem langen Gespräch die deutschen Wissenschaftsgranden als Halbgötter, die über Drittmittel, Doktoranden und PostDocs sowie Großbauten herrschen, während Professoren und Entrepreneure in seiner kalifornischen Community mit Leidenschaft die Welt verbessern wollen. Die rigorose Frage: Können wir nicht auch in Kaiserlautern ein wenig kalifornischer werden?

Gleichzeitig häufen sich die Belege für Führungsunkultur: Fraunhofers verfilzte Führungsspitze ist seit Jahren skandalgeschüttelt, Machtmissbrauch, Diskriminierung und Complianceverstöße bei Max Planck, acatechs unaufgearbeiteter Betrugsskandal seines früheren Präsidenten Reinhard Hüttl.

Im gleichermaßen veränderungsresistenten Hochschulsektor sprechen wir ebenfalls kaum über Transformationserfolge. Ich habe einmal den ehemaligen Präsidenten der TU München, den legendären Wolfgang A. Herrmann, gefragt, ob er (der die ambitionierte Neugründung der TU Nürnberg konzipiert hatte) in Nürnberg das umsetzen wolle, was ihm in München an nötigen Reformen nicht gelungen sei. Er schwieg sybillinisch. Oft ist es eben viel leichter, auf der grünen Wiese zu gründen, als in einem etablierten System die Zeichen auf Zukunft zu stellen. In der Bildung erst recht.

Die frühere Humboldt-Präsidentin und Rebellin Sabine Kunst scheiterte an blutroter Berliner Senatspolitik. Der kreative Sascha Spoun leistet an der Leuphana Universität unermüdliche Sisyphosarbeit. Der Reformer und frühere Präsident der Freien Universität Berlin Dieter Lenzen wurde den Status-quo-Bewahrern zu ungemütlich und ins Hamburger Exil vertrieben.

Es sind viel zu wenige, die den Kampf aufnehmen gegen selbstzufriedene Gremienhochschulen oder an Ergebnissen desinteressierte Wissenschaftsbürokratie. Denn fast immer werden sie ausgehungert oder in die Diaspora geschickt. Ihrer Arbeit bleiben durchschlagende Resultate verwehrt, oder Aufwand und Ertrag ihrer Mühen stehen in keinem Verhältnis.

Übrigens gab es solche Dürrezeiten auch in der alten Deutschland AG. Wirtschaftsführer wie Alfred Herrhausen, Edzard Reuter, Daniel Goeudevert waren nicht angepasst, sondern standen damals schräg im Stall und kämpften gegen das System an. Herrhausen zum Beispiel hatte vor seiner Ermordung durch die RAF ernsthafte Konflikte mit seinen Vorstandskollegen um Schuldenerlasse gegenüber Entwicklungsländern. Die alte Deutschland AG hat sich wirtschaftsseitig verändert. Dem Wissenschaftssystem hierzulande steht dieser Wandel noch bevor.

Eine Varietät an Leadership-Persönlichkeiten an der Spitze deutscher Hochschulen: Das wäre ein Ausbruch aus der heutigen Gleichförmigkeit, in der alle Promotionen anbieten, exzellent sein wollen und behaupten, hochinnovativ zu sein, Transfer zu können. Die Performance allerdings ist oft Mittelmaß. Wissenschaft und Forschung könnten wunderbare Innovationsbiotope sein, wenn man sie nicht führt wie Bürokratien oder Abarbeitungsverwaltungen.

Die Mär vom Erfolgsschlager deutsche Berufsausbildung

Parallel zur Säule hochschulischer Bildung haben wir in Deutschland die Säule beruflicher Aus- und Fortbildung, meist in Form der dualen Berufsausbildung. In den Debatten über soziale und bildungspolitische Durchlässigkeit taucht immer wieder schnell die vermeintliche Lösung auf, akademische und berufliche Bildung gleichwertig zu machen, also auf eine Ebene zu heben. Nur ist dies nicht mehr als eine ganz billige Masche, eine der großen Lügen der Sozialdemokratie, die sich über die Jahrzehnte auch weitere Parteien zu eigen gemacht haben. Gleichwertigkeit zu fordern, reicht nicht. Ein Schuh wird erst daraus, wenn man auch die soziale Herkunft für beide Säulen ausbalanciert. Derzeit haben Kinder von Bildungsbürgern eine viermal höhere Chance zu studieren als Arbeiterkinder, die sich überwiegend für eine Berufsausbildung entscheiden.

Es sind oft die lautstarken Rufer für Gleichwertigkeit aus dem Bildungsbürgertum, die ihre Kinder mit besonderem Fleiß für die Hochschule trimmen. Echte Gleichwertigkeit hieße, berufliche und akademische Bildung auch gleich attraktiv zu machen für alle sozialen Schichten. Das ist viel weniger utopisch, als es klingt. Mit diesen Argumenten erntete ich vor rund zehn Jahren im Managerkreis der Friedrich-Ebert-Stiftung noch Beifall.

Anja Karliczek (CDU) hat als Bundesbildungsministerin ein Siegel der Gleichwertigkeit erdacht: den klingenden Titel »Bachelor professional«. Gelungen ist ihr damit nur, die sozialen, gesellschaftlichen und inhaltlichen Herausforderungen beruflicher Bildung zu überpinseln. Und auch Mandatsträger meiner FDP fordern immer wieder »Ein Meister muss so viel wert sein wie ein Master!« Wer den auch von Deutschland verabschiedeten europäischen Qualifikationsrahmen kennt, weiß aber, dass Industrie- und Handwerksmeister eben nicht mit dem Master gleichgestellt sind, sondern *nur* mit dem Bachelor.

Titelhuberei übertüncht Realitäten, ohne die wirklichen Probleme anzupacken. Die liegen nicht nur in der sozialen Durchlässigkeit von der beruflichen Bildung hin zur akademischen, sondern auch umgekehrt: von der Uni zum Handwerk. Das Aufstiegsversprechen von Bildung lösen wir nur ein, wenn wir berufliche Bildung als Produkt so attraktiv machen wie hochschulische Bildung. Verdrängungswettbewerb ist dabei nicht die Lösung. Unsere Arbeiter- und Fachkräftelücke wird immer größer. Und dies in einem Land, in dem Industrie und Handwerk zu großen Teilen zum Bruttoinlandsprodukt beitragen. Uns fehlen nicht nur Handwerker, Facharbeiter, Techniker, Meister. Sondern auch akademische MINT-Experten. Dies gilt übrigens allem voran in Bildungs-, Pflege- und Gesundheitsberufen und auch in etlichen weiteren Branchen. Die Hauptlücke besteht nicht bei den geringer qualifizierten Arbeitern und Hilfskräften. Sondern bei den Fachkräften, die sich beruflich oder akademisch qualifiziert haben.

Es hilft nun überhaupt nichts, Akademiker gegen Handwerker auszuspielen, wie es der frühere Kulturstaatsminister Julian Nida-Rümelin (SPD) versucht hat, indem er die »Akademikerschwemme« ausrief.

Wir haben eine Akademikerlücke genauso wie eine Facharbeiterlücke. Wir brauchen Handwerker wie Studierte, und wir haben von beiden zu wenig.

Pragmatische Lösungen brauchen wir auch dagegen, dass viel zu viele junge Menschen hierzulande ihr Studium abbrechen, gerade in MINT-Fächern, vor allem bei Informatik und Technik. Das Handwerk hat Studienabbrechern Programme angeboten, die nur mäßig erfolgreich waren. Warum schaffen wir nicht ein grundlegend neues zwei- oder dreijähriges Bildungsprodukt mit drei Semestern Studium und eineinhalb Jahren Berufspraxis? Das wäre Durchlässigkeit in beide Richtungen.

Nida-Rümelins Thesen habe ich öffentlich und in etlichen Medien widersprochen. Ich hatte ja die Fakten auf meiner Seite, zumal ich bis 2021 zu denen gehörte, die halbjährlich den MINT-Report des Instituts der deutschen Wirtschaft im Haus der Bundespressekonferenz vorgestellt haben. Bei MINT hatte Deutschland ohnehin seit vielen Jahren keine Akademikerschwemme – allenfalls bei Philosophen, Soziologen und Politikwissenschaftlern. Aber selbst von denen sind die wenigsten arbeitslos oder fahren das sprichwörtliche Taxi.

Talentvergeudung: erschreckende Zahlen in der beruflichen Bildung

Wenn ich bei einem Thema über lückenlose Erfahrung verfüge, dann in der beruflichen Bildung. Ich war Auszubildender, Ausbilder, als Bildungschef zuständig auch für Berufsausbildung, schließlich als Telekom-Personalvorstand verantwortlich für mehr als 10 000 Azubis. Und im Bundestag habe ich mich durch die mehrjährige Enquete-Kommission »Berufliche Bildung in der digitalen Arbeitswelt« gequält (dazu gleich mehr).

Knapp 470 000 junge Menschen haben 2022 eine duale Berufsausbildung begonnen. Die Messlatte von 2019, des letzten Jahrs vor Corona, erscheint heute mit 511 000 Ausbildungsverträgen auf absehbare Zeit unerreichbar. Darauf deuten auch erste Zwischenergebnisse im Frühjahr 2023 hin: Die Ausbildungsbetriebe haben 451 000 freie Lehrstellen, das sind 8000 mehr als 2022. Nur 311 000 junge Menschen meldeten sich bei den Arbeitsagenturen und Jobcentern: 2000 weniger als 2022. Die Schere zwischen Angebot und Nachfragen bei offenen Lehrstellen öffnet sich immer weiter. Vor allem das Handwerk ist betroffen mit 2,3 Prozent weniger Ausbildungsverträgen als in den ohnehin schon miserablen Coronajahren. Industrie und Handel hingegen verzeichneten gegenüber den Coronajahren einen Anstieg um 2,9 Prozent.

Kannten Sie die folgenden erschütternden Zahlen? 46 Prozent der Jugendlichen ohne deutschen Pass haben 2021 keinen Ausbildungsplatz erhalten. Unter denjenigen mit Hauptschulabschluss waren es sogar 55 Prozent. Immer mehr junge Menschen verirren sich so im Dschungel des sogenannten Übergangssystems. Hier landet, wer nach der Schule keinen Ausbildungsvertrag erhält. 2019 waren das 234 000 Jugendliche, das sind 23 Prozent des gesamten Jahrgangs! Im Übergangssystem werden diese jungen Menschen konfrontiert mit einem Sammelsurium an Bildungsangeboten, die sie für den Ausbildungsplatz in spe qualifizieren sollen. Allerdings erhalten in diesem Übergangssektor nur gut 50 Prozent nach zwei oder mehr Bildungsprogrammen einen Ausbildungsplatz. Die übrige Hälfte verschwindet aus dieser Statistik. Vor allem dann, wenn sie irgendwann älter als 18 sind und nicht mehr schulpflichtig. Laut einer Bertelsmann-Studie gab es im Jahr 2021 630 000 Menschen zwischen 15 und 24 Jahren in Deutschland, die weder zur Schule gingen noch studierten, die weder arbeiteten noch einer Berufsausbildung nachgingen.

Und so kommt es, dass hierzulande mehr als 2,5 Millionen junge Menschen zwischen 20 und 34 Jahren keine Berufsausbildung haben und mehr als 1,3 Millionen unter ihnen nur an- oder ungelernt beschäftigt sind. Insgesamt sind es sieben Millionen An- oder Ungelernte. Wer diese Zahlen kennt, dem können die Lobpreisungen des »deutschen Erfolgsmodells Berufliche Bildung« nur wie Hohn vorkommen.

Dasselbe gilt für die von der Ampelkoalition derzeit geplante sogenannte Ausbildungsgarantie. Jedem Jugendlichen, der regulär keine Ausbildung findet, soll von August an ein außerbetrieblicher Ausbildungsplatz angeboten werden. Allerdings kalkuliert die Bundesregierung mit gerade einmal 7000 zusätzlichen solcher außerbetrieblichen Ausbildungsplätze. Das entspricht lediglich drei Prozent der Jugendlichen im Übergangssystem. Problem erkannt, nichts getan! Ich plädiere seit vielen Jahren für eine modularisierte Berufsausbildung, die vielen Hunderttausenden jungen und älteren Menschen die Möglichkeit böte, neben der Berufsausbildung zu arbeiten und ihr Brot zu verdienen. Gerne auch per Kombilohn, das heißt mit einem staatlichen Zuschuss, wenn sie in Teilzeit arbeiten können. Für Gewerkschaften und Kammern sind solche Lösungen freilich Teufelszeug, das die klassische Lehre zerstört. Wie Karl Weicks Feuerwehrleute können sie sich nicht von ihren angestammten Tools trennen. Mein Gegenargument: Eine modulare Ausbildung ist besser als gar keine Ausbildung. Eine Lösung für drei Prozent ist nicht mehr als ein Tropfen auf den heißen Stein. Hier begegnet die Ampel einem Riesenproblem mit einem liliputanischen Lösungsversuch.

Ich stelle die böse Frage, ob die Fehlschlagsquote im Übergangssystem vielleicht nicht trotz der vielen Initiativen besteht – sondern wegen des Dschungels? Jeder will sich hier verwirklichen. Und wie bei den meisten staatlich geförderten Programmen fehlt hier eine echte Evaluierung über Stärken, Schwächen und Wirkung.

Gerne würde ich einen anderen Weg einschlagen: Warum machen wir das erwiesen erfolgreiche Modell der einjährigen Einstiegsqualifizierung nicht zum Standard und verzichten auf alles weitere Gedöns? Warum rechnen kluge Betriebe jungen Menschen das Jahr der Einstiegsqualifizierung nicht voll als erstes Ausbildungsjahr an (bei passablem Abschluss)? Mit kompetenzbasiertem Zertifikat und im System fest eingewobener sozialpädagogische Betreuung sowie altersunabhängiger Berufsschulpflicht?

Nicht die Schüler sind schuld. Die Schule hat ihre Anschlussfähigkeit an gegenwärtige Bildungs- und Arbeitswelten verloren. Zudem wächst die Heterogenität der Schülerinnen und Schüler exponentiell. Das hat mit Migrations- und Flüchtlingswellen zu tun, mit stärkerer ausdifferenzierten Gesellschaftsschichten hierzulande und dem Systemversagen in der Coronakrise. Wege aus der Schulkatastrophe habe ich skizziert.

In allen Bundesländern reichen junge Menschen mit Mittel- oder Realschulabschluss nicht mehr an die guten Standards heran, die Ausbilder in Industrie und Handwerk früher voraussetzen konnten. In einem schleichenden Abstieg haben deutsche Schüler inzwischen 60 Prozent des Lernzuwachses eingebüßt, mit dem wir nach dem PISA-Schock im Jahr 2000 aufgeholt hatten. Laut IQB-Bildungstrend 2022 bleiben deutsche Viertklässler in den Fächern Mathematik und Deutsch ein halbes Schuljahr zurück hinter dem Niveau von vor zehn Jahren. Da wird einem bang. Dass »die Schule es richten« möge, ist eine leere Worthülse. Reformen dauern eine Dekade und länger, auch beim besten Willen. Die Betriebe müssen ran! Das Handwerk hat hier bereits viel dazugelernt. Früher hat es nur über die Schule geschimpft. Jetzt schimpft es zwar immer noch, legt jedoch auch selbst Hand an und fungiert als Reparaturbetrieb. Eine zunehmende Zahl an Unternehmen erinnert sich ihrer Erziehungs- und Entwicklungspflichten, die zurückreichen bis in die Gilden und Zünfte des Mittelalters.

Und ich will dies ganz offen aussprechen: Deutsche Unternehmen sind ausbildungsfaul. Ein ähnliches System beruflicher Bildung wie Deutschland haben nur Österreich, die Schweiz und Dänemark. Unternehmen unseres nördlichen Nachbarn bilden im Schnitt 48 Azubis pro 1000 Beschäftigte aus. In Deutschland sind es 32. Selbst das oft gescholtene Großbritannien kommt in seinem eigenen System auf 33. Und es sind gerade mal etwas mehr als 20 Prozent der deutschen Unternehmen, die überhaupt ausbilden und junge Menschen qualifizieren. Die übrigen vier Fünftel bedienen sich am Arbeitsmarkt: die großen Unternehmen bei den mittleren und kleinen, die Industrie beim Handwerk, die Städte im ländlichen Raum.

Diskriminierung den Kampf ansagen

Hinzu kommen Untersuchungen, die belegen: Deutsche Unternehmen diskriminieren junge Menschen mit Migrationshintergrund. Sie erhalten bei gleichwertigen Schulabschlüssen und Kompetenzen deutlich seltener einen Ausbildungsplatz als »klassische« junge Deutsche. Das beginnt schon damit, dass Bewerber mit türkischen oder arabischen Vornamen weniger oft zu Vorstellungsgesprächen eingeladen werden. Was schüfe Abhilfe? Grobschlächtige Stereotypen und Vorurteile beim Namen nennen und abbauen! Hier müssen die Kammern von Handwerk, Industrie und Handel sich auf ihre Hosenböden setzen und ihre Hausaufgaben machen. Angefangen damit, ihre Ausbilder zu sensibilisieren und zu qualifizieren, zum Beispiel beim Thema diskriminierungsarmer Auswahlverfahren.

Als ich Telekom-Vorstand war, haben wir am Pilotprojekt »Anonyme Bewerbungen« der Antidiskriminierungsstelle des Bundes teilgenommen. Der damalige Hauptgeschäftsführer der Bundesvereinigung der deutschen Arbeitgeberverbände (BDA), Reinhard Göhner, putzte mich daraufhin bei einer BDA-Mitgliederversammlung vor Hunderten Teilnehmern vom Rednerpult herunter wie einen Nestbeschmutzer. Die BDA wollte ihre Mitglieder natürlich vor drohenden Eingriffen in die Einstellungspraktiken schützen. Verstanden hat Göhner nie, dass man sich mit Verweigerungshaltung ins eigene Fleisch schneidet. Die Wahrheit kommt immer ans Licht.

Bei Bewerbungsverfahren experimentieren deutsche Unternehmen kaum noch – weder mit Künstlicher Intelligenz noch mit notenfreier Auswahl.

Wer in Wirtschaft und Verwaltung dafür zuständig ist, Menschen einzustellen, schaut in der Regel nicht zuerst auf Kompetenzen, sondern auf Noten. Sie bilden überwiegend ab, wie gut jemand vorgegebene Inhalte reproduzieren kann. Informell oder informal erworbene handwerkliche, technische, digitale Kompetenzen erfassen sie nicht. Und wenn der Ansturm auf eine Stelle besonders groß ist, sieben Betriebe gnadenlos nach Noten aus.

Betriebskulturen erneuern

Oft ein Tabuthema: Wenn junge Menschen ihre Ausbildung abbrechen, ist eine der Hauptursachen von jeher ein Konflikt mit Meister oder Gesellen. Dies hat nicht nur damit zu tun, dass die Sozialkompetenzen junger Menschen oft unterentwickelt sind. Sondern auch mit muffiger Arbeitskultur, mit einem patriarchalischen und autoritären Führungsstil, in dem sich kein Platz findet für Eigenheiten und Wünsche junger Menschen. Und es hat zu tun mit der oft geringen Bereitschaft der etablierten Generation, Arbeitsprozesse und Technologien weiterzuentwickeln.

Der Zentralverband des Deutschen Handwerks hat eine liebevolle »Handwerkertypologie« entwickelt. Insgesamt 56 Prozent machen dabei die digitalen, die aufgeschlossenen und die strategischen Handwerker aus. Zu den übrigen 44 Prozent zählen die bodenständigen, pragmatischen und traditionellen Handwerker. Das ist recht euphemistisch formuliert.

Diese sogenannten Bodenständigen und Traditionellen vermeiden besonders häufig Risiken und halten viel von tradierten, vor Urzeiten erlernten Fertigkeiten. Veränderungsbereitschaft zeigen sie kaum. Sie beäugen digitale Methoden mit Argwohn und haben ein Faible für traditionelle Handwerkskultur. Man kann sich gut vorstellen, wie Azubis der Generation Z da schreiend davonlaufen. Und solche Entsetzensschreie sprechen sich herum. Genau wie Lobeshymnen. Dazu gibt es seriöse Untersuchungen.

Ein schlechtes Betriebsimage hat oft mit unterentwickelter Arbeitskultur und mangelnder Modernität zu tun. Imagekampagnen können gegen Mund-zu-Mund-Missachtung nichts ausrichten, wenn sich vor Ort nichts tut. Junge Leute lassen sich nicht einseifen. Besser wäre, wenn alteingesessene Handwerker und die Geschäftsführer kleinerer und mittlerer Betriebe schleunigst lernten, wie junge Leute ticken.

Es kommt zum Beispiel bei jungen Menschen gar nicht gut an, wenn es für Frauen keine eigenen Blaumänner gibt, sondern nur die kleinste Männergröße, die natürlich nicht passt. Es kommt ebenfalls nicht gut an, wenn es in der Fabrik keine Damentoilette gibt und weibliche Azubis über verwinkelte Gänge hinüber ins Verwaltungsgebäude laufen müssen. Und dort werden sie ebenfalls nicht herzlich empfangen.

Bei den persönlichen Erwartungen ticken alle gleich. Junge Menschen mit und ohne Migrationshintergrund, Frauen wie Männer: Alle wünschen sich einen Job, der in ihrem sozialen Umfeld als smart angesehen ist und der ihre Identität stärkt.

Berufsausbildung in die Breite: die Pyramide drehen

Das deutsche System dualer Berufsausbildung mit seinen 324 Ausbildungsberufen (manche Quellen sprechen auch von 300 bis 450) ist deutlich spezialisierter als das österreichische, dänische oder schweizerische. Zum Teil haben diese Länder nur die Hälfte der Berufsbilder, oder sie haben viele Berufsbilder zu einem Berufsfeld zusammengefasst. Zum Beispiel bildet die Schweiz in den ersten beiden Jahren berufsbildübergreifend rein kaufmännisch aus; erst im dritten Jahr beginnt die Spezialisierung.

Aus Studien kennen wir die Vor- und Nachteile früher Generalisierung oder Spezialisierung. Frühe Spezialisierung fördert Jobability, also die Deckelchen-aufs-Töpfchen-Philosophie: Man wird im Job schnell produktiv, später aber potenziell auch schneller arbeitslos, zumal man nicht so leicht in andere Berufsbilder oder -felder wechseln kann. Späte Spezialisierung hingegen verlangsamt am Anfang Passung und Produktivität. Aber die Chance steigt, rasch in andere Berufsbilder desselben Felds zu wechseln oder gar in ein anderes Berufsfeld. Späte Spezialisierung erhöht also die Employability.

Ich schlage vor, die deutsche Pyramide umzudrehen. Das heißt einerseits, mehr Berufsbilder zusammenzufassen und damit vergleichbarer zu werden mit Österreich und Dänemark. Andererseits sollten wir die Spezialisierung ähnlich wie die Schweiz erst in der zweiten Hälfte oder im letzten Drittel der Ausbildungszeit ausprägen. Dies wäre eine echte und mutige Reform in der Breite der Berufsausbildung.

Auch in der beruflichen Bildung die Allerbesten fördern

Handlungsbedarf besteht außerdem bei den Allerbesten. Wir brauchen mehr Willen zu Exzellenz, zu einer Begabtenförderung im Spitzensport beruflicher Bildung. Und damit meine ich nicht, dass wir wie bisher die Lehrzeit verkürzen, damit die Guten danach studieren können. Ich meine eine echte Begabtenförderung innerhalb der beruflichen Bildung. Wussten Sie, dass es Weltmeisterschaften für beruflich Qualifizierte gibt? Auf den WorldSkills-Turnieren treten die besten Tischler gegeneinander an, die besten Additive Manufacturer (3D-Druck), die besten Fliesenleger, Landmaschinenmechaniker oder Industrie-4.0-Azubis. Deutschland schmiert bei diesem Wettbewerb von Jahr zu Jahr immer mehr ab. Wir gewinnen immer weniger Medaillen. Und in etlichen Berufen, gerade bei neuen Technologien, schicken wir kaum noch Wettkämpferinnen und Wettkämpfer.

Zwischen 2018 und 2021 war ich Mitglied der Enquete-Kommission des Bundestags für Berufliche Bildung in der digitalen Arbeitswelt. Gleich in der allerersten Sitzung habe ich das Thema Begabtenförderung angemeldet. Denn wenn wir überhaupt eine Art von Gleichwertigkeit erreichen wollen zwischen beruflicher und akademischer Bildung, dann müssen wir berufliche Spitzenleistungen mindestens so sehr fördern wie akademische. In meiner von Linken und Grünen dominierten Arbeitsgruppe biss ich allerdings mit solchen Ideen auf Granit. Sie wollten keine Spitzenleistungen, sondern alle gleich behandeln.

Die, die am lautesten nach Gleichwertigkeit schreien, sind oft diejenigen, die Begabung am stärksten nivellieren wollen. In der Enquete-Kommission waren dies meine Arbeitsgruppenvorsitzende Birke Bull-Bischoff (Linke) und Yasmin Fahimi (SPD), heute Vorsitzende des Deutschen Gewerkschaftsbunds. Ich musste am Ende ein mehrseitiges Sondervotum zu diesem Thema formulieren, das meine Gedanken unverwässert im Enquete-Abschlussbericht verankerte.

Spitzenbegabung zu fördern: das heißt, Uniformisierung und Nivellierung aufzubrechen. Es heißt, Begabtenklassen an Berufsschulen einzuführen, den Erwerb spezieller Technologiezertikate zu ermöglichen, Leistungswettbewerbe auszurichten und junge Talente auf internationale Konferenzen ihres Berufsfelds zu schicken. All dies geschieht, aber viel zu verzagt und zu selten.

Weiterbildung in sich digitalisierenden Arbeitsmärkten

Bisher habe ich den gesamten Sektor Weiterbildung, besser gesagt: *lifelong learning,* noch nicht thematisiert. Die Digitalisierung schüttelt gerade Weiterbildung und berufliche Bildung besonders intensiv durch. Da geht es nicht nur um die Anforderungen sich umwälzender Arbeitsmärkte. In der Weiterbildung muss man zudem all das nachlernen, was in den anderen Bildungsfeldern beim Kompetenzerwerb misslungen ist, versäumt wurde, nicht auftauchte.

Die vielzitierte Studie »The Future of Employment: How suceptible are jobs to computerisation?« der Oxford-Wissenschaftler Michael Osborne und Carl Benedict Frey hat 2013 eine bis heute andauernde große Debatte angestoßen und damit viele weitere Untersuchungen über die Substitution von Arbeit durch Robotics und Künstliche Intelligenz. Deren Autoren sind sich überwiegend einig: standardisierte Arbeit wird nach und nach automatisiert, selbst solche mit hohen kognitiven Komplexitätsanforderungen.

Wachsen hingegen werden kreative und forschende Hightech-Arbeit mit hohen sozioemotionalen Anteilen ebenso wie sogenannte Hightouch-Tätigkeiten, etwa in Gesundheits- und Pflegeberufen oder in der Bildung und Beratung. ChatGPT wird diese Entwicklung noch einmal massiv forcieren. Es ist die erste Form Künstlicher Intelligenz, die neuen Content schafft.

Schon heute verändert Künstliche Intelligenz auch außerhalb der kalifornischen und chinesischen Tech-Zentren den Arbeitsalltag vieler Menschen. Laut Studien der Open-AI-Forscher, die ChatGPT erfunden haben, wird ChatGPT zum Beispiel in der Buchhaltung künftig mindestens die Hälfte der Aufgaben deutlich schneller erledigen können als bisher möglich.

Neben Programmierern und Mathematikern sollten auch kreative, interaktivere Berufsgruppen wie Dolmetscher, Schriftsteller oder Journalisten zur Kenntnis nehmen, dass ChatGPT heute schon beachtliche Ergebnisse liefert, auch wenn es oft noch danebenliegt. Die Unternehmensberater bei Goldman Sachs haben jüngst eine Studie veröffentlicht, laut der generative Künstliche Intelligenz 300 Millionen Voll-zeit-Arbeitsplätze mit Automatisierung konfrontiert.

In Deutschland: Skill-Shift statt Jobabbau

Der Megatrend, menschliche Arbeit durch Automatisierung und Digita-lisierung zu ersetzen, trifft Nationen sehr unterschiedlich. Das Bundes-arbeitsministerium prognostiziert bis 2035 einen Rückgang von 5,3 Mil-lionen alten Arbeitsplätzen und 3,6 Millionen neu entstehende Jobs. Allerdings werden im selben Zeitraum 1,7 Millionen Menschen das Er-werbsleben altersbedingt verlassen. Software ist zwar Jobkiller, aber die demografische Entwicklung kompensiert. In Deutschland kommt uns die alternde Gesellschaft also zugute.

Unser großes Thema heißt nach diesen Prognosen im Unterschied zu anderen Nationen nicht Arbeitslosigkeit durch absolute Jobverluste oder so schlecht bezahlte Arbeit, dass Automatisierung zu teuer wäre. Un-ser Thema heißt: den nötige Skill-Shift zu gestalten in neue oder deut-lich veränderte Hightech- und Hightouch-Tätigkeitsfelder. Millionen Menschen in Deutschland werden diesen Skill-Shift bewältigen müssen. Aber nur, falls uns die digitale Transformation gelingt. Andernfalls dro-hen verblühte Landschaften mit noch mehr dahinsiechender Technolo-giekompetenz, hohem Niedriglohnsektor und extremem Arbeiter- und Expertenmangel.

Dies alles unterstreicht auch die kürzlich veröffentlichte OECD-Studie »Beyond Academic Learning«, wonach selbst anspruchsvolle ko-gnitiv-intellektuelle Fertigkeiten nicht ausreichen werden, um in der komplexen Welt von morgen zu überleben. Schlüssel für die Skills der Zukunft sind mehr als jemals zuvor emotionale und soziale Fähigkeiten: Kreativität, Toleranz, Neugier sowie Stressstabilität, Teamkompetenz, Vertrauen in die eigene Person.

Wie Studien zeigen, sind all dies keine angeborenen Eigenschaften, sondern erlernbare Fertigkeiten, die man aber auch verlernen kann. Traurig: Bei 10-Jährigen sind sie in der Regel ausgeprägter als bei 15-Jäh-rigen.

Der amerikanische Bildungsökonom und Nobelpreisträger James Heckman spricht von der Pathologie eines Bildungssystems, in dem abstrakte Fähigkeiten erlernt und emotional-soziale ausgetrieben werden. Dabei müssten junge Menschen doch neben Rechnen, Schreiben und Lesen heute vor allem all das lernen, was sie von Computern und Robotern unterscheidet.

Future Skills für Arbeitsmärkte

Die neuen Jobs wachsen derweil längst heran. Einige nennt die kanadische Studie »Inspired Minds. Jobs of 2030«, etwa das Berufsbild Roboterberater: Sie oder er wird Verbrauchern helfen, den richtigen Roboter für die eigenen vier Wände einzurichten.

Abfalldesigner werden aus Abfällen hochwertige Produkte fertigen, urbane Landwirte Stadtfarmen beackern. Identitätsmanager werden ihre Kunden bei Entwicklung, Aufbau und Schutz von virtuellen Identitäten unterstützen.

Diesen und vielen weiteren Berufen der Zukunft ist eines gemeinsam: Sie erfordern Feingefühl, Empathie, kreative Intelligenz sowie oft Fingerfertigkeit. Denn Roboter werden, wenn überhaupt, soziale Kompetenz und Feinmotorik als Allerletztes lernen.

Die Frage nach Future Skills – nach kreativen, kommunikativen, kollaborativen und informationsbasierten Fähigkeiten – war deshalb noch nie so brennend wie heute. Was als Handwerkszeug der Zukunft taugt, dafür gibt es drei Messlatten:

- Wird und bleibt der Mensch Unternehmer seiner Talente? Können Frauen und Männer ihre ureigenen Potenziale und Begabungen entfalten?
- Können wir unser Leben auf der Grundlage entfalteter Talente aus eigener Kraft gestalten, auch finanziell? In den USA spricht man schnöde von Jobability (der Fähigkeit, auf dem Arbeitsmarkt überhaupt anzukommen und dort irgendeinen Job auszuüben), Employability (immer wieder eine qualifizierte Beschäf-

tigung zu finden) und Marketability (der Fähigkeit, seine Haut bestmöglich zu Markte zu tragen).

- Gelingt es dem geballten Humankapital einer Region, einer Nation, des Planeten, die Herausforderungen der Zukunft zu lösen? Wird es gelingen, in den deutschen Braunkohleregionen neue Geschäftsmodelle aufzubauen, die Menschen Zukunft geben? Wird es gelingen, die 17 Nachhaltigkeitsziele der Vereinten Nationen bestmöglich umzusetzen? Den Begriff Humankapital, das Unwort des Jahres 2004, verwende ich übrigens sehr gern. Ich verstehe darunter keine ausbeuterische Größe, sondern das schöpferische Potenzial einer Gesellschaft.

Um jobable zu sein, muss man sich *on-demand* und *just in time* weiterbilden: nicht auf Vorrat also, sondern genau dann, wenn nötig. Moderne und digitale Lernformen wären zum Beispiel in der Produktion eines Mittelständlers Digitale Coaches als Bedienungshilfe an Maschinen, in einem Distributionszentrum Augmented-Reality-Brillen für Logistik und Lagerarbeiten oder in einer Anwaltskanzlei ChatGPT für einfachere juristische Texte. Eine Schlüsselrolle spielen hierbei Edutechs: Start-ups auf dem Bildungssektor. Sie bieten extrem rasch, maßgeschneidert und flexibel digitale Learn- und Teachware an. Ich mag die Sofatutors, Simpleclubs & Co. und habe vor einigen Jahren mitangeschoben, damit sie sich untereinander vernetzen und nach außen mit einer stärkeren Stimme sprechen können.

Kompakter wird es, wenn man sich employable aufstellen möchte. Es bedarf zum Beispiel mehrmonatiger digitaler, stationärer oder hybrider Lerninitiativen, wenn ein Ingenieur mit 20 Jahren Erfahrung in der Verbrennertechnologie umschult auf Elektromobilität. Die »Fakultät 73« der Volkswagen-Universität bildet Beschäftigte binnen zwei Jahren zu Softwareentwicklern aus. Am Rande: Coding Schools an den Hotspots dieser Welt gelingt dasselbe in weniger als einem Jahr. Auch Onlineunis wie die von Sebastian Thrun gegründete Udacity, deutsche Start-ups oder das von Leo Marose gegründete Stackfuel bieten all jenen spannende Onlinekurse an, die sich zum Data-Analysten oder KI-Experten weiterbilden und dabei Microcredits erwerben wollen.

Solche spannenden Produktinnovationen zu entwickeln, das haben deutsche Hochschulen wieder einmal verschlafen. Vielleicht gut so. Sie wären ohnehin an ihrer Trägheit gescheitert. Eine bessere Wettbewerbsposition hätten sie sich sichern können, hätten sie berufsbegleitende Studiengänge früher, schneller und gehaltvoller angeboten. Doch dies hat schon bei den nonkonsekutiven Studiengängen nicht geklappt. Und deshalb liegt ihr Marktanteil an der wissenschaftlichen Weiterbildung in Deutschland nur bei knapp zwei Prozent.

Grundsätzlich anders stellt es sich dar, wenn man den Beruf komplett wechselt. Ein möglicher Arbeitgeber trägt dann nur sehr bedingt die finanzielle Verantwortung. Der schonungslose neoliberale Ökonom Milton Friedman hat staatliche Bildungsgutscheine einmal als womöglich einzige staatliche Intervention benannt, der er zustimmt. Vom Staat finanzierte Bildungszeit oder steuerbegünstigt Geld anzusparen, um in die eigene Bildung investieren zu können – beides in Bildungskonten – das sind kluge Finanzierungsmodelle. Die Oppositions-FDP hat zwischen 2017 und 2021 etliche Entschlussanträge im Bundestag vorgelegt.

Wer sich marketable machen will, hat es einerseits mit simplen Sachverhalten zu tun: zum Beispiel mit der Fähigkeit, sich auf digitalen Arbeitsmarktplattformen zu tummeln von LinkedIn bis Clickwork. Andererseits geht es um einen guten ersten Eindruck; in höheren Sphären nennt man das *impression management.* Und es geht um die Frage, ob man sich selbst vermarkten kann. Als Lernbrücken taugen hier informelle Netzwerke, Peer-Gespräche und Smart Copying.

Die Weiterbildungsquote ist unter den deutschen Erwerbstätigen enorm gespreizt. 7,8 Prozent in akademischen Berufen, 1,2 Prozent bei Maschinenbauern und 0,7 Prozent bei Hilfsarbeitskräften. Und auch hier gilt: je älter, desto weniger. In Teilzeit weniger als in Vollzeit. Je nötiger sie es haben, desto weniger bilden sich die Deutschen weiter. Wir sind immer noch Dogmatiker einer »Alles oder nichts«-Philosophie. »Was Hänschen nicht lernt, lernt Hans nimmermehr.« Einmal, kompakt und dann nie wieder. Das muss sich ändern.

In der industriellen Welt hat man überwiegend gelernt anhand von Vormachen (Lernen am Modell) und Nachmachen (Lernen durch

Imitation und Wiederholung). Nachmachen zu können, das war lange erfolgsimmanent in den Kulturen des industriellen Kapitalismus. Wir stehen vor grundlegend neuen Lernformen in kreativen Netzwerken, vor einem neuen *Wie:* Deshalb verstehe ich weder die deutsche MINT-Stiftungswelt von Telekom bis Siemens noch die Kultusministerkonferenz, die immer noch überwiegend das *Was* adressieren: Technik und Programmieren lernen. Natürlich muss Informatik Pflichtfach werden in Deutschland. Doch der Wandel zur Industriegesellschaft ist Deutschland nicht deshalb gelungen, weil alle eine Werkzeugmacherlehre gemacht haben. Bald programmieren womöglich nicht mehr Menschen, sondern Chatbots. Und dann ist das Wie, die Fantasie, das Designen, das schöpferische Gestalten das, was übrigbleibt. Und darauf muss sich das neue Lernen konzentrieren.

Growth Mindset contra Fixed Mindset

Carol Dweck, Psychologie-Professorin an der Stanford University, hat die Theorie von Growth und Fixed Mindset begründet. Menschen mit einem Fixed Mindset glauben an einzementierte Charaktereigenschaften. Wer hingegen über ein Growth Mindset verfügt, ist so vehement an neuen Lösungen interessiert, dass seine oder ihre Bereitschaft zur Veränderung auch vor der eigenen Persönlichkeit nicht halt macht.

Wenn sich ein Growth Mindset erlernen lässt, dann hat das Folgen für die Organisation und Kultur von Bildungsprozessen. Wissen ist dann jederzeit aktualisierbar und temporär nützlich. Es wird situativ angewandt – ohne festgeschriebene Lösungswege und mit einer Fehlerkultur als Lernvoraussetzung.

An vom Growth Mindset geprägten Bildungsinstitutionen stehen nicht klassische Fächer und Disziplinen im Vordergrund, sondern problemlösendes, interdisziplinäres Erfahrungslernen. Der Weg ist das Ziel. Denn Ziele, Berufsabschlüsse, Siege haben stets ein Verfallsdatum. Sportlerinnen und Sportler kennen das Prinzip.

Bildungsorte mit Growth Mindset arbeiten oft mit digitalen Lerncoaches, die in Interaktion mit Lernenden ihre Geschwindigkeit, Herangehensweise und Aufgabenkomplexität maßgeschneidert anpassen. Solche digitalen Assistenten können längst mehr als Siri und Alexa. Sie ähneln eher ChatGPT oder dem neuen Google-Prototypen, der als Roboterkellner in Restaurants bereits mit jeder denkbaren Lebensmittelunverträglichkeit zurechtkommt. Der nächste Evolutionsschritt werden digitale Coaches sein, die selbst ohne explizit gestellte Fragen die richtigen Informationen liefern.

Geschwindigkeit und Schrittlänge, mit denen Bildungsinstitutionen sich aufmachen gen Zukunft, sind von unterschiedlicher Natur: von der Normalschule über die Wachstumsschule, von der Normalhochschule über die Wachstumshochschule, von dem normalen Weiterbildungsträger zu dem des Wachstums. Entscheidend bleibt dabei aber, wie wachstumswillig der Lernende selbst eigentlich ist. Nötig ist jetzt eine radikale Reform des Bildungssystems entlang der gesamten Bildungskette: angefangen bei frühkindlicher Erziehung über Schule, Ausbildung, Studium bis hin zu Weiterbildung und lebenslangem Lernen.

New Work:
Neu arbeiten und Neue Arbeit

In diesem Kapitel nehme ich Sie vor der Reise in die Zukunft des Systems Arbeit mit auf eine Reise in die Vergangenheit mit Zwischenstopp in der Gegenwart.

Vor allem US-amerikanische Internet- und Tech-Konzerne haben seit der Jahrtausendwende damit begonnen, neue Formen der Arbeit zu praktizieren. 2009 haben wir bei der Telekom das erste Mal über »New Work« diskutiert und erste Formate initiiert; »Smart Work« haben wir das damals genannt. Dabei reifte bei mir der Begriff der »Unternehmensbürger« heran, die sich auf vier Feldern tummeln und ausprägen können sollen:

1. Sie sollten an Strategie- wie Führungsentscheidungen teilnehmen und teilhaben. Eine neue Form der Kollaboration nicht nur für *open strategy,* sondern auch für Mitsprache bei der Auswahl ihrer Führungskräfte und deren Führungsverhalten.
2. Sie sollten chancenfair und diskriminierungsfrei eine neue Freiheit erleben bei Förder- und Beförderungsprozessen bis hin zur ausdrücklich gewünschten Meinungsfreiheit, um nicht nur hinter vorgehaltener Hand oder gar als Whistleblower agieren zu müssen.
3. Sie sollten deutlich mehr Souveränität erhalten bei der Frage, wann, wo, wie, was und mit wem sie arbeiten.
4. Sie sollten individuell wie organisatorisch im Unternehmen eine Balance erleben zwischen Höchstleistungs- und ruhigeren Phasen.

TUM-Professorin Isabell Welpe hat exakt zu diesen Themen im Jahr 2016 eine empirische Studie veröffentlicht mit dem Titel »Der Ruf nach

Freiheit. Innovationsförderliche Arbeitswelten aus Sicht der Arbeiten-den«. Fazit: Quer durch alle Generationen zeichnet sich der Wunsch nach deutlich mehr Freiheit ab. Bei Frauen noch mehr (75 Prozent) als bei Männern (64 Prozent), bei beruflich Qualifizierten noch mehr (74 Prozent) als bei Akademikern (66 Prozent). Anfang 2015 hatten Isabell Welpe, Andreas Boes und ich im Audimax der Technischen Universität München (TUM) eine Konferenz mit mehr als 1000 Teilnehmern organisiert. Sie stand unter der Überschrift »Das demokratische Unternehmen«. Und so hieß auch der Reader, den wir danach zu dritt herausgaben. Er wurde Managementbuch des Jahres 2015 und prägte die Debatte.

Klar, meine vier Dimensionen sind eine Idealbetrachtung. Solche Zukunftsentwürfe scheitern schnell, wenn man von Beginn an perfekt und vollständig sein will. Wichtig ist, einen Fuß in die Tür zu bekommen bei zumindest ein oder zwei dieser Dimensionen. Dies setzt den Prozess bei den anderen Dimensionen fast automatisch in Gang.

Als ich all dies damals in einem Gastbeitrag für das *Personalmagazin* aufschrieb, war Chefredakteur Rainer Straub skeptisch und nannte meine Thesen »steil« (sicher meinte er: schräg). Wenige Tage später rief er mich an und entschuldigte sich fast dafür. In einem Tochterunternehmen seines Verlags hatten gerade die Mitarbeiter den Geschäftsführer gewählt. Heute sind die meisten dieser Thesen nicht mehr avantgardistisch, sondern kommen in den Mainstream der Debatte. Mittlerweile ist es gängig, von Arbeitszeitsouveränität und mobiler Arbeit zu sprechen, von Mitarbeiterbeteiligungen, Aktienoptionen, Diversity, Antidiskriminierungsmaßnahmen, von Reformen des Arbeitszeitgesetzes, von Anti-Mobbing-Projekten und von Initiativen für körperliche und geistige Gesundheit. All dies waren meist noch Fremdworte im ersten Jahrzehnt des neuen Jahrtausends. Gerade einmal 13 Jahre her.

Nun gibt es weitergehende romantische New-Work-Konzepte, zum Beispiel das bedingungslose Grundeinkommen des 2022 verstorbenen dm-Gründers und Anthroposophen Götz Werner. Und es gibt Versuche, die industriellen Dinosaurier der Arbeitswelt zu revitalisieren, etwa mit Empowermentprojekten. Aber die wirklichen Chancen für soziale Innovation bietet heute die digitale Tech-Ökonomie mit ihren Souveränitäts- und Kollaborationspotenzialen im digitalen Raum sowie in hierarchiearmen Netzwerkstrukturen. All dies jenseits von Digitalfeudalismus à la Jeff Bezos oder Despotismus à la Gorillas-Gründer Kagan Sümer und in stärker partizipativ oder demokratisch geprägten Organisationen.

Humanisierung der Arbeit ab den 1970er Jahren

Schon Anfang der 1970er Jahre haben Volvo und Saab als Reaktion auf Toyotas Produktivitätssprünge dessen teilautonome Arbeitsorganisation eingeführt und nach Skandinavien importiert. Die Welle schwappte über nach Deutschland. Bei einem Besuch einer Fabrik des damaligen Chemiekonzerns Hoechst konnte ich mit meinen Daimler-Benz-Kollegen erleben, dass Vorarbeiter nicht von oben ausgesucht, sondern von ihren Kollegen gewählt wurden. Wie Schichtarbeit in eigener Regie organisiert wurde, wie Training eigenständig initiiert wurde – die Lernstatt von Hoechst. Und Kurt A. Körber, Eigentümer des Maschinenbauers Hauni, verkündete bereits vor Jahrzehnten, dass die von der Geschäftsleitung neu ernannten Führungskräfte sich sechs Monate später dem Votum ihrer jeweiligen Mitarbeiterschaft stellen müssten und auch wieder abgewählt werden könnten. BMW folgte mit Werkstattzirkeln, die wir Daimler-Benz-Leute als *late follower* kritisch begutachteten. Ich selbst führte bei MTU in den 1980er Jahren Werkstattzirkel in der Turbinen- und Turbinenschaufelproduktion ein.

Helmut Schmidts Bundesforschungsminister Hans Matthöfer (SPD) flankierte dies alles schon in den 1970er Jahren mit finanziell gut ausgestatteten Förderprogrammen zur Humanisierung der Arbeit (HdA). Erst der Tsunami der Shareholder-Value-Ideologie brach der blühenden HdA-Bewegung Mitte der 1990er Jahre das Genick. Doch neue Ideen brauchen manchmal mehrere Jahrzehnte, bis sie sich Bahn brechen – und Tipping Points wie die digitale Revolution.

Als Personaldirektor bei Lufthansa und Personalvorstand bei Continental und Telekom habe ich Jahrzehnte nach Volvo, Hoechst und Hauni wieder neu damit begonnen, freiere Unternehmensentwicklung zu gestalten – und zwar bei der Dimension Chancenfairness. Mir war wichtig, diese Unternehmen ganz bodenständig möglichst diskriminierungsfrei aufzustellen. Auf die Frauenquote und vieles andere mehr bei Lufthansa, Conti, Telekom und in der Politik gehe ich im Kapitel »Vielfalt und Diversity of Mind« ein.

Bei Conti war ich mit einem vor fast zwei Jahrzenten noch ungewöhnlichen Wunsch von Ingenieuren im Entwicklungszentrum in Markdorf am Bodensee konfrontiert. Zum Mittagessen wollten sie nach Hause, nicht wenige von ihnen danach bei gutem Wetter nachmittags segeln und nach dem Abendessen bis spätabends zuhause am Computer arbeiten. Also Vertrauensarbeitszeit und Vertrauensarbeitsort. Ich habe damals zunächst gestutzt, das Experiment jedoch gefördert. Und die Arbeitsergebnisse haben allen schnell recht gegeben – zum Missfallen der Gewerkschaft. Vertrauensarbeit dehnte sich im gesamten Entwicklungszentrum aus. Möglich machte dies die Digitalisierung von Arbeit. Bei der Telekom habe ich sogar in Entwicklungs- und Innovationsbereichen über Vertrauensarbeit abstimmen lassen (gegen den Willen der Haus-, Leib- und Magen-Gewerkschaft Ver.di) – mehr als drei Viertel der Beschäftigten befürworteten sie.

Und mir lag immer daran, die Hierarchien flach zu gestalten. Die Hauptaufgabe von Führung in Dienstleistungsunternehmen ist doch: Service zu leisten für die Mitarbeitenden. Die Literatur nennt das »Servant Leadership« – begründet vom legendären Jan Carlzon, der zwischen 1981 und 1994 an der Spitze der Fluglinie SAS stand. Ich habe von ihm vieles gelernt für meine Arbeit bei Lufthansa und auch Telekom. So haben wir in meiner Zeit bei Telekom zum Beispiel reservierte Parkplätze für die Top-Führungskräfte abgeschafft, drei- bis fünftägige Servicetage für Führungskräfte im Kundendienst eingeführt (das hatte ich schon bei Lufthansa so gemacht) und das 360-Grad-Feedback für Führungskräfte konzernweit umgesetzt.

Die Angst der Politik vor New Work

Als Ursula von der Leyen Bundesarbeitsministerin war, berief sie mich 2012 in den Steuerkreis der neugegründeten Initiative Neue Qualität der Arbeit (INQA), wo ich Sprecher der sogenannten unabhängigen

Themenbotschafter wurde. Das waren neben mir Jutta Rump, Leiterin des Instituts für Beschäftigung und Employability an der Hochschule Ludwigshafen, Natalie Lotzmann von der SAP AG und der Vorstandsvorsitzende des Demographie Netzwerks Rudolf Kast. Außerdem gehörten dem Steuerkreis zwölf Institutionen an, die nicht unabhängig waren, sondern mehrheitlich Arbeitgeber- und Arbeitnehmerseite vertraten. Auch Yasmin Fahimi war an Bord. Auf einer der INQA-Plenarsitzungen forderte sie, INQA solle nur tarifgebundene Unternehmen fördern. Das war natürlich eine Schnapsidee angesichts der aufkommenden Internetökonomie.

By the way: Wie ich dem Magazin *Cicero* im April 2023 entnahm, hat Yasmin Fahimi sich zumindest bei hochwertigen Gürteln dem Habitus der herrschenden Klasse angepasst. Mit Arbeitgeberpräsident Rainer Dulger teilt sie offenbar die Liebe zu Hermès-Gürteln mit der typischen H-förmigen Schnalle und zu einem Stückpreis zwischen 500 und 1000 Euro. *Cicero* kommentierte es richtig: Auch teure Hüftriemen kann man enger schnallen.

Auch in den ministeriellen INQA-Workshops in der Ära von Andrea Nahles liefen die Debatten heiß. Hier wurden uns zwar gute Studien vorgestellt, zum Beispiel über Clickwork oder Plattformökonomie. Aber die Debatte verlief stets entlang der ideologischen Lager. Das Traurige in Deutschland ist, dass wissenschaftliche Beratung nur dann akzeptiert wird, wenn das Ergebnis zur eigenen Weltsicht passt. Daran haben erst recht von der Leyens Nachfolger Andrea Nahles und Hubertus Heil nie etwas geändert. Aus dem INQA-Steuerkreis schied ich im Zuge meiner Bundestagskandidatur aus.

Von Produktivität zu Talent

In der ersten Phase (der Bewegung zur Humanisierung der Arbeit in den 1970er und 1980er Jahren) hieß das explizite Ziel Produktivitätssteigerung. In der zweiten Phase ab Mitte der Nullerjahre begann man, die Arbeitsorganisation vom Individuum her zu denken, also »Talentmagnetismus« zu entfalten und Arbeit so zu gestalten, dass Unternehmensbürger ihre Rechte und Pflichten bestmöglich wahrnehmen und erfüllen können.

Der US-Soziologe Richard Florida veröffentlichte im Jahr 2002 sein wohl berühmtestes Buch »The Rise of the Creative Class«. Anhand seines Konzepts der drei Ts (Talent, Technologie, Toleranz) erklärte er, wie und warum Staaten, Regionen und Organisationen Talentmagnetismus entfalten:

1. Vorhandenes Talent zieht Talente an. Es gilt die Zahl der Talente zu skalieren: in einem Cluster, einer Region, einer Nation. Brain Gain.
2. Technologie macht attraktiv. Unter Technologie versteht Florida dabei nicht allein Hightech-Firmen. Er meint auch die Affinität von Firmen, Regionen, Nationen zu Software und Hightech, besonders in der Arbeitswelt.
3. Toleranz ist der dritte Talentmagnet, allem voran in Bezug auf die Dimensionen Migration und sexuelle Orientierung. Und umso mehr, wenn Diversität nicht nur in der Arbeitswelt gelebt wird, sondern auch in den sozialen Milieus, im regionalen Umfeld.

Ich habe in meinem Buch »Das demokratische Unternehmen« ein viertes T hinzugefügt: die Teilhabe.

Ausgangspunkt von New Work war in den Nullerjahren nicht die Betriebswirtschaft, sondern die extreme Verknappung der Tech-, Digital- und Kreativtalente. Und natürlich die Chance mobiler Arbeit bedingt durch Digitalisierungsschübe. Politik sowie Arbeitnehmer- und Arbeitgeberorganisationen hingegen hatten nur im Sinn, ihre eigene Wagenburg zu verteidigen und auszubauen.

Verzwergungen von New Work

Natürlich gab es in den 2010er Jahren und bis heute immer wieder Bewegungen, die New Work auf die sprichwörtliche Augenhöhe zu reduzieren trachten. Die ist richtig und wichtig, greift aber zu kurz. Vor allem dann, wenn sie als Reparaturbetrieb herhalten muss für jahrzehntelange Versäumnisse im Umgang mit Mitarbeitern, für eine Unternehmenskultur, die Respekt und Wertschätzung erst lernen muss. Mich erinnern solche Debatten an die »Human Relations«-Bewegung der 1920er und 1930er Jahre, die neue Antworten geben wollte auf die Taylorisierung der Arbeit mit ihrem Pionier Henry Ford. Richtig war die Augenhöhe-Bewegung gerade für die Unternehmen der Old Economy. Aber ihre Ideen reichen nicht aus für die New Economy. Das war die erste Verzwergung.

Der Begriff New Work verzwergte sich ein zweites Mal in den Pandemiezeiten zwischen 2020 und 2023. In den Coronajahren haben viele gedacht, das notgedrungene Homeoffice sei gleichzusetzen mit New Work. Nein! New Work ist so viel mehr als Souveränität über Arbeitszeit und Arbeitsort. Es geht dabei darum, die Begriffe Macht und Führung im Unternehmen neu auszuhandeln: bei Karriereentscheidungen, bei Chancenfairness, bei Unternehmensentwicklung und Strategie. Ganz im Sinne der Google-Mitarbeiter, die demonstrierten und ihrer Unternehmensleitung auf Plakaten entgegenhielten: »We are not just employees, we are co-owners.«

Im Homeoffice liegen die alten informellen Pfade still: die Teeküche, die Flurgespräche, die Rauchertreffs. Man trifft sich nicht mehr durch Zufall, nur noch über Anlässe. Wer neu ins Unternehmen kommt, lernt nicht mehr durch Beobachtung. Heikle Anliegen werden nicht mehr informell besprochen, sondern nur noch auf den offiziellen Kanälen. Gewinner sind die, die schon ein Netzwerk haben.

Studien zeigen, dass soziale Bindung mit der physischen Distanz sinkt und die Dominanz rein digitaler Kontakte das Gemeinschaftsgefühl erschwert. Gemeinschaft hat immer etwas mit Tuchfühlung zu tun, welch schöner Begriff! Unternehmenskultur ist eben auch Flurfunk. Das Informale prägt die emotionale Bindung, das Formale hingegen managerielle Struktur und Status. Und es ist empirisch belegt, dass die Community stärkere Gestaltungskräfte entfaltet als die reine Addition ihrer Einzelpersonen. Deswegen suchen fluide Organisationen oft verzweifelt nach Kultur-Substituten und enden bei Tischfußball und Teambuilding auf Abenteuerspielplätzen. Und Freelancer suchen Heimat in digitalen und professionellen Communities.

Und wenn jetzt manche Unternehmensleitungen nur darauf schauen, wie sich über Homeoffice Büroflächeneffizienzgewinne einheimsen lassen, werden sie bitter erwachen. Wer kein liquides, rein transaktionsorientiertes Nomadenunternehmen ist, verpasst dann die Chance, bisherige Großraumbüros »Modell Legehennenbatterie« in Kollaborationswerkstätten zu verwandeln.

Kann man auch auf Distanz emotional führen? Auf Distanz ist es gefühlsarmes Management und kein Leadership. Corona brachte das Thema Führung in virtuellen und hybriden Strukturen *(managing remote staff)* wieder voll ins Zentrum der Aufmerksamkeit. Homeoffice und Virtualität sind eher dazu geeignet, Themen und Aufträge (kognitiv mehr oder weniger hochwertig) abzuarbeiten. Weniger taugen sie für das Sozioemotionale in der Arbeit, für den Umgang mit Konflikten und Emotionen, für kämpferisches Commitment oder dafür, Strategie und Taktik jenseits des Getümmels abzustimmen. Hier gilt es, genügend Phasen der strategisch-taktischen und innovativ-teamorientierten Vergemeinschaftung *in Präsenz* zu finden, bevor jeder wieder auf seinen Platz auf dem Spielfeld rückt – wie in einem Eishockey-Team, das im härtesten Kampfgetümmel eine Auszeit nimmt.

Tuchfühlung stiftet nicht nur gemeinsame Identität und Zusammengehörigkeit, sondern setzt auch wichtige Impulse beim Thema Innovation. Die Hotspots dieser Welt setzen bewusst auf Nähe. Nicht umsonst versuchen die Googles und Apples dieser Welt fast verzweifelt, ihre Mitarbeiter wieder dafür zu gewinnen, in die Bürogebäude zurückzukehren. Selbst diese angebliche Avantgarde leidet unter dem unvorbereiteten und rein technisch geplanten Lock-out aus dem Büro. Noch viel mehr unsere deutschen Unternehmen. Wenige haben es übrigens geschafft, kluge Informalität in der mobilen Arbeit zu ermöglichen, zum Beispiel digitale Tee- und Chatgruppen einzurichten, Onlinecoaching, digitale On-Boarding-Initiativen und Feedback- und Karrieregespräche. Erst recht fehlen KI-basierte Performance-Analysen für Arbeit außerhalb des Büros.

In einer 2023 veröffentlichten und auf Deutschland bezogenen Studie des Gensler Research Institute gaben Mitarbeitende von Innovationsunternehmen an, wie viel Arbeitszeit sie derzeit im Büro verbringen und wie lange sie optimalerweise dort sein müssten, um die Produktivität des Einzelnen und des Teams zu maximieren. Derzeit verbringen sie im Schnitt 46 Prozent ihrer Zeit im Büro. Ideal wären nach eigener Aussage aber 73 Prozent. Diese 73 Prozent sind deshalb so spannend, weil die fast genau dem Wert entsprechen, den Mitarbeiter von Innovationsunternehmen schon 2019 angegeben haben: vor der Pandemie.

Überfällige Debatte über mehr Präsenz und weniger Distanz

Unternehmen wie öffentliche Verwaltungen müssen endlich die Debatte führen, wo Distanz taugt und wo es Präsenz braucht und, genauso wichtig, wie Leistung im Homeoffice ein- und wertgeschätzt werden kann. In einem CNBC-Interview im Mai 2023 über den »work from home«-Trend hat Elon Musk sich klar ausgedrückt: »I'm a big believer that people are more productive when they are in person.« Er untermauerte dies mit der These, das Homeoffice für Schreibtischtäter sei unfair, weil man nicht in allen Berufen von zuhause aus arbeiten könne: »People should get off their goddamn moral high horse with work-from-home bullshit.«

Ich halte es vor diesem Hintergrund für absurd, dass Deutschland im Jahr 2023 über die Viertagewoche bei vollem Lohnausgleich diskutiert. Mich erinnert das an die Fehleinschätzung des britischen Ökonomen John Maynard Keynes, der 1930 prognostizierte, in 100 Jahren müssten die Menschen infolge des technischen Fortschritts nur noch 15 Stunden pro Woche arbeiten. Richtig ist: Allenfalls bei sehr hohen Produktivitätsschüben würde Arbeitszeitreduktion mit Lohnausgleich unseren Wohlstand nicht killen. Die Ökonomen Bert Rürup und Michael Hüther gehen sogar davon aus, dass die Menschen künftig mehr arbeiten müssen, um die Wohlstandsverluste auszugleichen, die uns Corona und Inflation beschert haben. Hubertus Heils Gesetzesvorschlag zur Arbeitszeiterfassung aus dem Frühjahr 2023 bewerteten die beiden als »völlig realitätsfremd«. Er biete »keinen Raum mehr für Vertrauensarbeitszeit, für die ganzen Flexibilitätselemente, die wir geschaffen haben«. Das wäre fatal für ein Land, in dem coronabedingt gerade erst die Arbeitsortsouveränität zur Arbeitszeitsouveränität hinzugekommen ist.

Wenn sich der Blick aufs Homeoffice verengt, bleibt das zentrale Spannungsfeld von New Work außen vor. Wie lässt sich eine Balance herstellen zwischen

- *individuellen* Bedürfnissen nach mehr Autonomie in der Arbeit,
- *menschlichen* Bedürfnissen nach Orientierung, Struktur, Teilhabe und zwischenmenschlichem Kontakt sowie
- *betrieblichen* Bedürfnissen nach kultureller Zusammengehörigkeit, Teilnahme sowie Leistungs- und Innovationskraft

– egal, ob in temporärer oder dauerhafter Beziehung zu Arbeitnehmern oder Auftragnehmern?

Homeoffice: Kampfansage an Normalarbeit und für digitales Freelancing

Zudem gibt es noch eine Dimension, über die bislang nur sehr wenige sprechen. Millionen Menschen haben in Coronazeiten zu arbeiten gelernt wie Crowd- oder Clickworker der Zukunft: außerhalb der üblichen Firmengemeinschaft, remote funktionierend, manageriell gesteuert, digital kollaborierend. Vor allem in Wirtschafts- und Verwaltungsorganisationen, deren Alltag aus Routine und Effizienz besteht, konnte man feststellen, dass sich durch simple Onlinebeauftragung selbst hochkomplexe Routinetätigkeiten (die keine Kreativität im sozialen Kontext erfordern) erledigen und koordinieren lassen. Wachsen hier gerade die digitalen Soloselbständigen der Zukunft heran? Anderswo schon. Bei uns nicht, denn sie werden hierzulande in ein arbeitspolitisches Konzept abhängiger Beschäftigung gezwängt, das ob der Digitalisierung eigentlich obsolet wird. Deshalb ist es so wichtig, diesen Zustand der Rückständigkeit aufzubrechen, die Kasernierungsstruktur von Arbeit aufzuheben und Selbständigkeit wachsen zu lassen.

Gerade Nationen mit steigendem Digitalisierungsgrad verzeichnen ein Wachstum an digitalem Freelancertum. Ich halte es für wahrscheinlich, dass sich in einem Postcoronazeitalter die Debatte über Crowd- und Clickwork und digitales Freelancing ganz neu entzündet und dabei ganz neue Geschäftsmodelle entstehen. Deutschland hätte es bitter nötig!

Dazu kommt: Für Transformationsaufgaben gerade im Mittelstand braucht man Nerds, Software-Entwickler, Techies. Doch die wollen meist weder in eine Festanstellung noch dauerhaft aufs Land. Sie lieben Unabhängigkeit, Freiraum und den richtigen Mix aus mobiler und ortsgebundener Arbeit. Diesen *culture clash* gilt es politisch zu mildern und in den Unternehmen zu meistern.

New Work hinterfragt abhängige Arbeit nicht nur als Fessel für freiheitsliebende Solisten, freiheitsfordernde Überzeugungstäter oder gar Rebellen sowie als Silo für stationär Beschäftigte. New Work hinterfragt auch grundsätzlich die Grenzen industrieller Arbeit und die Chancen digital-mobiler Arbeit. Dies erweitert das gesamte Portfolio beruflicher Entwicklungspfade und arbeitspolitischer Beschäftigungsstrukturen und berührt zutiefst die Frage der Markt- und Beschäftigungsfähigkeit, der Employability in der digitalen Welt.

Genau deshalb gründeten Heinz Fischer, damals Personal-Bereichsvorstand der Deutschen Bank, und ich 1999 die Selbst-GmbH: ein hochkreatives Netzwerk, in dem die besten Reflektoren und Denker aus der Personalerszene zusammenkamen. Wir haben über Souveränität und Employability arbeitender Menschen nicht nur nachgedacht. Wir haben Handlungskonzepte entwickelt.

Organisation neu erfinden mit Social Labs

Die Organisationsforschung kennt zwei Formen praktizierter Ambidextrie. Die eine ist mutig und strukturell (wie bei der schon geschilderten Entwicklung des BMW i3). Doch nicht nur Geschäft, auch Führung und Personalarbeit brauchen explizit die Lizenz zum Experimentieren. Klug ist, wer in seinem Unternehmen auch dafür Freiräume schafft. Innovation Labs sind nicht nur sinnvoll für Naturwissenschaftler und

Ingenieure. Auch Führungskräfte, Verwaltungsexperten und Personal-manager brauchen »soziale Laboratorien«. Der Blick ins nördliche Europa und in die USA zeigt, wie erfolgreich führungsstarke, aber hierarchiearme, ultraflache und agile Organisationen arbeiten können. Hier erst zu experimentieren und dann zu skalieren, scheint der richtige Weg.

Daneben gibt es die kontextuelle Ambidextrie, und sie ist – wie ich inzwischen weiß – häufig Ausdruck von Feigheit oder Zögerlichkeit. Hierbei handelt es sich um Innovationsprozesse im laufenden Betrieb, um Erneuerung des betrieblichen Vorschlagswesens über Ideen-Labs oder um kulturelles Empowerment, bei dem abhängig Beschäftigte ihren inneren Intrapreneur entdecken sollen. Solche Evangelisierungsansätze gefallen vor allem ängstlichen, risikoaversen Managern. Radikaleres trauen sie sich nicht, Untätigkeit wollen sie sich aber auch nicht vorwerfen lassen. So schaffen sie kleinere, ungefährliche Spielräume für Transformationsteams und Graswurzelbewegungen. Ich war lange Freund beider Ansätze, komme aber zunehmend zu der Erkenntnis: Evangelisierung kann allenfalls flankierendes Element sein in einem noch nicht transformierten Unternehmen.

Der Wandel kennt ja laut dem Begründer der modernen experimentellen Sozialpsychologie Kurt Lewin drei Etappen: Auftauen (unfreezing), Bewegen (moving), Verfestigen (re-freezing). Evangelisierung eignet sich wohl für das erste Auftauen. Das Moving, die echte Veränderung, die Innovation aber gelingt nur in neuen Strukturen durch *Skunk Works* in der eigenen Organisation wie bei BMWs i3, in Innovation Labs, durch Abspaltung einer NewCo, Gründung neuen Territoriums, Zukauf neuer Spielbeine oder Aufbau eines Start-up-Ökosystems, vielleicht sogar um den alten Elefanten herum (wie es zum Beispiel Bosch versucht).

Digitale Transformation verflüssigt Arbeitsmärkte

Corona beschleunigt die Erkenntnis, dass Neue Arbeit mehr ist als nur neu zu arbeiten. Wenn ich über künftige Arbeitsmarkt-Architekturen nachdenke, fallen mir mindestens vier Zwiebelringe ein.

1. Beim innersten handelt es sich um Zeit- und Ortssouveränität. Gelebt wird sie häufig hybrid in Präsenz- und Distanzarbeitswelten. Ein Beispiel hierfür bei Conti Markdorf beschreibe ich am Anfang dieses Kapitels. Die Zukunft wird weit darüber hinaus gehen und all' die digitalen Freelancer umfassen, deren Anzahl in Deutschland hoffentlich noch kräftig wachsen darf.

2. Der zweitinnerste Zwiebelring betrifft Crowdwork und Clickwork. Hier geht es um digitale Plattformen, die Angebote von Digitalworkern matchen mit möglichen Kundenbedarfen oder Nachfrage möglicher Kunden mit Angeboten.

3. Dann kommt die sogenannte Gig oder Platform Economy: die Amazons, Zalandos, Googles, Ubers. Sie besteht einerseits aus einem fest beschäftigten Expertenkern in der Plattformzentrale und andererseits aus dem vielfach größeren Teil an Hunderttausenden freier Fahrer, Paketboten, App-Entwickler – meist digital gesteuert von der Zentrale.

4. Im äußersten Zwiebelring ersetzen Roboter und Automaten menschliche Arbeitskraft. Ob Roboter dabei Herr, Diener, Partner oder Menschenersatz sind, hängt davon ab, wie sich die Technologie weiterentwickelt.

   Wir Deutsche mit unseren rosa Brillen hoffen natürlich auf humanzentrierte Roboterisierung. Wahrscheinlicher ist ein anderes Szenario getreu dem ehernen Gesetz »Es wird alles digitalisiert, was sich digitalisieren lässt«. Und dann treiben andere Länder mit weniger rosa Brillen, weniger Ethik und weniger Rücksicht dieses Thema voran.

Solche Zwiebelringe werden den Begriff des Betriebs verändern. Industrielle Wertschöpfung wird nicht mehr an einen Standort gebunden sein und an feste organisatorische Strukturen. Sie entsteht künftig auch ortsunabhängig auf virtuellen Plattformen, im Homeoffice und in Coworking Spaces. Zugleich ändert sich der Arbeitnehmerbegriff. Uber-Fahrer sind keine Mitarbeiter von Uber, sondern Auftragnehmer. Deshalb werden wir bald eine vierte Beschäftigtenkategorie brauchen über Arbeitgeber, Arbeitnehmer und Selbständige hinaus: ein Hybrid zwischen

Arbeitnehmer und Auftragnehmer. Dass unser Arbeitsrecht schnell genug sein wird, bezweifle ich.

Ein Wort zum digitalen Prekariat. Natürlich schafft die Plattformökonomie jede Menge Jobs mit niedrigem Anforderungsniveau und geringer Vergütung. Doch schon agrarwirtschaftliche wie industrielle Gesellschaft besitzen die gleiche Differenzierung. Es gibt keine klassenlose Gesellschaft. Vor dem Hintergrund großer Migrationsbewegungen sind solche Beschäftigungsformen oft die erste Chance zur Integration in die Arbeitsmärkte entwickelter Nationen.

Wenn sich Beschäftigungsformen verflüssigen, hat das Auswirkungen auch auf Unternehmensformen. Es wird *fluid companies* geben (von der klassischen Plattformökonomie bis zu Netzwerken) mit kleinen Kernbelegschaften und wesentlich mehr temporär Beschäftigten oder Auftragnehmern. Ihnen gegenüber stehen die *caring companies* mit festen Stammbelegschaften, die alte Krupp'sche Fürsorgepflicht und rheinischen Kapitalismus in moderne Gewänder zu kleiden suchen. Ich bin skeptisch, ob Deutschlands Mittelstand diese Symbiose von Hightech und Hightouch gelingt. Es wäre zu hoffen. Dann müssen aber Richard Floridas drei Ts samt meinem ergänzten vierten T zum modernen mittelständischen Mantra werden.

An dieser Stelle möchte ich zwei Sorgen ansprechen. Die eine Sorge, dass all diese Zwiebelschalen nur Jobs für Akademiker betreffen und nicht auch beruflich Qualifizierte. Ganz im Gegenteil. Angelika Bullinger-Hoffmann, Arbeitswissenschaftsprofessorin an der Technischen Universität Chemnitz, spricht von der Demokratisierung der Produktion, von einer Art Facharbeiter-Techniker-Ingenieur, der gelernt hat, Irregularitäten souverän zu analysieren und Entscheidungen per Tablet und ohne Chef zu treffen. Ob er dabei künftig noch vor Ort in der Fabrik sein muss oder zuhause auf dem Sofa sitzen kann? Aus meiner Sicht nur eine Frage der Zeit. Der Haustechnikhersteller Westaflex war Vorreiter darin, die einstigen Lernstätten von Hoechst neu aufzulegen, in denen Arbeiter im Blaumann ihre Schichten selbständig planten. Westaflex setzt hierfür eine betriebsinterne App ein, die im Rahmen betrieblicher Produktionsplanung Schichtwünsche und -bedarfe möglichst mitarbeiterorientiert matcht.

Die zweite Sorge dreht sich darum, dass in der digitalen Ära Freiheit Stück für Stück verloren gehe. Hierbei kommt Bildung eine entscheidende Verteidigerrolle zu. Die digitale Ära kennt mindestens drei Ausprägungen des freiheitsfördernden Kompetenzbegriffs, die es zu pflegen und auszubauen gilt:

1. Soziale Digitalkompetenz oder digitale Sozialkompetenz braucht, wer in der digitalen Ära Herr oder Partner und nicht Knecht sein will. Dies gilt nicht nur für Arbeitende, sondern auch für Konsumenten und gesellschaftliche Zivilakteure.
2. Selbstmanagement-Kompetenz ist nötig, um in der Freiheit des digitalen Raums souverän agieren zu können. Zum Beispiel bei Vertrauensarbeit, in der es stets eine Grenze geben muss zur Selbstausbeutung.
3. Digitale Geschäftskompetenz bewahrt uns schlussendlich davor, unfreier Zulieferer anderer Nationen auf deren verlängerten Werkbänken zu werden.

Alle drei Kompetenzen sind jedoch in der Breite noch unterentwickelt. Dazu mache ich Vorschläge im Kapitel »New Education und New Learning«.

New Work und New Business sind Zwillinge

Schon vor Corona trug die New-Work-Szene ideologische Grabenkämpfe untereinander aus. Das eine Extrem: ein reiner Reparaturbetrieb für das alte Arbeitssystem fokussiert auf die Frage, wie sich im Betriebssystem 1.0 Arbeit angenehmer und besser gestalten ließe. Das andere Extrem fordert fast schon neomarxistisch den kulturellen Systemwechsel – hin zu einem Betriebs- und Gesellschaftssystem 2.0 mit neuen, vermeintlich emanzipatorischen Arbeitsformen, gedacht und entwickelt ohne die Ökonomie. Das Geschäft, die Wertschöpfung blieb außen vor. Eine dritte Verzwergung nach der ersten (New Work auf Augenhöhe) und der zweiten (New Work als Homeoffice).

Meine Kernthese: Arbeit und Geschäft sind Zwillinge – genauso wie
New Work und New Business es sind. Old Work in Old Business kennen wir bestens. New Work in Old Business ist Reparaturbetrieb in Be-
triebsystem 1.0. (oder nur Effizienzsteigerung im Betriebssystem 1.0,
wenn es darum geht, teure Bürofläche zu verringern.) New Work in
New Business ist der Königsweg – leider bis heute nur in den modernen
Tech-Mittelständlern prominent vertreten. New Business mit Old Work
hingegen ist zum Beispiel die ursprüngliche Uber-Kultur unter Travis
Kalanick: Machostil, Sexismus, Dominanzgehabe. Den Uber-Gründer
haben seine Shareholder einst wegen seines unmöglichen Führungsstils
rausgeschmissen.

Gleichwohl: Ich plädiere deshalb nicht für sanfte Führung. Gary Pisano von der Harvard Business School hat darauf hingewiesen, dass besonders innovative Unternehmen zwar tatsächlich häufig einen Führungsstil
mit hohen Freiheitsgraden pflegen – dass diese vermeintliche Lockerheit
jedoch meist durch Härte an anderer Stelle ausgeglichen werden sollte.
Wer zum Beispiel in seinen Unternehmen eine Kultur der Toleranz gegenüber Fehlschlägen zulässt, sollte laut Pisano seine Mitarbeiter besonders
hart aussieben, damit aus der »Toleranz für Fehler keine Toleranz gegenüber Inkompetenz« werde. Wer hierarchiearm führen will, muss darauf
achten, dass die verbleibenden Chefinnen und Chefs besonders führungs-
stark sind. Wer eine Kultur der Teamarbeit anpeilt, muss zugleich darauf
achten, dass sich die Verantwortung für Erfolge wie Fehlschläge klar zu-
ordnen lässt. So entsteht ein Zweiklang aus Konsequenz und Lockerheit
in der Führung und der Kultur. Er erst macht New Work möglich.

Mittlerweile habe ich ein ambivalentes Verhältnis zum Begriff New
Work. Er steht für viele inzwischen nur für angenehmeres Arbeiten abhängig Beschäftigter, denen es meist materiell und immateriell passabel
geht. Weder werden die eigene Abhängigkeit hinterfragt noch die Fesseln
für die Rebellen und die Silos der prekär Beschäftigten. Und erst recht
nicht, was New Work in Krisenzeiten heißt. Zu oft steht New Work für
unbegrenzte Blütenträume, gerne auch im Kontext eines neuen Green
Deals, den ich grundsätzlich auch begrüßen würde, wenn denn die Balance zwischen Planet, People und Profit gelänge. Denn meist haben die

Menschen im ökologischen Silo weder die soziale Frage einer menschlich oft leidvollen Transformation im Blick noch im sozialen Silo die furchtbaren Fehlschläge neuer utopischer Wirtschaftsordnungen. Konzepte wie New Work werden so zu rasch zu *management fads* für Gurus, Weltbeglücker oder ganz simpel für geldgeile Minnesänger. Um es hart zu formulieren: New-Work-Organisationen oder gar demokratische Unternehmen produzieren per se weder Wachstum von New Business noch von Neuer Arbeit.

Über diese nötige Verknüpfung von New Work, New Leadership und New Business debattiert die New-Work-Szene kaum. Da wird es ihr zu ungemütlich, zu technologisch. Da ist die traditionelle Gemeinwohlökonomie viel behaglicher. Mit diesem romantischen Unfug müssen wir aufräumen. Übrigens können wir nur so einen dritten Weg gestalten zwischen digital-sozialdarwinistischen Ansätzen in den USA und dem digital-staatsdirigistischen China.

Sozialpartnerschaft 2.0

Im sozialpartnerschaftlich geprägten Deutschland ist *union-free* ein besonderes, ja fast verpöntes Problem. Dass es Start-ups an klassischen Personalkompetenzen oft mangelt, zeigen die schüchternen Versuche neuer Kultur, aber auch das mangelnde Verständnis von Sozialpartnerschaft. So kommt es dann zu bösen Mitbestimmungsstreits wie beim Lieferdienst Gorillas oder der Onlinebank N26.

Natürlich: Die Vereinte Dienstleistungsgewerkschaft (Ver.di) piesackt New-Economy-Unternehmen nach Kräften. Angefangen hat alles mit Amazon. Aber auch deutsche Digitalplattformen verschont Ver.di nicht. Jede noch so kleine Blöße der Unternehmen wird genutzt, um deutsche Mitbestimmung in der Tech-Ökonomie zu verankern. Arbeitnehmerrechte sind hierbei nur die eine Seite der Medaille, höhere Mitgliederzahlen bei ver.di die andere. Zudem fürchtet die Gewerkschaft, dass wir hierzulande von digitalen Tagelöhnern überschwemmt werden, deren fluide Plattformen sich als reine Auftraggeber der deutschen Mitbestimmung entziehen können.

Mich verwundert nach wie vor, dass Gewerkschaften mit Klauen und Zähnen die alte Welt verteidigen. Stattdessen sollten sie über eine Sozialpartnerschaft 2.0 nachdenken, die sowohl deutsche Plattformunternehmer zur Diskussion einlädt als auch frische Tech-Mittelständler. Das heutige Spiel ist doch idiotisch. In irgendeinem Start-up gibt es einen Skandal, sonstigen Ärger oder Restrukturierung. Dann beginnt der Kampf um die Betriebsratswahlen, und dann wird das Schiff entweder gekapert, oder Gewerkschaft und Betriebsräte werden abgeschlagen. So gewinnt man doch nicht breite Teile der New Economy. Hier muss eine neue Gewerkschaftsstrategie mit New-Economy-Angeboten her.

Auch die New Economy muss sich ändern. Die Patriarchen des klassischen deutschen Mittelstands hatten sich seit den 1960er Jahren der deutschen Mitbestimmung gefügt, wenn auch knurrend. Warum sollten es Gründermachos dann nicht auch lernen können? Das Traurige an gewerkschaftlich geprägter Mitbestimmung ist allerdings: Sie unterdrückt Potenziale und Chancen direkter Demokratie in Unternehmen. Diese Unterdrückung trifft allerdings oft gerade jene Gründerunternehmen, die nicht von Beginn an direktere Demokratie praktiziert haben. Diese Unternehmen haben die Chance verpasst, bürokratischer Mitbestimmung zu entgehen. Sie hätten rechtzeitig neue Formen der Partizipation schaffen müssen. Eingebettet in solche sozialen Milieus erfolgreiche Gründungen und neue Teilhabe und Teilnahme zu vervielfältigen: dies wird eine der großen Zukunftsaufgaben für neue Unternehmen sein.

Neue Arbeit schaffen, nicht nur anders arbeiten

Die Welt hat sich seit Corona und Ukrainekrieg für viele Unternehmen verändert. Vor den Krisen ging es ihnen darum, nach Purpose zu suchen, jetzt vorrangig um die ökonomische Wiederbelebung, Aufrechterhaltung eigener Wertschöpfung, Sicherung der Wettbewerbsposition und Wiederaufbau von Innovationskompetenz. Das ist auf der Maslowschen Bedürfnispyramide ein Abstieg um drei Stufen und fordert New Work heraus. Neue zukunftsfeste Arbeit zu schaffen. Das gibt New Work eine komplett neue Bedeutung. Gerade jetzt müssen wir beim Status quo und den Herausforderungen von New Work ehrlich sein. Mich lehren das auch Wirtschafts- und Unternehmenskrisen in meiner eigenen beruflichen Biografie.

Auch die New-Work-Idee wurde in einer Krise geboren: Angesichts der Massenentlassungen in der US-Automobilbranche in den 1980er Jahren hat der Philosoph Frithjof Bergmann ein Gegenkonzept vorgelegt. Krise zu bewältigen und Zukunft zu schaffen ist Teil der DNA von New Work. New Work fördert geradezu Innovation und Kreativität. Deshalb eignet sich New Work besonders gut, um heutige Krisen zukunftsfähig zu bewältigen. Teil von Bergmanns Konzept waren Talentzentren, in denen Menschen sich Freiheit und Ressourcen nehmen konnten, um ihre Aspirationen, Motive und Interessen zu erforschen: »Arbeit, die ich wirklich, wirklich will.« Bergmann sprach zudem schon in den 1980er Jahren über Smart Production und Smart Consumption. Heute versteht man darunter zum Beispiel lokalen 3D-Druck für Gebrauchsgegenstände des täglichen Lebens und Verschwendung vermeidende Kreislaufwirtschaft. New-Work-Konzepte, die nicht auch dieses New Business mitdenken, sind Eunuchen. Im New-Work-Barometer des Magazins *Personalwirtschaft* landet Frithjof Bergmanns Verständnis von New Work abgeschlagen hinter den drei anderen Kategorien New Work Charta (die auf Sinn- und Wertorientierung abhebt), Psychologisches Empowerment und Autonomie von Arbeitszeit und -ort. Das ist ein Fehler. Abhängig beschäftigte Personaler und deren externe Berater geben in den Unternehmen den Ton an und entkoppeln New Work von den von Bergmann geforderten Systembrüchen: weg von der damaligen Automobilwelt in Detroit hin zu neuen Smart-Production- und Smart-Consumption-Ideen.

Wahrscheinlich spiegelt dieses Umfrage-Ergebnis nur den beschränkten Transformationsgrad deutscher Unternehmen und öffentlicher Verwaltungen wider. Denn Menschen urteilen meist im Kontext der Realitäten, die sie vorfinden. Empowerment ist ein gutes und wichtiges Thema in Kasernenorganisationen, aber wir Deutsche bleiben häufig in den bestehenden Strukturen stecken. New Work in Old Business.

Was wir brauchen, sind radikale Skill-Shifts. Und das wird schmerzlich.

Natürlich brauchen wir Ökosysteme für New Business, für New Skills und New Work, aber auch, noch schwieriger, Ökosysteme für siechendes Old Business, Old Skills und Old Work. Zumindest zum sozialverträglichen Absterben wie in den Kohlerevieren Deutschlands oder zur regionalen Revitalisierung auf neuen wirtschaftlichen Feldern – so wie die Tesla-Fabrik in Brandenburg für New Skills und New Business stehen könnte. Genauso wie in den Braunkohlerevieren der Aufbau erneuerbarer Technologien und von Kreislaufwirtschaft und der damit vieltausendfach verbundene Skill-Shift das Sterben der Braunkohle und deren Konsequenzen mildern kann. Hoffentlich!

Unserem Verbrennermotor läutet das Sterbeglöckchen. Ich spreche immer davon, dass unser Auto zur Kohle wird. Vor diesem Hintergrund ist mir unverständlich, weshalb meine alte Firma Daimler ihr altes Geschäftsmodell milliardenschwer ausbeutet – diesmal mit Fokus auf das Luxussegment – und nicht gleichzeitig ein Drittel des Gewinns investiert, um in den Übergang von alten in neue Kompetenzen zu investieren: von Verbrenner-Ingenieuren zu Elektro-Ingenieuren und Informatikern, von Verbrenner-Facharbeitern und -Technikern zu Digital Professionals.

New Work inmitten schöpferischer Zerstörung

New Work ist inzwischen direkt angelangt im Transformationsstrudel der Schumpeter'schen schöpferischen Zerstörung und der zerstörerischen Schöpfung. Zur Ehrlichkeit gehört: Autokonzerne, ihre Zulieferer, aber auch Maschinenbauer und Versicherungskonzerne, Firmenadministrationen und öffentliche Verwaltungen werden generell mit einem großen Überhang an Old Skills zu kämpfen haben, die nicht transformierbar sind. Der disruptive Wandel von Antriebstechnologie, von Maschine zu Software, von Verwaltungsarbeit zu Künstlicher Intelligenz lässt sich nicht bewältigen wie das tägliche Wechseln der Unterhose. Zumal noch das retardierende Moment deutscher Mitbestimmung hinzukommt. Strukturelle Probleme werden auch strukturelle Lösungen erfordern, wenn es darum geht, Spitzen und Täler der Beschäftigung zu bewältigen in einer Firma oder einer Region.

Wie lassen sich in zwischenbetrieblichen Netzwerken oder über Personaldienstleister Angebot und Nachfrage von Personalkapazitäten austarieren? Wie können wir Arbeitnehmer-Überlassung in solchen Netzwerken arbeitsrechtlich sicher und gesellschaftlich akzeptiert ermöglichen? Ohne große überregionale Arbeitsmarkt-Agenturen, wie wir sie von VW und Telekom mit AutoVision und Vivento kennen, wird es dann nicht gehen. New Ecosystem für Old Work: Plattformen für Umschulung, aber auch Arbeitskräfte-Transfer und -Tausch. In der Allianz der Chancen haben sich 26 große Unternehmen zusammengeschlossen (darunter BASF, Bosch, Commerzbank, Continental, Deutsche Bahn, Telekom, Post und Siemens). Sie wollen Betroffenen branchenübergreifend und überregional helfen, die im Zuge ökologischer und digitaler Transformation ihren Job verlieren. Es geht darum, Beschäftigte »von Arbeit in Arbeit« zu bringen. Nach einem ähnlichen Prinzip verfuhr Vivento, die Beschäftigungsgesellschaft der Telekom, die Technikern Arbeitsmarktchancen bis hin zum Lehrerberuf eröffnet. Auch im mittlerweile geschlossenen Conti-Reifenwerk Aachen gab es eine ganze Klasse von Beschäftigten, die in einen Pflegeberuf umsteigen wollten. Richtig gestellt wären die Weichen, wenn jetzt auch die Gewerkschaften neue Regelwerke der Mitbestimmung schüfen für harte Transformationsschübe. Präzedenzfälle gibt es, zum Beispiel die Tariföffnungsklauseln der Nullerjahre für Betriebe in schwerem Fahrwasser. Und wir dürfen nicht die Augen davor verschließen, dass durch Strukturwandel regional die Arbeitslosigkeit steigen wird. Ich schreibe das nicht als Politiker, sondern als langjähriger Manager und Kenner von Restrukturierungen.

Wie werden Automobilregionen wie Wolfsburg, Ingolstadt, Deggendorf oder Saarlouis auch wieder attraktiv für Gründer und Wagniskapital? Wie können Kommunen, Länder und Bund Sonderwirtschaftszonen nicht als tumbe, subventionierte, verlängerte Werkbänke fördern, sondern für Hightech und DeepTech mit Forschungskernen, um Monokulturen aufzuweichen und Geburtshelfer für eine Wirtschaftsstruktur zu werden, in der neue zukunftsfähige Geschäftsmodelle neue Wertschöpfung ermöglichen sollen, ja, müssen?! Wie können wir in etablierten Unternehmen den Skill-Shift für Zehntausende individuell erträglich und effizient zugleich realisieren?

Der Konkurs von Nixdorf und die daraus entstandenen IT-Zellen und Software-Unternehmen in Ostwestfalen zeigen, wie regionaler Umbau gelingen kann. Zusammen mit der Universität Paderborn und den weiteren Hochschulen in der Region sowie transformationsfreudigen etablierten Mittelständlern wie Miele oder Kannegiesser entstand das Cluster »Intelligente Produktionssysteme« und später die Marke »It's OWL«. Hier fehlt heute leider ein neuer ordnungspolitischer Rahmen einer Sonderwirtschaftszone von steuerlicher Förderung bis zu verwaltungsrechtlicher Entschlackung von Bürokratie, um den nächsten Evolutionssprung zu packen.

Gesamtgesellschaftlich betrachtet ist New Work ein Baustein einer Sozialen Marktwirtschaft 2.0, die ich im Kapitel »Strangulierte Innovation: Opfer von Staat, tradierter Wissenschaft und Forschung« thematisiere. New Work ist im wahrsten Sinne des Wortes eine soziale Innovation, und sie ist eng verwoben mit technologischer Transformation. Da ist es kontraproduktiv, wenn der ehemalige DGB-Chef Reiner Hoffmann vor dem digitalen Proletariat warnt und wenn Sozialromantiker von der »Befreiung von Arbeit« sprechen. Natürlich fordert Transformation menschliche Kernthemen heraus wie Identität, Zugehörigkeit und Zukunftsklarheit: Wer bin ich? Wohin gehöre ich? Wohin geht die Reise? Natürlich machen Menschen sich Sorgen angesichts der Entgrenzung von Arbeit, von Beruflichkeit, von Beschäftigungs- und Unternehmensstrukturen. Die Antwort darauf lautet: Wir müssen Soziale Marktwirtschaft weiterentwickeln hin zu einer Humanen Marktwirtschaft, die digitale, soziale und ökologische Herausforderungen explizit einbezieht.

Wir entscheiden selbst darüber, ob Roboter, 3D-Drucker, Plattformökonomie in Deutschland entstehen oder in Shenzhen, Boston oder Nairobi. Wir entscheiden, ob die digital kompetenten Techies in die USA gehen oder hierbleiben. Wir entscheiden, ob eine Bankkauffrau mit Fin-Technology, ein Einzelhandelskaufmann im E-Commerce, ein Elektroinstallateur in Smart Grid, ein Politikwissenschaftler in Algorithmen ausgebildet wird. Und wir entscheiden, ob wir eine kluge Vermögensbildung und soziale Sicherung für die digitale Welt haben sowie ein kluges Arbeitsrecht und Arbeitszeitgesetz.

New Economy und New Society

Territorien der Freiheit statt radikal neuer Gesellschaftsentwürfe

In seinem Buch »The Poverty of Historicism« von 1957 kritisierte der Philosoph Karl Popper vor allem kommunistische und faschistische Versuche, im Sinne eines *whole systems approach* neue Wirtschafts- und Gesellschaftssysteme vorherzusagen und die damit verbundene radikale Veränderung bisheriger Systeme. Popper selbst war, ganz im Gegenteil, Advokat eines Ansatzes in stückchenweisen Portionen. Er wandte sich gegen historische Visionen und dogmatische Zukunftsvorschau und sprach sich stattdessen dafür aus, Dinge über Versuch und Irrtum zu erproben. Sie haben als Leser dieses Buchs sicher schon festgestellt, dass ich selbst immer wieder diesen Ansatz dosierten Experimentierens verfolge – sei es bei den Maker-Garagen im Kapitel »New Education und New Learning«, sei es bei Innovationsregionen wie den University Enterprise Zones oder freiheitlichen Innovationsagenturen wie der SprinD. Wir werden die Republik nicht auf einmal transformieren können; schon bei ihren Subsystemen und Sektoren schaffen wir es nicht. Der Widerstand wäre zu groß.

Wir brauchen Übergänge und Brücken zu einem noch unbekannten neuen System: Räume und Pfade des Experimentierens. Dieser Ansatz basiert neben Poppers grundlegender Wegweisung auf drei Konzepten: auf dem der Ambidextrie der Organisationsforscher Michael Tushmann und Simon March; auf dem Konzept der Dritten Orte des Soziologen Ray Oldenburg; und auf dem New-Work-Konzept des Philosophen Frithjof Bergmann.

Das Ringen um Freiheit ist, radikaler gedacht, ein Ringen um exterritoriale Innovationsräume in einer Deutschland AG. Deutschland wird nur erfolgreich sein, wenn es als Antwort auf reformresistente staatliche Förderpolitik echte Freiheitsräume für Innovation schafft. Exterritoriale Strukturen jenseits bisheriger Logik! Ohne solche Räume brechen wir aus dem Innovator's Dilemma nicht aus. Möglicherweise wird es, wenn sich die Innovationskrise, die Bürokratiekrise und die Wirtschaftskrise auf den Zenit zubewegen, einer der letzten großen Akte der alten Politikerkaste sein, vielleicht aber auch einer der ersten großen der neuen Politikerkaste, diese Freiheitsräume zu ermöglichen. Zuallererst kostet Freiheit ja kein Geld, sondern nur Durchsetzungskraft. Denn künftige Regierungen werden kaum Geld zum Ausgeben haben, werden mit Volldampf die Sanierung ihres eigenen Haushalts und ihrer eigenen Verwaltung gestalten müssen und schlussendlich auf die Kräfte der Akteure in Wirtschaft und Zivilgesellschaft angewiesen sein, Dinge zum Besseren zu wenden. Ich jedenfalls verließ die Berliner Politik mit dem Urteil: Der Staat wird's nicht richten. Nur die beiden anderen Sektoren haben noch die Kraft dazu. Ein bitteres Urteil, das aber auch die Chance bietet, Rahmenbedingungen freiheitlich zu gestalten. Das heißt im Klartext auch: Wirtschaft und Business kommt eine Schlüsselrolle zu. Beide müssen das neue Geschäftsmodell für Deutschland schaffen. Doch ich befürchte, dass wir den Tiefpunkt, der die Chance zum Neuanfang öffnet, noch nicht erreicht haben.

Wettbewerb zwischen Unternehmenstypen ermöglichen

Wenn Sie mich jetzt fragen, ob es einen idealen Unternehmenstyp gibt, muss ich Sie enttäuschen. Ganz im Gegenteil: Ich plädiere für Wettbewerb zwischen verschiedenen Unternehmenstypen, bei dem Kunden und Mitarbeiter über ihre Kauf- und Vertragsentscheidung definieren, welcher Typus attraktiv ist. Wir sehen heute schon einen Systemwettbewerb. Auf der einen Seite stehen die Söldnerorganisationen wie Investmentbanken oder große Unternehmensberatungen (die nur Söldner anheuern und die auch nur von Söldnern oder Naiven gesucht werden), der patriarchalische Teil des Mittelstands sowie die Ozeandampfer: unsere häufig im Dax gelisteten Großunternehmen. Ihnen gegenüber stehen die reformstarken

Hidden Champions und der aus Start-ups heranwachsende frische Mittelstand. Ich ergreife eindeutig Partei für die Avantgarde.

Einen Unternehmenstyp habe ich noch gar nicht erwähnt. Den des autoritär-demokratischen Internetgiganten oder Tech-Konzerns. Dieser besitzt eine ganz steil zulaufende feudale Pyramidenspitze, häufig gründergeführt, und einen breiten Personalkörper, und der ist nochmal umgeben von festen Freien oder freien Freien. Die extreme Freiheit im Mikrokosmos des Personalkörpers, der ja häufig aus Entwicklern und Forschern besteht, ist das Basisdemokratische, das viele Talente anzieht. Das Autokratische an der Spitze, die Verfügung über Strategie und Ressourcen, fällt gegenüber der wahrgenommenen Souveränität in der Arbeit wenig spürbar aus.

Neues Geschäftsmodell für Deutschland

Im Kapitel »Führung in der Transformation« gehe ich ein auf die Herausforderungen des Mittelstands und seiner Avantgarde: der Hidden Champions. Ohne Transformation unserer etablierten Wirtschaftswelt in die digitale Ökonomie wird es nicht gehen. Das ist der erste Stellhebel eines neuen Geschäftsmodells für Deutschland. Ich habe zudem über die neun Merkposten für diese Transformation der Arrivierten geschrieben.

»Europäische Champions«, von denen Peter Altmaier als Bundeswirtschaftsminister oft großspurig sprach, täuschen nicht darüber hinweg, dass traditionelle Industriegiganten eine sterbende Spezies sind. Die Zukunft gehört cyberphysischen und Softwareunternehmen. Das European Power House alter Art ist eine Fiktion.

Der zweite Stellhebel neben einem erneuerten Mittelstand ist die Schaffung eines neuen Mittelstands. Was Deutschland kann, sind Hidden Champions. Um die 1500 haben hier ihren Sitz, mehr als die Hälfte der geschätzt 2700 weltweit: Spezialisten mit extremem Kundenfokus, Weltmarktführer in Nischen, von fast unsichtbaren Inhabern geführt, nicht von der Börse. Einige Unternehmen sind ein bisschen in die Jahre gekommen, aber Substanz und Transformationswillen tragen. Wie wären denn 5000 neue Deep-Tech-Champions in den kommenden zehn

Jahren? Allein der Absturz der Nixdorf AG gab damals Raum für Hunderte IT-Unternehmen rund um Paderborn.

E-Commerce und KI sind zu Coronazeiten noch am besten durch die Krise gekommen, wie eine Recherche der Analysefirma Glassdollar zeigt. 2020 sind im tiefsten Lockdown fast 10 Prozent mehr DeepTech-Start-ups entstanden als 2019. Eine Studie der DZ Bank Research belegt: 2020 sind die Investitionen in Forschung und Entwicklung, in Software und Datenbanken gestiegen – im deutschen Bruttoinlandsprodukt als einzige Komponente neben dem Staatskonsum. Lebenswillen inmitten der damaligen Krise! Wenn jetzt der Wille zur Transformation des Geschäftsmodells der Nation dazukäme, wäre die Spur gelegt.

Wir brauchen endlich ein neues Geschäftsmodell für Deutschland: den DeepTech-Mittelstand 2.0. Eine neue Generation von Deep-Tech-Companies zusätzlich zu den schon heute etablierten deutschen Hidden Champions. Wertschöpfung der Zukunft – mit positiven Auswirkungen auf Arbeit, Wohlstand, Perspektiven und Souveränität. Sollten sich unter diesen künftigen Mittelständlern einige zu milliardenschweren DeepTech-Champions entwickeln: wunderbar! Und sollten aus Einhörnern Decacorns oder Hectocorns werden, also mindestens 10 oder 100 Milliarden Euro schwere Unternehmen, die an die Stelle alter Elefanten wie Thyssenkrupp & Co. treten: umso besser! Isar Aerospace, 2018 aus der TU München ausgegründet, führt uns die Chance vor Augen, Europa den strategisch wichtigen, souveränen Zugang zum Weltall zu öffnen und dem Goliath SpaceX Konkurrenz zu machen. Heute 100 Mitarbeiter, morgen Tausende Spitzenexperten, und DeepTech in seiner kühnsten Form.

Wie alle architektonischen Zukunftsskizzen ist der Weg dorthin mit riesigen Steinen zu pflastern. Und wahrscheinlich wird es eher ein Steinbruch, an dem an unterschiedlichen Stellen gearbeitet wird, als ein geordneter, disziplinierter Prozess. Aber der Aufbau eines neuen Innovationsökosystems in der Republik wird Blut, Mühsal, Schweiß und Tränen kosten. Wer heute dieses geflügelte Wort Winston Churchills gebraucht, vergisst oft, auch die Mühsal zu zitieren. Churchill hat so schön klar gesprochen vor dem britischen Unterhaus. Heutige Politiker würden blasiert und gefühllos von massiven körperlichen Herausforderungen sprechen so-wie der nicht zu bestreitenden Notwendigkeit einer grundlegenden und bundesweiten Mobilisierung aller Energiereserven. Churchills bildreiches Vokabular war Bundespräsident Roman Herzogs berühmter Ruck-Rede von 1997 um einiges voraus. Allerdings hat Nazideutschland die Welt zu Churchills Zeiten deutlich greifbarer bedroht als die digitale Ära unsere Volkswirtschaft dieser Tage. Roman Herzog hat aber immerhin vorausge-dacht und politisches Leadership gezeigt, als nur den Status quo zu ver-walten. So wie Gerhard Schröder den Sozialstaat entrümpelte und Lud-wig Erhard die Marktwirtschaft entfesselte. Und wie Helmut Schmidt die Verteidigungsfähigkeit der Republik sicherstellte, indem er gegen wuter-füllte Proteste Mittelstreckenraketen stationieren ließ.

Eine Vision für danach habe ich!

Mein *Mission Statement* aus den National Training Laboratories in Bet-hel im US-Bundestaat Maine (siehe Seite 28) als Lösung für Deutsch-lands Zukunftssorgen? Das klingt unbescheiden, aber gerade deshalb fasziniert mich der Gedanke. Im Sommer 2019 habe ich mir darüber den Kopf zerbrochen und gemeinsam mit 2b AHEAD ThinkTank ein Forschungsprojekt aufgesetzt, das verschiedene Szenarien formulierte, wie Deutschlands wirtschaftliche und gesellschaftliche Zukunft ausse-hen könnte. Die Studie »Die Zukunft der sozialen Marktwirtschaft« ent-stand von Frühjahr 2020 bis Frühjahr 2021. Sie untersuchte Treiber für Veränderungen in dem Gemeinwesen, das wir in Deutschland »Soziale Marktwirtschaft« nennen.

Das optimale Szenario, die Humane Markwirtschaft als Nachfolger unserer in die Jahre gekommenen Sozialen Marktwirtschaft, ist tatsäch-lich sehr nah dran an meinen Idealen aus Bethel. Sie schützt die *needy and poor* und entfesselt gleichzeitig die Avantgarde in einem neu auf-gesetzten Mix aus Schutz- und Freiheitsrechten in der digitalen Gesell-schaft. Technische Innovationen treffen auf soziale Innovation. Für diese Studie befragten wir ein Panel von 26 Experten aus Wirtschaft, Poli-tik, Forschung und Zivilgesellschaft aus Deutschland, Österreich, China und den USA in qualitativen Tiefeninterviews. Des Weiteren erhoben wir in zwei qualitativen Befragungen im April 2020 und März 2021, an denen 567 bzw. 232 Akteure aus der Wirtschaft in Deutschland, Österreich und der Schweiz teilnahmen, Aussagen zu Treibern für Veränderung, die aus der Coronapandemie hervorgingen. Im September 2020 trafen wir uns mit ausgewählte Experten in Berlin, um Thesen und Szenarien einer kommenden Sozialen Marktwirtschaft zu erörtern.

Die Studie verwendet den Begriff der Sozialen Marktwirtschaft, wie er von Alfred Müller-Armack geprägt wurde, als ein gesellschaftliches und wirtschaftspolitisches Leitbild, dessen Sinn es ist, »das Prinzip der Freiheit auf dem Markt mit dem des sozialen Ausgleichs zu verbinden«.

Wirtschaftliche Treiber von Veränderung: Stand- wie Spielbein der deutschen Wirtschaft fußten jahrzehntelang darauf, dass ihre ingenieurgetriebenen Schlüsselindustrien Automobilproduktion, Maschinen- und Anlagenbau, Stahl und Chemie Technologien hervorbrachten, die ihre Kunden in einer technologischen und Serviceabhängigkeit hielten. Nicht nur global agierende Großunternehmen zählten zu den Gewinnern dieses Systems, sondern auch die weltweit einzigartige Dichte typischerweise familiengeführter Hidden Champions in Deutschland – alles Exportweltmeister.

Doch der internationale Siegeszug der Softwarekonzerne seit der Mitte der 1990er-Jahre führte zu einem Paradigmenwechsel. Der Wert physischer Güter und Produkte wurde und wird auf absehbare Zeit nachrangig im Vergleich zum Wert der auf Daten fußenden Dienstleistungen auf Feldern wie Mobilität, Kommunikation, Gesundheit, Energie. Defensiver Verteidigungskampf und späte Aufholjagd werden diese alten Industrien prägen. Ich beschreibe dies im Kapitel »Ein halbes Jahrhundert erlebte Transformation: Führung in der Wirtschaft«.

Allerdings kann auch das System »Software Eats the World« an seine Grenzen stoßen, was wiederum große Chancen für neue, heranwachsende Industrien bergen kann. Die große Frage ist, ob Hardtech, also die Kombination von physischen Gütern und digitalen Services – cyberphysische Systeme –, und Biotech den nächsten Innovationsschub auslösen können und damit auch nachhaltiges Wirtschaftswachstum hierzulande.

Ökologische Treiber von Veränderung: Das derzeit größte Menschheitsproblem – der Klimawandel – benötigt Lösungen vor allem für klassische Industrien. Die Industrieproduktion ist weltweit für 31 Prozent der Treibhausgasausstöße verantwortlich im Vergleich zu Energieerzeugung (27 Prozent), Landwirtschaft (19 Prozent) und Transportwesen (16 Prozent). Für Energieerzeugung und Transportwesen gibt es heute schon global skalierbare industrielle klimaneutrale Verfahren, deren Preise mit zunehmender Massenfertigung sinken werden. Vergleichbare Ansätze in der Industrieproduktion und Landwirtschaft existieren noch nicht. Aber es gibt den politischen Willen, den Durchbruch solcher Technologien zu forcieren. Das eröffnet Spielraum für die deutsche Wirtschaft in Greentech und Cleantech: von effizienten Transporttechnologien für Wasserstoff über Batteriespeichertechnologien bis zu Technologien zur Abscheidung von CO_2: sogenannte CO_2-Capture-Technologien und CO_2-Storage-Technologien in Gebirgen.

Wirtschaftspolitisch erfährt in diesem Kontext ein zweiter Aspekt zunehmend an Bedeutung: das System einer aufs Gemeinwohl ausgerichteten »Post-Wachstums-Ökonomie«. Dieses System stellt das Paradigma eines fortwährenden Wachstums grundsätzlich in Frage und setzt ihm ein System mit fünf Säulen entgegen: Suffizienz (möglichst geringer Ressourcenverbrauch), Subsistenz (Selbsterhalt), Regionalwirtschaft, materielle Nullsummenspiele als Produktionsmodus (neue Dinge sollen aus alten Dingen entstehen) und institutionelle Innovation (Regelwerk, das den Übergang in dieses System flankiert). Wenn vor einem Jahrzehnt diese Gedankenspiele noch leicht als »Ökosozialismus« abgetan werden konnten, zeigen die Erhebungen der Studie, dass Elemente dieses Wirtschaftsprogramms unter dem ersten Schock der Coronapandemie bis zu 60 Prozent Zustimmung in Wirtschaftskreisen erfuhren. Ein Jahr später stabilisierten sich diese Werte zwischen 15 und 25 Prozent unter Managern der Wirtschaft im DACH-Raum.

Treiber des Systems Arbeit für Veränderung: Die Organisation von Arbeit folgt den dominierenden Produktionsmodellen. Die Industrieproduktion wurde über ein Jahrhundert lang betrieben auf den Grundlagen des von Frederick Winslow Taylor beschriebenen »wissenschaftlichen

Managements«. Als Taylor seine Prinzipien niederlegte, war das Fließ-
band der Taktgeber wirtschaftlichen Fortschritts.

Die Zukunft der Arbeit wird jedoch geprägt sein von digitaler Automatisierung der Produktionsprozesse und fortwährender Entwicklung von Dienstleistungen, die auf der algorithmischen Auswertung
von Daten fußen. Während in der Industriegesellschaft Planung und
Optimierung im Mittelpunkt von Managementaufgaben standen, ist
die Beherrschung und schnelle Reaktion auf unbekannte Einflussfak-
toren ein Wesenselement der Ausrichtung künftiger Arbeit. Das Er-
folgskriterium heißt nicht mehr Effizienz, sondern Agilität, die Führung entscheidet nicht mehr über Aufgaben und Personen, sondern
über Form und Kontext der Aufgaben. Der Mitarbeiter, der früher gar
nicht entschied, trifft morgen Entscheidungen über Aufgaben. Diese
Transformation von starren pyramiden- und siloartigen Strukturen hin
zu netzwerkartigen oder gar »holokratischen« Organisationen erfordert
die Delegation von Entscheidungsgewalt bis in die niedrigsten Ebenen
von Unternehmen. Das Kapitel »New Work« ist reich an Beispielen
und Ausprägungen.

Diese neuen Arbeitsparadigmen haben zwei beschäftigungsstruktu-
relle Entwicklungen zur Folge – zum einen entsteht ein digitales Prekariat aus sogenannten Crowd- und Clickworkern (etwa heutige Liefer-
dienste und Bürojobs im Netz), die bei geringen Einkommen Gefahr
laufen, dauerhaft geringe Qualifizierung erfordernde Tätigkeiten auszuüben. Zum anderen wächst eine breitere Schicht exzellent ausgebilde-
ter Spezialisten und Experten. Für die eine Gruppe besteht derzeit kein
ausreichender Schutz, für die andere bestehen keine ausreichenden An-
reizmechanismen. Die Notwendigkeit des Skill-Shifts für Millionen abhängig Beschäftigte kommt hinzu.

Die Deckung des Bedarfs an neuen Kompetenzen setzt das Wachstum freiberuflicher Tätigkeiten voraus. Ob ausreichend freiberuflich
tätige Arbeitskräfte vorhanden sind, hängt davon ab, ob es gelingt,
hochqualifizierten Freischaffenden ausreichend Freiheiten und An-
reize zu bieten und niedrigqualifizierten Freischaffenden ein vergleich-
bares Maß an sozialer Absicherung wie sozialversicherungspflichtigen
Festangestellten.

Gewerkschaften: bewegt euch!

Die klassische Interessenvertretung von Arbeitnehmern in der deutschen Wirtschaft – Gewerkschaften und Betriebsräte – wird sich unter der Agilisierung von Arbeit qualitativ verändern müssen. Eine reformierte Betriebsverfassung wird neue digitalbasierte Beschäftigungssegmente berücksichtigen müssen, genauso wie klassische Interessenvertretungen tariflich Beschäftigter sich für Zielgruppen von Digitalarbeitern öffnen müssen. Andernfalls entstehen neue Organisationsformen zum sozialen und Machtausgleich. Ausführlicher dazu im Kapitel »New Work«.

Diversität wurde im Lissaboner Vertrag als Leitbild der Europäischen Union verankert. Wenn das Modell einer Sozialen Marktwirtschaft eine Zukunft haben will in einer Positionierung zwischen dem Kapitalismus amerikanischer Prägung und dem chinesischen Staatskapitalismus, dann sind Diversität, Chancengleichheit und Inklusion wesentliche Planken einer gesellschaftlichen Alternative.

Neben technologischen Innovationen sind nötig: die Erneuerung der Bildungslandschaft und der Arbeitswelt, der Umbau des Gesundheitswesens auf präventive Logiken zur langfristigen Gesunderhaltung und Grundversorgung der Bevölkerung mit zeitgemäßen Ernährungs-, Kommunikations-, Mobilitäts- und Sicherheitskonzepten.

Gelingt das nicht, dann bleibt Transformation rudimentär oder unausgeschöpft. Last not least: Klammert sich das gegenwärtige System an seine exzessiv repräsentative Demokratie, dann wird es wenig Spielraum für Formen direkter Demokratie in kommunalen, regionalen oder auch nationalen Belangen geben.

Szenarien gesellschaftlicher Entwicklung

Die Studie übernahm die Ergebnisse der Expertenbefragungen und übertrug sie in ein Spannungsfeld, an dessen Außenpolen jeweils ein Szenario eines digitalen Sozialdarwinismus libertinärer Prägung und das eines digitalen Staatskapitalismus sozialistischer Prägung standen. Zwischen diese

295

Extrempole stellen wir die drei Szenarien Soziale Marktwirtschaft 1.0, Humane Marktwirtschaft und Postwachstums-Gemeinwohlökonomie.

Das Szenario des **digitalen Sozialdarwinismus** modellierten wir auf der Grundlage digitaler Monopole, wie wir sie im heutigen Silicon Valley vorfinden. Teilhabe ist in einem solchen Szenario möglich, wenn sie an den wirtschaftlichen Erfolg von Digitalmonopolen geknüpft ist. Digitale *Company Towns* und *Communities* ermöglichen die langfristige Bindung hochqualifizierter Mitarbeiter an Unternehmen, deren Familien hochwertige Bildung, medizinische Versorgung und auch zivilgesellschaftliche und soziale Teilhabe im Rahmen der Interessen von Unternehmen gewährt wird. In solchen Kommunen werden eigene Gesetze geschrieben. Außerhalb solcher privilegierten Schichten wird jedoch eine wachsende Schicht der Bevölkerung durch Crowdwork, Clickwork und verlängerte realwirtschaftliche Werkbänke in prekäre Verhältnisse getrieben und pauperisiert.

Das Szenario des **digitalen Staatskapitalismus** orientiert sich stark am heutigen politischen System Chinas, in dem die Führungsriege der Kommunistischen Partei Langfristziele dirigistisch vorgibt. Dieses System fußt auf einem unausgesprochenen Vertrag mit der Bevölkerung: Solange Prosperität für die große Mehrheit der Bevölkerung gewährleistet bleibt, währt auch die politische Herrschaft der Kommunistischen Partei. In Abwesenheit eines rechtsstaatlichen Systems wird das Vertrauen in Beziehungen zwischen Staat, Unternehmen und Menschen digital durch ein Scoring-System abgebildet.

Im Szenario der **Sozialen Marktwirtschaft 1.0** arbeiten die gesellschaftlichen Kräfte am Erhalt des Status quo. Die deutsche Wirtschaft verliert bis 2035 global an Bedeutung, weil sie aufgrund gesetzlicher Rahmenbedingungen und eigener Transformationsversäumnisse nicht in der Lage sein wird, rechtzeitig Ressourcen für notwendige Technologiesprünge im Computing und für Klima-, Gesundheits- und Kommunikationskonzepte zu mobilisieren und dabei globale Marktdurchdringung zu erreichen. Klassische Großunternehmen in der Industrie verlieren den Anschluss an die Weltspitze und werden teilweise zu verlängerten Werkbänken globaler Tech-Monopole. Transformationsträge Hidden Champions ereilt ein ähnliches Schicksal und viele mittelständische Unternehmen die Insolvenz. Und Neugründungen werden erschwert durch Überregulierung technologischer Innovation.

Die Arbeit der Zukunft prägt in diesem Szenario ein Umfeld von Konsolidierung, Prozessautomatisierung und wenig Innovation. Taylorismus wird in den meisten Unternehmen das dominante Organisationsmodell bleiben und sich sogar wieder neu entfalten. Neue Arbeitsmodelle werden überwiegend in alte sozialpartnerschaftliche Strukturen gepresst und werden mithin kaum entstehen und nur wenigen vorbehalten sein. So produziert digitale Arbeit kaum Gewinner und etliche Verlierer.

Der Staat wird dem Ziel einer Chancengleichheit nicht gerecht werden. Eine abschlussorientierte Kultur im Beschäftigungsmarkt zementiert das heutige dreistufige Bildungssystem, in dem Herkunft aus einem akademischen Umfeld hohe Chancen persönlicher Verwirklichung garantiert. Neben schulischer Bildung werden kaum Investitionen in lebensabschnittsgerechte weiterführende Bildung getätigt. Die Aushöhlung der Chancengleichheit wird zu Polarisierungen in der Gesellschaft führen: zwischen kosmopolitisch denkenden und handelnden Eliten und einer (oft in regionalen Zusammenhängen verfangenen) großen Schicht von Abgehängten, die nicht im gleichen Maße am gesellschaftlichen Leben partizipieren können.

Im Szenario der **Humanen Marktwirtschaft** gelingt es Deutschland und einem großen Teil der EU, sich geschickt zwischen den USA und China Handlungsoptionen zu erarbeiten. Nach der reinigenden Krise erfährt die deutsche Wirtschaft einen Aufschwung in einem Klima, das für Geschäftsmodellinnovation bei Konzernen und Hidden Champions sorgt. Der Großteil des deutschen Mittelstands überlebt, indem er seine Produktion auf diese neuen Technologien anpasst und einen digitalen Servicekranz um seine Produkte schafft. Neugründungen in der Digitalwirtschaft, in Biotechnologien, Space, Greentech und Cleantech legen die Basis für einen neuen Mittelstand und neue Hidden Champions, die technologisch und geschäftsmodellseitig weltweit in der globalen Spitze mitspielen.

Arbeit der Zukunft wird in diesem Szenario von anhaltendem Wandel von Fertigkeiten und einem Portfolio von Kompetenz bestimmt sein.

Dazu gehören flexible Arbeitsmodelle, die sowohl andauernde Projektarbeit ermöglichen als auch den längerfristigen Verbleib in Unternehmen und Organisationsmodellen, in denen Führende ihre exekutive Entscheidungsvollmacht immer stärker in kleine autonom arbeitende Teams delegieren.

Der Staat führt soziale Sicherungsmaßnahmen für digitale Arbeit ein ebenso wie Freiheitsreformen und eine Bildungsreform, die Kompetenzen fördert und Ungleichheiten im Zugang zu Bildung auch im Berufsleben korrigiert. Gesetzliche Barrieren in der Forschung, die zum Abwandern von Talent führen, werden eingerissen.

Formen direkter Demokratie ergänzen und erweitern die repräsentative Demokratie auf Bundes-, Länder-, regionaler und kommunaler Ebene. Die Mehrheit der Akteure versteht gesellschaftliche Initiativen nicht als Bedrohung und reguliert sie mithin nicht im Vorhinein, sondern im Nachhinein (falls erforderlich). Neben einer breiten Parteienlandschaft werden Wahlbündnisse und Plattformen rund um themenspezifische Fragen an Bedeutung gewinnen können. Die Soziale Marktwirtschaft 2.0 ist kein »Luxus, den wir uns leisten«, sondern ein attraktives alternatives Gesellschaftsmodell zu den in China und den USA gelebten Modellen.

Das Szenario einer **Postwachstums-Gemeinwohlökonomie** basiert weniger auf schon vorhandenen erfolgreichen Experimenten und mehr auf den Vorstellungen der Vertreter eines solchen Wirtschafts- und Gesellschaftssystems. In diesem Szenario findet eine gesteuerte Abkehr von globaler Industrieproduktion statt, was den Verkauf und die allmähliche Auflösung großer Industrieunternehmen und der Hidden Champions zur Folge hat. Gleichzeitig durchlebt Deutschland einen Gründerboom, der auf der Sinnstiftung für eine Region (nicht für eine Nation) beruht und auf regionaler Subsistenzwirtschaft, also der Selbstversorgung einer Region. Genossenschaften erleben eine Renaissance. Reparaturwerkstätten, Werkstätten zur Neukombination gebrauchter Teile, nachhaltige landwirtschaftliche Kooperativen, Bildungswerkstätten, die handwerkliche Techniken vermitteln, schießen wie Pilze aus dem Boden.

Das System Arbeit folgt sehr eng den New-Work-Prinzipien Frithjof Bergmanns, die auf einem Dreiklang aus Selbständigkeit, Freiheit und Teilhabe an der Gemeinschaft und Smart Production und Smart Consumption sowie Selbstversorgung fußen. Ein Grundeinkommen wird eingeführt.

Zivilgesellschaftlich lehnt sich dieses Szenario an eine unternehmerische Gesellschaft an, jedoch nicht im Dienst wirtschaftlichen Wachstums, sondern zum Zweck der Subsistenz regionaler Ökosysteme. Innerhalb regionaler Zusammenhänge werden die Leitbilder von Chancengleichheit und Diversität stark ausgelebt. Jedoch führen starke regionale Unterschiede auch zu Ungleichheiten zwischen den Regionen. Der Zentralstaat bleibt zwar weiterhin stark, um diese Unterschiede auszugleichen. Er steuert zentrale Bedürfnisse wie Verteidigung (Bündnisverpflichtungen) oder Infrastruktur weiter zentral, aber seine Ressourcen sind deutlich limitierter.

Evolutionärer Systemwettbewerb der Zukunftswelten

Diese Szenarien sind Idealwelten, die es in dieser Form mit hoher Wahrscheinlichkeit nicht geben wird. Doch Elemente und Kombinationen aus allen Szenarien werden wir in den nächsten Jahren und Jahrzehnten beobachten. In spannenden Debatten im Zuge dieser Studie entstand die Idee eines evolutionären Systemwettbewerbs, in dem alle Szenarien ihre Experimentierräume besitzen. Warum sollten nicht Räume der Gemeinwohlökonomie und der Genossenschaften mit DeepTech-Ökologien und patriarchalischen Mittelständlern im edlen Ringen stehen? In welche Zukunft Deutschland letztendlich steuern wird, liegt in der Hand aller gesellschaftlichen Akteure in Wirtschaft, Politik und Zivilgesellschaft. Ich selbst streite und kämpfe für die Humane Marktwirtschaft.

Alfred Müller-Armacks theoretische Konzeption und Ludwig Erhards praktizierte Soziale Marktwirtschaft brauchen dafür allerdings ein Update. Erhard verdankt es der Gnade der frühen Geburt (1897), dass seine Soziale Marktwirtschaft sich nicht mit digitalen Geschäftsmodellen, digitaler Arbeit sowie Chancengerechtigkeit und Existenzsicherung in der digitalen Ökonomie auseinandersetzen musste. Er konnte noch nicht die Konsequenzen fossilen Energieverbrauchs und von Ressourcenverschwendung für den Klimawandel und die Bewohnbarkeit des Planeten voraussehen. Wer Erhards Ideen jedoch mit neuen Pfeilern versieht und Altes und Neues solide miteinander verbindet, hält sie auch im 21. Jahrhundert lebendig. Diese sieben neuen Pfeiler sind:

- **Arbeit – ihre Freiheit und soziale Absicherung.** Der deutsche Mittelstand (der erneuerte wie der neue) und seine Hidden (DeepTech-)Champions schaffen Arbeit – ihre DNA ist ständige Erneuerung auf der Basis von Verantwortungseigentum. In der digitalen Welt kommen Plattformökonomie hinzu, Innovationscluster, digitales Solounternehmertum, New-Business-Freelancing und (meist humanzentrierte) Industrie-Robotics, Service-Robotics wie zum Beispiel für Pflege und Gaststättengewerbe oder Personal-Robotics. So entsteht in diesen neuen Strukturen New Work, ein Variantenreichtum neuer Arbeitsformen. Digitale Arbeit braucht nicht das Damoklesschwert der Scheinselbständigkeit, sondern Barrierefreiheit für ihr Arbeits- und Geschäftsmodell. Gleichzeitig müssen wir die prekären Teile von Crowdwork, Clickwork und Selbständigkeit in unser soziales Sicherungssystem einhegen. Vielleicht braucht es arbeitsrechtlich gar eine neue Beschäftigungskategorie: einen hybriden Zwilling von abhängigem Arbeitnehmer und selbständigem Auftragnehmer. Arbeitsrecht, Mitbestimmung, Betriebsverfassung brauchen deshalb nicht nur ein digitales Update, sondern vor allem Akzeptanz für New Work und eine Arbeitswelt der Souveränität. Existenzsicherung und Altersvorsorge in der digitalen Ära benötigt neue Wege für New Work und traditionelle Erwerbsformen: die Renaissance der Mitarbeiterkapitalbeteiligung, Stock-Optionen und soziale Absicherung etwa per Aktienrente. Und in unseren Mitarbeiterschaften in abhängiger Beschäftigung brauchen wir eine erneuerte Sozialpartnerschaft mit mobiler Souveränität bei Arbeitszeit und -ort. Flachere Hierarchien und direkte Partizipation sind notwendig, damit abhängig Beschäftigte sich zu *corporate citizens* mit eigener Stimme wandeln können.

- **Nachhaltigkeit.** Ökologie wird endlich ihre Chance bekommen, wenn Marktteilnehmer auch die externen Langzeitfolgen ihres Geschäftsmodells einpreisen müssen und Verbraucher ihr nachhaltiges oder nichtnachhaltiges Handeln über den Preis spüren. Und wenn ESG-Standards (Environment, Social und Governance) bei der Rechnungslegung von Unternehmen gelten. Planet, People, Profit: Zukunft braucht diese Balance mit Green- und Climatech als einem zentralen Transformationshebel. Prinzipien der Kreislaufwirtschaft sichern effiziente Ressourcen. Auch die Verantwortung für Lieferketten ist hier zu nennen, allerdings mit unbürokratischen Digitallösungen.

- **Chancengerechtigkeit durch New Learning und New Education.** Deutschland ist noch ein reiches Land, hat aber viel zu viele Verlierer und viel zu wenige Aufsteiger bei extremer sozialer Undurchlässigkeit. Wir müssen die soziale Kluft verringern, und zwar durch mehr Teilnahme und Teilhabe gerade an der digitalen Welt. Die Digitalisierung eröffnet diskriminierungsfreie und inklusive Chancen auf dem Bildungs- und Arbeitsmarkt. Praktische Erfahrungen und Kompetenzen müssen dabei wichtiger sein als formale Abschlüsse. Den geeigneten Rahmen bilden ein radikal reformiertes erstes Bildungssystem (nicht nur digitale Aufholjagd und infrastrukturelle Sanierung) und ein zweites, neues Bildungssystem für lebenslanges Lernen durch steuerfinanzierte »Bildungssparbüchsen«.

- **Antitrust is beautiful.** Die Internetökonomie schafft neue Monopole. Oft fressen zudem die Großen die Kleinen. Deshalb braucht es strenge und konsequent anzuwendende Antitrustregeln für (Internet-)Goliaths, gegebenenfalls deren Zerschlagung und staatliche Vorgaben, den Davids Raum für unternehmerische Entfaltung zu geben. Jenseits bestehender digitaler Mono- und Oligopole drohen Übernahmewellen gerade in krisenträchtigen Übergangszeiten. Und dies ausgerechnet unter unseren ohnehin nicht reichlich gesäten Tech-Start-ups und -Mittelständlern. Da hilft nur flexibles Kartellrecht, zumindest temporär. Einerseits bei Kooperationen zwischen Wettbewerbern (etwa bei

Pharmaforschung und Entwicklung oder Sicherstellung der Daseinsvorsorge). Andererseits bei der Abwehr feindlicher Übernahmen mithilfe Weißer Ritter, die dem Übernahmeobjekt in einer Win-win-Situation für beide helfen wollen.

- **New Deal** für Deutschlands digitalen Hoover-Staudamm. Deutschland hat gefährliche Achillesfersen: E-Learning und E-Education, E-Health, E-Government, Homeoffice der öffentlichen Verwaltung. Der Staat muss jetzt als *prime customer* für diese Megadigitalisierungsprojekte agieren. Neben den allemal nötigen klassischen Infrastrukturprojekten, angefangen bei Brücken- und Schulrenovierungen. Herbert Hoover und Franklin D. Roosevelt haben uns das in der Great Depression vor bald 100 Jahren erfolgreich vorgemacht. Künftig angesichts staatlicher Verschuldung in massiv gesteigerten Public-Private-Partnership-Modellen.

- **Das künftige Geschäftsmodell Deutschlands** muss sich parallel zur Transformation des heutigen Mittelstands konzentrieren auf das Wachstum von Tech-Mittelstand 2.0 und neuen Hidden-Tech-Champions. Wir brauchen dafür Innovationscluster und -regionen, die echte Freiheit geben: für Innovationssprünge, für Talent und für die Kommerzialisierung von Innovation. Den Kern der Fachkräftesicherung bilden Weiter- und Höherqualifizierung im Zuge von Automatisierung und Roboterisierung, Diversity in der Arbeit und qualifizierte Einwanderung.

- **New Politics** erfordert eine radikale Erneuerung des Politiksystems: mit einer agilen Exekutive, die nicht auf eine umfassende Verwaltungsreform hofft, sondern dynamische Agenturen und Plattformen nutzt. Mit einer revitalisierten Legislative, die neue, erweiterte Formen der Bürgerbeteiligung und direkter Demokratie schafft. Parteien müssen sich öffnen für Talent, Talentmanagement und neue Formen parlamentarischer Zusammenarbeit.

Deutschland muss seinen eigenen Weg finden, auf dem es weder die alte Deutschland AG konserviert noch dem digitalen Staatskapitalismus Chinas oder dem sozialdarwinistischen US-Datenkapitalismus hinterherläuft.

New Politics:
erneuerte Parteien und Parlamente

Technologische, gesellschaftliche und soziale Disruption wird nicht nur unsere Unternehmen, unser Leben und Arbeiten gehörig umkrempeln. Auch die Politik wird nicht Insel der Seligen bleiben. Sie hat ebenfalls ihre zerstörerischen Ubers – ob sie nun »5 Sterne« heißen, Schwedendemokraten, Brexit Party oder Perussuomalaiset. Die Politik hat ihre eigenen selbstzerstörerischen Viren, die Urteilsfähigkeit erodieren und politische Programmatik in geistigen Gefängnissen enden lassen. Mit der Konsequenz, dass pragmatische Politik ideologischer Konformität und reiner machtpolitischer Klempnerei weicht und Bürgerinnen und Bürger immer mehr am Politikapparat (ver-)zweifeln. Wie alle etablierten Organisationen müssen auch politische Parteien deshalb alles daransetzen, ihre Verkrustungen aufzubrechen und sich zu revitalisieren.

Parteiinteressenten: Bittsteller oder Gesuchte?

Bei der Parteimitgliedschaft fängt es an. Man muss einen Aufnahmeantrag stellen und oft monatelang warten – wie bei arroganten oder ignoranten Unternehmen. Wie oft habe ich Interessenten (nicht nur meiner FDP) beim Parteieintritt beraten und dann nach Monaten nachhaken müssen, weil sich die von mir ermittelte Kontaktperson gar nicht bei den Interessenten gemeldet hatte. Unterste Sprosse! So stößt man Menschen ab und kann Parteimitglieder auch nur aus den Menschen auswählen, die sich bewerben. Kluge Unternehmen gehen ganz anders vor, gerade wenn sie die Diversität ihrer Organisation vorantreiben. Sie verlassen sich nicht auf den Zufall, sondern gehen gezielt auf Kandidaten zu. In der Wirtschaft nennt man das *active recruiting* mit entsprechender *candidate experience* nach dem Motto: Parteieintritt und die ersten 100 Tage danach sollen ein eindrucksvolles Erlebnis werden. An dieser Stelle kommt oft ein Totschlagargument: Man könne Freiwilligenorganisationen nicht vergleichen mit Unternehmen. Ich meine: Man kann. Und man muss.

Ohne Balance zwischen unkonventionell Kreativen und effizient Funktionierenden verliert jede Organisation ihr Drehmoment. Das ist gegenwärtig schmerzlich für Parteien. Ihre Mitglieder haben sich mit Nibelungentreue oft über Jahrzehnte hochgedient, Parteitagsbeschlüsse mitgetragen und dem Mainstream entsprochen. Zudem fördern parteigeladene soziale Netzwerke oft Stromlinienförmigkeit und mehr vom Selben. Schrägdenker oder Kreative fehlen.

Wo sind heute die Joschka Fischers, die Guido Westerwelles, die mit Turnschuh antibürgerliche Kante mit Style verbunden oder mit dem »Guidomobil« neue Wege ausprobiert haben? Wo ist heute ein Kaliber wie Franz Müntefering, der Debatten über Heuschrecken entfachte? Wo sind die Ralf Dahrendorfs und Heinrich Albertze, die auf den Lautsprecherwagen klettern und mit den heutigen Rudi Dutschkes öffentlich debattieren? Durchgestylte Talkshows ersetzen das nicht. Es darf uns Liberale nicht interessieren, wenn wir ob kreativer Wege verspottet werden. Wir brauchen nur die Prozente einer liberalen Partei: mindestens 5, optimal 12 bis 15 Prozent.

Nach vier Legislaturperioden Merkel'scher asymmetrischer Demobilisierung ist der originellste Politiker im Bundestag ein 1992 geborener Mann mit zu großer Brille: Philipp Amthor. Weil alle anderen herrschenden Vorstellungen entsprechen, reichen ihm seine Skurrilitäten, um aus der Masse herauszuragen. Als Role Model taugt er indessen nicht. Denn der der Korruption Verdächtigte erreicht nur die eigene Blase: die politische Klasse aus Mandatsträgern und Journalisten. Ein zweiter origineller Politiker ist Helge Lindh, der als Bundestagsredner selbstgestrickte Gedichte vorträgt.

Quereinsteiger und Parteilose: ungeschliffene Juwelen

Die politische Klasse kämpft mit einem Phänomen, das schon früher die Herrschenden in Europa vor ein Problem stellte: Inzest. Drücken wir es höflicher aus: geschlossene Systeme und interne Reproduktionsprozeduren. Die politische Klasse speist sich aus sich selbst: Abgeordnete sind häufig ehemalige Abgeordnetenmitarbeiter oder Parteimitglieder, die sich über viele Jahre in Ochsentouren aufgerieben, sich um die Konformität der Partei verdient gemacht und dabei gelernt haben, innerparteiliche Mehrheiten im Hinterzimmer zu organisieren. Auf die Suche nach künftigen Mandatsträgern gehen Parteien nur intern – mit wenigen Ausnahmen. Schmidt sucht Schmidtchen, frisches Blut von außen fehlt. Politik und Wirtschaft tauschen ihr Personal meist nur in eine Richtung aus. Meine eigenen Erfahrungen als Quereinsteiger beschreibe ich in diesem Buch.

Müssen Bewerber um ein politisches Amt immer Parteimitglied sein? Viel zu viele parteilose Meinungsbildner und Experten werden so von der politischen Arena ferngehalten. So wie Wirtschaftsstrukturen flüssiger werden, so braucht es auch Durchlässigkeit in politischen Organisationen. Parteilose Topkandidaten sind Bereicherung für die Wähler wie die Partei.

Eng hingegen ist die Bandbreite derjenigen, die Parteien in die Parlamente entsenden. Keine Max-Planck-Direktorin, kein Theaterregisseur, kaum ein erfolgreicher Gründer, der bei Trost ist, käme hierzulande auf die Idee, in die Politik zu wechseln. Arbeitgeber, die ihre Mitarbeiter zu politischen Karrieren ermutigen, machen sich zudem sofort verdächtig, sich verlängerte Arme ins Parlament schaffen zu wollen. Ich rede nicht einer soziologischen Abbildung der Gesellschaft im Parlament das Wort. Dann könnte man ja das Parlament durch Zufall zusammensetzen. Das sei all denen gesagt, die beklagen, dass das Parlament zu wenige Arbeiterkinder oder Handwerker hat.

Und diese unabhängigen Köpfe muss es in kritischer Anzahl geben. Ich bin als Einzelner am alten System gescheitert. Verena Hubertz zum Beispiel, die eine bekannte Start-up-Unternehmerin war und seit 2021 als Vize-Fraktionsvorsitzende der SPD im Bundestag sitzt, scheint mir im Vergleich mit ihrer früheren öffentlichen Wirkung inzwischen ein Schatten ihrer selbst geworden zu sein. Sie war mit viel Energie und neuen Ideen angetreten. Es ist ja häufiger so, dass frisch in die Politik eingestiegene Abgeordnete anfangs wirklich etwas bewegen wollen fürs Land. Und dann dauert es nur wenige Monate, bis sie ernüchtert feststellen, dass sie selbst als eine der zahlreichen Vize-Fraktionschefs nur ein kleines Rädchen sind und die Mühlen extrem langsam laufen. Sie verglühen langsam mit ihren Aspirationen und fragen sich dann in der Mitte ihres Lebens: Was mache ich hier eigentlich? Auch Katja Suding beschreibt in ihrem Buch »Reißleine« dieses Verglühen und Aufgeriebenwerden in den vielen Konflikten in Partei und Parlament. Das liegt nicht zuletzt an den vielen großen und kleinen George Santossen, denen es nur um ihr eigenes Wohl geht.

Was der deutschen Politik fehlt: Diversity of Mind & Experience. Von großer Bedeutung angesichts der zunehmenden Zahl von Wechselwählern. Immer weniger sind zu 90 Prozent vom Programm einer Partei überzeugt. Immer mehr fordern Pragmatik statt Ideologie, Typen statt Funktionäre, offene Plattformen anstelle rigider Parteistrukturen. Ich selbst habe meine geschätzte eigene Partei immer das kleinste Übel genannt und war zufrieden, wenn ich das Wahlprogramm zu 60 Prozent mittragen konnte.

Parteien als offene Plattformen

Parteien brauchen deshalb neue Antworten auf die neue Lage, zum Beispiel eine neue Offenheit: Die Union hat keine farblosen Merkelianer nötig, sondern knorrige Konservative wie die gereifte Jungministerin a. D. Kristina Schröder oder gar NRW-Innenminister Herbert Reul. Die Grünen brauchen die deutlich sichtbaren Mittelstandsversteher jenseits der Windrad-Umarmer. Freie Demokraten brauchen (nicht zuletzt in ihrer Bundestagsfraktion) überzeugte Klima-Entrepreneure über reine Rhetorik hinaus, die SPD die echten Sozialen Marktwirtschaftler wie dereinst Karl Schiller oder Wolfgang Clement. Keine Feigenblätter, sondern gestandene Persönlichkeiten, deren Leidenschaft für das Thema spürbar ist und die nicht nur das Sachthema routiniert abspielen, weil sie dafür zuständig gemacht wurden.

Damit verflüssigen sich natürlich die ideellen, programmatischen, ja, ideologischen Grenzen zwischen Fraktionen. Das muss auch Konsequenzen haben für den sogenannten Fraktionszwang bei Abstimmungen. Heute ist der nur bei hypermoralischen Thesen aufgehoben wie zum Beispiel bei der Ehe für alle oder bei der Sterbehilfe. Ansonsten müssen von der Fraktion abweichende Voten vorab der Fraktionsführung angezeigt werden. Ab und an wird man dann massiv beknetet.

Fraktionen wollen ideologische Abgrenzung, Bürger wollen übergreifende Problemlösung. Ein deutlich liberalerer Weg im Umgang mit Fraktionszwang wäre die Möglichkeit themenzentrierter Koalitionen nicht nur bei Fragen, die das Gewissen strapazieren. Dann könnten zwei Oppositionsparteien zum Beispiel neue Ideen zur Energiewende erarbeiten. Oder gar mit einer Regierungspartei zusammen. Co-Kreation statt Kampf. Die Schweiz löst diese Herausforderung mit einer »Zauberformel« in dem für sie typischen Konkordanzprinzip. Diese beruht auf einer Vereinbarung der vier größten Parteien des Landes aus den 1950er Jahren. Nach ihr verteilen sich die Regierungssitze im Bundesrat, der Schweizer Bundesregierung, der aus sieben Mitgliedern besteht: Nach jeder Parlamentswahl erhalten die drei stärksten Fraktionen jeweils zwei Sitze und die nächstgrößte einen Sitz. Dies stellt sicher, dass die wichtigsten politischen Kräfte in der Regierung vertreten sind und Entscheidungen möglichst im Konsens getroffen werden. Ein Modell für Deutschland? Wenn ich solche Beispiele nenne, gehe ich nicht davon aus, dass sie eins zu eins auf die Bundesrepublik übertragbar sind. Aber wir sollten uns bewusst machen, wie variantenreich Demokratien funktionieren können.

All dies stellt – nicht nur, aber zuallererst – den innerparteilichen Frieden und seine alteingesessenen Strukturen vor gewaltige Herausforderungen. Aber es würde den Resonanzkörper »draußen bei den Wählern« signifikant vergrößern und etablierte Parteien besser dagegen wappnen, von politischen Ubers marginalisiert zu werden. Für die französischen Konservativen kommt dieser Rat zu spät. Die Lösung heißt: Öffnung.

Gerade das starre, von regionaler Repräsentanz dominierte System aus Wahlkreiskandidaten und Landeslisten braucht eine Auffrischung. Proporz sollte keine größere Rolle spielen als Erfahrungsschatz, Expertise, Hintergrund – egal, ob mit oder ohne Parteibuch. So bricht man Gleichförmigkeit auf. Warum entscheiden allein Parteimitglieder, welche Kandidaten aufgestellt werden? Wäre es nicht ein Experiment wert, in Vorwahlen wie in den USA auch die Wähler zu Wort kommen zu lassen, mit Voten zur Meinungsbildung?

Solche Maßnahmen würden es Parteien auch erleichtern, Menschen von außen für sich oder gar für Kandidaturen zu gewinnen. Menschen, die nicht aus dem tradierten Umfeld einer Partei stammen und sich abgeschreckt fühlen von Hinterzimmerwahlen mit Wimpeln und Monologen.

Und es gibt noch weitere Schritte, Gleichförmigkeit aufzubrechen. Die Begrenzung der Wählbarkeit, zum Beispiel auf zwei Legislaturperioden, würde Mandatsträger ganz anders unter Druck setzen, ihre Beruflichkeit auf mindestens zwei Beine zu stellen. Ich kenne Minister und Abgeordnete, die die Politik liebend gerne gen Privatwirtschaft verlassen würden. Das ist selten einfach (außer man möchte Lobbyist oder Politikberater werden). Andere wiederum klammern sich an ihr Mandat, weil sie außerhalb eines Parlaments keinen ähnlich gut bezahlten Job bekämen. Das hängt auch mit Kompetenzen und deren Entwicklung zusammen. Ich will nicht daran rütteln, dass Aufstellungsversammlungen finale Entscheidungen treffen. Aber was spricht dagegen, dass Bewerber ihre Kompetenzen zuvor transparenter und vergleichbarer machen und damit werben? Dass diese Kompetenzen gezielt entwickelt werden? Und dass man sie danach gründlich befragt?

Personalmanagement für Parteien

Politiker von heute und ihre Mitarbeiter brauchen cross-sektorale Kompetenzprofile, die sowohl in der Politik als auch in der Wirtschaft funktionieren. Und Parteien brauchen ein umfassendes Talentmanagement. Weiterführen könnte man diesen Gedanken, indem Parteien Human-

Resources-Manager einstellen, die Talenten in Assessment-Centern den Blick schärfen auf die eigenen Fähigkeiten bis hin zu nötiger Kompetenzentwicklung. Anschließen könnten sich gezielte Lernaktivitäten zu Themen wie Projektmanagement, Menschenführung, Fachexpertise. Notwendig, aber noch nicht ausreichend. Parteien und Parlamente müssen sich klarmachen, dass auch sie im Wettbewerb stehen um die besten Köpfe. Was kann eine Partei tun, um ihre Attraktivität als Arbeitgeber zu stärken?

Wie können Fraktionen und Parteien sich als Talentmagnete aufstellen, wie können sie Avantgarde werden für moderne Arbeitswelten und Talentförderung? Und das Politiksystem in Gänze braucht eine Legislative, die der Exekutive Paroli bieten kann und nicht mangels Kompetenzen unfähig ist, die Exekutive zu kontrollieren und zu beraten.

Die Politik muss etwas dafür tun, dass ihre Arbeitswelt der Privatwirtschaft nicht immer weiter hinterherhängt. Wer nach der Ausbildung direkt in die Politik geht – ob als Mandatsträger oder Mitarbeiter – und nach fünf oder zehn Jahren in ein Privatunternehmen wechseln möchte: Die oder der wird sich umschauen. Denn er oder sie hat nur Old Work gelernt.

Welche New-Work-Erfahrungen bietet der Parlamentarismus? Kann ich mich als Mitarbeiter eines Abgeordneten oder einer Fraktion darauf verlassen, dass ich nach vier Jahren eine ähnliche Employability erworben haben werde wie etwa ein Referent beim Bitkom? Dass ich die Schritte der modernen Arbeitswelt mitgegangen bin in punkto Digitalisierung, Kollaboration, Agilität? Das fängt damit an, dass die Silos der Abgeordnetenbüros um fraktionsinterne und -übergreifende Co-Working-Spaces bereichert werden, zum Beispiel entlang der Fraktionsflure und dazwischen.

Unternehmen haben vor vielen Jahren begonnen, mit Open Spaces die departementalen Zwistigkeiten zu bewältigen oder gemeinsame Lösungen zu schaffen. Open-Space-Foren zwischen Parlamentariern, unabhängig vom Parteibuch und im öffentlich-rechtlichen Fernsehen übertragen, könnten ebenso katalysatorisch sein.

Neue Arbeits- und Möglichkeitsräume zu schaffen, bis hin zu einer »Bundesbeteiligungswerkstatt«, wie es einige fordern, offen für cross-sektorale Akteure aus Zivilgesellschaft, Wissenschaft, Wirtschaft und Kunst: All dies sind kluge Experimente, um das Vertrauen in die Politikerkaste und ihre Glaubwürdigkeit wiederherzustellen.

Was ich andenke, ist ein erster Wurf für modernes Talentmanagement und moderne Organisationsentwicklung in politischen Parteien. Weitere müssen folgen. Erfolgreiche Parteien müssen sich reformieren, müssen auch langgeliebte Traditionen in Frage stellen. Sonst riskieren sie ihre Existenz und wir am Ende unsere Demokratie.

Das Parlament als offenes System

Auch das parlamentarische System braucht seine Öffnungen für Weiterentwicklung. Vox populi, Vox Rindvieh. Eine ursprünglich wohl von Hesiod stammende und von Franz Josef Strauß wiederbelebte Provokation. Die irische Bürgerversammlung, die weit mehr als eine Alibiveranstaltung war, zeigte den Weg. Es geht hier nicht um Schattenparlamente, sondern um Instrumente direkter Demokratie, die das bestehende System gehaltvoll flankieren. Die irische Bürgerversammlung erörterte die Themen Abtreibung, alternde Bevölkerung, Klimawandel, Referenden und befristete Parlamente. Bei den letzten beiden beschloss das Parlament keine weiteren Schritte, bei den übrigen wurde ein gemeinsamer Ausschuss von Parlament und Bürgerversammlung gegründet. Zur Abtreibungsfrage empfahl dieser Ausschuss eine Verfassungsänderung. Und im daraufhin vom Parlament beschlossenen Verfassungsreferendum stimmten 66,4 Prozent der Wähler für die Änderung. Für diese Bürgerversammlung gab es einen Vorläufer: den irischen Verfassungskonvent mit 33 Abgeordneten und 66 zufällig ausgewählten Bürgerinnen und Bürgern. 2015 kam es dabei zu einem Verfassungsreferendum, das die gleichgeschlechtliche Ehe legalisierte. Irland löste so zwei große gesellschaftliche Konflikte, indem es die Bürger beteiligte: einerseits in Form deliberativer Demokratie, also in repräsentativen Miniöffentlichkeiten, und andererseits über direkte Demokratie, also Referenden.

Natürlich waren es im erzkatholischen Irland vor allem Themen wie Abtreibung und Ehe für alle, also für Irland existenzielle Themen. Aber

Meinungsbildung in durch Zufall ausgewählten Bürgerparlamenten ließe sich auch auf andere wichtige Themenfelder ausweiten. Eine Begründungspflicht für Ablehnungen von mehrheitlich gefällten Bürgerparlamentsentscheidungen würde parlamentarische Arbeit stimulieren. Die jetzt von der Ampel-Regierung vorgesehenen Bürgerräte sind Alibiveranstaltungen. Frank A. Meyer schrieb zu diesem Thema im Magazin *Cicero* im Juni 2023: »Bürgerräte gibt es in der Demokratie bereits. Sie heißen Parlament. Die nun geforderten Bürgerräte – nach dem Zufallsprinzip per Los bestimmt, vor allem aber von Wissenschaftlern beraten – sind luftige Lobby-Gremien: Influencer-Instrumente einer akademischen Elite, Vorspiegelung von Demokratie unter Missbrauch von Statisten aus der Bürgerschaft.«

Offenheit gegenüber Stimmen des Volkes muss sich auch in einer Offenheit für Meinungsbildung innerhalb des parlamentarischen Raums widerspiegeln und Konsensbildungsprozesse ermöglichen – zwischen Opposition und Regierung und zwischen Oppositionsparteien. Sie würden aus dem antagonistischen Politiktheater einen sehr viel versöhnlicheren, konsensorientierteren Problemlösungsansatz für die Herausforderungen des Landes machen.

Die Bürger interessieren sich nicht dafür, wie viel Gift eine Fraktion der anderen in die Suppe schüttet. Sondern dafür, dass Probleme gelöst werden.

Epilog

Während ich an »Radikal neu« schrieb, habe ich mir immer wieder gedacht: Das wird mein letztes großes Buch. Nicht allein, weil es fordernd war, mehr als 300 Seiten in wenigen Monaten zu verfassen. Sondern vor allem, weil ich mich hier so umfassend und offen äußere wie zuvor nur selten. Wenn ich Namen und persönliche Erlebnisse geschildert habe, dann nicht, um Menschen bloßzustellen. Sondern um anhand konkreter eigener Erlebnisse Muster aufzuzeigen für Situationen, die uns allen im Leben begegnen.

Ein Drittel dieses Buchs habe ich der Analyse des Status quo gewidmet; schonungslos fällt meine Kritik immer nur deshalb aus, weil wir uns nicht bessern können, wenn wir die Situation schönreden. Das mittlere Drittel beschäftigt sich mit Tugenden, Sünden, Lehren und Erfahrungen. Im letzten Drittel fokussiere ich mich auf Zukunftskonzepte. Vermeiden wollte ich dabei, in die Falle einer Systemwechseldebatte zu tappen. Mir geht es um echte Brücken in die Zukunft – auf Pfeilern, die an die Wurzel gehen.

Deutschland und Europa befinden sich nicht in der Morgendämmerung der digitalen Ära, sondern bereits in ihrer vollen Mittagshitze. Wir stehen vor Scheidewegen mit existenziellen neuen Herausforderungen und viel mehr Unbekanntem als jemals zuvor. Die nackten Zahlen zeigen uns Deutschen ganz nüchtern, wie sehr wir auf zukunftskritischen Feldern ins Hintertreffen geraten sind. Mit Wucht riskieren wir unseren Wohlstand.

Einen Fehler dürfen wir nun nicht mehr machen: angesichts neuer Herausforderungen die alten Lösungen wiederzukäuen. So schmerzhaft es ist: Wer in der neuen Welt bestehen will, muss sich ihr »radikal neu« stellen. Der Blick in den Rückspiegel, in die einst so geordnet scheinenden Verhältnisse, hilft nicht mehr. Zugleich hat es wenig Sinn, eherne Erfolgsprinzipien über Bord zu werfen wie Leistungswillen, Handwerklichkeit und Durchhaltevermögen. Ganz im Gegenteil müssen wir uns wieder besinnen auf alte preußische Tugenden, zu denen auch Aufrichtigkeit, Gerechtigkeitssinn, Gewissenhaftigkeit, Opferbereitschaft und Unbestechlichkeit gehören.

All diese Themen umkreise ich auf den vorstehenden Seiten – mal mit größerer, mal mit kleinerer Umlaufbahn. Ich habe dabei Winston Churchill zitiert, der den Briten klarmachte, dass große Herausforderungen sich nicht ohne Qual bewältigen lassen. Und ich gehe auf Topmanager ein, die vor lauter Gier und Ruhmsucht Bodenhaftung und Gesetzestreue aufgegeben haben. Und auf Politiker, Topbeamte und Wissenschaftsgranden, die ihren geistigen Gefängnissen nicht entfliehen können oder wollen.

Nicht jeder erhält vom Schicksal ideale Startchancen. Die heranwachsende Generation hat weder die Vorteile noch die Nachteile erarbeitet, die wir ihr hierzulande in die Wiege legen. Gerecht und fair war die Welt noch nie. Aber jede und jeder von uns hat es ein großes Stück weit in der Hand, am eigenen und seiner Mitmenschen Glück zu schmieden. Und das gilt für jedes Lebensalter. An der Erkenntnis mangelt es selten, viel öfter hingegen daran, das als richtig Erkannte in die Tat umzusetzen.

Ran an den Speck!

Nachwort von René Obermann

Eine meiner intensivsten Begegnungen mit Thomas Sattelberger hatte ich Anfang 2008, als wir die Aufarbeitung der Bespitzelungsaffäre bei der Telekom debattierten. In den Jahren davor waren Kommunikationsdaten illegal ausgewertet worden, um Manager und Aufsichtsräte aufzuspüren, die vertrauliche Informationen an die Medien weitergegeben hatten. Thomas sagte: »Die Ursache des Skandals liegt in unserer verkorksten Führungskultur.« Das ging unter die Haut, ich fühlte mich auch persönlich angegriffen, obwohl ich ja noch nicht lange Vorstandsvorsitzender war. Wir diskutierten darüber hart bis in die Nacht und starteten gleich am nächsten Morgen unsere Initiative zur Kulturveränderung, die wir dann über Jahre systematisch und auf allen Ebenen verfolgten.

Thomas Sattelberger ist einer der prägnantesten Typen, die mir je in Topetagen untergekommen sind. Einer mit viel Sanierungs- und Restrukturierungserfahrung, was wir angesichts unserer damaligen Schieflage bei der Telekom dringend brauchten. Er ist ein Profi, ein streitbarer Geist, enorm veränderungsbereit, geradezu innovationshungrig.

Vermutlich steht er deshalb wie kaum ein Zweiter für ein Hauptthema unserer Wirtschaft und Gesellschaft: den von vielen als sprunghaft empfundenen Übergang von alten in neue Zeiten. Es geht um die Transformation zu einer technologiebasierten Wirtschaft und um die Frage, wie wir diesen Wandel gesellschaftlich bewältigen, der oft hart und plötzlich ist, disruptiv also, und der bei vielen Menschen Ängste des Zurückbleibens auslöst. Leute wie Thomas Sattelberger können Politik mit so viel Erfahrung aus der Wirtschaft wirklich beleben und realitätsnah verbessern.

Weil er so ist, wie er ist, lohnt es sich, seine Kolumnen zu lesen – die früheren im *manager-magazin*, die aktuellen auf *Table.Media*. Weil er sich herrlich aufregen – ach was – empören kann, weil er sachlich und zugleich emotional ist und mit Worten einprägsame Bilder malt. Man muss nicht jedes seiner scharfen Urteile über ehemalige Kollegen oder Unternehmen teilen. Aber mich haben seine Thesen und Veröffentlichungen immer bewegt. Und dies gilt allem voran für das vorliegende Buch. Hier schreibt ein Insider mit offenem Visier darüber, wie Dinge in Konzernen laufen und wie sie funktionieren könnten. Hier traut sich einer zu sagen, wenn etwas gänzlich schiefläuft – auch bei ihm selbst. Und er bietet stets prägnant und schlüssig Erklärungen an zu den Ursachen.

Gleich zu Beginn der Dieselaffäre von Volkswagen hat Thomas Sattelberger klar und deutlich geschrieben, wo sie aus seiner Sicht ihren Ursprung hat: in einer von ihm als »nordkoreahaft« beschriebenen Führungskultur. Er schreibt über Dinge, die viele Führungskräfte wissen, über die sie aber öffentlich nicht reden würden. Über die Abgehobenheit von Teilen unserer Eliten. Über Absolutismus in Konzernen. Über kaputte Führungsfiguren. Und wie all dies junge Talente abschreckt.

Aber Thomas Sattelberger belässt es nie bei Kritik. Er zeigt, wie man eine zeitgemäße, offene und partizipative Führung und Arbeitswelt in Unternehmen einführt. Er benennt positive Beispiele von Managern und Unternehmen. Er fordert auch klare Reformen bei Parteiendemokratie und parlamentarischen Gepflogenheiten. Man kann sich als Vorstand, Aufsichtsrat, Politikerin oder Bürger über seine klare Sprache und seine Wertungen aufregen. Nicht wenige tun das. Aber man kann von ihm fast immer etwas lernen. Deswegen werden seine Kolumnen, Gastbeiträge, Interviews unter Führungskräften viel gelesen – und nun ganz sicher auch dieses Buch.

Bei all dem steht für ihn immer der Leistungsgedanke im Vordergrund, es geht ihm darum, dass Einsatzwille und Fähigkeiten die Position bestimmen und nicht Herkunft oder Beziehungen. Er ist ein Freund der offenen Gesellschaft – dies zieht sich wie ein roter Faden durch seine Gedanken. Die Chancengerechtigkeit, über die heute jeder wohlfeil redet, hat er in seiner Arbeit bei der Telekom mit viel Herzblut praktiziert, zum Beispiel in Berufsausbildungen für viele, die miserable Startchancen hatten und durch den schulischen Gitterrost gefallen waren.

Dass er im zarten Alter von 67 Jahren eine nächste Karriere in der Politik begann, nicht aufhören konnte und wollte, hat niemanden überrascht, der Thomas kennt. Offensichtlich spürte der Denker und Macher Sattelberger ganz deutlich: Das unabwendbare Wagnis der Transformation wird nicht gelingen ohne innovativere gesellschaftliche, politische, soziale Rahmenbedingungen.

Der markige Thomas Sattelberger, den ich als Vorstandskollegen kannte, der hat auch als Bundestagsabgeordneter und Staatssekretär nichts von seinen Grundüberzeugungen verloren, die man in »Radikal neu« ungeschminkt kennenlernen kann.

Radikal, wie Thomas selbst ist, wird er auch ein weiteres Mal nicht in den Ruhestand gehen. Er wird auch künftig keine Angst haben, es sich mit jemandem zu verderben. Man muss nur lesen, was er von einem allgemeinen Grundeinkommen für die Geschädigten der Digitalwirtschaft hält – wie das so viele fordern. Für den Meritokraten Sattelberger wäre das ein Rückfall in die Unmündigkeit. Oder, positiv gewendet: »Das Gerede von der Geldverteilung verkleistert die viel wichtigere Debatte über neue Formen der Arbeit.«

Mein Weg zurück in ein selbstbestimmtes Leben

256 Seiten
Gebunden mit Schutzumschlag
ISBN 978-3-451-39283-2

Mit einem Paukenschlag beendete Spitzenpolitikerin Katja Suding ihre politische Laufbahn. Sie war an einem Punkt angekommen, an dem sie erkennen musste: Das Leben in der Topetage der Politik und die permanente Beobachtung haben sie von sich selbst entfremdet. Sie wagt einen Neuanfang. In „Reißleine" erzählt sie, warum sie ausgestiegen ist, durch welche Täler sie auf dem Weg zurück zu sich selbst gegangen ist und wie sich ihr Leben fortan entfaltet. Ehrlich, ungeschönt, mitreißend.

In jeder Buchhandlung!

HERDER

www.herder.de

Wie große Krisen entstehen und überwunden werden

544 Seiten
Gebunden mit Schutzumschlag
ISBN 978-3-451-39325-9

Dieses Buch ist eine fulminante Darstellung der Wirtschaftskrisen der letzten 200 Jahre und wie man sie bewältigte. Harold James setzt die großen Umbrüche seit der Mitte des 19. Jahrhunderts bis heute miteinander in Beziehung. Es wird deutlich, wie diese Krisen unsere Gesellschaft geprägt haben und wie man aus den Fehlern der Vergangenheit lernen kann. Eine großartige Weltgeschichte unserer Wirtschaft, mit Lehren für die Zukunft.

In jeder Buchhandlung!

HERDER

www.herder.de